"十一五"国家重点图书出版规划项目

·经/济/科/学/译/丛·

The Cambridge Economic History of Modern Europe
volume 2: 1870 to the Present

剑桥现代欧洲经济史：1870年至今

（第二卷）

斯蒂芬·布劳德伯利（Stephen Broadberry）
凯文·H·奥罗克（Kevin H. O'Rourke） 编著

张　敏　孔尚会　译
胡思捷　王　珏　校

中国人民大学出版社
·北京·

《经济科学译丛》总序

中国是一个文明古国，有着几千年的辉煌历史。近百年来，中国由盛而衰，一度成为世界上最贫穷、落后的国家之一。1949年中国共产党领导的革命，把中国从饥饿、贫困、被欺侮、被奴役的境地中解放出来。1978年以来的改革开放，使中国真正走上了通向繁荣富强的道路。

中国改革开放的目标是建立一个有效的社会主义市场经济体制，加速发展经济，提高人民生活水平。但是，要完成这一历史使命绝非易事，我们不仅需要从自己的实践中总结教训，也要从别人的实践中获取经验，还要用理论来指导我们的改革。市场经济虽然对我们这个共和国来说是全新的，但市场经济的运行在发达国家已有几百年的历史，市场经济的理论亦在不断发展完善，并形成了一个现代经济学理论体系。虽然许多经济学名著出自西方学者之手，研究的是西方国家的经济问题，但他们归纳出来的许多经济学理论反映的是人类社会的普遍行为，这些理论是全人类的共同财富。要想迅速稳定地改革和发展我国的经济，我们必须学习和借鉴世界各国包括西方国家在内的先进经济学的理论与知识。

本着这一目的，我们组织翻译了这套经济学教科书系列。这套译丛的特点是：第一，全面系统。除了经济学、宏观经济学、微观经济学等基本原理之外，这套译丛还包括了产业组织理论、国际经济学、发展经济学、货币金融学、公共财政、劳动经济学、计量经济学等重要领域。第二，简明通俗。与经济学的经典名著不同，这套丛书都是国外大学通用的经济学教科书，大部分都已发行了几版或十几版。作者尽可能地用简明通俗的语言来阐述深奥的经济学原理，并附有案例与习题，对于初学者来说，更容易理解与掌握。

经济学是一门社会科学，许多基本原理的应用受各种不同的社会、政治或经济体制的影响，许多经济学理论是建立在一定的假设条件上的，假设条件不同，结论也就不一定成立。因此，正确理解掌握经济分析的方法而不是生搬硬套某些不同条件下产生的结论，才是我们学习当代经济学的正确方法。

本套译丛于1995年春由中国人民大学出版社发起筹备并成立了由许多经济学专家学者组织的编辑委员会。中国留美经济学会的许多学者参与了原著的推荐工作。中国人民大学出版社向所有原著的出版社购买了翻译版权。北京大学、中国人民大学、复旦大学以及中国社会科学院的许多专家教授参与了翻译工作。前任策划编辑梁晶女士为本套译丛的出版做出了重要贡献，在此表示衷心的感谢。在中国经济体制转轨的历史时期，我们把这套译丛献给读者，希望为中国经济的深入改革与发展做出贡献。

《经济科学译丛》编辑委员会

序 言

　　只给美国大学生开设各自州的经济史课，而不是开设作为整体的美国的经济史课，这是不可思议的。与此形成鲜明对照的是，大多数现有的欧洲经济史教科书都是关于特定国家的，这将使学生把整个欧洲的现象曲解为单纯某个国家范围内的现象，并单纯从国内寻找原因。本书将从泛欧洲的角度，按主题而不是按国家编写欧洲经济史。

　　本书将以剑桥出版社出版的具有开创意义的《剑桥英国经济史》（Floud and McCloskey, 1981）为模板，编写现代欧洲的统一经济史。每一章均由该领域的两位或三位杰出专家所写，涵盖欧洲的三大区域（北欧、南欧以及中东欧）。该书遵循 Floud 和 McCloskey 建立的模式，分为两卷，分别介绍 1700—1870 年和 1870—2000 年两个时期。每一卷中的各章都是建立在现代经济史的主题——总增长与周期、部门分析和生活水平——的基础之上的。本书使用数量方法，使经济分析更加准确，但这种数量方法采用了本科生很容易理解的方式。

　　20 年前这本书是不可能以这种方式完成的。粗略翻看一下《剑桥欧洲经济史》的前几卷，即可明白泛欧洲经济史一直是个传统，在这几卷中许多伟大的学者的原则就是将整个欧洲作为一个整体来研究其经济发展。不过，令人震惊的是，《剑桥欧洲经济史》中关于工业革命后的几卷，趋向于由一系列国家的历史构成，无论国家和主题都精挑细选。与此同时，从 20 世纪 70 年代开始学者们经常用数量方法书写欧洲经济史，数量经济史往往不是单纯地出现在国别史中——这可能是不可避免的，因为经济史学家开始使用他们自己国家的全国性统计数据来量化长期的经济增长。此外，不列颠之外的计量经济史学家仍然较少。结果与北美同行相比，欧洲经济史学界比较小而且互相分割。

　　现在一切都变了！一个至关重要的转折点是 1991 年欧洲历史经济学学会（European Historical Economics Society）的成立，这个学会旨在将欧洲从事经济和历史研究的数量经济史学家集中起来。1997 年，该学会发行了《欧洲经济史评论》（*European Economic History Review*），它已经为整个大陆的经济史学家提供了一个共同论坛。另一个突破是，2003 年在伦敦的经济政策研究中心（欧洲最大的经济研究网络）建立了经济史倡议组织，与欧盟一起为鼓励泛欧洲研究提供资金，结果促进了欧洲经济史学界的发展，它可以真正地将自己描述为"欧洲的"。

　　我们召集撰稿人开了两个艰苦的会议（2006 年在兰德，2007 年在经济政策研究中心），并在会上讨论了大纲草稿。十分感激这两次会议的当地组织者，以及撰稿人在两次会议中的热情和毅力，也感谢撰稿人及时交稿。

这本书是欧盟资助的玛丽·居里研究培训网络（Marie Curie Research Training Network）"统一欧洲经验：泛欧洲发展的历史经验"的成果，合同号为 MRTN-CT-2004-512439。不用说，十分感激欧盟委员会的慷慨资助，没有这一资助，这个项目不可能起步。同时也感谢经济政策研究中心的全体人员，他们在申请该项目的拨款和管理中提供了专业协助。奥罗克在担任爱尔兰政府高级研究学者（a Government of Ireland Senior Research Fellow）期间完成了本书的大部分工作，他感谢爱尔兰人文及社会科学研究委员会的慷慨支持。

2007 年我们最尊敬和最喜欢的成员之一斯蒂芬（拉里）·爱泼斯坦突然逝世，年仅 46 岁。这对我们的培训网络是个灾难性的打击。拉里的去世是学界的巨大损失，我们非常怀念他，谨以此书献给他。

斯蒂芬·布劳德伯利

凯文·H·奥罗克

引 言

斯蒂芬·布劳德伯利（Stephen Broadberry）
凯文·H·奥罗克（Kevin H. O'Rourke）

　　1870 年以后的欧洲经济史可以分为三个阶段。第一个阶段主要指第一次世界大战之前经济全球化和欧洲政治经济统治全世界的阶段。第一卷中描述过的工业革命带来了以蒸汽为基础的技术发明，包括蒸汽船、铁路等，显著降低了运输成本，与此同时，电报的发明也加快了信息传递的速度。工业革命同时也带来了一个极不对称的世界。在这个世界中，工业产出越来越明显地集中于欧洲及欧洲在海外的殖民地。欧洲凭借工业化带来的军事力量，通过公然的帝国主义方式或者更多间接的方式从政治上控制亚洲和非洲。这种行为最终的结果，除了偶尔出现的试图保护欧洲农民抵御海外竞争的贸易政策以外，更值得注意的是欧洲自身的经济一体化和世界与欧洲的经济一体化。

　　在这一时期，工业革命曾向普通工人做出的承诺很快在整个欧洲大陆上实现。通过第 2 章的数据分析，我们可以看到 1870 年到 1913 年的年均增长率平均略大于 2％，实际工资上涨、人们的寿命变长、身体更健康、受教育程度也更高。当然，这一阶段的显著特点是经济周期性波动，各国政府也均发现金本位制并未给它们带来太多的限制。

　　第二个阶段是从 1914 年到 1945 年，这是一个战争的时期、去全球化的时期，也是一个萧条的时期：因为"第二个三十年战争"欧洲四分五裂，并且，在这以后欧洲再也无法夺回以前在世界事务当中所处的领先地位。这个阶段是"历史总是重要的"这一陈词滥调的凄惨验证。第一次世界大战和第二次世界大战间的和平时期经济崩溃的根源（同样是第二次世界大战的源头），在很大程度上可以归为第一次世界大战导致的国家内部以及国家之间的混乱。金本位制在这一阶段变得难以维持，但政策制定者延后了很久才发现这一事实。金本位制与实体经济的冲突带来了诸多贸易保护的压力，也导致新的明确贸易保护的边界出现。与此同时，战争债务和战争赔偿等"有毒遗产"使得国际合作更加困难。另外，1917 年俄国革命这一反全球化冲击对世界的影响一直持续到 20 世纪 90 年代。

　　这一阶段虽然有持续的技术进步和结构调整，但是经济增长非常缓慢且不稳定，并且伴随着恶性通货膨胀和大规模失业。经济的低迷，尤其是"大萧条"，很大程度上是人为的，它也可以被看做经济政策的力量究竟能使人们生活变好还是变坏的一次证明。政策和经济状况的相互作用一直是这一阶段的特征，不仅仅是错误的政策引发了大萧条，阿道夫·希特勒的当选也直接导致了失业率大增。那些成功地从这些动荡中挺过来的人后来见证了更长的平均预期寿命和更高的教育水平的出现，但是战争和种族屠杀当时使数百万人丧命。

从第二次世界大战的废墟中爬起的欧洲却发现自己昔日的地位竟已经被战争中的两个主要战胜国——美国和苏联——所取代，它们在欧洲都有了自己的势力范围。1950 年到 1980 年的欧洲经济史是一部关于一个分裂的大洲的经济史，两个截然不同的经济体系并存——东方是共产主义国家，而西方则是市场国家与或多或少带有些激进色彩的国家的混合体系。第二次世界大战后非共产主义工业化国家之间的国际经济联系慢慢恢复，西欧参与到了这个大的进程当中，并且西欧内部的区域一体化进程也逐步加快。另外，大部分东欧国家在 20 世纪 90 年代也加入到了这个一体化进程之中。

东欧和西欧在 20 世纪 50 年代到 60 年代都经历了快速的经济增长，1950 年到 1973 年是西欧的"黄金时代"，也是东欧的"白银时代"（如第 12 章描述的那样）。这两个时代之后西欧和东欧又都经历了经济增长放缓。在东欧，经济放缓带来的不稳定导致 20 世纪 80 年代末期其政治体系的崩溃。1973 年以后出现了石油危机、滞胀以及逐渐形成的一个波动较小的稳定的经济增长时期（这个经济增长时期已经结束了，但是可能在未来关于这段时期足够多的事后反思中，该时期会被认为是一个长期的非持续性的经济繁荣时期）。

第二卷的组织结构反映了"全球化—去全球化—再全球化"的过程，第二卷的三个部分都分别对应着这三个时代中的一个。本书为了保持不同时代的可比性，每一部分都分为五章。第 1 章通过讨论全球化或者去全球化的趋势来描述时代背景。接下来的四章主要讲的是经济增长、商业周期/经济周期、产业发展（sectoral development）、人口及居民生活水平。

撰　稿　者

达德利·贝恩斯（Dudley Baines），伦敦政治经济学院经济史系

约尔格·贝登（Joerg Baten），图宾根大学经济学系

斯特凡诺·拜提罗西（Stefano Battilossi），马德里卡洛斯三世大学经济史与制度学系

安德烈·波尔索（Andrea Boltho），牛津大学莫德林学院

斯蒂芬·布劳德伯利（Stephen Broadberry），华威大学经济学系

埃里克·贝斯特（Erik Buyst），鲁汶大学经济研究中心

艾伯特·卡雷拉斯（Albert Carreras），巴塞罗那庞培法布拉大学经济学系

尼古拉斯·克拉夫茨（Nicholas Crafts），华威大学经济学系

尼尔·康明斯（Neil Cummins），伦敦政治经济学院经济史系

纪尧姆·多丹（Guillaume Daudin），里尔第一大学，巴黎政治学院

巴里·艾肯格林（Barry Eichengreen），加州大学伯克利分校经济学系

亚里·埃洛兰特（Jari Eloranta），阿巴拉契亚州立大学历史系

乔瓦尼·费德里科（Giovanni Federico），佛罗伦萨欧洲大学研究院历史与文明学系

马克·弗朗德罗（Marc Flandreau），日内瓦高级国际关系学院

胡安·弗洛雷斯（Juan Flores），马德里卡洛斯三世大学经济史与制度学系

詹姆斯·弗里曼-派克（James Foreman-Peck），卡迪夫大学卡迪夫商学院

皮特亚雷·弗兰斯基（Piotr Franaszek），克拉科夫雅盖隆大学

马克·哈里森（Mark Harrison），华威大学经济学系，斯坦福大学胡佛研究院

斯蒂芬·豪普（Stefan Houpe），马德里卡洛斯三世大学经济史与制度学系

克莱门斯·约布斯特（Clemens Jobst），奥地利国家银行

卡米拉·约瑟芬（Camilla Josephson），瑞典隆德大学经济史系

戴维·库杜尔-卡斯特拉斯（David Khoudour-Castéras），巴黎第二大学

亚历山大·克莱因（Alexander Klein），华威大学经济学系

格哈德·克林（Gerhard Kling），布里斯托商学院，西英格兰大学

佩德罗·莱恩斯（Pedro Lains），里斯本大学社会科学研究院

卡罗尔·莱纳德（Carol Leonard），牛津大学圣安东尼学院

乔纳斯·永贝里（Jonas Ljungberg），瑞典隆德大学经济史系

罗伯特·米尔沃德（Robert Millward），曼彻斯特大学历史系

马赛厄斯·莫里斯（Matthias Morys），约克大学经济学系

凯文·H·奥罗克（Kevin H. O'Rourke），都柏林圣三一学院经济学系

阿尔布里奇·里切尔（Albrecht Ritschl），伦敦政治经济学院经济史系
琼·R·罗斯（Joan R. Roses），马德里卡洛斯三世大学经济史与制度学系
伦纳特·舍恩（Lennart Schon），瑞典隆德大学经济史系
马克斯-斯蒂芬·舒尔茨（Max-Stephan Schulze），伦敦政治经济学院经济史系
托拜厄斯·施特劳曼（Tobias Straumann），苏黎世大学实证经济研究院
詹尼·托妮奥洛（Gianni Toniolo），杜克大学，罗马国际社会科学自由大学
尼古拉斯·沃尔夫（Nikolaus Wolf），华威大学经济学系

目　录

第三部分　第二次世界大战至今

经济科学译丛 / 剑桥现代欧洲经济史：1870年至今

图表目录

1

经济科学译丛／剑桥现代欧洲经济史：1870年至今

图表目录

第一部分　第一次世界大战之前

第 1 章 | 全球化
（1870—1914 年）

纪尧姆·多丹（Guillaume Daudin）
马赛厄斯·莫里斯（Matthias Morys）
凯文·H·奥罗克（Kevin H. O'Rourke）[*]

记录全球化

引言

1870 年到 1914 年这一时期代表了 19 世纪全球化的最高水平，如第一卷第 4 章显示的那样，这个时期的发展开始于拿破仑战争的结束。本章将研究全球化的几个维度以及全球化对欧洲经济的影响。因为主题比较宽泛，所以我们将主要研究欧洲与世界其他国家的联系，而不是欧洲经济本身的一体化进程，当然，欧洲经济的一体化过程也难免会被提及。

19 世纪的全球化进程包括日益增长的各个大陆内部以及大陆之间的货物、人员、资本以及思想的流动。一体化最直接的度量，就是这些跨国流动增加的流量，更一般地，可以用测量经济活动的指标来度量，例如商品贸易占 GDP 的比率或者移民人数占总人数的比例。另外一种度量方式就是跨境货物流动成本或者跨境生产要素成本，这个成本主要表现为国际价格差（不同国家的价格差）。因为度量国际思想和技术"市场"的一体化程度并不容易，所以经济学家考虑全球化的时候一般不会讨论这些流动。尽管很难量化，但是思想和技术的流动非常重要，值得我们在本章中进行简要的描述。

在讨论了 19 世纪国际市场不断深化的一体化进程之后，我们将接着讨论一

---

[*] 刘兴坤校译了部分章节。

下这种前所未有的全球化所带来的影响。最后，我们讨论的是 19 世纪相对自由的世界经济的可持续性问题：如果第一次世界大战没有发生，那么 1914 年后全球化进程能否不受影响地持续下去？或者，即使第一次世界大战没有发生，是否也照样存在破坏开放市场的影响因素？

贸易（1870—1914 年）

以现在的标准计算，1870 年到 1913 年欧洲国际贸易的年增长率是 4.1%，相比较而言，1830 年到 1870 年的年增长率是 16.1%。[1] 以 1990 年的物价为基准，欧洲国际贸易的年增长率是 6.8%（Maddison 2001，p. 362），其中增长率比较高的有比利时、德国、瑞士和芬兰（见表 1.1）。

表 1.1   1870—1913 年欧洲贸易情况表

	1870（百万，1990 年国际元）	1870—1913 年年均增长率（%）
奥地利	467	+333
比利时	1 237	+492
丹麦	314	+376
芬兰	310	+415
法国	3 512	+222
德国	6 761	+465
意大利	1 788	+158
荷兰	1 727	+151
挪威	223	+283
西班牙	850	+335
瑞典	713	+274
瑞士	1 107	+418
英国	12 237	+222
加权平均值		+294
加权平均值，世界其他地区		+379

资料来源：Maddison（2001）。包括欧洲内部贸易。

在包括欧洲内部贸易的情况下，欧洲贸易占 GDP 的比率从 1870 年的 29.9% 上升到了 1913 年的 36.9%，净欧洲内部贸易占 GDP 的比率从 1870 年的 9.2% 上升到了 1913 年的 13.4%（见表 1.2），略高于美国的数据（1913 年为 12%）。

价格方面的证据也表明这一阶段的国际一体化进程进展很快。1870 年到 1913 年之间，利物浦和芝加哥之间的小麦价差从 57.6% 下降到 15.6%，伦敦和辛辛那提之间的熏肉价差从 92.5% 下降到 17.9%。这一阶段美国和英国之间的工业产品价差也下降很快，例如棉纺织品、铁锭、生铁、铜的价差分别从 13.7% 下降到

−3.6％、从 75％ 下降到 20.6％、从 85.2％ 下降到 19.3％、从 32.7％ 下降到 −0.1％（O'Rourke and Williamson，1994）。欧洲与亚洲的价格也出现了趋同的趋势，例如伦敦—仰光的大米价差从 93％ 下降到 26％，利物浦—孟买的棉花价差从 57％ 下降到 20％（Findlay and O'Rourke，2007，pp. 404 - 405）。然而，Federico 和 Persson（2007）以及 Jacks（2005）指出，粮食价差在 1830 年或 1840 年至 1870 年之间的收敛比 1870 年至 1913 年的收敛更加明显。

表 1.2		进出口额占 GDP 的比重			（％）
	1870	1880	1890	1900	1913
奥地利	29.0	25.5	25.2	26.8	24.1
比利时	35.6	53.2	55.6	65.4	101.4
丹麦	35.7	45.8	48.0	52.8	61.5
芬兰	31.7	50.8	39.3	47.6	56.2
法国	23.6	33.5	28.2	26.8	30.8
德国	36.8	32.1	30.1	30.5	37.2
希腊	45.6	42.3	39.4	42.3	29.4
匈牙利	19.4	23.7	22.1	22.3	20.8
意大利	18.3	18.3	15.9	19.0	23.9
荷兰	115.4	100.5	112.3	124.1	179.6
挪威	33.9	36.1	43.6	43.4	50.9
葡萄牙	33.7	43.8	45.3	48.9	57.4
俄国		14.4	15.0	11.4	13.8
西班牙	12.1	14.8	18.8	22.6	22.3
瑞典	29.4	37.3	44.9	39.4	34.7
瑞士		78.2	81.9	67.2	64.5
英国	43.6	46.0	46.6	42.4	51.2
欧洲贸易占 GDP 的比率（最接近估计）	29.9	33.4	32.5	31.9	36.9
净欧洲内部贸易占 GDP 的比率（最接近估计）	9.2	10.7	10.8	11.1	13.4

注：奥斯曼土耳其帝国、保加利亚、罗马尼亚和塞尔维亚不包括在内。

资料来源：Bairoch（1976）及由 Leandro Prados de la Escosura 提供的数据。

国际贸易增长的原因有很多。由于持续的技术进步以及更快、更普遍的蒸汽轮船的应用，国际运输费率稳步下降，尤其是在 1869 年苏伊士运河开通以后（只有蒸汽船能在苏伊士运河上通航）。然而，由于陆路运输比水上运输要昂贵，因此，通过发展铁路来降低内陆运输成本就变得非常关键（见图 1.1）。作为芝加哥小麦价格的组成部分，通过轮船把小麦运到纽约的成本占小麦价格的比例从 17.2% 下降到 5.5%，与此同时将其从纽约运到利物浦的成本占价格的比例从 11.6% 下降到 4.7%（Findlay and O'Rourke，2007，p. 382）。铁路对于像俄国这样的大国来说尤其重要（Metzer，1974）。

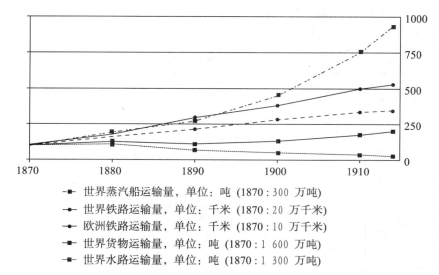

图 1.1　1870 年到 1913 年的运输设施状况（指数设定，1870 年的量＝100）

资料来源：Bairoch（1976，pp. 32，34）。

另外，欧洲主要国家在 1871 年到 1914 年之间的和平状态也促进了贸易的增长（Jacks，2006）。欧洲正式和非正式帝国的发展壮大能够减少相关贸易障碍，促进殖民地加入货币同盟，更好地保护欧洲的财产权（Mitchener and Weidenmier，2007），从而促进了欧洲对外贸易的增长。与此同时，金本位制的推广减少了汇率波动和国际贸易中的不确定性，对贸易增长也起到了一定的促进作用。当然，像拉丁货币联盟（LMU）和斯堪的纳维亚货币联盟（SMU）这样的国际货币协议是否对国际贸易有促进作用还处于有争议的阶段（Estevadeordal，Frantz and Persson，2003；López-Córdova and Meissner，2003；Flandreau and Maurel，2005）。

运输成本的降低能够促进潜在的市场一体化进一步发展，但是，政客们总是选择通过贸易保护政策来中止或者逆转这种发展趋势。

从 19 世纪 70 年代开始，欧洲大陆国家提高了食品和其他商品的贸易壁垒（Bairoch，1989）。因此，Federico 和 Persson（2007）的研究表明：在我们研究的这个时期，自由贸易国家的粮食价格趋于一致，这种趋同的实际幅度应大于现实中所表现出来的，因为有很大一部分被自由贸易国家和保护主义国家粮食价差的大幅扩大所抵消。

从贸易类型来看，欧洲作为一个整体，是工业制成品的净出口方，也是初级产品的净进口方。当然，欧洲不同的国家和地区之间贸易类型差异很大。首先，英国主要通过大量出口工业制成品和服务来换取大量的食物和原材料。其次，欧洲西北地区的国家也与英国有着相同的特征，但是专业化的程度要低很多。再次，欧洲南部和东部的国家虽然在进行工业化，但是从净额上看，其仍然是出口基础产品、进口工业制成品。总的来说，欧洲总体的贸易赤字部分可以用服务的净出口来平衡。贸易额可以通过以下的数据显示出来：1911 年到 1913 年期间，英国商业服务的贸易顺差的平均值是 8 亿美元，与此相对应的是，欧洲在 1913 年的出口总额为 110 亿美元（Imlash，1952）。

资本流动（1870—1914 年）

这一时期国际资本市场的一体化现象非常明显。欧洲是世界的"银行家"（Feis，1930），美国、加拿大、阿根廷、澳大利亚等容易接触到欧洲资本并且资源丰富的国家，都在 1870 年到 1913 年这个阶段发展得最为繁荣。另外，还有一种规模较小但是同等重要的资本流动，即从西欧核心国家向欧洲南部、中部和东部外围国家的资本转移。

Edelstein（2004，p. 193）估计说，1913 年英国 32% 的国民财富净额是以海外资产的形式被持有的。这也表明在这四十年的时间里，英国海外投资占（国内）储蓄的比率维持在 1/3 左右（见表 1.3）。英国承认，平均来说，在四十多年的时间里，GDP 中有 4% 是在海外形成的资本。这是一个前所未有的现象。欧洲作为一个整体基本上控制了全世界的海外投资。例如，1914 年英格兰（42%）、法国（20%）、德国（13%）、比利时、荷兰、瑞士几个国家加起来占全世界海外投资 87% 的份额（Maddison，1995，p. 65）。

表 1.3　　　　　1870—1913 年英格兰、法国和德国的对外投资状况表

	英格兰			法国	德国
	储蓄/GDP（%）	外国投资/GDP（%）	外国投资占储蓄的比例（%）	外国投资占储蓄的比例（%）	外国投资占储蓄的比例（%）
1870—1879	12.3	4.0	32.5	23.9	10.2
1880—1889	12.2	4.7	38.5	5.1	18.8
1890—1899	11.0	3.4	30.9	16.5	12.1
1900—1904	12.6	3.7	29.4	19.1	8.3
1905—1914	13.1	6.5	49.6	17.3	7.5
1914 年净国民财富中海外资产所占的比例	32.1				
占全球外资的份额	41.8			19.8	12.8

资料来源：Fers（1930）；Edelstein（1982）；Maddison（1995，2003）；Levy-Leboyer and Bourguignon（1990）；Jones and Obstfeld（2001）。

资本市场一体化的进程在过去的 150 年中呈现出 U 形特征（Obstfeld and Taylor，2004）。其中，紧随 19 世纪末一体化进程之后的是两次世界大战之间和平时期一体化的崩溃。随后，20 世纪末又出现了缓慢的再一体化。Obstfeld 和 Taylor（2004，p. 55）指出，1870 年海外资产占世界 GDP 的比重是 7%，但是在 1900—1914 年该比例则高达 20% 左右。这一指标在 1930 年仅为 8%，1945 年仅为 5%，到 1960 年仍然只有 6%。但是，到 1980 年猛增到 25%，1990 年增到 49%，到 2000 年则高达 92%。基于这个测量方法，直到 20 世纪 70 年代的某个阶段，一体化的程度才恢复到 1914 年以前的水平。另外一种测量一体化的方法是由 Feldstein 和 Horioka（1980）提出的。国际资本流动打破了以往国内储蓄和国内投资的联系，因为国内储蓄可以用于国外投资，国内投资也可以来源于国外资金。因此，国内储蓄和国内投资的联系越弱，国际资本流动率越高。这样，我们从数据中再次得出一条 U 形曲线。第三种测量方法是债券利差。外围经济体（包括欧洲和其他地方）与英格兰、法国、德国之间的平均债券利差从 1870 年的 5% 下降到了 1914 年的 1%（Flandreau and Zumer，2004）。Mauro、Sussman 和 Yafeh（2002）的研究发现：新兴市场债券利差在这一时期（1870—1914 年）还不到 20 世纪 90 年代的一半，这也体现了在这一时期人们认为海外投资是十分安全的。

资本市场一体化不是一个连续的过程。在当今世界也是同样的，资本接受国易受资本流入"骤停"的影响（Calvo，1998），这也会导致资本一体化逆转。第一波资本市场一体化中止于 1891 年的巴林危机（Baring crisis of 1891）。资本急剧下降持续了将近十年，直到世纪之交，大规模的国际借贷才再次重启。

如何解释 19 世纪末期的资本市场一体化现象呢？普法战争与第一次世界大战之间的时期，主要的资本流出国之间在军事上和平共处，这在大环境上有助于海外借贷的产生和稳定发展。与之相对应的另外一种政治解释则极具争议。马克思主义者一直认为，19 世纪末期的资本输出和帝国主义只是一枚硬币的两面：极度不平等的收入分配制度导致国内储蓄过剩，根据马克思关于利润率下降的定律，国内投资收益率下降，因此，过剩的储蓄需要在不发达国家寻找出口。根据这一观点（与 J. A. Hobson 一起提出），列宁提出，帝国主义是资本主义的最高阶段。关于帝国主义和资本输出之间的联系的争论随后被认为是不可信的，不过最近对帝国主义更温和的解释被历史修正主义学家重新提出。例如，Ferguson 和 Schularick（2006）指出，由于产权得到保护而出现的利率大幅下降的现象，英国的殖民国家反而因为自己的殖民国家这一身份受益。但是，表 1.4 的数据显示，被殖民与资本流动的方向和规模可能没有关系。所有英属殖民地（不包括加拿大、澳大利亚和新西兰）加起来获得了英国资本输出额的 16.9%，而美国一个国家就获得了 20.5% 的份额。法国和德国的数据也显示了相同的现象，殖民地分别只获得它们各自宗主国总资本输出额的 8.9% 和 2.6%。

表 1.4   英、法国、德国对外投资流向表（1870—1913 年）   （%）

	英格兰	法国	德国
欧洲			
俄国	3.4	25.1	7.7
奥斯曼土耳其帝国	1.0	7.3	7.7
奥匈帝国	1.0	4.9	12.8
西班牙和葡萄牙	0.8	8.7	7.2
意大利	1.0	2.9	17.9
其他国家	2.5	12.2	
总和（欧洲）	9.7	61.1	53.3
新建立的定居点（拉丁美洲以外的地区）			
美国	20.5	4.4	15.7
加拿大	10.1		
澳大利亚	8.3		
新西兰	2.1		
总和	41.0	4.4	15.7
拉丁美洲：新建立的定居点			
阿根廷	8.6		
巴西	4.2		
总和	12.8		
总和（新建立的定居点）	53.8		
其他国家			
墨西哥	2.0		
智利	1.5		
乌拉圭	0.8		
古巴	0.6		
总和（拉丁美洲）	17.7	13.3	16.2
非洲	9.1	7.3	8.5
亚洲			
印度	7.8	4.9	4.3
日本	1.90		
中国	1.8		
总和（亚洲）	11.5	4.9	4.3
其他	11.0	9	2
总和	100.0	100.0	100.0
殖民地	16.9	8.9	2.6

注：俄国和奥斯曼土耳其帝国的数据包括亚洲的数据。"殖民地"不包括澳大利亚、加拿大和新西兰。

资料来源：Feis（1930）；Stone（1999）；Esteves（2007）。

在经济制度和经济政策角度的研究中，很多研究者把重点放在对金本位制的研究上（Bordo and Rockoff，1996），最近也有很多研究重点关注稳健的财政政策（Flandreau and Zumer，2004）。实行金本位制对全球金融一体化的促进作用被认为主要有以下两个方面：一是金本位制消除了汇率风险。二是金本位制度下政府更倾向于采取保守的货币政策和财政政策，从而能够保证潜在投资者的收益的适度安全。

虽然经济制度和经济政策能够促进国际资本流入，但是，如果投资者没有得到在特定国家应该得到的收益率，那么这些经济政策和制度是无法吸引他们的。因此，我们把经济基础作为解释国际资本流向和规模的决定因素。英国资本流出量的50%以上都流向了可以开采资源的新殖民地（见表1.4），而不是劳动力便宜的地区（如亚洲和非洲）。如果这些"新世界"（资源丰富的新殖民地）为欧洲消费者提供粮食，为工厂生产原材料，那么必须得在那里修建铁路使得资源能够容易获得，土地也需要被改良，房屋和基础设施也要提供给那里的开拓者。Clemens 和 Williamson（2004）提供了支持这一观点的计量经济学方面的证据。数据显示，英国的资本输出大都流向了自然资源丰富、移民众多、城市居民年轻且受教育程度高的国家。他们也发现，最为重要的是，是金本位制和帝国主义促进了对外投资、供给和需求，而不是市场之间摩擦的存在或不存在而导致的市场价差。不过，法国和德国的例子有些不一样，需要我们进一步研究。英国、法国和德国对亚洲和非洲的投资都不积极，但是，法国和德国分别对其他欧洲国家输出了资本输出总额的61.1%和53.3%。相比较来说，对"新世界"国家的资本输出在这两个国家并不是很重要。

移民（1870—1914 年）

在移民区内，即使与当今时代相比，19世纪末期都是全球化程度最高的时期。19世纪初，大陆间的移民主要是奴隶贩卖。19世纪20年代，美洲的自由移民年平均数只有15 380人，只占奴隶移民年平均数的1/4左右。20年后，自由移民的年平均数达到了奴隶移民的四倍，大约是每年178 530人（Chiswick and Hatton，2003，p.68）。进入20世纪，随着意大利人和东欧人加入了西北欧的传统移民队伍，美洲的年自由移民数超过了一百万人（见图1.2）。某些特定国家的移民数是非常巨大的（见表1.5）：在19世纪80年代十年间，在爱尔兰每千人中有141.7人移民，在挪威每千人中则有95.2人移民；20世纪前十年意大利的这一数据是107.7人。当然，这些数据都是总数而非净值，移民回流的规模随着时间和国家的不同而不同，移民回流人数占移出人口的比例从移民初期的10%上升到了世纪之交的30%（ibid，p.70）。移民回流率在意大利人和希腊人中非常高，但是，在爱尔兰人、东欧犹太人等人群中移民回流率是非常低的。除了这些跨大洋的移民之外，欧洲内部的移民现象也非常明显，例如，从意大利到法国、从爱尔兰到大不列颠岛等。西欧的年均对外移民数在19世纪70年代是2.2人每千人，而20世纪初则达到了5.4人每千人。

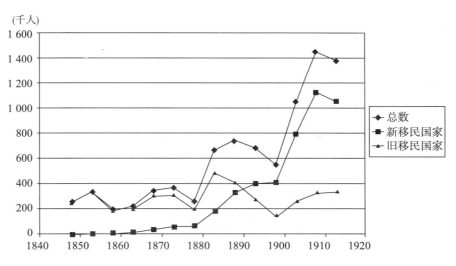

图 1.2 欧洲年平均移民情况（1846—1915 年）

注："旧"移民国家指的是英国、爱尔兰、德国、斯堪的纳维亚、法国、瑞士和低地国家①。"新"移民国家指的是意大利、奥匈帝国、俄罗斯帝国、伊比利亚和巴尔干半岛地区。

资料来源：Kirk（1946，p. 279）。

表 1.5　　　　　　　　　　　按年代划分的移民情况表（每千人）　　　　　　　（单位：人）

国家	1851—1860	1861—1870	1871—1880	1881—1890	1891—1900	1901—1910
奥匈帝国			2.9	10.6	16.1	47.6
比利时				8.6	3.5	6.1
不列颠群岛	58.0	51.8	50.4	70.2	43.8	65.3
丹麦			20.6	39.4	22.3	28.2
芬兰				13.2	23.2	54.5
法国	1.1	1.2	1.5	3.1	1.3	1.4
德国			14.7	28.7	10.1	4.5
爱尔兰			66.1	141.7	88.5	69.8
意大利			10.5	33.6	50.2	107.7
荷兰	5.0	5.9	4.6	12.3	5.0	5.1
挪威	24.2	57.6	47.3	95.2	44.9	83.3
葡萄牙		19.0	28.9	38.0	50.8	56.9
西班牙				36.2	43.8	56.6
瑞典	4.6	30.5	23.5	70.1	41.2	42.0
瑞士			13.0	32.0	14.1	13.9

资料来源：Hatton 和 Williamson（1998，表 2.1）。

---

① 低地国家（Low Countries）指的是荷兰、比利时和卢森堡三个国家。——译者注

现在人们已经理解了这种大规模移民的现象出现的原因（Hatton and Williamson，1998，2005）。一方面，非常明显，"新世界"的土地人口比远高于欧洲，因此，与欧洲的工人相比，美国和澳大利亚的工人其工资要更高。与"新世界"相比，英国工人的实际工资不到"新世界"地区工资率的 60%，爱尔兰的这一数据是 44%，挪威的这一数据则仅为 26%（Hatton and Williamson，2005，p. 55）。因此，移民带来的潜在收益率是非常高的，一旦新的蒸汽技术将运输成本降到足够低，那么大规模移民就不可避免了，特别是 19 世纪的移民政策还是相对宽松的。不过我们稍后就会注意到移民政策的发展变化。

另一方面，一个需要解决的问题是，是什么决定了不同国家移民潮出现的时间？显然，穷国比富国的移民收益率要高，但是为什么英国这样的富裕国家的移民潮却要早于意大利这样的穷国？什么原因导致了法国的移民特别少而爱尔兰和意大利的移民特别多？什么因素能够解释表 1.5 中几个国家的移民率先上升后下降的现象？Hatton 和 Williamson 为这些现象给出了一个简单的解释。从图 1.3 中可以看出，给定一个欧洲经济体，EM 是一条有关移民率与本国工资率关系的向下倾斜的曲线：在其他条件不变的情况下，如果本国工资率上升，那么移民率应该下降。在一个特定的经济体中，移民率一开始的上升（例如，从 e_0 到 e_1），一定是因为移民函数从 EM 向右移动至 EM'，因为在 19 世纪晚期的欧洲，工人的工资是上升的（例如，从 W_0 到 W_1）而非下降的。另外，EM 向右移动是由许多因素造成的。第一，想成为移民的人最先可能因为跨大洋的运费过高而无法成行，但是，随着运输费用的下降，大量的移民也就可以离开他们的故乡了。第二，早期移民可以通过汇款或者预付船票的方式来解决阻止潜在移民离开家乡的贫困问题。海外各国的移民数量大增，使得移民率也随之增长，这就是所谓的"亲朋效应"。第三，这一时期欧洲各国的人口出生率均在上升，产生了大量年轻的、可自由流动的劳动人口。第四，本卷第 3 章所研究的工业化常常被认为是导致劳动者与土地分离的原因，工业化提高了劳动者的流动性。

上升的人口出生率、人口的结构性变化以及下降的运输成本导致移民率上升。这一现象最先发生在富裕国家，因为富裕国家的工人是最先能够承担起运费的。紧接着，随着整个欧洲生活水平的提高，贫穷国家的工人也开始移民。因为存在"亲朋效应"，移民最早存在自我强化的现象。所有这些因素，导致了 EM 曲线向右移动。但是最终移民曲线趋于稳定，并且当其稳定时，移民就存在自限性。这主要是因为：随着家乡劳动力供给的减少，家乡的实际工资将被推高（由 W_1 到 W_2），经济状况使得 EM 曲线向上移动，移民率下降（e_2）。Hatton 和 Williamson 的研究表明：法国的低移民率和爱尔兰的高移民率可以只用经济基础来解释，而与两个国家的文化行为的差异无关。这个模型适用于整个欧洲，可以成功地解释大多数国家的移民现象。因此，爱尔兰的高移民率可以用 19 世纪 40 年代的饥荒来解释，饥荒导致大量爱尔兰移民涌向"新世界"。而法国的低移民率可以用提前于其他国家的生育率变化来解释。总之，经济理性可以很好地解释这一时期欧洲的移民现象。

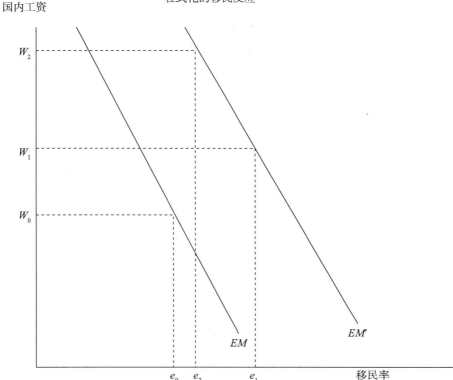

图 1.3　一个移民的程式化模型

资料来源：Hatton 和 Williamson（1988，p.36）。

知识贸易（1870—1914 年）

经济全球化并不只是简单的商品和生产要素的流动，它也包括技术转移和人才等其他知识资本的交换。

19 世纪末期的技术流动是相对自由的。在欧洲和大西洋地区，虽然法律禁止技术工人移民（英国在 1825 年废除相关规定）和机器出口（英国在 1842 年废除相关规定），但是技术循环流动还是进行过很长一段时间。全世界的纺织品工厂都使用同样的机器，这些机器通常都是从英国进口的（Clark，1987）。如果造船、钢铁、电报、电话等技术没有适应性问题，那么其在世界上传播的速度是非常快的。欧洲内部相互交换技术，并向欧洲在海外的殖民地及其他国家传播技术。同时，欧洲也从其他国家（主要是美国）引进技术。日本特别勤奋地学习这些技术（Jeremy，1991）。

有几个因素加快了技术转移的速度并扩大了所能扩展的范围。首先是移民变得容易了。其次，帝国主义使得欧洲的企业家在海外投资，获得海外工人低工资的优势，而不必担心投资可能会被敌对政府没收。再次，运输和交流成本的下降提高了思想、新产品和机器的传播速度。最后一个因素尤其重要，即，虽然培训仍然是必要的，但是随着机器的技术含量越来越高，工人不再需要很高的技术水平。在这种情况下，公司可以大量输出资本产品。例如，Lancashire 郡的公司 Platt 在 1845 年到 1870 年之间，至少出口了它们生产的棉纺织机器的 50%（Clark and Feenstra，2003）。旨在鼓励进口替代的明确政策导向促进了国内的技术效仿，其中有成功的案例也有失败的案例。日本在纺织机器制造方面成功地替代了它的英国供应商，而法国的电话产业却没能超越它的美国供应商，因此法国不得不推迟许多重要技术的推广。

为了避开这些限制以及更好地保护它们的知识产权，一些公司在国外建立工厂，在这一时期把自身发展成为跨国公司。有时候，它们做这些的目的是建立一个受保护的内部市场，例如，由于各国的保护主义政策，到 1911 年万国收割机公司（International Harvester）已经在法国、德国、俄国以及瑞典生产收割机（Wilkins，1970，pp. 102-103）。瑞典公司爱立信（Ericsson）和美国公司西部电器（Western Electrics）为了在欧洲多国赢得电话合同，不得不建立自己的海外分支机构（Foreman-Peck，1991）。有时候海外直接投资的原因可能仅仅是，就像厂商理论所预言的那样，想要通过市场转移国外的新技术是非常困难或者不可能的：辛格把他发明的缝纫机技术授权给一个法国制造商以获得盈利的尝试就是完全失败的。法国制造商拒绝向他付款，甚至向他隐瞒它实际生产了多少缝纫机的事实（Wilkins，1970，pp. 38-39）

国际科技组织的建立也有助于新技术的传播。海军建筑师协会（The Institution of Naval Architects）于 1860 年在英国建立，通过各个国家有组织的会议以及成员内部的联系，创建了一个专业的和高知识含量的国际化网络（Ville，1991）。国际科学会议和国际组织的数量大量增加（见图 1.4）。反常的是，在同一时期，科技成了欧洲国家之间竞争的一种武器。除了军事上的直接应用，学术活动也被当做一种外交武器。邀请外国科学家、参加国际科技会议都成了法国和德国之间竞争的一个重要组成部分，它们都想加强与同盟的中立国家（尤其是美国）的联系（Charle，1994，ch. 8）。

政府加强了正式的技术合作。国际电话联盟（International Telegraph Union）创建于 1865 年，万国邮政联盟（Universal Postal Union）创建于 1874 年。人道主义合作也在这一时期加强，例如，红十字会（Red Cross）创建于 1863 年，第一份《日内瓦公约》（Geneva Convention）于 1864 年签署。大多数主权国家，无论是欧洲国家还是非欧洲国家，都加入到了这些国际组织之中。全球化不断加强的另一个表现是国际交流和竞争的不断增加。世界博览会（World Fairs）是各个国家展示自身技术实力的官方平台。1876 年的世博会在美国费城举行，这是历史上世博会第一次在欧洲以外的国家举行，并且史无前例地加入了日本和中国的官方展示。第一次威尼斯双年展（Venice Biennale）于 1895 年举办，现代奥运会开始于 1896 年。1901 年五个诺贝尔奖首次颁发。

工人运动也越来越国际化。社会主义理想反对民族主义，社会主义者认为为了工人的利益，应提倡国际联合。第一国际（The first International）创建于 1864 年，第二国际创建于 1889 年，后者包括了日本和土耳其。这些事件的重要性难以估量。国际化合作，尤其是泛欧洲化合作，以及科技、文化方面的合作已经存在了很长时间。事实上，在第一次全球化浪潮之前，关于战争规则以及公共产品管理（例如公海）国际社会上已经达成了共识。一定程度上可以说，精英文化全球化的鼎盛时期发生在 1870 年以前。19 世纪下半叶，国民文化的认同感有了重要发展，导致民族主义者的文化认同在 19 世纪下半叶得到重视，使得文化活动在变得流行的同时被肢解。随着这些国民文化活动的流行，国际文化和科学合作的形成可以被看做民族主义兴起的结果，但是国际文化和科学合作的长远发展是远非民族主义能够推动的。

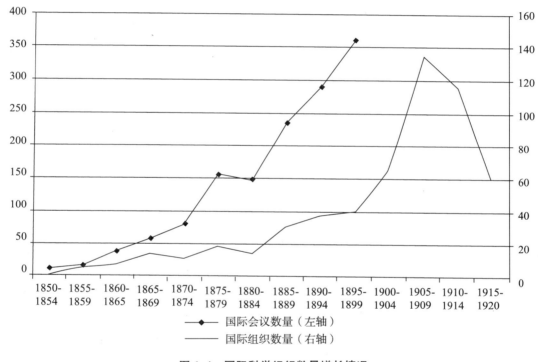

图 1.4　国际科学组织数量增长情况

资料来源：国际协会联盟（1957，1960）。

全球化的影响

全球化和生产要素价格趋同

正如我们所见到的那样，19 世纪末期的特点就是繁荣的商品贸易和从"旧世界"到"新世界"的移民浪潮。那么，这将怎样影响国家内部以及国与国之间的收入分配呢？

我们将从贸易开始研究。根据赫克歇尔—俄林理论的逻辑，"新世界"土地资源丰富而劳动力匮乏，所以"新世界"应该用自己的粮食和原材料来交换欧洲的工业制成品。贸易将导致工资租金比（w/r）在国际范围内趋于一致。在 w/r 高的"新世界"经济体中，随着农民出口产品数量的增加，w/r 将下降，制造业将面临国际竞争的压力。在土地资源匮乏的欧洲，w/r 比较低，随着更多工人被日益壮大的制造业工厂所雇用，w/r 将会上升。而且，由于大量廉价农产品的进口，土地租金价格也会相应降低。此外，贸易会导致生产要素的绝对价格趋于一致，欧洲的低工资将提高到与"新世界"一样的高工资水平，欧洲高昂的土地价格也将下降到"新世界"土地价格的水平。

总的来说，这些预测与 19 世纪末期的状况非常接近（O'Rourke and Williamson，1999）。1870 年到 1910 年，英国、法国、瑞典的实际土地价格都下降了，其中英国的实际土地价格的下降幅度超过 50%，而"新世界"的土地价格则大幅上涨。此外，1870 年以后的四十年，生产要素的相对价格也趋于一致，工资租金比（w/r）在欧洲上升，在"新世界"下降（Williamson，2002a，Table 4，p. 74）。从 1870 年到 1910 年，英国的 w/r 增长了 2.7 倍，爱尔兰的这一数据为 5.6 倍，瑞典的这一数据为 2.6 倍，丹麦的这一数据为 3.1 倍。实施保护主义政策的国家的增长幅度则不太大：法国的 w/r 增长了 2.0 倍、德国的 w/r 增长了 1.4 倍，西班牙则完全没有增长。这些数据显示了贸易与要素价格之间的某种趋势，而这种趋势也可通过计量模型实证检验与 CGE（可计算一般均衡）模拟所证实。反过来看，工资租金比（w/r）的这种趋势暗示着欧洲的收入分配将更加公平，因为土地所有者的境遇比不熟练工人会更好。

除了赫克歇尔—俄林的预测，有一种更简单的原因可以解释为什么运输成本的降低有利于欧洲的工人。在工人的大部分工资都要用于购买食物的时期，运输成本的降低意味着食物价格的下降，因此工人的实际工资也就随之上升。对农民不利的恰恰是对工人有利的。和现在一样，总的来说，这也解释了为什么欧洲的社会主义政党都更支持自由贸易。英国的工人能够从自由贸易中得到更多好处，不仅因为自由贸易能够降低食物成本，而且因为在英国，农业从业者数量在总的就业数量中所占的比例很小（1871 年只有 22.6%），因此任何对农村劳动力需求的不利影响对整个劳动力市场的影响都不大。O'Rourke 和 Williamson（1994）估算，1870 年到 1913 年，英国的实际工资上升了 43%，这其中有不少于 20% 的增长是直接由运输成本的下降引起的。此外，在更多的农业国家，如果把农业就业量和农业工资压得太低，那么低廉的粮食价格对工资的净影响可能是消极的。

这一时期，移民是在全球化过程中对欧洲工人的生活水平影响最大的因素。图 1.5 显示了爱尔兰、意大利、挪威三个大规模移民国家的城市非熟练男工人的工资（经购买力平价修正过的数据（PPP-adjusted））相对于英国（那个时代经济领先的国家）城市非熟练男工人的工资。1870 年到 1910 年间，移民导致爱尔兰的劳动力减少了 45%，导致意大利的劳动力减少了 39%，导致挪威的劳动力减少了 24%（O'Rourke and Williamson，1999，表 8.1）。数据显示这三个国家人民的生活水平上升的速度比英国要快。在这段时期，爱尔兰的实际工资水平从英国工资水平的 73％上升到英国工资水平的 92％，而挪威的工资水平则从英国工资水平的 48％上升到英国工资水平的 95％。在意大利，直到世纪之交才出现工资与国际水平趋同的现象，那时也是意大利移民率急速上升的时期。从那时起，意大利的工资水平从 1900 年英国工资水平的 40％上升到了 1913 年英国工资水平的 56％。同样，挪威的工资水平继续上升到与美国的工资水平一致，意大利的工资水平到 1900 年开始与美国趋同，爱尔兰的工资水平在这一时期一直与美国的工资水平趋同，不过在这个阶段的最后 20 年美国的工资水平迅速提高，从 1895 年开始，爱尔兰的工资水平与美国的工资水平差异渐显。

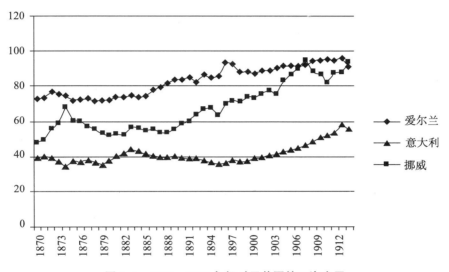

图 1.5　1870—1913 年相对于英国的工资水平

资料来源：O'Rourke 和 Williamson（1999）研究的相关数据。

计量研究和相关模拟研究都显示，对很多如爱尔兰这样的国家来说，移民是推动这些国家人民的生活水平与世界趋同最重要的因素。这些发现能够推广的程度又如何呢？Taylor 和 Williamson（1997）测算了 1870 年到 1910 年大西洋经济圈中 17 个国家的移民对劳动力市场影响的数据。他们发现，移民导致爱尔兰的工资水平上升了 32％，导致意大利的工资水平上升了 28％，导致挪威的工资水平上升了 10％。1870 年到 1910 年期间，全球实际工资差异减少了 28％，这体现了穷国的工资水平与富国的工资水平在趋同，但是如果缺少了大量移民的因素，那么全球实际工资差异则会上升 7％。实际上，在这个时期，"旧世界"和"新世界"的工资差从 108％下降到了 85％，但是，如果没有大量移民，那么工资差会在 1910 年上升到 128％。结果表明，1870 年到 1910 年超过所有的实际工资的趋同（125％）都是移民造成的。即使津贴补助使得资本追逐劳动力成为可能，使得移民对资本劳动比率的影响降低，移民也仍然是决定生活水平趋同的重要因素，它大概能够解释生活水平趋同程度的 70％。移民因素完全说明了爱尔兰和意大利与美国生活水平的趋同，65％～87％的程度上说明了这两个国家与英国生活水平的趋同。19世纪的移民史给我们的最大启示是：移民非常有利于贫困经济体（Williamson，2002b）。

资本流动、外围经济发展和关键福利

假设各国需求形态相同的生产函数中只有资本和劳动这两个投入要素，那么欧洲外围国家的低工资水平则应是由资本劳动比率过低造成的。同时，资本劳动比过低也会使得资本报酬率比较高。按照这一逻辑，欧洲外围国家是否就真的能吸引外国资本输入？若真的能够吸引，则外国资本输入是否能像预想的那样，提高资本劳动比率，从而提高工资水平？

我们将从瑞典开始研究，瑞典是少数几个拥有相对可信数据的国家之一。1870年以后瑞典接收的外国资本输入使得瑞典的资本储备量比没有资本输入的情况增加了50%，从而使得瑞典的实际工资上升了25%（O'Rourke and Williamson，1999）。瑞典可能是第一次世界大战之前欧洲国家中从资本输入中获得好处最大的国家。丹麦和挪威也同样从资本输入中获益不少，虽然由于资本输入数量相对较少，其获益程度不如瑞典。

因为缺少数据且已有数据可信度不高，因此对丹麦的研究得出的结论不能直接复制到其他欧洲外围国家。奥匈帝国就是一个例子（奥匈帝国是1914年以前欧洲除俄国以外最大的外围经济体）。从帝国"外部"来看，例如考虑到来自欧洲核心国家的投资，（1867—1918年）奥匈（二元）帝国（dual monarchy）似乎得到了大量的资本输入（见表1.4）。但是，最近的一项研究表明，复原奥匈帝国当时的国际收支状况可以发现，1880年到1913年之间奥匈帝国输出的资本比输入的资本要多（Morys，2006）。同样的不确定性也存在于意大利、西班牙、葡萄牙等国的案例之中。也有证据显示欧洲的另外一个外围国家爱尔兰也从1870年开始出现资本输出的情况。

即使仔细地研究后发现一些欧洲外围国家确实存在净资本输入，也不能解决下面这个问题：为什么欧洲外围国家不能吸引更多核心国家的资本？这也是19世纪卢卡斯悖论（Lucas paradox）的要点所在：虽然穷国的工资水平更低，但是资本还是更倾向于流向富国而非穷国（Lucas，1990）。对于19世纪末期欧洲的这一现象有三种解释。第一，可能是由于欧洲外围国家的劳动生产率过低，因而资本不愿流向那里（Clark，1987）。但是这种解释的问题在于，它回避了问题的实质，那就是为什么欧洲劳动生产率会低。第二，可能是由于货币不与黄金挂钩阻碍了外国投资者在这些国家投资。支持这一理论的证据之一，是外围国家中的斯堪的纳维亚国家的货币都是与黄金挂钩的，这些国家都有大量资本流入。第三，原因可能仅仅在于欧洲外围国家不如地广人稀的"新世界"对投资者的吸引力大。

接下来我们转向研究进行资本输出的核心国，观察一下资本流动对核心国家的福利水平有哪些影响。表面上看，这个问题的答案很明显。基于海外与国内投资相对利润率的考虑，投资者都更倾向于投资于海外而不是国内。资本输出对核心国家应该非常有利，虽然降低了 GDP（产出）但是提高了 GNP（收入）。然而，很多学者认为资本输出损害了核心国家的国内经济。1931 年的麦克米兰报告（Macmillan Report）指出，整个伦敦城都有组织地排斥国内借款人而更青睐在国外投资。缺少资本的英国工业发展缓慢。如果资本充足，那么情况绝对不会是这样。换一种说法，大家长久以来都在争论为什么后维多利亚时代的英国衰退了（相比英国当时主要的竞争对手美国和德国，英国的经济增长表现比较弱），可以再多讨论一个问题：后维多利亚时代的英国资本市场是不是衰退了？

在一个里程碑式的研究中，Edelstein（1982）指出 1870 年到 1913 年国外证券投资的实际收益率要比国内高。这个结论在考虑风险因素的情况下依然成立。虽然这个结论（参见 Goetzmann and Ukhov，2006）能为后维多利亚和爱德华时代英国的投资者开脱，但是问题依然存在：英国如果通过对资本输出征税（Temin，1987）等手段促使更多的储蓄留在国内，那么英国的经济是否会表现得更好？在此一定有人会问：当时限制英国发展的真正原因是什么？研究表明当时的企业家拥有的内部资金十分充足，并且很容易就能从当地的融资机构获得资金支持。事实上，就充分利用第二次工业革命所带来的难得的机遇而言，当时缺少的是高度熟练的技术工人。对资本输出进行限制一定不是促进国内科技工业发展的最好方法，政府支持的普通教育和技能教育可能才是促进科技发展的办法。

所谓的对资本输出和国内工业进行权衡的争论，往往忽略了海外投资带给欧洲消费者的正外部性。由于海外投资的很大部分用于修建铁路等公共支出，所以这大大降低了进口食物和原材料的价格，而这些是影响欧洲福利水平的关键因素。

帝国主义和欧洲福利

1880 年，欧洲的殖民地加起来超过 2 450 万平方千米（不包括俄国），并有 3.12 亿居民。到 1913 年，欧洲的殖民地达到了 5 250 万平方千米，超过地球陆地面积的三分之一，有 5.25 亿居民。英国、法国、荷兰、西班牙和葡萄牙在很长一段时间里都是殖民国家。比利时、德国和意大利在这一时期也加入了它们的阵营。1880 年，英国控制了所有殖民地地区中 93% 的领土和 87% 的人口（包括主权），而 1913 年英国则控制了所有殖民地地区中 61% 的领土和 71% 的人口（包括对这些地区的管辖权）（Etemad，2006）。

前面已经提到过，Lenin 受 Hobson 等人的启发，认为成熟的欧洲经济体系必须在帝国主义的条件下才能维持。这种观点已经被认为是不足信的。对殖民地的资本输出是重要的，但并不占主导地位。应该认识到，欧洲的煤炭可以自给自足，铁矿石及其他矿产资源也基本上可以自给自足。虽然纺织品的原材料，比如棉花，不能在欧洲大量生产，但是美国可以为宗主国大量提供棉花。同时，殖民地国家只能吸收西欧出口商品的 15%，并不是欧洲商品的主要出口地（Bairoch，1993）。

不可否认，欧洲贸易商是帝国主义形成的重要驱动力。这些贸易商认为，政治上的控制可以便利他们与非洲和亚洲的生产者和消费者之间的经济交流。一些实业家认为，创建一个保留市场有利于国际竞争，并设法说服某些政客相信这个观点。这些政客包括约瑟夫·张伯伦（Joseph Chamberlain，1895 年至 1903 年期间担任英国殖民大臣）、茹费理（Jules Ferry，1880 年至 1881 年以及 1883 年至 1885 年担任法国总理）及克里斯皮（Francesco Crispi，1887 年至 1891 年以及 1893 年至 1896 年担任意大利总理）。

帝国主义并非一定能给欧洲列强带来净收益。帝国主义是否能带来收益的辩论主要集中在大英帝国，因为它是那时最大的帝国，并且是唯一控制着经济发达的殖民地的帝国。由 Davis 和 Huttenback（1986，p. 107）的研究可以得出，1880 年以后英国私人在帝国内投资比在英国国内投资的回报率高，但是比在国外投资的回报率要低。在帝国投资的直接成本并不高，因为就像其他殖民者一样，英国试图让殖民地为它们自己付费，英国则主要提供大灾救援、军事行动资金、航运和电缆补贴等。间接的军费开支则显得更为重要，因为除了在印度外，英国在殖民地的一般军事开支非常少。所有这些观点经过广泛的辩论之后，最后的结论可以用 Avner Offer（1993）的观点来揭示，Avner 的观点明显是正确的——第一次世界大战期间，英法帝国的军事"债务"都是被全额支付的。

为了衡量帝国主义对欧洲福利的影响，用适当的反事实（counterfactual）方法进行分析是至关重要的（Edelstein，2004）。如果没有正式的帝国主义，那么非洲、加拿大、南亚以及大洋洲能否发展到它们当时的水平？它们能否像美国一样有能力对欧洲的出口设置高关税壁垒？或者，它们的经济发展与世界经济的联系是否会大大低于当时的水平？英属加拿大的替代者会是美国还是阿根廷？如果没有帝国主义，那么非洲国家（如一些帝国主义国家害怕的那样）是否都会像埃塞俄比亚一样，不与外界进行贸易，一直保持独立落后的状态？根据对这些问题的答案的探究，Edelstein 指出，英国帝国主义在 1913 年对 GDP 的贡献可能在 0.4% 到 6.8% 之间，1870 年其对 GDP 的贡献则在 -0.2% 到 4.5% 之间。这些数字可能高估了帝国贸易的好处，因为 Edelstein 假设不存在改变方向的以补偿帝国需求降低的贸易。但是，他也没有考虑帝国主义使得移民变得便利所带来的影响，尤其是从英国到大洋洲的移民。对其他欧洲国家并没有类似的估算。其他欧洲列强的殖民疆域要小一些，但是，由于它们没有承诺自由贸易，所以它们可以操纵贸易条件，从而最大化自己的商业利益。例如，葡萄牙在里斯本通过转口非洲商品来获得外国货币。帝国主义给每个国家带来的最终结果都是不同的，但是总的来说，不管是积极影响还是消极影响，都要小于国内经济规模（O'Brien and Prados de la Escosura，1998）。

即使帝国主义对全球经济的影响比较小，它在再分配方面的作用也是非常重要的。当然，虽然纳税人有明显的成本，但是对于军队和国家机器来说是处处受益的。在英国，Cain 和 Hopkins（2002）指出，帝国主义带来的经济利益主要集中在"绅士资本家"（gentlemanly capitalists），即伦敦和英格兰东南部的金融人士和食利者手里，而对国内的工业企业家等"现代"势力集团不利。另外，一些工业出口集团也肯定是从中受益的。总之，欧洲在帝国主义的过程中获得的好处较少且不确定。更重要的是，帝国主义给殖民地国家带来的好处很可能要小于给它们增加的成本，虽然这一研究还在探索当中。

全球化的冲击

贸易

　　19 世纪，欧洲贸易政策趋势最初加强了运输成本下降所带来的影响（第一卷第 4 章），不过这个趋势在 19 世纪 70 年代开始改变，这种改变主要是源于洲际贸易对要素价格的影响。如我们发现的那样，贸易损害了欧洲大陆的利益。只要这些损害的影响足够大，那么受影响地区的立法反应是很容易预见的。在德国，俾斯麦在 1879 年同时实行了保护农业和工业的政策，法国在 19 世纪 80 年代和 1892 年两次提高关税；瑞典在 1888 年重新实施农业保护的政策，在 1892 年工业保护政策则越来越多；意大利在 1878 年适度提高了关税并随后在 1887 年实施更高的关税。作为一个粮食出口国，俄国几乎不用担心自由贸易中农产品出口量的减少，但是，俄国确实是最早放弃自由贸易的国家之一，即便是俄国以往的自由贸易，在任何情况下也都是不完全的自由贸易。俄国分别在 1877 年、1885 年和 1891 年三次大幅提高工业品关税。俄国这一举措的目的是促进工业化。同时，除采取提高关税的政策外，俄国还对纺织品生产者提供出口补贴。奥匈帝国和西班牙在 19 世纪 70 年代和 80 年代也大幅增加贸易保护措施。巴尔干国家继承了它们的统治者奥斯曼帝国的自由贸易政策，虽然比俄国和德国的时间晚，但是，它们也慢慢走向了贸易保护主义。奥斯曼帝国实行缓慢提高关税的政策，并在第一次世界大战之前达到了 11％ 的关税税率（Bairoch，1989）。

　　一些小国维持了相对自由的贸易政策，这些国家包括荷兰、比利时、瑞士和丹麦。丹麦还完成了从粮食出口国慢慢向进口粮食、出口动物制品的国家的转变。虽然约瑟夫·张伯伦曾经试图改变，但是，英国还是保持了自由贸易的政策。那么，如何解释这些例外情况呢？经济因素的影响是非常重要的。例如，丹麦和英国能够维持农产品的自由贸易，因为它们都不太容易受到全球化引起的价格和租金降低的影响。在丹麦，粮食价格一开始就很低，而且部分由于丹麦合作社模式的成功，它们正好可以满足英国对黄油、鸡蛋和培根等的不断增长的需求。在英国，农业规模已经远不如之前，因此，农业产值进一步减少对整体经济的影响不大。在其他地方，全球化的进程渐渐影响了自身的发展。此外，这种向农业保护主义的转变逐渐变成了永久性的，成为当代共同农业政策（Common Agriculture Policy）的先驱。

移民

虽然移民对欧洲工人有利，大规模的移民却对它们的海外同行不利。Hatton 和 Williamson（1998）的研究发现，移民导致美国非技术工人的工资降低。虽然这个研究是在其他条件不变的假设下进行的（其实这个阶段的经济增长使得居民生活水平普遍提高），但是，移民的影响还是非常大的。相对于没有移民的情况，移民大约降低了美国非技术工人 8％的实际工资，这一数字在加拿大为 15％，在阿根廷为 21％（Taylor and Williamson，1997）。例如，美国在1888 年开始禁止中国人移民美国，1891 年颁布书面文件禁止"很有可能成为公共负担的人"、"需要援助的人"移民美国（ibid.，p.765）。1917 年以前美国一直在收紧移民政策，那时候想要移民美国的人必须参加文化水平测试，这就有效限制了大多数低技能工人移民美国。同样的趋势在加拿大和阿根廷也存在。从相对放任自流的移民政策向不断紧缩的移民政策的转变说明两次世界大战期间的欧洲经济不再具备移民的"安全阀"，这个安全阀曾在 19 世纪后期人口增长和向现代经济增长缓慢转变的时期帮助维持了居民的生活水平。

民主、金本位和资本流动

1914 年夏天，全球金融一体化进程几乎在一夜之间崩塌。如果没有战争，那么战前资本市场一体化的水平是否能够维持？

第一次世界大战之前金融体系的中心支柱就是各国普遍坚持的金本位制，1913 年之前，几乎全球所有国家都采用金本位制。这种金融体系意味着政府承诺实行外部经济平衡政策，即使国内经济失衡，特别是即使失业问题严重，这一政策也不会改变。Eichengreen（1992）研究发现，1918 年以后金本位制重建的一个重要障碍是选举权的扩大，以及这所导致的工人政治权利的扩大。这些使得政府开始疑惑是否应该坚持金本位制的一些准则，像在需要的时候提高贴现率等，因为金本位制可能会与国内的政策目标相悖。然而 Eichengreen 也指出，第一次世界大战以前很多国家的选举权就已经扩大了，并且失业也已经渐渐演变成为社会问题。因此我们可以推测，即使没有战争，民主化也能成功摧毁金本位制以及第一次世界大战前国际金融体系的基础。事实上，我们可以认为，选举权扩大是 19 世纪晚期全球化浪潮的一个产物，同时，选举权扩大导致为了规范市场而进行的反补贴呼吁增加（Polanyi，1944）。从这个角度来说，我们可以再次得出结论，全球化带来的市场扩大可能会破坏全球化。

然而，我们可以提出几个反例来推翻上述推论。首先，如 Eichengreen 所说，普选权和民主化的最大的一次推进是第一次世界大战带来的结果，而非全球化带来的。其次，即使金本位制被证明是不可持续的，也不能因此推断全球金融一体化进程会终止。当代，大多数发达国家（除了欧元区）的资本流动与固定汇率无关。实际上，如 Obstfeld 和 Taylor（2004）的研究指出的那样，取消固定汇率制度使得各国可以同时追求独立的货币政策和承诺开放的金融市场。在它们看来，同时实行固定汇率制度和凯恩斯的宏观经济政策的举动导致了布雷顿森林体系的崩溃。

国内政策反应

破坏 19 世纪晚期全球化浪潮的还有强大的政治力量。这一时期的欧洲政府不仅面临着是开放还是关闭国际市场、对贸易保护主义的反全球化冲击是抵制还是妥协的两难抉择。同时，欧洲还面临着一系列辅助性配套政策的选择。在这一时期，政府可以通过这些政策——它们也确实实行了这些政策——提高自由主义国际政策的支持度。因此，Huberman 和 Lewchuk（2003）的研究发现，19 世纪末期政府大量介入欧洲的劳动力市场，社会转移支付持续上升，并且欧洲国家最终演化成现代福利国家（Lindert，2004）。整个欧洲大陆引进了一系列的劳动市场法规，例如，禁止妇女和儿童夜间工作、禁止雇用某个年龄段以下的童工、引入工厂检查制度等。这个时期也大量引入了养老保险、疾病保险以及失业保险计划。此外，在欧洲比较发达的经济体"劳动合同"覆盖的范围更广。Huberman 和 Lewchuk 用这些证据来说明工会被说服支持自由贸易和更普遍的开放，以此争取到更有利于工人的国内政策。在一篇相关的研究论文中，Huberman（2004）指出，由于劳工法例和工会压力，1870 年到 1913 年欧洲及其海外殖民地的劳工的工作时间都缩短了。这种缩短在比利时这样的小型开放经济体最为明显，在那里从 1885 年开始工党就支持自由贸易（Huberman，2008）。政府不但没有沉溺于 19 世纪后期全球化浪潮时期低劳动标准的竞争，反而加强了合作，以保证劳动标准的普遍上升。举例来说，1904 年法国与意大利签署的劳动协议，通过提高意大利的劳动标准来换取在法国的意大利工人劳动标准的提高，使得在法国的意大利工人可以与他们的法国同行享受同样的待遇。

至此，一定程度上可以说，19 时期末期政府成功应对了全球化带来的政治挑战，有时候是通过国内立法缓和贸易保护主义者的强烈诉求，有时候则是对贸易保护主义让步。即使没有第一次世界大战，1914 年以后世界贸易的增长也可能比以前慢，政府面临的政治矛盾也可能比以前尖锐。但是，如果没有第一次世界大战，20 世纪二三十年代的状况将完全改变。

【注释】

[1] 见 Bairo 1976，p. 77；Prados de la Escosura 2000 and personal communication with the author。

第 2 章 | 总增长（1870—1914 年）：生产边界上的增长

艾伯特·卡雷拉斯（Albert Carreras）

卡米拉·约瑟芬（Camilla Josephson）*

引言：从马克思到马歇尔——到列宁

主流观点对于 19 世纪上半叶英国和欧洲的经济表现的判断颇为悲观。增长被认为是很难实现的。分配方面的矛盾被认为是当时的基本问题，这种矛盾以土地所有者和社会其他成员之间以及工厂主与工人之间的分配矛盾为主。马克思在他著名的《资本论》及其他著作中都强调工人的实际工资必然下降的趋势。那个年代最热门的争论，也是一直延续至今的争论，就是对后来被称为"工业革命"的讨论以及实际工资减少的问题。这两个问题从不同的方面构成了人类对一个包含原则性和敏感度的现象的永久追问，那就是：经济增长带来的好处相对于它导致的不平等加剧所带来的危害而言是否值得？

19 世纪 60 年代的某一个阶段，学术界的氛围有所改变。大家不再认为经济生活可能的产物只是社会冲突、两极分化、收入分配的纷争等。在一些国家（几乎包括所有的发达国家），全体居民的收入都在增长，它们的经济增长方式不需要任何个人或社会群体付出代价。增长扩散到了国民经济的方方面面，并且越来越多的经济体都经历了这种增长。经济学家 Stanley Jevons、Karl Menger、Léon Walras 以及稍晚些时候的马歇尔（Alfred Marshall）所描述的就是那个时候的世界经济，也正是我们接下来要研究的。这是一个增长的世界。这是历史上第一次欧洲的大部分地区以及世界其他地区都经历了连续、持久的经济增长。

在民族国家的欧洲体系的制高点上，福利保障经常与国家权力目标结合起来考虑，并且福利目标经常居于国家权力目标之后。[1] 1870 年到 1914 年这一时

* 感谢 RTN 的所有参与者，尤其感谢本书第一稿讨论会的参与者。特别感谢为本书提供数据并应该成为本书联合作者之一的 Xavier Tafunell（UPF），以及为我们提供协助并在本书手稿写作中全程帮助我们的 Steve Broadberry（华威大学）。

期，以普法战争开始，以世界大战，即第一次世界大战的爆发结束。这两次欧洲战争可以用来定义这一时期，并且两次战争之间发生的事情并不是孤立的。马克思所预言的关于经济和社会冲突的观点被列宁在其《帝国主义——资本主义的最高阶段》一书中扩展成了帝国之间，即欧洲国家之间的冲突的观点。马克思到列宁的转变在这段时间的编年史中仍然存在。但是，我们也不能忘记这个阶段所经历的令人惊奇的巨大的经济增长。认为经济增长能够为所有的人提供更好的福利的观点在当时那代人看来是普遍的，不过在我们这代人中，这个观点才刚刚开始被接受。我们将主要研究在欧洲国家之间不断竞争的背景下，这个阶段经历的巨大经济增长、经济增长的扩散以及经济增长的源泉。

欧洲增长表现：总体评价

1870 年到 1914 年这一时期是欧洲居于统治地位的古典时期。如果我们考虑广义上的欧洲（见下文），那么 1870 年欧洲 GDP 占世界 GDP 的 46%，并且到 1913 年这一比例上升到 47%。欧洲人口占世界人口的比重从 27% 上升到 29%。1870 年，欧洲的人均 GDP 是世界平均值的 171%，并且到 1913 年这一数据仍是 165%。世界上能够挑战欧洲的霸权地位的地区也都是欧洲人建立的，包括美国、澳大利亚和新西兰。这些地区的经济增长速度比欧洲更快。它们的 GDP 占世界 GDP 的比重从 13% 上升到 26%，人口比重从 6.8% 上升到 10.7%，人均 GDP 占世界人均 GDP 的比重从 184% 上升到 240%。在欧洲之外有一个更成功的欧洲，那就是美国。接下来我们将集中精力研究欧洲的发展，但是也不会忽视美国的发展。

认为欧洲是一个由激烈争夺世界霸权的民族国家所组成的大洲的观点有坚实的根据。欧洲各国之间的军备竞赛就是一个有力的证据。各国的力量既可以通过征兵人数来体现，又可以通过制造更先进的武器的工业生产能力体现出来。在那段时期，人口和经济的繁荣程度被组合起来进行衡量。我们现在的国内生产总值和国民生产总值（GDP 和 GNP）的概念都是从世纪之交开始使用的。[2] GDP 和 GNP 最初被认为是关于"财富"的概念，但是我们将主要研究 GDP 和 GNP 关于"产品"、"产出"或者"收入"的概念。

实际上，GDP 是衡量国家实力或者国家军事力量的非常好的指标。从这个角度来看，德国在赶超英国，而且在 20 世纪初德国超过了英国。到 1908 年，德国的 GDP 已经超过了英国。俄国由于自身快速的人口增长，国家实力方面也在赶超英国。俄国开始于 19 世纪 90 年代初的增长是非常惊人的。法国因为自身的福利水平与国家实力不匹配而处于担忧之中。法国的命运逐渐与奥匈帝国变得相似而非与德国类似。意大利的数据远低于其他国家的数据并不奇怪，意大利经济发展得不好在当时是众所周知的。

图 2.1 显示了欧洲具有主要政治关系的国家的经济背景的核心。不过世界大战显示欧洲经济还有另外两个参与者——奥斯曼帝国和美国。我们非常了解

美国，但是对奥斯曼帝国的真实经济情况知之甚少。[3]表 2.1 对这些主要经济体的 GDP 进行了对比。1870 年后没多久，美国就超过了欧洲的主要经济体——英国。到 1913 年，美国经济规模比英国经济规模的两倍还多，并且基本上是德国和俄国经济规模总和的两倍。相对来说，虽然奥斯曼帝国的领土极大，但人口稀少，经济落后。

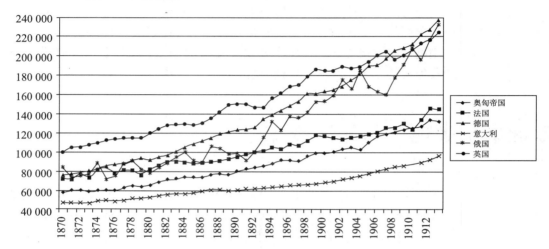

图 2.1 以 1990 年的国际元为基准的 1870 年到 1914 年六个主要经济体的国内生产总值

资料来源：见附录。

表 2.1 同时提供了关于另一个因素，即帝国主义因素的信息。欧洲的主要经济体都有自己的殖民地，并且当时世界大部分地区都是欧洲的殖民地。非洲的全部以及亚洲的大部分都是欧洲的殖民地。当世界大战爆发的时候，帝国规模就显得非常重要。英国连同整个英联邦都成功地获得了殖民地的支持，这些殖民地有像印度这样由殖民地办公室直接管辖的殖民地，也有更自治的、准独立的、以白人居民为主的殖民地，如加拿大和澳大利亚。[4]

表 2.1　　　　　　　　1913 年欧洲主要经济体和世界帝国的规模

国家	城市 GDP（10 亿，1990 年国际元）	城市人口（百万人）	殖民地人口（百万人）	殖民地 GDP 占城市 GDP 的比例（%）	帝国 GDP 估计值（10 亿，1990 年国际元）
美国	517.4	97.6	10.0	2	528
德国	280.0	67.0	12.5	3	288
俄国	265.1	170.9	—	—	265
英国	229.6	45.7	394.4	146	565
法国	129.0	39.8	47.6	23	159
奥匈帝国	122.4	47.5	—	—	122
意大利	96.4	35.4	1.9	1	97
西班牙	41.6	20.2	0.9	1	42

续前表

国家	城市 GDP（10亿，1990年国际元）	城市人口（百万人）	殖民地人口（百万人）	殖民地 GDP 占城市 GDP 的比例（%）	帝国 GDP 估计值（10亿，1990年国际元）
比利时	32.4	7.6	11.0	20	39
荷兰	22.0	6.2	49.9	181	62
土耳其/奥斯曼帝国	18.3	13.0	12.3	40	26
葡萄牙	7.5	6.0	5.6	43	11

资料来源：Broadberry and Klein（2008 cols. 1, 2）；Etémad（2000, co8.3）；Carrieras（2006）（在 Maddison 2001, co. 4 的基础上）。美国和土耳其/奥斯曼帝国的数据来源于 Maddison（2007）。

从我们掌握的不完全数据来看，英国强大的实力令人印象深刻：英国王室统治下的居民有 4.4 亿人。大英帝国的 GDP 可能比德国和俄国的总和还大，而且很可能也大于美国的 GDP。法兰西帝国也非常强大，但仍比不上德国。同时，荷兰帝国的经济规模几乎在原来荷兰的基础上翻了三番。

这一章的主题并不是讨论欧洲各个经济体总体规模的变化，虽然这一变化很有趣，也与这一章内容相关。这一章主要研究的是欧洲各个经济体的增长表现，例如这些国家人均 GDP 的增长情况。从这个角度讲，本章研究的这个时期是欧洲所有经济体都持续增长的一个时期。这一时期的增长比历史上任何一个有记载的时期的增长都更广泛且更显著。Maddison（2007）的研究数据表明，1700 年到 1820 年欧洲的人均 GDP 增长率为 0.12%，1820 年到 1870 年期间这一数据则增加到 0.86%，1870 年到 1913 年期间这一数据则继续增加到了 1.22%。对比而言，在接下来的两次世界大战时期，欧洲的经济表现得并没有这么好，人均 GDP 增长率为 0.96%。实际上，欧洲在拿破仑战争结束、我们研究的这个时期开始之时，才确立了自身在世界经济中的领先地位。但是，1870 年到 1913 年欧洲在经济上显示的持续统治优势迅速扩展成为政治上的统治地位，也就是人们所说的帝国主义。

Broadberry 和 Klein（2008）提出了一个广义的欧洲定义，将俄罗斯帝国（超出乌拉尔山的部分）和现代的土耳其包括在内。他们发现欧洲的 GDP（以 1990 年的国际元为基准）年增长率为 2.15%，人口的年增长率为 1.06%，人均 GDP 的增长率为 1.08%。从奥斯曼帝国的实际边界来看，土耳其的大部分疆域都在亚洲，所以如果不考虑土耳其，那么欧洲的经济增长数据几乎不变（GDP 增长率和人口增长率下降了 0.01%，而人均 GDP 增长率几乎没变）。即使我们剔除年度数据表现差的巴尔干国家（保加利亚、罗马尼亚和塞尔维亚），结果也一样。但是，如果我们为了只研究领土在欧洲的国家而同时剔除土耳其和俄国，那么数据将发生明显的改变：GDP 增长率将下降 0.05%，人口增长率将下降 0.25%，而人均 GDP 增长率将增加 0.21%。

约定俗成的欧洲大陆的定义也只是通常使用的定义而已，我们可以从包括殖民地在内的角度来研究欧洲。那样的话，超过乌拉尔山地区的俄国、整个奥斯曼帝国、英国、法国、德国、荷兰、比利时、意大利、葡萄牙、西班牙和丹麦的殖民地都将作为欧洲的一部分,正如我们在表 2.1 中描述的那样。

在接下来的研究中,除非特别规定,欧洲的定义将限定在提供了这段历史中每年国民经济核算数据的国家。这要求我们剔除大多数巴尔干国家,如土耳其、保加利亚、罗马尼亚和塞尔维亚,以及波斯尼亚—黑塞哥维那(波黑)。并且,我们拥有关于奥匈帝国、俄国和希腊的准确数据,但缺少这三个国家以南及以东的国家的数据。

为了感受一下所有可以列入欧洲地区的国家的经济增长率情况并剔除部分国家对欧洲经济增长率的影响,我们列出了表 2.2。GDP 增长率的变化区间比较小,变动系数仅为 0.24。经济增长最慢的国家是葡萄牙,年增长率只有1.20%。经济增长最快的是塞尔维亚,年增长率为 3.34%。经济增长第二慢的国家是土耳其(1.48%),第二快的国家是德国(2.90%)。在较大的经济体中值得关注的是法国(1.63%)、英国(1.86%)、奥匈帝国(1.93%)以及俄国(2.40%)。这些增长在当时看来颇为可观,不过以现代标准来衡量也不过尔尔。正如预期的那样,法国和德国之间存在主要区别。

表 2.2   1870 年到 1913 年欧洲的 GDP 增长率、人口增长率和人均 GDP 增长率   (%)

国家	GDP 增长率	人口增长率	人均 GDP 增长率
奥匈帝国	1.93	0.79	1.14
比利时	2.01	0.95	1.05
保加利亚	2.84	1.45	1.37
丹麦	2.66	1.07	1.57
芬兰	2.66	1.30	1.34
法国	1.63	0.18	1.45
德国	2.90	1.16	1.72
希腊	2.32	1.40	0.91
意大利	1.66	0.73	0.92
荷兰	2.16	1.26	0.89
挪威	2.19	0.81	1.36
葡萄牙	1.20	0.71	0.48
罗马尼亚	2.20	1.25	0.93
俄国	2.40	1.65	0.81
塞尔维亚	3.34	1.99	1.34
西班牙	1.81	0.51	1.28
瑞典	2.62	0.70	1.90
瑞士	2.50	0.87	1.67
土耳其	1.48	0.56	0.91
英国	1.86	0.88	0.97
欧洲	2.15	1.06	1.08
标准偏差	0.54	0.43	0.36
变动系数	0.24	0.42	0.30

资料来源:利用 Broadberry 和 Klein(2008)的数据进行了计算。在 1870 年到 1913 年之间没有按年进行估计的国家用斜体标识。

人口因素的变动系数为 0.42，虽然大于 GDP 的变动系数，但是这一期间人口增长的变化区间也较小。法国是个特例，年人口增长率仅为 0.18%。与之相反的另一个极端是塞尔维亚，年人口增长率为 1.99%。更值得注意的是，俄国的人口增长率为 1.65%，是法国的 9 倍。人口增长第二慢的国家是西班牙，增长率为 0.51%。其他主要经济体的人口增长率基本接近：奥匈帝国为 0.79%，英国为 0.88%，德国为 1.16%。

欧洲各国的人均 GDP 增长率更加接近。增长最慢的葡萄牙的人均 GDP 增长率为 0.48%，略低于欧洲平均水平的一半。增长最快的瑞典的人均 GDP 增长率为 1.90%，不到欧洲平均增长率的两倍，但却是葡萄牙的四倍。大的经济体的人均 GDP 增长率更为接近：俄国为 0.81%，英国为 0.97%，奥匈帝国为 1.14%，法国为 1.45%，德国为 1.72%。需要注意的是法国较好的经济表现和俄国较差的经济表现。

欧洲各国的经济表现在这个期间是否存在趋同？对照 1870 年初始人均 GDP 与 1870 年至 1914 年期间的人均 GDP，并绘制增长率曲线，散点图显示并不存在趋同。两组数据的相关系数只有 0.04。利用每年变化的数据进行研究也不改变上述结论。

GDP 增长率非常不稳定。这一时期欧洲 2.15% 的平均 GDP 增长率掩盖了不同国家在不同时期的诸多差异。当我们加总这些国家的经济增长率得出一个欧洲平均值时，我们发现有几年的经济增长率是负值：1871 年、1875 年、1879 年、1885 年和 1891 年。1879 年的经济表现最差，GDP 下降了 2.5%。对于俄国和法国来说这也是非常差的一年，它们的增长率的下降幅度都超过了 6%。值得一提的是，这些糟糕的情况在 1891 年到 1913 年期间没有再出现。GDP 的波动幅度变得越来越小。在世界大战爆发前的十年，经济增长率越来越稳定，并且都是正值。我们研究的这个时期的第一个十年的反差非常惊人。经济发展带来了一个更加稳定的经济增长模式。

本章的研究重点不是人口增长问题。然而，值得注意的是这个时期 1.06% 的年均人口增长率与这个时期随着时间而变化的增长率并不匹配。在 19 世纪 70 年代早期，平均人口增长率大约为 0.7%，而 70 年代末期人口增长率大约为 1.3%。19 世纪 70 年代，人口增长率迅速从 0.5% 上升到 1.4%。但是 19 世纪 80 年代尤其是 19 世纪 90 年代，人口增长率是下降的。这个趋势出现的主要原因可能是移民。1909 年到 1913 年，人口增长率从 1.6% 下降到 1.1%，原因也一样。随着生育率的上升（除了法国），欧洲的人口不断增加。欧洲西部和中部主要国家的死亡率都下降了。

国内生产总值和人口因素相结合，提供了一个更精准的评估人均 GDP 的方法。图 2.2 展示了变动幅度极大的 GDP。1871 年到 1905 年出现了 13 个负的增长率。只有 1914 年之前的八年是一个稳定的增长期间。在这一时期很少有连续几年的正增长。稳定增长持续时间第二长的是 1880 年到 1884 年。可以说经济的总体情况仍是在不断改善的。19 世纪 70 年代的情况比 20 世纪初的情况要糟糕得多。19 世纪 80 年代（年增长率为 1%）比 19 世纪 70 年代（年增长率为 0.43%）的情况要好。19 世纪 90 年代的情况更好（年增长率为 1.54%）。世界大战爆发之前的 13 年的情况并没有 19 世纪 90 年代的情况那么好（年增长率为 1.14%）。

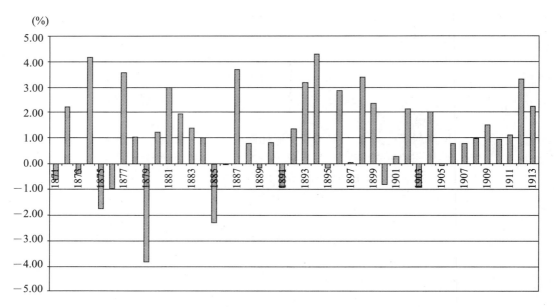

图 2.2   1871—1913 年欧洲人均 GDP 年增长率

资料来源：见附录。

　　经济增长并不平稳，价格水平也是如此。如图 2.3 所示，像产出一样，价格的波动幅度在缩小，但是波动是明显的。按年计量的价格变动不大且变动幅度呈现缩小趋势。19 世纪 70 年代到 80 年代早期，价格波动较为明显且主要呈下降趋势。接下来的十年变动不那么剧烈，并且 1896 年以后转向了一个价格变动幅度缩小的状态，且价格变动也多在正值范围内。

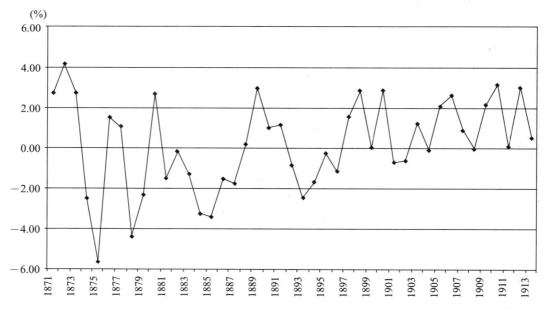

图 2.3   1871—1913 年欧洲消费者价格指数的年变动量

资料来源：见附录。

至于人均 GDP，趋同趋势非常有限，但是增长之间的差异也比较小。很多情况都表明，经济是高度一体化的，不过很难发现更深层的趋同迹象。政治和意识形态上的巨大障碍导致了第一次世界大战的爆发。

正如在本章开始部分所说的那样，将欧洲与美国进行比较是最自然的。如图 2.4 所示，我们对比了欧洲和美国的人均 GDP。抛开需要深入研究的总体水平不说，图中所显示的下降趋势非常明显。1878 年以前，欧洲与美国的相对位置是较为稳定的，但是 1879 年和 1880 年有一个大幅度的下降。在接下来的十年到达了一个新的均衡位置。19 世纪 90 年代的情况比较不规则，但是到 19 世纪末，这些数据显示出了一个新的下降趋势，进而达到一个新的并且更低的均衡状态。

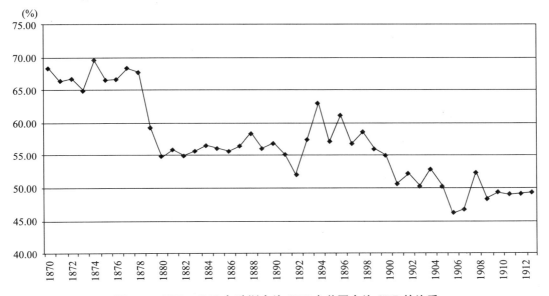

图 2.4 1870—1913 年欧洲人均 GDP 占美国人均 GDP 的比重

资料来源：欧洲数据见附录，美国数据来自 Mddison（2007）。

1878 年到 1880 年，欧洲和美国人均 GDP 的巨大差异的出现是非常重要的，这个时期，欧洲经济陷入危机而美国经济则经历了爆发式的增长。这段时间是农业萧条早期，欧洲农业歉收而美国农业产出却创出新高。在跨州比较中，经济史学家认为，农业危机是欧洲和美洲大陆经济出现巨大差异的主要原因。

作为全世界的统治者，欧洲的地位正受到欧洲大陆以外的欧洲人的挑战。"南椎体国家"[5]、大洋洲国家和加拿大从没有发展到足以与欧洲抗衡的地步，只有美国成长为欧洲经济上的劲敌。美国的巨大经济规模直到第一次世界大战期间才显现出来，但是美国的经济从 1880 年开始便具有了高度影响力。

支出结构的改变

经济增长的时候，产出结构也会随之改变，本卷第 3 章将详细研究这些变化。经济增长的同时，实际工资和居民生活水平也都会上升，本卷第 5 章将会详细研究相关变化。因为产出带来收入，而收入可以花费到各种产品和服务上，所以支出模式对经济增长的变化也颇为敏感。我们将在此列举欧洲经济体支出模式变化的一些证据。对支出的分类一般从消费（公共和私人的）和投资（公共和私人的）的区分开始。除了消费和投资的分类之外，全世界最终的经常项目收支是平衡的。这些历史数据很难取得，比 GDP 的产出或收入数据的取得都难。实际上，我们只有十个国家的相关数据（见表 2.3）。因此，我们对于支出模式变化的程度及方向只能给出一些可能的结论。

表 2.3 　　　　　　1870—1913 年欧洲国内总支出模式（按市价计算所占份额）　　　　（%）

国家	私人消费		公共消费		投资（GCF）		X－M	
	1870	1913	1870	1913	1870	1913	1870	1913
丹麦（a）	83.6	82.1	6.2	6.3	8.0	12.5	2.1	−1.6
芬兰（b）	77.8	84.3	6.4	8.3	12.4	12.0	3.5	−4.6
法国（c）	80.9	82.8	9.0	7.1	10.3	12.2	−0.1	−2.1
德国（d）	72.2	66.3	6.1	8.9	20.8	23.2	0.9	1.6
意大利	83.2	72.9	9.1	9.4	8.8	17.7	−1.0	0.0
荷兰（e）	75.0	96.2	5.1	7.0	12.4	21.2	7.5	−24.4
挪威	80.4	73.0	3.9	5.8	12.2	20.7	3.5	0.5
西班牙（f）	86.0	77.1	9.1	9.7	5.2	12.2	−0.3	1.1
瑞典	83.8	79.9	6.4	6.8	7.7	12.0	2.2	1.3
英国	82.6	76.2	4.8	7.5	7.7	7.5	4.9	8.8

注：X 和 M 通常对应的是产品和服务。投资指总资本形成（GCF），投资包括资本存量。数据有 ±0.1 的舍入误差。

（a）总额不足 100。缺少的 0.8 存在于消费部分，但无法明确应将其归类为私人还是公共部门。

（b）固定资本形成总额（GFCF）。因为统计误差，产品和服务出口的份额可能会混合。投资包括资本存量。

（c）1865—1874 年以及 1905—1913 年。固定资本形成总额（GFCF）。

（d）1872 年。

（e）他们将间接税区分出来，但是并不分配到消费、投资和进口项目中。我们将从 GDE 中减去间接税。这里的 GDE 不以市场价格计算，而以要素成本计算（即 GDP）。

（f）以 1913 年的价格水平为基准。

资料来源：芬兰，Hjerppe（1996）；法国，Toutain（1997）；荷兰，Smits et al.（2000）；西班牙，Prados de la Escosura（2003）；瑞典，Krantz 和 Schön（2007）；上述数据来自相关网页。其他国家的数据来自 Flora（1987）。

　　已有数据显示，国际收支平衡的国家一般私人消费下降幅度较小，公共支出保持稳定或有小幅增长，投资增幅显著。公共消费的稳定和适度增长反映了 19 世纪欧洲经济的典型特征：公共部门具有稳定的规模。其他的共同特征还有：投资比例的上升和私人消费的下降趋势。有趣的是，在这一时期国际收支平衡的国家和国际收支高度不平衡的国家并存。1913 年荷兰的情况如下：巨大的财政赤字（即进口的商品和服务远远大于出口）导致私人消费和投资所占比例更大。理解这个不平衡的关键在于，国外投资收益大量流入国内。这部分流入的资产占 GNE[①] 的比例高达 11%，几乎是荷兰进口赤字的一半。

---

① Gross National Expenditure，国民支出总额。——译者注

国民经济增长模式：统一性和多样性

为了更深入地理解欧洲国家的经济增长，有必要看看它们每年的发展情况。图 2.5 显示了欧洲总体人均 GDP 的发展情况，并且分别描绘了欧洲三个主要地区的人均 GDP 情况，这三个地区分别是：西北部欧洲、南部欧洲和中东部欧洲。

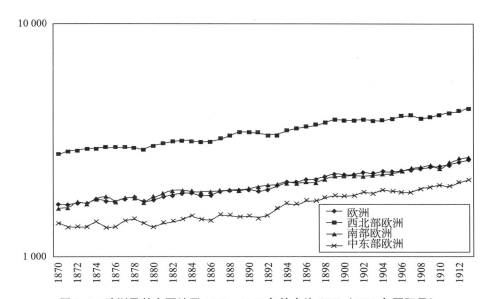

图 2.5　欧洲及其主要地区 1870—1913 年的人均 GDP（1990 年国际元）
资料来源：见附录。地区定义来自 Broadberry 和 Klein（2008）。

毫无疑问，这个阶段是欧洲各地经济经历正增长的阶段之一。欧洲总体的经济表现非常接近于欧洲南部的经济表现。欧洲南部以法国经济的演变为主，意大利的经济在当时并不重要。欧洲西北部的经济以英国为主导并远高于欧洲的平均水平。欧洲中东部地区包括了奥匈帝国、德国和俄国，且俄国在人口方面的表现最突出。乍看之下很难发现经济有趋同迹象。如果我们把同样的数据换一个角度观察，假设整个欧洲＝100（包括数据质量较差的国家的信息），那么结果仍然清晰，不过却显示出了趋同的迹象。所有国家都保持了其在经济上的相对地位，并且各个国家相对于欧洲经济的平均水平也非常稳定。各国都少有剧烈变化，不过对瑞士来说，1900 年以后确实发生了巨大变化。变动系数的演变使得我们可以在统计上测量趋同强度（见图 2.6）。初始水平在 45% 左右，最终水平为 40%。到 19 世纪末，这种趋势都非常平缓。直到第一次世界大战之前的一二十年，趋同趋势才清晰可见。

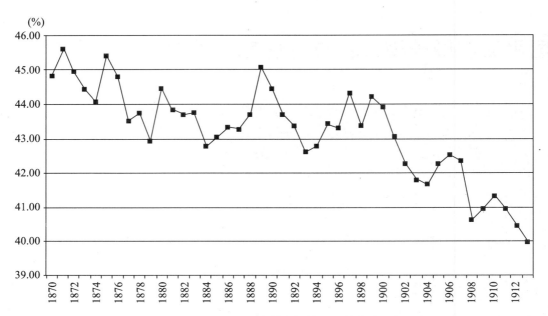

图 2.6　1870—1913 年欧洲人均 GDP 的变动系数

资料来源：见附录。

　　观察这一现象的另一种方法，可以参考 Barro 和 Sala-i-Martin（2003）运用 β 和 σ 收敛方程对欧洲 18 个国家的经济趋同现象进行的系统分析。β 收敛指的是人均收入增长与人均收入初始水平间的负相关关系，β 系数显示了经济趋同的速度。如果在样本国家中，β 系数显著为负，那么表明经济表现相对差的国家有赶上富裕国家的倾向。在我们考虑的样本国家中，人均收入增长率是对 1870 年的人均收入水平进行回归后得到的。数据显示，这个阶段欧洲经济的趋同程度很低，β 系数仅为 0.05%。但是，如果对趋同的估计分两个阶段进行，一个是 1870 年到 1890 年，另一个是 1890 年到 1913 年，那么可以观察到趋同趋势在后一阶段比前一阶段强烈。

　　通过标准差或变异系数测算出的 σ 收敛反映的是人均收入差距随着时间推移而缩小的程度。测度同一组国家在 1870—1913 年每年的 σ 收敛，结论跟 β 收敛估算出来的不太一样。方差减小意味着经济趋同，相反，方差增大则意味着经济离散。事实上，人均收入的方差在后一个阶段较大，不过在 1870 年之后的几年里呈下降趋势。

　　主要的问题在于，研究 19 世纪国民经济增长模式时我们通常认为增长模式的变化都源于 19 世纪初期和中期经济发展的情况，而不是 19 世纪的最后几十年经济发展的情况。因此，粗略研究一下 1870 年之前几十年的经济发展可能会非常有趣（见图 2.7）。

　　图 2.7 涵盖了拿破仑战争结束到第一次世界大战爆发之前这个阶段，即"英国强权统治下的世界和平"（pax Britannica）时代可获得的最全最准确的人均 GDP 数据。

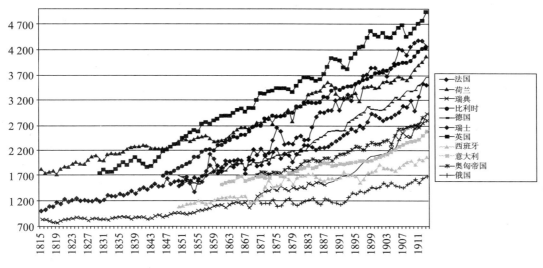

图 2.7 欧洲 1815—1913 年的人均 GDP（1990 年国际元）

资料来源：见附录。

1870 年之前欧洲的发展最具戏剧性。1815 年，欧洲最富有（人均水平）的国家还是荷兰。到 19 世纪 40 年代中期，英国的经济超越了荷兰，在这之前几十年中英国的经济增长都快于荷兰。1850 年以后，英国的统治地位已经是无可争议的了。第二个经济增长速度达到英国水平的国家是比利时。比利时不如荷兰富有，但是经济更有活力。到 1860 年比利时就赶上了荷兰，到 1890 年比利时的经济表现明显超越了荷兰。第三个经济起飞的国家是瑞士。在 19 世纪 50 年代早期，瑞士的经济不如比利时、法国、德国和丹麦。但是，19 世纪 50 年代末期，除去比利时，瑞士经济在这几个国家中也算是处于领先地位。到 19 世纪 70 年代中期，瑞士经济就已经超过了这几个国家。到 1870 年左右，瑞士经济甚至超过了比利时，成为欧洲第二富有的经济体。我们已经提到过几个紧随其后的经济体，分别是丹麦、法国和德国。这三个国家的经济增长模式非常相似，不过领土面积较小的丹麦在 1913 年的人均 GDP 却在这三个国家中最高，在"美好时代"（belle époque）领先于德国和法国。通常认为法国发展起步比德国早，但关于这一点仍存在疑问。德国各地区的差异很大，有些地区非常富裕，有些地区则非常贫穷。到 1850 年，德国的人均 GDP 就已经非常接近法国的水平，并且在接下来的 25 年中保持了这种状况。19 世纪 80 年代中期，德国的经济优势开始显现，并且一直保持到了 1913 年。奥地利帝国的收入水平与德法两国接近，但是经济增长速度比法国还低。到 1913 年，奥匈帝国的经济明显落后于法国。法国、德国、奥地利帝国以及几个较小的国家，包括比利时、荷兰、瑞士和丹麦构成了欧洲 19 世纪初经济发展的四股重要力量。所有国家都在 19 世纪的某个阶段成为经济发达国家队伍中的一员。它们都是早期的工业化国家。相比之下，意大利在 19 世纪初还与这些国家处在同一水平上，但却在这一个世纪中被这些国家远远甩在了后面。[6] 1861 年意大利政治上统一以后经济发展取得了一些成就，

第 2 章　总增长（1870—1914 年）：生产边界上的增长

但是却远不足以赶上经济快速增长的欧洲西部和中部地区。直到 1900 年，意大利的经济增长才开始加速，经济呈井喷式增长，这让意大利开始追赶领先国家英国的经济发展。19 世纪初欧洲真正的外围国家瑞典，提供了一个经典的外围国家利用初始落后条件迅速发展的案例。瑞典在第一次世界大战之前三十年经济增速保持第一，这使它成为诸多经济后发国家中最发达的国家。但是，1913 年瑞典还不是经济发展成功的国家中的一员。直到 1880 年，西班牙发展成功的胜算似乎更大，但是 1880 年以后西班牙的经济表现远差于瑞典。[7] 与西班牙跟不上欧洲最具发展活力的外围国家，即斯堪的纳维亚国家集团的经济步伐的情况相比，研究俄国的失败更为重要。俄国在 1870 年是发展前景非常好的国家，着手在政治、社会、经济方面做出改革。俄国的起点与西班牙和瑞典的起点非常相似。但是之后，瑞典的经济表现非常好，西班牙差一些，俄国的表现则非常差。俄国是 19 世纪欧洲人口数量居中上等的国家中经济表现最差的国家。鉴于俄国庞大的经济规模和可能的巨大经济效益，几代经济史学家都在研究 19 世纪末期俄国经济发展停滞的原因。简而言之，这些问题也是今天发展中经济体所面临的问题。

正如了解历史的读者所注意到的那样，我们使用了一些精确定义的概念来描述在漫长的 19 世纪中欧洲发生的事情。Walt Rostow（1961）创造性地提出了"起飞"（Rostovian）这一概念。Alexander Gerschenkron（1962）提出了一个不太相同的概念，并将其命名为"井喷"（big spurt），不过这与"起飞"的概念差别不大。1815 年到 1870 年，欧洲各国经济增长的差别是十分显著的。经济增长随即依靠各种模式而在欧洲扩散，这些模式还需要进一步解释。经济增长的推动力是自然资源的获得吗？还是像 Pounds（1957）、Pollard（1981）和 Cameron（1985）等研究告诉我们的，这些自然资源更准确地说是钢铁和煤炭？或是其关键特点在于覆盖范围更广的机构设置——Gerschenkronian 增长（the Gerschenkronian growth）的先决条件？可以用人力资本来解释这种增长吗？正如 O'Rourke 和 Williamson（1997）指出的那样，很多人认为人力资本也是增长的原因之一。经济政策在其中又发挥了什么作用？从 Bairoch（1976）研究贸易保护政策的重要性开始，经济政策就出现在所有对于经济增长的解释之中，但是，对于什么是最好的经济政策，经济学家并没有达成共识。

正如 Landes（1969）和 Trebilcock（1981）所指出的那样，因为经济增长和国家权力之间存在内在联系，因此很难分清哪些政策是促进经济增长的，哪些政策是强化国家权力的。欧洲小国的经济活力在经济学上非常具有说服力，尤其是在发展经济学上。但是，当代大家更关心的是大经济体之间的竞争。像我们之前强调的那样，对欧洲所有的国家来说，经济规模都很重要。最大的经济体之间一直存在相互竞争。这些国家是主要的"权力中心"（powers），它们所发挥的基准作用是持续性的，这一点在 1914 年尤其明显。

除主要国家外，欧洲由大量相邻国家构成。从许多角度都可以看出，地理位置对一国经济影响重大，例如自然禀赋、贸易、语言、制度和技术等都与地理位置的远近有关。一个很好的例子就是欧洲西北部邻近的各国，它们都在北海周围（见图2.8）。没有国家能够超过英国的经济地位和福利水平，即使是比利时和荷兰，也只是紧随其后。只有领土规模较小的丹麦的增长速度曾经快于英国，经济发展水平曾与英国趋同。经济趋同使得丹麦的人均GDP水平达到荷兰的水平，并接近比利时的水平。北欧的其他国家都比西北欧联盟的国家要穷得多。只有瑞典在1914年之前的25年里在经济上成功地赶上了西北欧国家的水平。

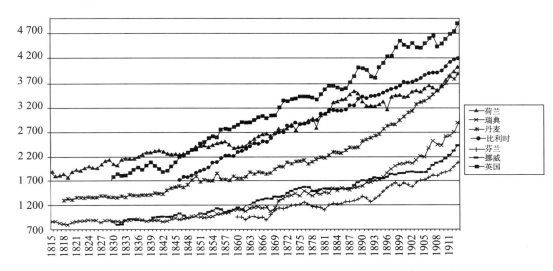

图 2.8　1815—1913 年欧洲西北部各国的人均 GDP（1990 年国际元）

资料来源：见附录。

　　欧洲中部地区的经济非常繁荣（见图2.9）。瑞士从19世纪70年代起确立了它在经济上的领先地位。瑞士的经济表现逐渐接近于比利时和荷兰，而不是其他邻国。到1870年，瑞士的人均收入与奥地利和德国的差距已经可以忽略，小到如同奥地利和德国之间的差距那样。直到19世纪80年代，德国的经济表现才超过奥地利。匈牙利的经济与其他中欧国家相比从来都不具有竞争力。匈牙利的地位大大低于其他中欧国家，即使它在1876年到1882年的经济表现非常不错，也不能改变这种境况。

　　不过，经营还算良好的匈牙利经济在东欧是最领先的。19世纪70年代初，匈牙利的经济接近于芬兰或者是俄国（当时芬兰还是俄国的一部分）的水平。像美国一样，匈牙利也经历了19世纪70年代末期的农业危机。当多数邻国都面临粮食短缺的困境时，匈牙利作为一个农业生产和出口大国，在这场危机中变得更为富有。1890年以后，只有规模较小的芬兰大公国的经济表现比匈牙利好。至少从我们掌握的有限资料来看，俄国的经济没有赶上匈牙利，巴尔干国家的经济也赶不上匈牙利。

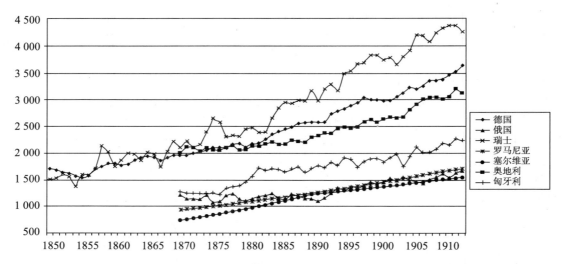

图 2.9　1850—1913 年欧洲中部和东部各国的人均 GDP（1990 年国际元）

资料来源：见附录。

地中海地区或者说南欧，其经济差异比东欧还要显著（见图 2.10）。法国是经济表现最好的国家，远超过其他国家。希腊是最贫穷的，即使把希腊归类到东欧国家它也是最贫穷的。除了法国，其他国家的经济都非常不景气。只有意大利在第一次世界大战之间经历过快速的经济增长。希腊也曾试图赶超其他国家，虽然它的经济起点非常低。葡萄牙和西班牙从未快速增长过。当时，葡萄牙是欧洲外围国家中经济最不具活力的国家。

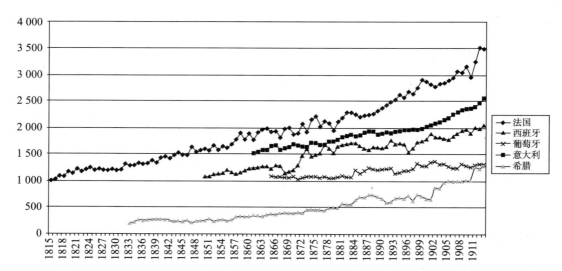

图 2.10　1815—1913 年欧洲南部各国的人均 GDP（1990 年国际元）

资料来源：见附录。

正如读者可能预料的那样，我们对最贫穷国家的情况了解得最少。欧洲极端边缘的国家都非常贫穷，它们大多处于同一水平上。以我们的方法计价（1990 年的国际元），其人均 GDP 大约为 700 美元。我们对希腊的数据要持怀

经济科学译丛 / 剑桥现代欧洲经济史：1870 年至今

38

疑态度，因为它们远低于这一水平。因为欧洲各国的经济增长相当均衡，很难发现大大低于平均水平的贫困国家。但是，确实存在葡萄牙和希腊这样的国家，它们的经济水平在几十年中都远低于平均水平。这些国家都需要我们像研究俄国那样进行深入研究。[8]

增长的源泉：直接原因和根本原因

根据 Maddison 的研究架构，我们可以区分经济增长的直接原因（土地、资本、劳动力、教育、结构变化等）与经济增长的根本原因（文化、制度体系、价值观等），前者容易计量，而后者很难量化。我们首先研究经常被提及的直接原因。本章暂不研究结构变化带来的影响，将其留待本卷的第 3 章研究。

增长的直接原因

经济增长最传统的投入因素"土地"在 19 世纪末期并未有显著增长。即使是最乐观地估计，土地的贡献也非常小。我们知道，荷兰通过开荒增加了土地供应量。但是，即使通过考察数据最完善的国家的情况，也没能发现土地对经济增长有重大贡献。[9]

增长的第二个主要投入因素是人力。本章我们不会详细讨论人口因素。但是，我们需要回忆一下一些基本的人口情况。整个欧洲的人口增长率都非常高，年均增长率达 1.06%。我们缺少大量国家的劳动参与率数据和失业率数据。但是对某些国家，我们可以估计出比较可靠的劳动参与率，从而能够得到就业率。一般来说，劳动参与率有略微上升。[10]我们有十个欧洲国家的平均工作时间的一组数据。[11]数据显示，各国的平均工作时间稳步下降，下降幅度比劳动参与率上升的幅度大。

有很多研究是关于 19 世纪欧洲教育对经济增长的影响的。[12]研究者对于 19世纪 70 年代以前正规教育对经济增长的影响还存在疑问。即使两者之间有联系，也需要很长的时间，可能是长到一代人的时间才能表现出来。毫无疑问，人力资本对经济增长起促进作用，但是关于人力资本的哪一方面促进经济增长却存在很大的争议（见第一卷第 1 章）。到 19 世纪末，正规教育变得越来越重要。

增长的另一个重要因素可能是实物资本。我们有十个国家资本存量数据的估计值。数据显示，在我们研究的这个阶段，欧洲资本积累的模式非常相似。只有西班牙（1.8%）和法国（1.4%）远低于欧洲平均水平（2.4%）。瑞典（3.4%）和丹麦（3.3%）的表现则非常好。[13]根据这些数据，我们将首次尝试衡量各种投入要素对经济增长的贡献。

是否存在全要素生产率（TFP）增长？

估计 1870 年到 1913 年欧洲的 TFP 并不是一项容易完成的任务。根据已有的知识，我们可以计算出 8 个国家的 TFP。这 8 个国家向我们提供了关于 GDP、就业、工作时间、资本存量的可信数据。这几个国家包括欧洲的大型经济体（英国、法国、德国、意大利），以及几个中小型经济体（西班牙、荷兰、瑞典和丹麦）。表 2.4 总结了这几个国家各自的数据以及将这几个国家作为一个整体时加总的数据。我们还给出了用欧洲标准计量的相关数据，以便在对更广泛的欧洲数据进行大致估计时清楚可以做出什么改变。

表 2.4 **1870—1913 年的 TFP** （%）

国家	GDP 增长率	就业率	工作时间比重	资本存量率	TFP	人均 GDP 增长率	TFP/ 人均 GDP 增长率	TFP/ GDP 增长率
丹麦	2.66	1.04	−0.53	3.29	1.32	1.57	84	49
法国	1.63	0.20	−0.18	1.41	1.19	1.45	82	73
德国	2.90	1.47	−0.43	3.12	1.24	1.72	72	43
意大利	1.66	0.58	−0.04	2.67	0.48	0.92	52	29
荷兰	2.16	1.22	−0.25	3.14	0.54	0.89	61	25
西班牙	1.81	0.52	−0.31	1.82	1.12	1.28	87	62
瑞典	2.22	0.71	−0.52	3.43	1.46	1.90	77	56
英国	1.86	1.15	−0.09	2.13	0.48	0.97	49	26
欧洲八国	**2.04**	**0.85**	**−0.29**	**2.36**	**0.94**	**1.29**	**73**	46
西欧*	2.05	0.86	−0.32	2.36		1.29		
欧洲总体	2.15					1.08		

注：TFP 是通过假设劳动贡献 70%、资本贡献 30% 的生产函数计算出来的。

*"西欧"在这里指的是有资本存量数据或者就业和工作时间数据的欧洲西部国家。除表中所列出的 8 个国家外，还包括比利时、芬兰、挪威和瑞士的就业数据，比利时和瑞士的工作时间数据，芬兰和挪威的资本存量率数据。GDP 和人均 GDP 数据分别对应着表中的十一个项目。

资料来源：见附录。

在表中用粗体标识出来的结果是所能获得的西欧 TFP 的最佳拟合值。[14] 下一行给出的西欧相关结果主要是根据比利时、芬兰、挪威和瑞士的数据计算得出的，即使我们没有这几个国家所有的必要信息，这个结果也仍然不会改变。我们假设把这几个国家纳入分析后，西欧的总体状况也不会改变。但是，对于整个欧洲的情况我们不可以这样判断。表中的最后一行数据提醒我们，欧洲总体的 GDP 增长率比西欧高 0.1 个百分点，而欧洲总体的人均 GDP 增长率比西欧低 0.2 个百分点。欧洲的全要素增长率可能与我们设想的不一样，但是差距应该不大。

分析结果非常有趣。在整个样本期间，0.94％的全要素增长率令人印象深刻。TFP 占人均 GDP 增长率的约 3/4 这一结果更是令人震惊。同时，全要素增长率的差别却不大。有五个国家的全要素增长率高于欧洲的平均值，但是它们之间的差别却不大，介于 1.12％到 1.46％之间。这五个国家（丹麦、法国、德国、西班牙和瑞典）的全要素增长率占人均 GDP 增长率的 72％到 87％。另外三个国家（意大利、荷兰和英国）的全要素增长率非常接近，都在 0.48％到 0.54％之间，但三者的 TFP 占人均 GDP 增长率的比重相对较低，在 49％到 61％之间。用今天的标准看，这个比例也是非常高的。全要素增长率与 GDP 增长率的比较可以在表 2.4 中的最后一列看到。法国是 TFP 占 GDP 比重最高的国家，紧随其后的还有西班牙和瑞典，这三者都远高于平均水平。

如果我们要找到一个与之相似的时期，即 TFP 增长能大部分解释 GDP 增长和人均 GDP 增长的时期，那么我们可以研究战后时期中的"黄金时代"（the Golden Age）的情况（见本卷第 12 章）。欧洲大部分国家都以人们能够合理预期的最快速度实现了增长。我们可以说，这些国家都在全速增长——它们都在以生产可能性边界上的最大值增长。这种增长既发生在 GDP 和人均 GDP 较高的德国、瑞典和丹麦，也发生在 GDP 产出居中的法国、西班牙等国家。上述情况有力地表明，欧洲经济的灵活度很高，允许各国充分利用自己的经济机遇。我们接下来将迅速回顾一下这些经济机遇。同时，再加上一个新的假设条件，即假设当时欧洲广泛存在全速增长的现象，也就是很多国家都几乎在自己的生产可能性边界上进行生产。

在此之前，如表 2.5 所示，让我们先简单地看一下全要素增长率在不同时间段的变化。GDP 的平稳增长被同样平稳增长的就业和资本存量抵消掉了。总的影响是，前两个十年里，TFP 不断上升，之后 TFP 逐步下降。1880 年到 1890 年，TFP 对 GDP 增长率和人均 GDP 增长率的影响最大，1900 年到 1913 年，影响最小。

表 2.5 **1870—1913 年欧洲八国的全要素增长率** （％）

时间	GDP 增长率	就业增长率	工作时间变化率	资本存量增长率	TFP 增长率	人均 GDP 增长率	TFP 占人均 GDP 的比例
1870—1880	1.77	0.77	−0.32	2.15	0.81	1.08	75
1880—1890	2.00	0.75	−0.40	1.99	1.16	1.33	87
1890—1900	2.17	0.88	−0.27	2.47	1.00	1.38	72
1900—1913	2.17	0.98	−0.31	2.71	0.89	1.32	67

资料来源：与表 2.4 的来源相同。

增长的根本原因

科技进步

科学技术是现代经济增长的重要解释因素（deus ex machina）。关于工业革命（Industrial Revolution）及其在各国扩散的解释的关键在于技术变革（Landes，1969；Voth，2006）。技术变革的背后是科技进步（Mokyr，2002）。科技进步的决定因素难以确定，Mokyr在这方面做出了积极探索。我们所了解的是，明确专利权对科技进步有影响。专利可以给发明者带来经济效益，尤其是那些实用价值高的专利。专利将产权和技术变革结合起来，使得人们既要考虑现在的经济增长，又要考虑未来的可持续性。从19世纪中期开始，专利信息含量就逐渐增多，并且从那以后，很多国家的科技进步几乎都被申请成了专利。[15]一些小国，特别是像荷兰这样的国家，决定从这样的体制中退出，并且尝试通过一种开放的、非专利权的方式来保护科技进步。对其他所有的国家来说，专利权是非常重要的，专利对荷兰可能是更重要的，只是它带给荷兰的影响是负面的。到1913年，两个欧洲小国——比利时和瑞士——在每百万人的专利拥有量上居于领先地位（两者的数量非常接近，分别是1 455项和1 458项）。丹麦以528项的数字居于二者之后。不出所料，这三个国家是继英国之后最成功的国家。荷兰每百万人的专利拥有量仅有区区18项，与它的人均GDP水平不相符，但是却正好与它无力保持和增进自身的经济优势相符。荷兰在专利方面的失败也反映出荷兰在19世纪不佳的经济表现。荷兰很晚才恢复保护发明者智力成果的专利制度，这使得荷兰极端不利的经济状况更加恶化。荷兰在1869年禁止专利保护，到1912年才恢复专利制度。截至1913年，欧洲其他国家每百万人的专利拥有量排名（降序）如下：挪威（488）、法国（401）、英国（364）、瑞典（341）、意大利（298）、奥匈帝国（214）、德国（202）、芬兰（143）、西班牙（88）、葡萄牙（70）以及俄国（15）。[16]德国的排名相对靠后，但是我们应该牢记：欧洲各国的专利法律制度并不相同。从财政角度讲，德国的专利制度非常严苛，因此人均授予的专利数相对较少。

随着时间推移而不断发展的专利制度与某一时期各个国家之间的专利制度一样有趣（见图2.11）。根据可得的相关数据，截至18世纪末期，拥有专利数量最多的前三个国家是英国（这并不奇怪）、美国和法国。荷兰排第四，数量上则远少于前三个国家。这种状况持续了三十多年。拿破仑战争期间，德国的一些地区开始引进专利法，西班牙始于1820年，奥地利始于1821年，比利时始于1830年独立时。其他国家的情况如下：芬兰始于1833年，葡萄牙始于1838年，挪威、俄国和瑞典始于1842年。在专利保护的鼎盛时期，荷兰（1869年）废除了专利

制度。瑞士推行专利法的具体时间并不确定，但是可以确定非常晚，大约开始于
19 世纪 80 年代。但是很快瑞士就成为专利领域的重要"玩家"。[17]

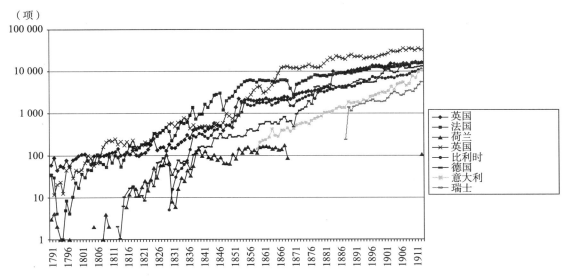

图 2.11　1791—1913 年欧洲国家（所选的国家）及美国按专利拥有数的排名

资料来源：P. J. Federico（1964）；但是西班牙的数据来自 Sáiz（2005）。

　　表 2.6 中的人均数据令人振奋。美国在 18 世纪末以及 19 世纪 30 年代左
右，是每百万人专利拥有量最多的国家，但是后来被比利时超越，比利时在 19
世纪 70 年代和 20 世纪头十年处于领先地位。瑞士作为专利法的后来引进者，
到 1910 年其专利拥有率与比利时接近。荷兰是专利领域最早的参与者之一，并
且到 1830 年成为欧洲的领先者，但是后来在这一领域的影响力慢慢消失。法国
在成为欧洲主要专利国家的道路上走得比较稳健，但是并未成为领先者，这与
英国非常相似，只不过英国的起点非常高。在小国家中，丹麦和挪威的表现也
非常好，而在大国中俄国的表现非常差。所有这些都表明，荷兰的经济增长落
后于英国和比利时可能与它们的专利体制有关。[18] 美国经济的成功赶超也可能
与它之前在专利领域的领先地位有关。[19]

表 2.6　　　　　　人均专利拥有量（每百万人在十年中的专利拥有量）

国家	1791—1800	1826—1835	1866—1875	1904—1913
奥匈帝国[a]		4.0	43.8	171.7
比利时		4.8	386.5	1 194.3
丹麦		0.0	59.8	397.7
芬兰		0.1	3.9	116.3
法国	0.5	12.0	141.3	363.8
德国		2.2	20.9	186.5
意大利			17.5	185.8

续前表

国家	1791—1800	1826—1835	1866—1875	1904—1913
荷兰	0.5	15.7	15.2	1.9
挪威		0.0	24.5	486.2
葡萄牙				76.6
俄国		0.0	0.9	9.2
西班牙		1.0	5.8	112.2
瑞典		0.0	35.0	348.5
瑞士			0.0	971.7
英国	4.4	7.0	82.8	351.9
美国	5.6	39.0	300.0	344.1

注：[a] 只有奥匈帝国的数据是 1865—1875 年和 1904—1913 年的。

资料来源：人口数字来自 1801 年、1830 年、1870 年和 1910 年每年年中的估算数。美国的数据来自 Carter 等（2006），荷兰 1800 年和 1830 年的数据来自 Maddison（2007），西班牙 1830 年的数据来自 Nicolau（2005），其他所有的数据都来自 Mitchell（2003）。

内在技术变革：投资表现

技术变革通常通过投资来实现。图 2.12 体现了欧洲各国投资导致技术变革的实现程度（包括表 2.3 中的十个国家）。

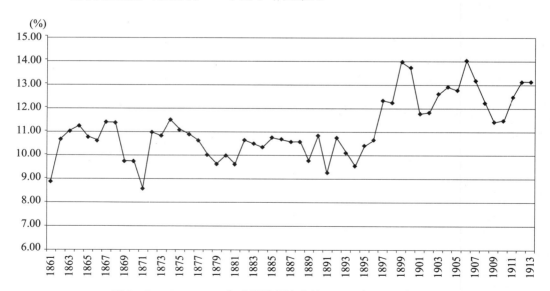

图 2.12　1861—1913 年欧洲的投资率情况图（占 GDP 的比例）

资料来源：见表 2.3 及附录。

图 2.12 也是对欧洲投资史的一种总结。如图 2.12 所示，这期间欧洲前三十年的投资水平是相对稳定的，但是也能观察到两个明显的周期，一个发生在 19 世纪 60 年代，另一个发生在 19 世纪 70 年代。这两个周期都与整个欧洲的铁路建设潮有关。

　　19 世纪 90 年代末期，投资率从 10％跃升到 14％，并且之后也没有回落。19 世纪末期的跨越式增长是一种普遍趋势，随后的两个周期分别于 1906 年和 1913 年达到峰值。以下这些都是第二次工业革命的产物：电气化，在不断增长的城市中心出现的新型公共服务，化工产业、钢铁和制造技术的应用以及其他相关领域的发展。

　　在资本形成的绝对数量上居领先地位的国家有德国、英国、法国。有意思的是，大多数情况下居于首位的国家都是德国。按投资占 GDP 的比重进行比较，斯堪的纳维亚国家，尤其是挪威和丹麦，远远领先于其他国家。19 世纪末的德国以及 20 世纪初的意大利都曾花大力气进行资本投资。西班牙在投资规模排名中居于末位。这些现象都与我们所知的其他事实一致。

市场扩张

　　对全要素增长率的任何一种考量都离不开对市场扩张的研究，这方面的研究至少始于亚当·斯密。图 2.13 提供了部分证据。衡量开放程度（通常用进口与出口之和占 GDP 的比重来衡量）是研究市场扩张的一部分。通过研究整个西欧的情况（Carreras and Tafunell，2008）发现，西欧的开放程度从 1870 年的 27.6％上升到 1913 年的 40.9％，几乎上升了 50％。与 1850 年年底 16.9％的开放程度相比，1870 年已经大幅提高了。

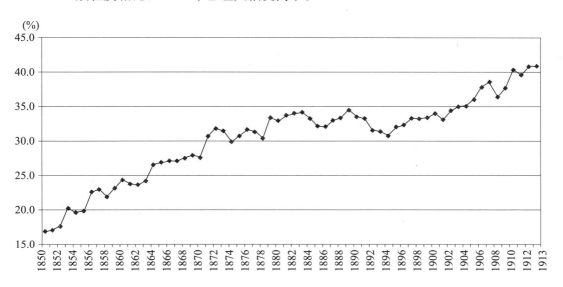

图 2.13　1850—1913 年西欧开放程度图（出口加进口占 GDP 的比重）
资料来源：Carreras 和 Tafunell（2008）。

19世纪后半段开放程度的表现不是线性的（见本卷第1章）。19世纪70年代到80年代初开放程度缓慢上升，1883年到1894年开放程度逐渐下降，接着1894年到1913年开放程度又持续上升。产出和外贸规模不断扩大，允许新市场的开发以及市场不断扩大，从而带来了难以计量的效益增进。

国内贸易也出现了同样的现象。铁路扩建促进了贸易量的显著上升。19世纪中叶，铁路带来的贸易效应在最先进的国家中非常明显，并在19世纪后期逐渐扩展到欧洲外围国家。可获得的铁路运量估计数据显示，用百万吨计量，11个国家的铁路运量的年增长率为2.3%，这11个国家不包括德国和俄国。以百万吨每千米为单位，奥匈帝国、芬兰、法国、德国、挪威和西班牙所构成的国家集团的铁路运量年增长率为4.8%。13国集团的客运量（以百万乘客为单位）的增长率为4%，这13个国家包括除德国以外的所有大型经济体。13个国家（不包括俄国及几个外围国家）的邮寄量年增长率为5.1%。17个欧洲国家的电报年增长率为5.6%，这17个国家不包括部分巴尔干国家。这些指数都近似表示市场扩张。它们的增长速度都超出了GDP的增长速度，这也表明了市场扩张的重要性。[20]

制度发展

现在，我们转而研究经济发展典型的根本原因之一。制度的重要性不言而喻。但是，制度究竟有多重要？制度通过何种渠道对经济发展产生作用？这些问题都比较难回答。19世纪末期的欧洲给我们提供了一些政治制度对经济起作用的证据。第四政体数据库（The Polity IV database）对政治体制沿着独裁—民主方向发展的可持续性进行了定量分析。作者对各国按照各自的民主特点在0到10之间进行赋值，同样也对独裁特征进行0到10之间的赋值。"政体"指数代表不同程度的民主与独裁。根据定义，指数的最大值为+10（不存在独裁因素的民主），最小值为-10（不存在民主因素的独裁）。当然，"政体"指数的依据是权力分散程度、代议制机构、选举权的覆盖程度等，而不是产权、法律原则等因素。然而，我们可以推断：如果一个国家的权力分配非常民主，那么该国的法制也一定很健全。

截至1870年，民主程度最高的国家为瑞士（"政体"得分为10）、希腊（9）、比利时（6）和英国（3）。其他的21个国家的得分都为负。独裁程度最高的国家是俄国和土耳其（得分都为-10）。截至1913年，12个国家的得分为正，8个国家的得分为负。排名最靠前的国家是瑞士、希腊和挪威（得分都为10），英国、法国和丹麦（得分都为8），比利时和葡萄牙（得分都为7），西班牙（6），瑞典（5），塞尔维亚（4），德国（2）。保加利亚的情况最差，得分为-9。

如果我们对于截至1870年瑞士、比利时和英国的得分高感到满意，那么我们将怎样解释希腊的得分？我们的数据显示，希腊的表现并不好。希腊属于分数很低的国家，并且分数也没有经历很快的增长。西班牙和葡萄牙这两个伊比利亚国家的情况相似，它们的分数在1870年的基础上上升很快，1913年的得分都很高（葡萄牙仅排在挪威之后，是欧洲进步第二快的国家）。还有一种测评方式是算出各国在整个时期的平均"政体"指数。这个任务很艰巨，"政体"指数的创始人因为无法计量动荡年代的数据而不得不作罢。有关数据显示，民主体制能够促进经济增长，但是民主体制促进社会稳定的作用更明显。经济增长和社会稳定在发达经济体中是互补的，但是在落后经济体中二者却可能是矛盾的。

结束语：生产边界上的增长

虽然我们仍然在寻找关于巴尔干国家的更有效的经济数据，但是我们对 1870 年到 1913 年的欧洲经济已经非常了解，可以确定这一时期欧洲的总增长率。这一段时期，全球化的欧洲经济经历了一个"白银时代"。GDP 增长在整个欧洲都非常迅速（年增长 2.15%）。即使扣除人口增长率（1.06%），年增长率仍然非常可观（1.08%）。各国的人均收入都在增长，并且增长率也非常接近。这是经过两代人高度本地化的增长之后的重要成果，既是地域成就，也是整个社会的成就。事实上，19 世纪前 2/3 的时间里，经济增长的特点是：经济爆发式增长的地域性很强，经济增长的好处并未扩散到社会结构之中。与之相对应的是，从 1870 年或更早之前开始，欧洲的大部分地区都享受到了工业时代带来的好处，包括新产品、廉价食品、更便捷的交通和通信设施、市场准入的门槛降低等。经济增长基于劳动力和资本投入的增加，但经济增长的重要原因是 TFP 的提高，效率增进源于某种不确定的促进增长的根本原因。来源于此的人均收入增长的比例显示欧洲经济在全速增长，即在生产可能性边界上实现增长。进一步提高欧洲的经济增长率可能会很难。公平地说，美国的经济表现更好，但是美国的经济增长非常特别。欧洲内部的经济趋同非常有限，大多数始于 1900 年以后。事实上，这是大差异时代的结束，而不是大趋同时代的开始。对于渴望从资本主义新世界获取高额收益的政府、精英、政治和社会运动来说，这种发展还不够。通往 1914 年 8 月的道路由各种各样的野心铺就。1870—1913 年欧洲经济的快速增长使得人们相信只要能够抓住机会，他们的梦想就能很快实现。各国元首、民粹主义领导人、军火制造商以及工会和少数政党都在这个过程中扮演了巫师弟子（sorcerer's apprentice）的角色。值得记住的是，正如我们所知道的那样，这个时期只有列宁抓住了机会。其他所有的人都失败了。

附录：资料来源

西欧总体及西欧各国的 GDP、人口、人均 GDP 数据都来自 Carreras 和

Tafunell（2004a）以及后来二人在 Carreras 和 Tafunell（2008）基础上的更新和扩展。他们的研究还介绍了经济增长源泉及经济加总方法的详细信息。奥匈帝国的数据来自 Schulze（2000）。俄国 1885 年以后的数据来自 Gregory（1982），较早之前的数据则来自 Goldsmith（1961）。Avramov 和 Pamuk（2006）的研究中包含了 Maddison（2007）所采用的巴尔干国家和奥斯曼帝国的数据。Pamuk（2006）又提供了一些新的基准数据。我们根据 Broadberry 和 Klein（2008）定义的时间基准调整了时间边界的相关估计数据。GDP 数据通常是以 1990 年的国际元为单位。虽然许多学者都意识到了这种方法的局限性，但是其在进行相关的比较研究时被普遍采用（见 Prados de la Escosura（2000）对另一种替代方法的研究）。西欧的消费价格指数、开放程度、投资率数据都来自 Carreras 和 Tafunell（2008）。

【注释】

[1] 见肯尼迪（Kennedy，1989）。

[2] 国内生产总值指的是一个国家内部所取得的收入。国民生产总值则把一国居民在世界各地所获得的收入以及在国内的花费都计算在内。最大的帝国，例如英国，它的国民生产总值要明显大于国内生产总值。发展中经济体，例如西班牙或者瑞典，因为有大量的外国直接投资和大量的移民，因此它们的国内生产总值要明显大于国民生产总值。在接下来的研究中我们将只使用国内生产总值（GDP）这个概念，因为我们无法获得统一的欧洲各国的 GNP 数据。

[3] Pamuk（2006）。

[4] 殖民地的支持不仅关系到食物进口，如 Offer（1989）详细阐述的那样，而且对人口因素（士兵来源）以及财政支持都非常重要。详情可参见 Ferguson（1991）所做的概述以及 Broadberry 和 Harrison（2005a）进行的详尽的经济分析。

[5] “南锥体”国家具体指南美洲大陆南端的几国：阿根廷、乌拉圭、智利，加上巴西南部的几个州和巴拉圭的东南部。由于南美洲下半部（按地图的上北下南）呈现一个倒悬的尖尖锥体并指向南极而得名。

[6] Malanima（2003，2006a，2006b）极力论证了这一观点。其有关人均收入的数据显示，1815 年意大利与荷兰一样富有。在这一点上，理论界并未达成共识，但是他关于意大利在 19 世纪大部分时间经济停滞的观点是非常有说服力的。

[7] Carreras（2005）。

[8] 见 Reis（1993）和 Lains（2003）有关葡萄牙表现不佳的原由的有趣解释。

[9] 见 Goldsmith（1985）对这一问题的详细讨论。

[10] 见 Maddison（1991）。

[11] 见 Huberman 和 Minns（2007），p.548。

[12] 见 Lindert（2004）。

[13] 我们自己的估算。

[14] 在给定加权条件的情况下，TFP 的增长是相当强劲的。虽然普遍被接受的加权值分别为劳动 70% 和资本 30%，但是在某些情况下，权重值也会不一样。在权重值为 65/35 的情况下 TFP 的增长率为 0.85%，在 75/25 时则为 1.03%。

[15] 见 Moser（2005）关于例外的讨论。

[16] 所有的专利数据均来自 Federico（1964）。人口数据来自 Mitchell（2003）。

［17］除了西班牙的数据来自 Sáiz（2005）外，其他所有数据都来自 Federico（1964）。

［18］Van Zanden 和 van Riel（2004）详细阐述了 19 世纪大部分时间荷兰经济增长缓慢的原因。

［19］见 Khan（2005）。

［20］本段的所有数据均来自 Milchell（2003）。

第 3 章 | 产业发展 （1870—1914 年）

斯蒂芬·布劳德伯利 （Stephen Broadberry）

乔瓦尼·费德里科 （Giovanni Federico）

亚历山大·克莱因 （Alexander Klein）

引言

国内生产总值由各种各样的经济活动构成，随着欧洲经济的发展，欧洲经济活动的组成结构发生了变化。虽然经济学家们对工业、农业和服务业的具体内涵还没有完全达成共识，但是他们已经在这个分类的基础上给出了一长串经济活动列表（Clark，1951）。本章根据现代欧洲的共识，将林业、渔业和种植业归类为"农业"，将矿产开采业、制造业、建筑业、石油业以及水电行业归类为"工业"，"服务业"则包含所有其他行业，包括交通运输业、通信业、销售业、金融业、个人和专业服务业以及政府服务业。研究发现，1870 年到 1914年农业就业人口下降而工业和服务业就业人口上升，在此基础上，我们将评估三大产业的发展状况以及三大产业结构的转变。

如果一个经济体的人均生活水平高，那么这个经济体中各部门的生产率就高。当然，因为每个工人的人均产品附加值在各部门各不相同，因此经济结构也很重要。根据历史经验，农业是产品附加值最低的产业，因此，根据农业就业人口占总人口的比例可以较好地预测一国的人均收入水平。一般情况下，以农业为支柱产业的欧洲国家都比较穷，而劳动力较多地转移到工业和服务业的国家的经济则较好（Broadberry，2008）。

经济结构

表 3.1 给出了劳动力在农业、工业和服务业三个产业之间的分布情况。在1870 年和 1913 年的数据都齐全的 14 个国家中，农业就业人口所占的比重从1870 年的 51.7% 下降到 1913 年的 41.4%。1913 年，农业就业人口所占的比重最低的地区是西欧，最高的地区是中欧和东欧。然而，各个地区内部的差别也

非常大，例如英国的农业就业人口所占的比重是 11.8%，而塞尔维亚的农业就业人口所占的比重则高达 82.2%。

从表 3.1 中也可以看出，随着农业就业人口所占的比重的下降，工业和服务业的就业人口所占的比重不断上升。在上面提到的 14 个国家中，工业就业人口所占的比重从 26.9% 上升到 32.3%，服务业就业人口所占的比重则从 21.4% 上升到 26.3%。观察 1913 年的数据可以发现，工业就业人口所占的比重最高的地区是西欧，最低的是中欧和东欧；服务业就业人口所占的比重最高的地区也是西欧，最低的地区是中欧和东欧。但是同样，地区内部不同国家之间的差别还是很大。

表 3.1　　　　　　　　1870—1913 年各地区就业人口分布情况表　　　　　　　　　（%）

	农业		工业		服务业	
	1870	1913	1870	1913	1870	1913
西欧和北欧	31.7	20.9	35.0	39.5	33.3	39.6
比利时	44.4	23.2	37.8	45.5	17.8	31.3
丹麦	47.8	41.7	21.9	24.1	30.3	34.2
芬兰	75.5	69.3	10.1	10.6	14.4	20.1
荷兰	38.4	28.3	22.4	32.8	38.2	38.9
挪威	49.6	39.6	22.9	25.9	27.5	34.5
瑞典	67.4	45.0	17.4	31.8	15.2	23.2
英国	22.2	11.8	42.4	44.1	35.4	44.1
南欧	58.6	49.3	23.2	26.8	18.2	23.9
法国	49.8	41.0	28.0	33.1	22.2	25.9
希腊		49.6		16.2		34.2
意大利	61.0	55.4	23.3	26.6	15.9	18.0
葡萄牙	65.0	57.4	24.9	21.9	10.1	20.7
西班牙	66.3	56.3	18.2	13.8	15.5	29.9
中欧和东欧	56.6	54.9	25.8	24.4	17.6	20.7
奥匈帝国	67.0	59.5	15.5	21.8	17.5	18.7
保加利亚		81.9		8.1		10.0
德国	49.5	34.5	29.1	37.9	21.4	27.6
罗马尼亚		79.6		8.0		12.4
俄国		58.6		16.1		25.3
塞尔维亚		82.2		11.1		6.7
瑞士	42.3	26.8	41.8	45.7	15.9	27.5
欧洲总体	51.7	47.1	26.9	27.8	21.4	25.1
欧洲总体（14 国）	51.7	41.4	26.9	32.3	21.4	26.3

注：区域数据是对区域内各国进行加权获得的。整个欧洲的数据根据 14 个国家的数据以及数据样本的大小估算而来。

资料来源：瑞典的数据来自 Krantz 和 Schön（2007）；英国的数据来自 Feinstein（1972）；德国的数据来自 Hoffmann（1965）；其他数据都来自 Mitchell（2003）。

图 3.1 的数据显示，1913 年人均收入与农业就业人口比例之间存在明显的负相关关系。很显然，一个国家要想摆脱贫困就必须重新分配就业人口，使就业人口离开农业。因此，欧洲所有的现代化政府都将工业化作为自己的政策目标。然而，从表 3.2 中可以看出，人均 GDP 与工业就业人口比例的关系并不如此明显。表 3.2 运用回归分析和横截面数据分析，对 1870—1992 年欧洲人均 GDP 与劳动力在各部门的分配比例之间的关系进行了规范分析。第一栏的数据再次验证了居民生活水平与农业就业人口所占的比重之间在统计上有显著的负相关关系，并且居民生活水平与工业就业人口所占的比重之间有显著的正相关关系。但是，参考拟合方程我们可以发现，观察拟合优度 R^2 的大小，工业要比农业的相关性弱。同时发现人均 GDP 与服务业就业人口所占的比重之间的回归方程的拟合优度较大。

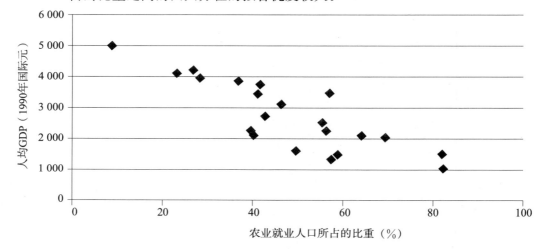

图 3.1　1913 年人均国内生产总值与劳动力在各部门的分配比例的关系图

资料来源：Broadberry（2008）。

表 3. 2　　　　　　1870—1992 年人均国内生产总值与劳动力在各部门
的分配比例之间的关系的回归分析表

	农业	工业	服务业
常数项	9.47（166.62）	7.10（48.10）	6.72（88.32）
各部门的劳动力所占的比重	−0.032（−23.69）	0.041（8.82）	0.047（22.80）
R^2	0.795	0.349	0.782

注：因变量是人均 GDP 的对数（单位：1990 年国际元）。括号内的数据是 T 统计数据。1870 年、1913 年、1929 年、1938 年、1950 年、1973 年和 1992 年这几年的数据更新到了 22 个国家，因此产生了147 个观测值。

资料来源：Broadberry（2008）。

　　这些结构性变化是由两大因素引起的。第一，随着各国收入水平的提高，需求收入弹性较低的农产品的需求比例也大幅下降，而需求收入弹性较高的工业和服务业的产品的需求比例相应上升。第二，运输成本下降使得各国可以充分发挥比较优势进行专业化生产。

农业

机会和挑战

　　随着人口和收入的增加，对农产品的需求也不断增加。欧洲人均消费的卡路里增加，穷国尤其如此，人们对农产品的需求从谷类逐渐转移到南欧的畜牧业产品和北欧的水果蔬菜（Federico，2003a；Coppola and Vecchi，2006）。运输成本下降促使农产品贸易增加，这对农产品的相对价格具有显著影响。虽然农产品的实际价格变化不大，但是大多数国家的产业间贸易条件（农产品价格相对制造业产品价格）却提高了（Williamson，2002a）。欧洲各国的农作物价格（主要是谷物）相对畜牧业产品的价格都下降了。图 3.2 和图 3.3 分别显示了法国、英国和美国的产业间贸易条件和农作物价格与畜牧业产品的价格之比的变化趋势。

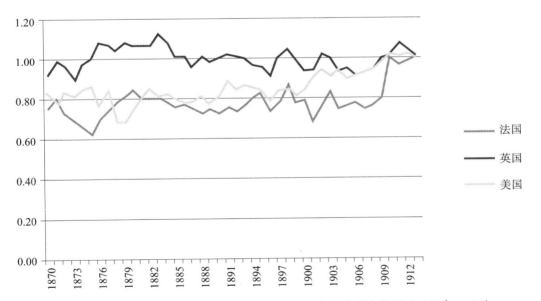

图 3.2　1870—1913 年法国、英国和美国的产业间贸易条件变化图（1913 年＝100）

资料来源：Williamson（2002a）。

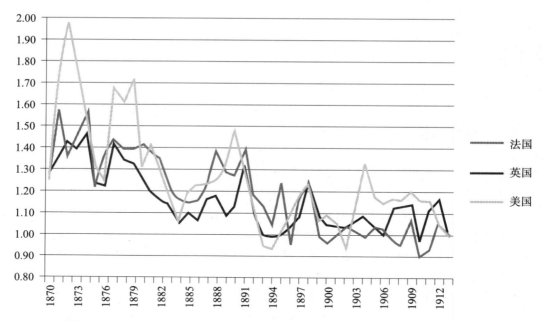

图 3.3　1870—1913 年农作物与畜牧业产品的相对价格变化图（1913 年＝100）

资料来源：美国商务部 1975 年的数据；Levy-Leboyer（1979）、Mitchell（1988）。

表现

　　大家普遍认为 1870—1913 年欧洲农业表现不佳，这个观点值得商榷。表 3.3 显示，整个欧洲以及欧洲的主要地区的农产品总产出增长率都非常高。虽然这个阶段中期农产品的产出水平非常稳定，但是由于天气变化，欧洲农产品的产出量各年之间的变化很大（Solomou and Wu，1999）。尤其是，数据显示，1873 年到 1896 年这几年的农产品产出量下降明显。但是，这几年的下降幅度并未大到足以贴上"大萧条"的标签（Saul，1969）。

　　表 3.3 所示的各国按农产品产出增长表现进行的排名也与传统观点不符。事实上，记录显示，到 1913 年为止农业表现最好的是俄国，其连续 43 年保持了 2.5％ 的农产品产出年增长率。增长第三快的国家是奥匈帝国。当然，我们需要慎重考虑这些数据，但是不能否认俄国在农业上的成功，其农产品在这一期间大量出口也能证明这一点（Stern，1960）。大多数国家的农产品产出的年增长率为 1％～1.5％，与人口增长率相比持平或者略快。只有三个国家（葡萄牙、荷兰和英国）的人均农产品产出量下降了。1870 年到 1913 年，初级产品贸易量（几乎遍及西欧各国）的年增长率为 3.5％。这一增长养活了英国，也提高了其他西欧国家的营养标准。

表 3.3 各国 1913 年的农产品产出表

	附加值 （百万英镑）	总产出 （百万英镑）	附加值/ 总产出	畜牧业产品 所占份额	总产出的年增长率， 1870—1913 （％）
奥匈帝国	383	414	0.925	0.262	1.88
比利时	34	54	0.630	0.665	0.75
丹麦	36	67	0.540	0.940	1.62
芬兰	15	18	0.833	0.746	1.56
法国	516	587	0.879	0.426	0.62
德国	526	575	0.915	0.698	1.56
希腊	18	20	0.900	0.363	2.12
意大利	326	352	0.926	0.307	1.14
荷兰	30	56	0.536	0.591	0.65
葡萄牙	26	28	0.929	0.236	0.54
俄国	729	767	0.950	0.344	2.24
西班牙	137	145	0.945	0.344	0.46
瑞典	37	44	0.841	0.661	0.96
瑞士	31	35	0.886	0.795	0.70
英国	135	201	0.672	0.747	0.00
西欧和北欧	287	440	0.653	0.748	0.88
中欧和东欧	1 132	1 132	0.904	0.429	1.91
南欧	1 791	1 791	0.932	0.372	0.78
欧洲	2 979	3 363	0.886	0.452	1.36
"世界"	5 640	6 387	0.883	0.437	1.56

注：各国以 1913 年各自的边境线为准。

资料来源：Federico（2004）。

经济增长的直接原因：生产要素投入和 TFP

　　表 3.4 显示，要素投入增长对农业产出增长的贡献很小。因为很难确定草场的适应情况，所以很难测量土地的实际使用率，但是可以确定的是：西欧种植作物的土地面积保持不变或者减少了，东欧种植作物的土地面积小幅增加了。另外，因为非农业工人经常在农业工作高峰期参与农业工作，工作质量随着工人的年龄、性别和技能的不同而不同，各国的工作强度和工作时间也不同，因此，很难度量农业的劳动力投入量。然而，数据显示劳动力分布模式与

土地格局是一致的，西欧国家的农业就业人口不变或下降，东欧国家的农业就业人口上升。应该注意的是，农业就业人口稳定与农业就业人口比例下降同时存在，这是因为总人口和劳动力人口的上升。

表 3.4　　　　　　　　　　　　　农业的要素投入和劳动力生产率

	土地（百万公顷）			劳动力（百万人）			劳动生产率（英国 1913 年的水平设为 100）		
	1850	1880	1910	1850	1880	1910	1880	1910	总增长率（%）
奥匈帝国	20.2	25.6	26.7	13.8	14.9	15.5	16.8	28.9	1.725
比利时		1.6	1.5	1.0	1.1	0.8	27.6	46.1	1.667
保加利亚		1.8	2.5			0.9			
丹麦	2.0	2.4	2.9		0.95	0.5	23.7	79.0	3.341
芬兰				0.4	0.45	0.6	20.7	26.6	1.288
法国	34.3	32.7	29.6	9.1	8.6	7.7	48.6	74.0	1.523
德国	24.4	26.2	26.2	8.3	9.6	10.5	34.8	52.4	1.506
希腊	0.85	0.9	0.9						
意大利	13.5	15.4	14.8		9.4	10.5	25.4	32.5	1.281
荷兰	1.9	2.0	2.1		0.62	0.68	40.9	50.3	1.228
挪威					0.22	0.37			
葡萄牙	1.9		3.2	1.1		1.1	22.7	29.1	1.283
罗马尼亚	2.5		5.0			1.6			
俄国	82.5	103.8	113.4	17.6°	25.7°	37.0°			1.571°
俄国（欧洲部分）			85.9						
西班牙	16.0	15.8	19.1	4.5	4.9	4.4	25.6	33.7	1.314
瑞典		3.4	3.4	0.7	1.1	1.0	26.0	39.4	1.518
英国	8.0	8.0	6.7	2.0	1.6	1.5	87.9	100.0	1.137
印度							9.3	10.5	1.136
美国							82.8	108.5	1.310

注：°只包括男性劳动力。

资料来源：土地（仅种植作物和树类作物）数据来自 Federico（2005，表 4.1）。俄国（欧洲部分）的数据来自 Anfirnov 和 Korelin（1995）；劳动力（包括男性和女性）数据来自 Federico（2005，表 4.16）；劳动生产率占 GDP 的比与劳动力进行比较（1878—1881 年 和 1911—1913 年两个阶段的平均值）。

资本是最难准确计量的生产要素，但是除俄国外，数据显示其他国家的建筑、土地和机器设备情况不存在显著的改善（Federico，2005，表 4.7）。英国的资本存量下降，而其他西欧国家的资本存量的年增长率为 1%。现代技术的扩散效应表现在农业以外的采购的增长上。衡量这些采购的一个简单方法是产品附加值（不包括农业采购）占总产出（包括农业采购）的比率。如表 3.3 所示，1913 年这一比率在不同的国家之间差别很大。统计数据与有关各国科技发展水平的传统观点相符。

产出大幅增长与要素投入相对缓慢增长并存的现象说明，TFP 健康稳定增长。Federico（2005，表 5.5）发现，1870—1913 年欧洲十国的年均 TFP 增长率为 0.7%，占这一期间总增长率的 30%～40%。这与 Van Zanden（1991）的发现大致相同，后者指出，在这期间欧洲的表现丝毫不逊色于欧洲西部的移民国家，因为在这一时期，美国的农业 TFP 的年增长率为 0.2%～0.5%。

经济增长的根本原因：技术进步还是市场一体化？

大多数学者将 TFP 的增长归功于技术进步，而 19 世纪欧洲农业领域确实有很多重要的技术进步。虽然休耕制在东欧依然很重要，但是除了西班牙，西欧已经几乎不存在休耕制了（Antsiferov，1930，p.16；Bringas Gutiérrez，2000，表 1.3）。工具也有很大改进，落后国家用铁犁取代木犁，发达国家的工具则设计更精巧、性能更优、对畜力要求更低。机械化的进展相对缓慢，20 世纪初蒸汽打谷机还是唯一被普遍使用的"现代"机械（Federico，2003b）。但是，19 世纪 60 年代出现了一个重大突破，那时化工行业开始制造价格越来越低的硫酸铵和氰氮化钙，每公顷土地的化肥使用量迅速提高（van Zanden，1994，表 47；Federico，2005，表 6.3）。

在简单地将 TFP 的提高全部归功于技术进步之前，需要思考的是，随着市场的完善（包括商品化和市场一体化（价格趋同）），高效的资源配置对 TFP 的提高起到了什么作用？关于市场一体化有大量的研究，至少有学者对小麦（Jacks，2005；Federico and Persson，2007）和商品化（Federico，1986）进行了研究。遗憾的是，没有人研究这些进步对农业发展的影响。唯一做出相关探索的学者主要研究的是法国进行大规模铁路建设之前的情况（Grantham，1989）。市场一体化导致相对价格的改变程度有多大？当地生产专业化又做出了哪些调整？可以肯定的是，专业化生产在城市周边地区或自然条件好的地区，例如意大利南部和西班牙的葡萄园地区不断发展。另外，畜牧业产品占总产出的比例稳步增长，从 41% 上升到 46%，这与它们的相对价格的提高保持一致（Federico，2004）。但是，要对商品化和全球化的实际影响进行综合评价，并比较二者相对于技术进步的重要性，我们需要更详细的数据。

制度的作用

总的来说，农民只能靠自己。首先政府对技术进步的支持非常有限，并且虽然土地改革充满争议，但是除爱尔兰外很少有国家进行土地改革。即使在产品市场，政府干预也相对不多。根据传统观点，这个论点似乎显得有些令人难以置信。因为传统观点认为，在美国粮食占领欧洲市场时，贸易保护主义国家应该采取强硬的措施进行反抗（O'Rourke，1997）。但是，需要注意的是：（1）侵入欧洲粮食市场的主要竞争者是俄国而不是美国，至少在小麦市场是这样的；（2）只有几个大陆国家对小麦贸易设置了关税壁垒，并且关税不高；（3）小麦只占农产品总产出的 15%～20%，其他农产品受国际竞争的影响很小。

很多指责制度造成欧洲农业表现不佳的历史学家认为，土地公有制以及诸如佃农制等传统农业合约阻碍了农业创新。然而，从下面两个例子中可以看出，这种观点的实证研究结果是非常复杂的。首先，佃农制通常被认为是地中海地区农业表现不佳的主要原因（Sereni，1968）。这种观点通常认为，地主只对扩张土地规模感兴趣，而对扩大生产投资不感兴趣，而佃户太过穷困以至于什么都做不了。但是，对意大利的数据进行的计量经济学分析显示，农业合约对农业产出没有任何影响（Galassi，1986；Galassi and Cohen，1994）。其次，在俄国，农奴制到 1861 年才被废除，土地所有权归农民公社，被称为社区或米尔。[1] 学者通常认为，俄国土地的定期再分配阻碍了土地的投资和创新（Gerschenkron，1966）。但实际上，社区组织非常灵活（Gregory，1994），当制度框架最完善的英国的农业产出停滞的时候，俄国的农业产出却增长迅速。这个例子提醒我们，从国家赶超的角度讲，我们应该认为增长率与初始产出水平呈负相关关系。因为 1870 年英国的农业劳动力生产率最高，因此我们预计英国的产出增长率最低。同样，较低的初始产出水平为俄国实现快速增长创造了机会。当然，制度因素只是一国不能赶超其他国家的原因之一，其他因素，例如土地质量、经济政策等也会产生影响。

工业

欧洲的工业生产（1870—1914 年）

1870 年到 1913 年，随着欧洲的发展和农业的相对地位的下降，欧洲的工业产出增长率高于 GDP 增长率。表 3.5 将国家按主要地区进行分类，给出了欧洲工业产出年均增长率的相关数据。在 1870 年还没有发展现代工业的欧洲欠发达地区，赶超其他地区的增长空间很大。在欧洲中部和东部地区，德国、奥匈帝国和俄国的工业产出增长率都很高，开始赶超当时欧洲最发达的英国。在欧洲西北部地区，荷兰和瑞典也从 1870 年左右开始实现持续的工业发展。

---

① 原文为 Obschina or Mir，两者均为沙俄时代的村社组织名称。——译者注

表 3.5 　　　　　　　　1870—1913 年欧洲工业产出年均增长率表

国家	增长率（%）	国家	增长率（%）	国家	增长率（%）
欧洲西北部		**欧洲南部**		**欧洲中东部**	
比利时	2.5	法国	2.1	奥匈帝国	2.8
丹麦	3.4	意大利	2.7	德国	4.1
芬兰	4.1	葡萄牙	2.4	俄国	5.1
荷兰	3.0	西班牙	2.7	瑞士	3.2
挪威	3.3				
瑞典	4.4				
英国	2.1				

注：瑞士的工业增长数据是 1891—1913 年的。

资料来源：比利时的数据来自 Gadisseur（1973）；丹麦的数据来自 Hansen（1974）；芬兰的数据来自 Hjer-ppe（1996）；荷兰的数据来自 Smits，Horlings 和 van Zanden（2000）；挪威的数据来自 OlaGrytten 提供的未发表数据；瑞典的数据来自 Krantz 和 Schon（2007）；英国的数据来自 Feinstein（1972）；法国的数据来自 Crouzet（1970）；意大利的数据来自 Fenoaltea（2003）；葡萄牙的数据来自 Lains（2006）；西班牙的数据来自 Prados de la Escosura（2003）；瑞士的数据来自 Thomas David 提供的未发表数据；奥匈帝国的数据来自 Schuize（2000）；德国的数据来自 Hoffmann（1965）；俄国的数据来自 Goldsmith（1961）。

然而，初始落后并不代表就可以经历工业的快速增长，很多相对贫穷的国家，尤其是欧洲南部的穷国，工业产出增长并不显著。

因此，考察欧洲的经济的表现时，经济发展水平和增长速度同样重要。以俄国为例，1870 年以后的工业增长非常迅速，但是初始工业化水平却非常低。从表 3.6 中我们可以看出，虽然 1870 年以后工业增长速度非常快，但是到 1913 年俄国的工业化水平仍然仅为英国的 17.4%。

表 3.6 　　　1870—1913 年欧洲的人均工业化水平（英国 1900 年的水平＝100）

	1860	1880	1900	1913
欧洲西北部				
比利时	28	43	56	88
丹麦	10	12	20	33
芬兰	11	15	18	21
荷兰	11	14	22	28
挪威	11	16	21	31
瑞典	15	24	41	67
英国	64	87	100	115
欧洲南部				
法国	20	28	39	59
希腊	6	7	9	10
意大利	10	12	17	26

	1860	1880	1900	1913
葡萄牙	8	10	12	14
西班牙	11	14	19	22
欧洲中东部				
奥匈帝国	11	15	23	32
保加利亚	5	6	8	10
德国	15	25	52	85
罗马尼亚	6	7	9	13
俄国	8	10	15	20
塞尔维亚	6	7	9	12
瑞士	26	39	67	87
欧洲	17	23	33	45

资料来源：Bairoch（1982），pp. 294，330。

表3.6很好地总结了欧洲工业化的梯度发展，其中，英国是工业化程度最高的国家，比利时、法国和瑞士的工业化程度也高于1860—1913年欧洲的整体水平。期初，德国和瑞典的人均工业化水平低于欧洲平均水平，期末，则高于欧洲平均水平。虽然各国的人均工业化水平都提高了，但是欧洲大部分地区的人均工业化绝对水平仍然很低。

欧洲工业化可以被认为具有地理集中的特征，并形成了一系列马歇尔产业区（Marshallian districts）。马歇尔在《经济学原理》（原版1920年）中解释说，基于学习（工厂间知识外溢）、匹配（密集市场使得雇员和雇主更容易匹配）、共享（因为运输成本显著下降，公司更容易接触客户和供应商）效应，经济外部性导致工业生产在空间上集聚（Duranton and Puga，2004）。

对这些发展模式的一个可能的解释是，所处地理位置决定了自然资源禀赋情况，从而形成了产业区。尤其是在当时，如果不考虑矿产资源情况，那么将很难理解当时的工业区位模式。简单说来，虽然在国与国的边界地区并不总是如此，但是钢铁时代的工业发展大多集中在煤炭和铁矿石产区（Pollard，1981：xiv-xv）。

然而，1870年以后工业方面有了新的科技发展，使得工业逐步从必须围绕矿产资源的地域限制中解放出来。运输成本下降进一步强化了这个趋势。在全新的工业时代，如基于化学发展的燃料合成、基于新能源的电器发展等，科技的重要性更加突出（Chandler，1990；Landes，1969）。与此同时，科技也影响了很多传统行业，如科技使得酿酒行业产量提高，生产过程优化；科技发展也使得钢铁工业的产品更新、更好，很重要的表现之一就是钢的品种增多。随着组装可互换的标准零部件成为可能，机器取代熟练工人也成为可能，因此在此基础上机械工业开始大规模生产。这种发展趋势使得现存生产商的地位受到了威胁，也为没有大量技术工人的国家提供了发展工业的机会。

"第二次工业革命"为工业化程度较低的国家赶超和取代原有的工业国家提供了机会，因为这些国家经历了更快速的工业发展，并且它们接受和使用新技术的能力也更强。这次工业革命与工业集中化并行，许多新科技工业都被大公司垄断了（Chandler，1990；Hannah，1983）。不过我们不能夸大这些趋势在 1914 年以前的发展程度，因为这些趋势在第一次世界大战之后更加明显（Broadberry，1997；Scranton，1997）。

各个国家和地区的表现

1860 年，无论用产出总水平衡量，还是用人均水平衡量，英国都是欧洲工业化程度最高的国家。然而，英国基于早期工业化在世界出口市场上确立的绝对领先地位因为后发国家的竞争而有所动摇，并且在 1870—1913 年受到了德国和美国的挑战。然而，正如 Broadberry（1997）指出的那样，当时存在忽略英国工业的成功之处而唱衰英国的趋势。首先，1870—1913 年，英国、美国和德国这三个主要工业化国家各自的相对工业劳动生产率变化不大。因为德国和英国的劳动生产率基本相等，所以德国相比英国其工业产出快速增长的直接原因是劳动力投入增加。这两个国家的制造业劳动生产率都比美国低很多。一般认为美国劳动生产率高的原因是劳动力短缺和自然资源丰富。19 世纪中期，美国在机器密集型技术上的发展已经处于领先地位，而这种发展则不适合欧洲的情况（Habakkuk，1962；Broadberry，1997）。其次，虽然德国的重工业（如化工、钢铁等）发展得非常好，劳动生产率比英国高，1913 年之前出口占世界总量的比重很大，可是在轻工业（如纺织、食品、饮料和烟草等）方面，英国还是保持了自身的生产优势以及在世界出口市场上的主导地位（Broadberry and Burhop，2007）。

传统观点认为，19 世纪末法国工业相对落后，无法像德国那样赶超英国（Kindleberger，1964；Landes，1969；Milward and Saul，1977）。但是，1895 年以后，法国的工业产出表现使人们对法国表现较差的看法有了改观。尤其是以第二次工业革命的新技术为基础的电气工程、电力冶金、电化工和汽车工业等产业，法国都表现较好（Caron，1979，pp.135-160；Lévy-Leboyer and Bourgignon，1989，p.105）。但是，O'Brien 和 Keyder（1978，p.91）所认为的 19 世纪大部分时期，法国工业劳动生产率都比英国高的修正主义观点显然与事实差得很远。根据产出和就业普查数据，Dormois（2004）指出，1906 年法国的人均工业产出值仅为英国的 74.1%。法国可能找到了另外一条通往 20 世纪发展的道路，即发展基于小众市场的小型家族企业，不过这种方式对人们的生活水平也造成了影响（O'Brien and Keyder，1978，p.196；Caron，1979，pp.163-170）。

从表 3.6 可以看出，奥匈帝国的人均工业化水平相对较低。但是，奥匈帝国的工业产出占欧洲工业产出的比重相对于其自身的规模却比较高。实际上，奥匈帝国内部的经济发展状况很不平衡，其中奥地利（内莱塔尼亚①）的工业化程度普遍高于匈牙利（外莱塔尼亚）。即使单独考察，奥地利内部也存在巨

---

① Cisleithania，奥匈帝国国内奥地利部分的非正式名称。后文的"外莱塔尼亚"原文为 Transleithania，是奥匈帝国国内匈牙利王国部分的非正式名称。——译者注

大差别（Milward and Saul，1977；Pollard，1981；Komlos，1983；Good，1984）。虽然早期学者们的定量研究认为奥地利的工业总产值增长迅速，但是后期的研究修正了这一观点。Rudolph（1976）分析指出，1870—1913年奥地利的年均工业增长率为3.8%，但是当考察更广泛的工业领域，并使用新的权重值之后发现，奥地利的年均工业增长率仅为2.5%（Komlos，1983；Schulze，2000）。虽然考虑到匈牙利较高的工业增长率，但是表3.5（Schulze，2000）的数据显示，奥匈帝国总的年均工业增长率仅为2.8%。后来的学者通过研究得出奥匈帝国的工业增长率更低，主要源于他们集中研究了1896年以前的经济状况，因此虽然这期间经济不但没有衰退而且还在增长，但是人们还是重新用"大萧条"来形容这个阶段（Komlos，1978；Good，1978）。从经济赶超的角度讲，奥匈帝国在这个阶段的工业增长率必须很高才有可能赶超英国。因此从这个角度看，奥匈帝国在1870—1913年的经济表现欠佳。

从表3.6中我们已经注意到，俄国是19世纪中期经济非常落后的国家。所以，俄国1870—1913年的工业产值快速增长（见表3.5）符合我们的追赶模型中低水平国家具有高增长速度的设定。沙皇俄国时期的生活经历使得Gerschenkron（1962）形成了许多关于经济落后与经济发展之间的关系的观点。主要有：（1）在缺乏私人企业时，国家的作用非常大；（2）消费需求不足时，生产资料的生产会更重要；（3）银行在将稀缺资本分配至工业项目方面作用更大；（4）技术引进更为重要。Gerschenkron认为农业的重要性不突出，他认为农业对于改变社会的落后状况起不到什么作用。虽然Gerschenkron的某些结论与俄国的经济实情非常相符，但是某些观点经不起量化分析的仔细推敲（Falkus，1972，pp. 57，61-74；Gregory，1982，pp. 133-134；Gatrell，1986，p. 144）。

从赶超的角度讲，我们对于北欧和南欧外围国家的经济表现预期应该是一样的。从表3.6中可以看出，1860年意大利和伊比利亚的人均工业化水平与斯堪的纳维亚国家的水平一样。然而，表3.5显示斯堪的纳维亚国家的工业增长率远高于地中海国家。需要特别指出的是，工业的快速增长使得瑞典脱颖而出，其1913年的工业化水平就已经与欧洲核心国家相当了。第二次工业革命产生的新科技使许多国家实现了跨越式增长，其中瑞典是一个典型案例，尤其值得借鉴的是瑞典充足的水电资源对其经济增长起到了积极作用（Pollard，1981，pp. 233-236）。意大利和伊比利亚相对较低的工业增长率掩盖了一些地中海地区工业发展较好的状况，尤其是米兰、热那亚和都灵形成的三角区域，它们的发展也都是基于充足的水电资源（Pollard，1981，pp. 229-232）。

细分工业的发展

工业涵盖范围广泛的经济活动，我们将简要考察几个主要部门，重点研究欧洲主要生产者对经济增长的贡献。我们首先研究煤炭——蒸汽时代的主要能源。如前所述，19世纪工业生产主要集中在煤炭产区，如表3.7中数据所示，不足为奇的是英国是这期间欧洲主要的煤炭生产者，德国位居第二。小国比利时虽然工业化进行得较早，但是随着德国、法国和俄国工业化进程的推进，其工业化水平很快就被后三个工业大国超过了。虽然英国依然是欧洲最大的煤炭生产国，并且英国的出口量持续大幅增长，但是，英国的劳动生产率的提高是停滞的，随着矿坑的不断加深，煤炭必须从深处开采出来，导致采矿技术和组织变革成本仅仅能够与收益持平（Greasley，1990）。虽然欧洲的煤炭产量还在增加，但是"新世界"开采的地理条件更好，因此后者占世界总产量的比重越来越高（Svennilson，1954，p. 107）。

表 3.7　　　　　　　几种主要工业品的欧洲主要生产国情况表

A 煤炭（百万吨）

	1870	1880	1890	1900	1913
英国	112	149	185	229	292
德国	26	47	70	109	190
法国	13	19	26	33	41
俄国	1	3	6	16	36
比利时	14	17	20	23	24
奥匈帝国	4	7	10	12	18

B 生铁（千吨）

	1870	1880	1890	1900	1913
德国	1 261	2 468	4 100	7 550	16 761
英国	6 059	7 873	8 031	9 104	10 425
法国	1 178	1 725	1 962	2 714	5 207
俄国	359	449	928	2 937	4 641
比利时	565	608	788	1 019	2 485
奥匈帝国	403	464	965	1 456	2 381

C 硫酸（千吨）

	1870	1880	1890	1900	1913
德国	43	130	420	703	1 727
英国	590	900	870	1 010	1 082
法国	125	200	—	625	900
意大利	—	—	59	230	645
比利时	—	30	—	165	420
荷兰	—	—	—	—	320

续前表

D 原棉消费（千吨）

	1870	1880	1890	1900	1913
英国	489	617	755	788	988
德国	81	137	227	279	478
俄国	46	94	136	262	424
法国	59	89	125	159	271
奥匈帝国	45	64	105	127	210
意大利	15	47	102	123	202

E 啤酒（千升）

	1870	1880	1890	1900	1913
德国	23 700	38 572	52 830	70 857	69 200
英国	—	44 955	52 100	60 010	58 836
奥匈帝国	9 993	10 957	14 117	21 471	24 070
比利时	7 794	9 239	10 771	14 617	16 727
法国	6 499	8 227	8 491	10 712	12 844
俄国	—	—	—	5 872	11 612

资料来源：Mitchell（2003）。

在钢铁方面，主要的技术进步都源于科学发展。伴随着1856年贝塞麦酸性转炉炼钢法、1869年西门子—马丁（开放式）生产流程以及1879年托马斯（基本）生产流程的发明（Svennilson，1954，p. 12），大量生产出来的各种各样的钢逐渐替代了熟铁。德国跳跃式赶超英国的情形可以从表3.7中看出，此表同时给出了欧洲主要生产国的生铁产量。如果考虑铁矿石储量、需求方面的因素（例如，德国、美国等市场快速发展的国家保护性贸易壁垒的增加）以及英国持续的自由贸易政策（McCloskey，1971；Tolliday，1991），就可以看出，以往关于英国企业失败的言论有夸大之嫌。19世纪90年代俄国的井喷式增长也非常明显，俄国的经济超过了法国，当然，法国在20世纪以后再次遥遥领先（Gatrell，1986，p. 153；Caron，1979，pp. 158-159）。虽然人均工业化水平很低，但是奥匈帝国也是当时主要的钢铁生产国之一。俄国、奥匈帝国等国主要依靠巨大的国内市场，铁路建设热潮曾促使国内市场需求大增（Milward and Saul，1977，pp. 304-306）。

1870—1914年，随着科学研究的发展，化工行业发生了变革。随着19世纪初索尔维制碱法取代勒布朗法并且电力成为化学工业生产中的重要媒介，化学工业经历了巨大变革（Svennilson，1954，p. 162），无机物的生产达到了工业化生产方式下的极大规模。然而，对工业化具有长远意义的是有机合成产品（碳基）的生产，如燃料、制药、香料、感光化工品等（Svennilson，1954，p. 163）。有机合成化工品的生产需要大量的无机材料，因此，硫酸产量（表3.7C）可以看做衡量欧洲各国化工水平的指标（Svennilson，1954，pp. 163-164）。像其他重工业一样，德国的化工业超越了英国，不过德国在1870—1914

年末期在化工方面的优势被低估了，因为实际上德国在有机产品的生产方面占据领先地位，只有瑞士可以与之一较高下。以合成染料为例，1913年德国产量占世界总产量的85.1％（Svennilson，1954，p.290）。东欧国家的化工产业相对不发达，俄国和奥匈帝国都不是欧洲化工产品的主要生产国。除法国外，比利时和荷兰等较小却比较富有的国家也都是化工产品的主要生产国。意大利从19世纪90年代开始产量显著增长。

工业革命始于棉纺织品，1914年之前棉纺织工业一直是欧洲的主要行业之一。虽然随着其他国家工业化的推进，棉纺织品生产在世界上的份额有所下降，但是英国仍然是世界棉纺织品的最大生产者（Sandberg，1974）。Vernon（1966）的产品生命周期理论认为，从走锭细纱机到环锭细纱机的转变以及从动力织布机到自动织布机的转变，使得生产过程中的技术要求下降，继而使得技术熟练程度低但是劳动力价格便宜的国家可以与英国竞争。Broadberry和Marrison（2002）强调了外部规模经济对英国工业的重要性，纺织工业在Lancashire郡的本地化程度很高，但也同时存在2 000家左右的纺织工厂。产品生命周期理论也有助于我们理解为什么在1870—1914年后期俄国和奥匈帝国等低工资国家的产出量大增，俄国几乎赶上德国，奥匈帝国则紧随法国之后并超过了意大利（Gatrell，1986：160；Milward and Saul，1977，p.238）。

虽然随着城市化的推进以及由此产生的对加工类食品需求巨大的城市工人阶层的出现，食品贸易规模不断扩大，但是对于食品、饮料和烟草工业来说，国内市场还是更为重要。可获得的连续的啤酒产量数据（见表3.7）显示，啤酒生产与国内市场规模、人均收入关系密切，德国和英国的产量和消费量最高，奥匈帝国、法国和俄国的产量也非常大。虽然像啤酒这样的重量大且易腐坏的产品很难运输，但是比利时还是不断地向邻国出口啤酒。当然，我们要时刻牢记法国的红酒出口量和消费量都非常高，因此，酒类饮品生产的一般数据显示，地中海国家的贡献很大，包括意大利、西班牙和葡萄牙（Pinilla and Ayuda，2002）。

服务业

欧洲服务业的产出（1870—1914年）

除了铁路和银行业这两个被认为能够支撑工业发展的产业之外，对1870—1914年经济史的研究很少关注服务业。国民经济核算法使得我们可以把铁路和银行的贡献归类到范围更大的服务业里，从而算出服务业对消费者和工业生产者的贡献。铁路可以像运输工业品一样运输人力和农产品，银行的目标也不仅仅是为重工业提供廉价贷款。此外，除运输、通信和金融之外，服务业还包括流通行业、专业和私人服务业以及政府服务业。

区域性发展

发达的服务业部门大都分布在北欧和西欧，尤其是英国和荷兰，这些地区通过在高度城市化的环境中提供专业化和规范化的服务，获得了较高的生产力。在可以进行国际贸易的产业部门，服务业在扩大市场规模和促进劳动分工从而推动经济发展方面的作用重大。较高的生产力要求服务"工业化"，这主要是指服务业从以往以网络化组织管理为基础的客户化、小容量、高利润行业转变为以分层管理为基础的规范的标准化、大容量、低利润行业（Broadberry，2006）。在航运和保险等行业，服务"工业化"意味着经典的钱德勒式大企业（classic Chandlerian fashion）的出现。但是，在投资银行业等行业，服务"工业化"意味着伦敦和阿姆斯特丹的金融区出现了以大量小企业为基础的马歇尔外部规模经济（Broadberry and Ghosal，2002；van Zanden and van Riel，2004，pp. 305-319）。大公司在不能参与国际贸易的许多行业中也越来越重要，这些行业有零售分销业、零售银行业、铁路等。

德国是一个内部反差极大的国家。德国拥有铁路、综合银行等现代服务业，这一点在文献中多有强调，但是，农业以及相关的城市化程度低的产业集群限制了德国专业化服务市场的发展。虽然 Gerschenkron（1962）的研究发现，综合银行能够促进资金流向重工业，但是德国的流通行业仍然以小批发商和零售商为主。如果要对德国的银行业进行总体考察，那么应该认识到德国银行业主体是由许多小机构构成的，而这种结构拉低了德国的平均劳动生产力（Guinnane，2002；Broadberry，2004）。

19 世纪末期，意大利的服务业与德国有一定的相似之处。作为两个刚刚统一的国家，铁路对于它们的现代化进程意义重大。两国的综合银行都积极引导资源流向重工业（Milward and Saul，1977，pp. 243-247，260-264）。然而，近期的研究倾向于认为，铁路和综合银行对经济增长的贡献没有以往认为的那样大。Cohen 和 Federico（2000，p. 72）指出，1913 年意大利的人均铁路里程仅为法国的 1/2。而 Fohlin（1998）认为，意大利的综合银行/全能银行倾向于扶持大型、稳定的公司，而不是为小型、有前景的公司提供风险资本。

已有文献对哈布斯堡王朝服务业的研究也大多针对铁路和银行。奥匈帝国的铁路系统是欧洲规模最大的铁路系统之一，虽然这主要源于地理因素而不是较高的经济发展水平（Milward and Saul，1977，p. 304）。Gerschenkron（1962）的研究发现，银行对于筹集资金支持工业和铁路建设发挥了重要作用。但是 1873 年经济崩溃以后，银行对工业和铁路建设的金融投资功能减弱了（Rudolph，1976）。

特别部分的发展

本节将主要研究运输通信业、金融业以及销售业的主要的私人服务部分。

在国民经济核算框架内，服务业的构成部分还包括住房供应，它一般被简单地归类为租金。另外还有政府，但是这期间政府的作用还非常有限。此外还有家政服务业务，其在第一次世界大战之前欧洲的大部分发达地区占服务业总产出的 10% 左右（Deane and Cole，1962；Hoffmann，1965）。

表 3.8 提供了第一次世界大战前夕欧洲运输和通信部门活动的一些指标。通常认为，铁路对 19 世纪的国民经济总水平影响很大，而且在政府试图推动城市化进程的许多情况下，铁路也确实起到了积极的促进作用（Gerschenkron，1962）。毫无疑问，最大的铁路系统必然存在于地理面积最大的国家中，因此欧洲中部和东部地区的俄国、德国和奥匈帝国拥有欧洲最大的三个铁路系统。西欧在政治上较为分散，因此紧跟前三者之后的国家分别是法国、英国和意大利。

表 3.8　　　　　　　　1913 年欧洲运输和通信业活动的数据

	1913 年可使用铁路轨道（千米）	1910 年已注册商船运输量（净千吨数）	1913 年电报传送量（百万）	1913 年电话呼叫量（百万）
欧洲西北部				
比利时	4 678	191	9.5	138
丹麦	3 868	547	3.9	227
芬兰	3 560	411		
荷兰	3 305	534	7.1	170
挪威	3 085	1 526	4.0	170
瑞典	14 377	771	5.0	434
英国	32 623	11 556	88.5	1 098
欧洲南部				
法国	40 770	1 452	67.1	396
希腊	1 584	447	2.0	3
意大利	18 873	1 107	25.3	230
葡萄牙	2 958	114	5.0	7
西班牙	15 088	789	6.6	35
欧洲中东部				
奥匈帝国	43 280	510	37.8	568
保加利亚	2 109		2.3	8
德国	63 378	2 903	64.3	2 325
罗马尼亚	3 549		4.3	20
俄国	70 156	723	45.0	900
塞尔维亚	1 958		2.4	6
瑞士	4 832		6.5	69

　　资料来源：除奥匈帝国的铁路数据来自 Bachinger（1973，pp. 301，482）外，其他铁路数据来自 Mitchell（2003）；航运数据来自 Kirkaldy（1914，Appendix XVII）和 Mitchell（2003）；电报、电话数据来自 Foreman-Peck 和 Millward（1994，p. 109）。

对于货运交通，铁路节约的社会成本通常用等量的货物用铁路运输和用次优的运输方式运输的成本差额来表示（Fogel，1964）。表 3.9 以 O'Brien

（1983）和 Herranz-Loncán（2006）的调查为基础，给出了几个欧洲国家和其他国家运输方式改变所节约的社会成本的数据。首先注意到，比利时、英格兰和威尔士、法国、德国以及俄国的情况与 Fogel 预期的一样。Fogel 认为，如果存在像内陆水道运输这样的较好的替代运输方式，那么运输方式变革所带来的社会节约成本较小，如西班牙。其次，我们发现随着时间的推移，技术进步使得铁路节约的社会成本不断增加，因此铁路运价相对于内河航运运价下降。

表 3.9 铁路运输节约的社会成本情况表

	年份	节约的社会成本占 GNP 的比重（%）
比利时	1846	1.0
英格兰及威尔士	1865	4.1
英格兰及威尔士	1890	11.0
法国	1872	5.8
西班牙	1878	3.9～6.4
西班牙	1912	18.9
德国	1890s	5.0
俄国	1907	4.5
美国	1859	3.7
美国	1890	8.9
墨西哥	1910	24.9～38.5

资料来源：O'Brien（1983，p.10）；Herranz-Loncán（2006，p.854）。

铁路无法进行国际竞争，因此考虑到各国的地理面积，东欧相对落后的国家拥有最庞大的铁路系统。然而，航运方面可以开展国际竞争，因此高效的供应商可以抢占更多的市场份额。表 3.8 给出了欧洲主要商船队运输的净吨数。迄今为止，世界上航运发展最成功的国家是英国。1870—1913 年，英国航运净吨数占世界商船总运量的 35% 左右（Kirkaldy，1914），航运量第二大的国家是德国，其航运量略低于世界总量的 10%；航运量第三大的国家是挪威。虽然斯堪的那维亚国家人口较少，但是它们这期间在航运方面确实存在很大的竞争优势。

在电信方面，1870—1913 年前后国际竞争还不存在。因此，跟铁路一样，决定电信部门活动水平的主要因素是人口和人均收入。如表 3.8 所示，电信活动水平较高的国家是英国、法国、德国等大型富有国家，但是俄国、奥匈帝国以及意大利等大型贫穷国家的电信活动也较多。到 1913 年，电信活动越来越普及。相关证据表明，公共部门电信垄断使得相关机构为保护自身在旧电信系统的投资而延缓了电信系统的发展（Foreman-Peck and Millward，1994，pp.97-111；Millward，2005，pp.103-104）。

表 3.10 给出了 1913 年金融和流通行业的部分指标。金融活动用流通中的现金和商业银行存款来衡量。因为各国的估算数据是以本国货币表示的，因此

我们需要把它们换算成一种统一的货币（美元），以方便进行国际比较。人口和人均收入再次成为影响这一活动的主要因素。随着经济发展水平的提高，金融中介的作用不断增强，人均收入对纸币流通存在消极作用，而对银行存款规模扩大有积极作用（Bordo and Jonung，1987）。因此，俄国、奥匈帝国等大型落后国家的货币流通水平较高，而即使是比利时等小型发达国家，其商业银行存款水平也较高。

表 3.10 　　　　　1913 年欧洲金融和商业活动指标表 　　　（单位：百万美元）

	流通中的纸币	商业银行存款	商品出口
欧洲西北部			
比利时	206	451	717
丹麦	44		171
芬兰	0.2	120	78
荷兰	125	117	413
挪威	29	159	105
瑞典	63	429	219
英国	177	5 231	2 555
欧洲南部			
法国	1 093	2 200	1 328
希腊	47	40	23
意大利	537	330	485
葡萄牙	95		38
西班牙	373		183
欧洲中东部			
奥匈帝国	505	164	561
保加利亚		33	94
德国	691	2 526	2 454
罗马尼亚	82		130
俄国	770	1 308	783
塞尔维亚			18
瑞士	61	355	226
欧洲			

资料来源：纸币和存款数据：Mitchell（2003）用各国货币测算的票面价值以 Svennilson（1954，pp. 318-319）的汇率换算成美元；产品出口：Mitchell（2003）用各国货币测算的票面价值以 Svennilson（1954，pp. 318-319）的汇率换算成美元。用 Maddison（1995，表 1-1）的转口数据进行调整。

我们注意到，英国的金融业发展水平最高，拥有很高的商业存款水平，很低的货币流通水平。虽然一直受到柏林、巴黎和纽约的挑战，但是，伦敦在 19

世纪后半叶就确立了自身在世界金融市场上的优势地位，并一直保持到第一次世界大战之前（Lindert，1969；Kynaston，1995）。

为了了解销售业的活动水平，我们需要研究出口水平、国内农产品和工业品消费等间接指标。表3.10给出了商品出口的比较数据。欧洲最成功的出口国是英国、德国、法国，它们的出口额远远大于俄国、奥匈帝国等东欧大型经济体。即使是比利时这样的小国，其出口量也大于奥匈帝国，并与俄国不相上下。此外，如果加上转口贸易，考虑到荷兰与印度尼西亚的殖民关系，那么荷兰也是一个大型国际批发商。批发多集中在企业，不过工业化服务在零售方面走得更远，出现了合作社、百货公司、连锁店等大型机构（Broadberry，2006）。这种向大型配销机构的转变是基于城市化进程的，因此工业化地区比农村地区的转化速度更快。

结论

本章提醒我们GDP由大量不同的活动构成，经济繁荣既取决于较高的生产力，又取决于资源在部门间的合理分配。总的来说，我们发现1870—1914年，欧洲国家要想获得较高的劳动生产率就必须把大量劳动力从农业转移到工业和服务业。虽然大量文献把工业化作为一国摆脱经济落后局面的主要途径，但是服务业的增长以及现代化发展至少也同等重要。事实上，服务业获得高生产率需要经过"服务部门工业化"——向更广的人群提供大量服务、采取标准化的形式、采用现代技术、利用分级管理进行监察——的进程。

第 4 章 | 经济周期 (1870—1914 年)

马克·弗朗德罗 (Marc Flandreau)
胡安·弗洛雷斯 (Juan Flores)
克莱门斯·约布斯特 (Clemens Jobst)
戴维·库杜尔-卡斯特拉斯 (David Khoudour-Castéras)

引言

下面的研究意在考察在第一次世界大战以前资本流动、贸易一体化以及全球移民的"全盛期",经济周期和国际经济是如何相互作用的。几年以前,Alec Ford 对古典时期的金本位制与经济周期相关的若干问题进行了研究 (Ford, 1989)。跟随 Ford 的开创性研究,所有对于 19 世纪最后 25 年的经济周期的探讨都不可避免地聚焦于金本位制自身的运行、金本位制下货币政策的制定,以及与此相类似的问题。

但是,这一看法不无误读和分歧。就像 Ford 以及之后的学者所强调及反复研究的,金本位时期(一段包含了许多浮动汇率个案的时期)存在的多样性使得难以对其进行归纳。的确,在第一次世界大战之前,汇率制度、贸易流通、货币政策都与经济周期这一主题相关。但除此之外,更深层次的归纳总结却非常困难。

对这些问题进行全面而兼顾平衡的研究是一个严峻的挑战。因此,本章将采用另一种方式转而对一些关键的问题提供一种简化的指导。所以,读者不必寄望于在本章里找到关于 Alec Ford 论文的最新研究。这些篇章提供的是来自学科前沿的一些观点,而我们认为这是学术未来发展的方向。

对 Alec Ford 的文章有两种解读。通常认为,它是一篇支持凯恩斯主义经济学的论文,是对当代新古典主义和货币主义的一种反驳,反对以 McCloskey 和 Zecher (1976,1984) 为代表的作家过于乐观的、认为金本位制的一切已是"最优的世界中存在的最优设计"的观点。与此相对,Ford 揭示了平滑运作的解释中存在部分问题。一位研究阿根廷方面的专家称，他知道在世界上的部分重要地区，金本位制实则如同一场调戏，而不似婚姻般严肃。这促使他从地理视角看待金本位制的运行，他认为"核心"和"外围"国家的调整是互补的，有时也是相互冲突的。

另一种观点则认为，Ford 的论文是在劝诱学者们更加细致地看待微观经济的货币体系。这并不是仅指货币制度或贴现率之类，更概括地来说，是执行这些政策的市场的微观结构。他对货币政策制度基础的适用性的重视，尤其引发了学者们对于金本位制下的汇率体系是否"真正有效"的高度关注。

本章余下的内容包括两部分，这样做也许是人为的分割，但能够帮助我们把无关紧要的内容控制在较低水平，从而尚可接受。第一部分研究了宏观经济的发展。记录了我们对于第一次世界大战以前的国际经济波动已了解的、应该了解的和我们或许永远不能了解的东西。在此我们将特别关注欧洲的部分。第二部分引导读者透过与机理和制度相关的一些问题，看清其中经济波动是如何传导、扩散乃至波及全球的。最后我们给出结论。

宏观经济实证

经济周期的历史回顾

1870—1914 年，欧洲大部分地区的人均 GDP 呈现持续增长的特点。然而，这一增长过程并非一帆风顺，在较短的一段时间内表现出明显的波动。这在所有的宏观经济变量上都得到了验证：生产、就业、投资、价格和工资水平等。经济增长和下滑的显著规律性引起了当代观察家和经济学家的兴趣。

如今，研究经济周期可以参考国家统计局提供的大量宏观经济数据，它们都符合国际标准，可以进行国与国的对比（至少它是如此声明的）。然而，国民经济核算和国民经济的概念一样，都是新玩意。GDP 的年度数据、季度数据是从 20 世纪上半叶才受到关注的（Studenski，1958；Fourquet，1980），而政治经济学者自 17 世纪起就开始关注国民收入的核算和比较了（Maddison，2003）。

因此，关于早期的研究需要靠事后进行的数据还原。近几十年来，人们做了大量的工作去追溯、精炼数据，并把追溯范围拓宽到更多国家。然而还原出的数据仅和当代的统计类似。为得到国民收入和产值的历史数据，我们主要是做人口、产业、劳动力方面的普查等。在 19 世纪下半叶，这些工作进行得更多更广（Tooze，2001）。这些不懈的努力使长期增长趋势的推导趋向合理。[1]

如果把产出和其他的宏观变量也加以考虑的话，那么情况便会更加复杂。部分工业部门的产出数据有年度数据可查，比如煤炭和钢铁，而 GDP 估计值则往往是根据基准年之间的（不）准确插值推算出来的（可参见 Kuznets，1961）。一些插值使用的是相互关联品的数据，比如根据棉花进口量计算纺纱业产出。尽管这些数据可以准确地反映长期趋势，但却在周期性情况上表达不实。已有的各类普查并没有涵盖（或是没有很好地涵盖）各产业的产量，比如手工业和部分服务业，这就需要引入其他产业进行推测，而引入的产业很可能具有与分析对象不同的周期性，这也造成了更多的误差。[2]

一些研究历史商业周期的学生因此关注工业产量，将其视为 GDP 的次类中最可靠的变量（A'Hearn and Woitek，2001；Craig and Fisher，2000）。而另一种思路是搜集更易得的、与产出波动相关的各种指标，而这些也更常见或有更远的溯源。这种方式由来已久。Juglar（1862）曾运用央行信贷水平、利率、流通中的货币量来分析周期，同时也考虑了小麦价格、税单，甚至结婚登记量和出生率。两次世界大战之间的经济周期研究遵循着这些线索，并且努力把众多离散的经济活动指标组合在一起（Burns and Mitchell，1946）。

当分析大量指标时，关键是如何在各类独立的数据——也许还充满矛盾——的趋向中，找到共同的趋势。构建这种扩散指数有许多不同的方法。美国国家经济研究局（NBER）通过自己的判断去界定美国的经济周期：它不仅依靠实际 GDP，而且依靠实际收入、就业以及零售销售额。一个简单的自动化程序仅仅能够检视大部分指数是在上升还是下降。而更复杂的统计工具，则能够估计促使被观测变量发生变化的一个或多个潜在因素（以及不可观测的因素）（Sargent and Sims，1977）。比如说，潜在因素"增长"对失业造成负面影响，而对产出和进口造成正面影响。对比扩张和衰退之间简单的对立，因素模型允许更精确的跟踪。它们也可以识别若干潜在趋势，比如某国家的或某地区的经济周期。在有效地使用可利用的信息时，这些综合指标也并非万能的。尤其是当初级数据来源各异时，不能轻易地从经济角度去解读它们，或是利用它们进行国与国之间的比较。因为提取"趋势"会影响"周期"的测定，因此如同消除趋势一样，跨时间的对比同样很难（可参考 A'Hearn and Woitek，2001）。

国家及国际经济周期的实证

经济运行的上升和下滑很早便激起了观察家和经济学者们的兴趣。1862 年，Clément Juglar（1819—1905）把贸易周期描绘为一个平均每 7～9 年便经历一次高峰到高峰的周期。Nikolai Kondratiev（1892—1938）指出了更具跨度的"Kondratiev"曲线，有 50～60 年之长。这些理论借由 Joseph Schumpeter（1883—1950）的著作得到普及。Simon Kuznets（1901—1985）则引入了一个二十年左右的中等长度的周期。

一个强有力的证据很早就引起了他们的注意，这就是实际价格的协同变异。在图 4.1 中，欧洲各国的价格曲线具有相似的长期趋势：在 19 世纪 70 年代中期到 19 世纪 80 年代中期下降，而在之后的第一次世界大战前持续上升。

这一时代的前半部分偶尔会被不尽恰当地表述为"长期萧条"，由于伴随着经济的高速增长，1895 年后的通货膨胀时期则被部分人认为是"美好时代"。

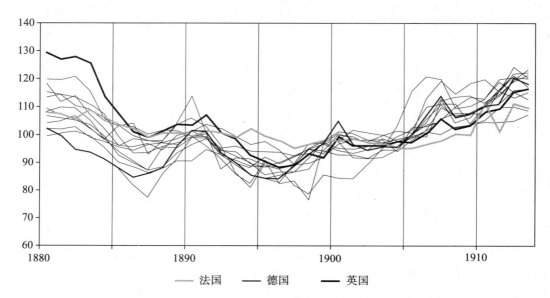

图 4.1　15 个国家的经汇率调整后的物价水平（1890—1913 年＝100）

注：不同国家的价格水平均按与法国法郎的汇率换算。涵盖国家有奥匈帝国、比利时、丹麦、意大利、荷兰、挪威、葡萄牙、俄国、西班牙、瑞典及瑞士。法国、德国及英国在图中已标出。

资料来源：笔者根据 Flandreau 和 Zumer（2004）计算。

最近，经济学者已经开始怀疑"经济周期"的说法，而更认同"波动"的说法。已经观察到的变化要比正弦和余弦曲线古怪得多。事实上，完美的可预测性会提供获利机会，从而导致周期的消失。[3] Burns 和 Mitchell（1946）的描述则更具明显的不可知论的特征，他们把经济周期定义为，在经济活动的集合中重复发生的波动，却不遵循一定期限，其长度超过一年而小于十二年。

实际经济周期（RBC）相关文献试图将趋势和周期的概念一并推翻，声称产出量的长期增长和短期波动必须在一个基于微观经济基础的统一模型框架内加以阐释（Kydland and Prescott，1982）。看起来形似周期的经验性规律实际上是对于随机外部冲击的行为反应的结果。实证研究关注宏观时间序列的属性，比如波动性（标准差）、持续性（自相关性）和与其他时间序列的联动性（相关性）。尽管许多学者承认了经济波动的不规律性，但是他们依旧把经济周期视为一个有益的经验估计。

许多关于 1870—1914 年经济周期的研究，都对该时期和相继时期内的结果进行了对比。其中一个重要的问题是，宏观政策体系的改变（比如引进逆周期的货币和财政政策）是否减少了第二次世界大战后经济周期的波动性（对比本卷第 14 章）。同样，这一问题也可以反过来考虑：为何宏观政策体系随时间推移而重复性地改变？从这一点来看，政策内生于结构性波动或者产生经济冲击的过程中。Bayoumi 和 Eichengreen（1994）试图厘清三种关于政策体系改变的解释：政治偏好以及决策机制（例如，政客是否愿意接受高利率以维护钉住型汇率），潜在经济环境的稳定性

（例如，是否存在对经济的外生不对称性冲击，比如 20 世纪 70 年代的石油危机），以及经济应对这类冲击的调整能力（例如，价格和工资能否迅速调整）。

通常情况下，货币政策和财政政策每年的变动情况被列入广义的历史"制度"中，而这些制度是参照货币安排制定的。从而，1914 年以前的"金本位制"时期常常会被人们拿来与"布雷顿森林"时代（1945—1971）和"浮动汇率制度"时期（1971 年至今）做对比。由于缺少普遍承认的主导性货币制度（经历了金本位制度的重构和随后的崩溃），所以 1918 年到 1939 年，被谨慎地称为"两战间隔"时期（如果这么说合适的话）。

尽管 Romer（1989）告诫我们近期的研究有所疏漏，关于经济周期的现有研究仍然随着时间的推进而趋向于取得一致的认识，即第一次世界大战以前的波动性小于两次世界大战的间隔时期，但大于第二次世界大战之后（Backus and Kehoe，1992；Bergman，Bordo and Jonung，1998）[4]。Basu 和 Taylor（1999）认为，布雷顿森林体系时期的波动性与第一次世界大战前的水平相当。这些研究与关于 GDP 各组成部分波动的研究得出了类似的结论。在不同国家和时期投资活动曾有（现在也是如此）高达 GDP 二至五倍的波动性（Basu and Taylor，1999），而大多数国家的消费的波动程度略低于 GDP 的波动程度。在 1914 年以前经常项目表现得最具波动性。Backus 和 Kehoe（1992）对贸易收支的研究得到了类似的结果。持续性（自相关性）通常在收入、消费和投资上表现很差，而在经常项目上表现很好。经常项目的高持续性意味着资本能够长期单向流动。持续性在两次世界大战的间隔时期和布雷顿森林体系时期要差得多，这或许反映出资本运动受到了诸多限制。

不同国家之间的周期是如何相互作用的呢？各国的年鉴通常包括供决策参考的国际事件，比如说境外利率的变动或者金融恐慌。实物及金融市场的日益融合使各国经济周期之间的依存性不断加深，这些后文会进行讨论。对国际商业周期收敛的实证分析所面临的诸多技术挑战，至少与从经济增长数据中提取各国的经济周期一样复杂。同样，统计和计量经济分析方法的选择也会影响最终的分析结果（Bordo and Helbling，2003）。第一种方法从传统的 NBER 参考周期的概念出发，推导出一致性相关系数。主要是考察两个样本国家的经济周期波动是否同步，即是否同时处于扩张阶段或衰退阶段。基于此种方法，Morgenstern（1959）发现，1914 年之前，英国、法国和德国的经济周期出现规律性的同步波动。使用参考经济周期的优点是相对直观的，并且可避免各种时间序列去趋势过程中所产生的误差。同时，离散型经济扩张或衰退归类阻碍了许多标准统计工具的运用，从而减少了许多有意义的发现，例如经济周期（除了联动方向之外）的联动幅度。

另一种合理的方法是，考察不同国家的产出水平之间的相关性。基于多个产出波动之间的同期相关性，Backus 和 Kehoe（1992）曾对经济周期的短期联动持怀疑态度，并发现斯堪的纳维亚诸经济体之间的经济周期波动正相关，而德国、意大利和英国经济周期波动之间的相关系数多为零或负。同样，Basu 和 Taylor（1999）考察了美国 GDP 与各 GDP 组成部分变动之间的相关性，发现 1914 年之前相关程度较低。然而，有人可能会问，1914 年之前，美国是否是全球经济增长模式的一个好的参照标准呢。相反，Craig 和 Fisher（1992，1997，2000）发现，其样本国家在 GDP、工业生产和进口方面的相关性日益增强。

研究经济周期同质化的第三种方法是共同因素研究。此种方法的内在原理在于或者是存在影响所有样本国家的共同冲击（如 20 世纪 70 年代发生的石油危机），或者是存在影响波及其他国家的个别国家的冲击，或者二者皆有。例如，Bergman 等（1992）分析了斯堪的纳维亚诸国、丹麦、芬兰、挪威和瑞典各国经济周期波动的决定因素。他们发现，19 世纪后期，有证据证明既存在区域性经济周期，又存在世界性经济周期（以美国、英国、德国和日本近似地表示），其中区域性经济周期为四个北欧经济体所特有，反映了它们之间实现了高度的一体化。Bordo 和 Helbling（2003）对离散相关性分析、联系相关性分析和要素模型分析的结果进行了比较，对于 1914 年之前的总体样本期间，三种方法都没有得到经济周期相关的结果。然而，对于 20 世纪的样本期间，所有分析方法都证明，各国间的经济周期同质化程度日益增强。

A'Hearn 和 Woitek（2001）对上述方法持批评态度，因为他们认为这些方法不能够区分不同时长的经济周期的相关系数。某些国家的经济周期在 3～5 年内可能并不相关，但是在 7～10 年内或 15～20 年内却显著相关。例如，Kuznets（1958）对英国和美国的研究就得到了这样的结果，并且最近的研究证明，这一结果同样适用于更多的国家（Solomou，1998）。运用谱分析，A'Hearn 和 Woitek 将不同工业生产时间序列分解为周期波动，并发现大多数国家经历了 7～10 年的经济周期，但是并没有强有力的证据证明 3～5 年的经济周期的存在。此外，他们还发现，这些国家的 7～10 年的经济周期之间的同质化程度较高，而 3～5 年的较短经济周期之间的相关性较弱。这一研究结果有助于支持早期关于当期相关性缺乏统计基础的结论。

对不同研究得出的结果迥异的一种解释是，作者们采用了不同的样本国家，而样本国家的选取通常受制于数据的可得性。很少有研究能够根据结构特征或汇率制度选取不同的样本国家，即使汇率制度在年鉴中通常被视为主要的标准。参照地理标准，Bordo 和 Helbling（2003）对国家进行了特殊分类，即"核心"国家和"外围"国家。然而结果显示，在 1914 年之前，不同类型国家的产出之间的相关性显著较弱。A'Hearn 和 Woitek（2001）采用更明确的结构准则，根据贸易紧密度和货币制度划分国家类型。结果发现，贸易关联越紧密，经济周期的相关性越强。他们还发现，在样本期间内，相互之间货币可兑换的国家之间的经济周期的相关程度更高。[5]从这一角度出发，Morgenstern（1959）以及 Huffman 和 Lothian（1984）均证明，第一次世界大战前，采用金本位制的国家的经济活动水平存在显著的相关性。Flandreau 和 Maurel（2005）发现，第一次世界大战前，加入货币联盟和采用固定汇率制度导致相关国家之间的经济周期趋于一致。

在进一步分析之前，我们有必要进行简单的总结。表 4.1、表 4.2 和表 4.3 分别列出了 1880—1913 年 14 个欧洲国家的短期利率、政府债券收益率和同期实际 GDP 增长率之间的相关系数。

我们发现，在很长一段期间内，采用金本位制的国家在短期利率方面存在强相关关系，这与有效市场和一体化市场的假设一致。采用浮动汇率制度的国家与三个主导国家（法国、德国和英国）之间的相关程度较低。

　　我们还发现，所有样本国家在长期利率方面表现出强相关关系。从长期利率反映违约风险这一意义上来讲，这一结果验证了与其他国家相比，三个未曾经历主权债务危机的国家不易于受到投机活动的冲击的判断。此外，其他低主权债务违约风险国家在名义利率方面也表现出较强的相关性。

表 4.1　　　　　　　　　　　　　　　1880—1913 年各国短期利率的相关系数

比利时	丹麦	法国	德国	希腊	意大利	荷兰	挪威	葡萄牙	俄国	西班牙	瑞典	瑞士	英国	
0.69	0.43	0.39	0.69	−0.16	0.37	0.53	0.40	0.16	0.27	0.03	0.48	0.50	0.50	奥匈帝国
	0.69	0.75	0.85	−0.13	−0.01	0.83	0.47	−0.05	0.52	−0.18	0.52	0.62	0.76	比利时
		0.50	0.79	−0.60	−0.45	0.76	0.66	0.12	0.49	−0.14	0.91	0.63	0.49	丹麦
			0.56	0.17	0.12	0.53	0.62	−0.21	0.52	−0.45	0.30	0.35	0.72	法国
				−0.24	−0.16	0.80	0.58	0.06	0.61	−0.13	0.75	0.76	0.78	德国
					0.19	−0.25	0.02	−0.35	0.25	−0.21	−0.43	−0.43	−0.08	希腊
						−0.12	0.00	0.17	−0.19	0.03	−0.29	−0.25	0.08	意大利
							0.42	0.17	0.47	0.07	0.61	0.61	0.71	荷兰
								−0.27	0.43	−0.37	0.77	0.55	0.57	挪威
									−0.21	0.49	0.21	−0.19	−0.24	葡萄牙
										−0.22	0.40	0.33	0.52	俄国
											−0.05	−0.14	−0.40	西班牙
												0.64	0.51	瑞典
													0.66	瑞士

77

　　注：样本国家包括奥匈帝国（A-H）、比利时（Bel）、丹麦（Den）、法国（Fra）、德国（Ger）、希腊（Gre）、意大利（Ita）、荷兰（Net）、挪威（Nor）、葡萄牙（Port）、俄国（Rus）、西班牙（Spa）、瑞典（Swe）、瑞士（Swi）。

　　资料来源：作者根据 Flandreau 和 Zumer（2004）的数据整理而来。

表 4.2　　　　　　　　　　　　　　1880—1993 年各国政府债券收益率的相关系数

比利时	丹麦	法国	德国	希腊	意大利	荷兰	挪威	葡萄牙	俄国	西班牙	瑞典	瑞士	英国	
0.76	0.86	0.84	0.78	−0.21	0.51	0.78	0.71	−0.42	0.78	0.74	0.76	0.68	0.39	奥匈帝国
	0.92	0.72	0.88	−0.34	0.12	0.86	0.84	−0.52	0.57	0.34	0.52	0.92	0.68	比利时
		0.86	0.95	−0.53	−0.37	0.92	0.96	−0.59	0.27	−0.51	0.53	0.93	0.86	丹麦
			0.66	−0.21	0.38	0.73	0.58	−0.54	0.71	0.37	0.70	0.80	0.36	法国
				−0.54	0.08	0.89	0.96	−0.59	0.67	0.34	0.51	0.84	0.81	德国
					0.53	−0.57	−0.57	0.61	−0.38	0.26	0.16	−0.43	−0.61	希腊
						0.03	−0.25	0.38	0.07	0.62	0.78	−0.32	−0.42	意大利
							0.83	−0.61	0.72	0.39	0.38	0.78	0.69	荷兰
								−0.57	0.44	−0.50	0.35	0.83	0.82	挪威
									−0.66	0.11	−0.10	−0.56	−0.75	葡萄牙
										0.41	0.33	0.23	0.49	俄国
											0.50	−0.46	−0.06	西班牙
												0.33	0.07	瑞典
													0.82	瑞士

　　注：样本国家同表 4.1。

　　资料来源：同表 4.1。

这些结果与直接计算 GDP 增长率之间的相关系数所得到的结果截然不同。虽然我们可以参考主要出口市场的近似性和共同性来对某些相关系数做出合理化解释（例如斯堪的纳维亚诸国之间的相关系数），但是却很难对表 4.3 的结果进行解释。如前所述，样本数据的质量会对研究结果产生一定影响。尽管如此，但结果仍清晰地显示，名义一体化一方面与金融一体化显著不相关，另一方面与实体经济一体化也不相关。

表 4.3　　　　　　　　1880—1913 年同期各国实际 GDP 增长率的相关系数

比利时	丹麦	法国	德国	希腊	意大利	荷兰	挪威	葡萄牙	俄国	西班牙	瑞典	瑞士	英国	
0.34	0.19	0.01	−0.50	−0.18	−0.30	−0.29	0.37	0.63	−0.22	−0.36	0.35	−0.06	−0.56	奥匈帝国
	0.30	0.17	−0.47	−0.27	−0.17	−0.13	−0.04	0.12	−0.26	−0.34	−0.12	0.14	−0.56	比利时
		0.57	−0.14	0.42	0.22	−0.02	0.34	−0.22	−0.44	0.28	−0.01	−0.45	−0.24	丹麦
			−0.03	0.57	0.39	0.00	−0.02	−0.55	−0.53	0.66	−0.27	−0.27	−0.07	法国
				0.20	0.28	0.22	−0.26	−0.52	0.15	0.18	0.02	−0.08	0.67	德国
					0.11	0.36	0.26	−0.49	−0.04	0.51	−0.34	−0.48	0.33	希腊
						−0.38	−0.18	−0.37	−0.36	0.71	0.07	0.14	0.26	意大利
							0.24	−0.55	0.15	0.06	−0.43	−0.39	0.56	荷兰
								0.09	0.13	−0.03	0.44	−0.76	−0.08	挪威
									0.24	−0.67	0.34	0.24	−0.63	葡萄牙
										−0.52	−0.03	−0.14	−0.08	俄国
											−0.17	−0.06	0.46	西班牙
												−0.14	−0.18	瑞典
													−0.08	瑞士

注：俄国和瑞士的样本期间分别为 1885—1913 年和 1899—1913 年。
资料来源：同表 4.1。

外部调整、金本位制度和经济周期

每当一种国际性的制度运行正常时，总会有两种不同的说法来解释这个现象。其中一种声称有道德的政策应该被表扬，而另一种则指向机遇说。关于 1914 年之前时代的讨论符合这一模式。一些人认为货币政策是国际金本位制成功的核心，并称金本位制之所以"运行良好"是因为货币政策符合"游戏规则"。另一些人着眼全球化，认为要素和商品价格的融合给国际调整创造了便利，并且可防止货币当局遇到难题（McClosky and Zecher，1976，1984；Bayoumi and Eichengreen，1994）。

麻烦的是，1914 年之前的国际货币体系往往使国际货币政策的学者们陷入危险的错觉，即该体系的特点是调整有序，并且总体运行稳定。但若仔细考察，则会发现这个制度运行得并不完美，曾出现过汇率危机、投机炒作和金融危机的时期。[6]仅在相当短的一段时期内，即 1895 年到 1913 年，一切都相对简单，固定汇率在正常时期和危机时期都运行稳定，越来越多的国家加入了金本位制体系。

一贯地遵循第一次世界大战前的理想化货币政策模板是具有误导性的。尽管如此，但当我们将其与之后的时期进行比较时，这一时期的确特征鲜明，其中大量发达国家长期致力于维持这样一种货币政策，即其长期目标是维持汇率稳定，短期目标或是纸币与黄金的自由兑换，或是（等价地）将价格钉住可兑换黄金的货币。结果，金本位制度被维持下来，并没有发生两次世界大战间隔期间出现过的混乱，也没有出现 20 世纪 90 年代投机危机反复发生的情况。从狭义上来说，正是因为这样我们才有理由书写国际金本位制稳定运行的"神话"。接下来的内容提供了许多有关金本位制如何运行的线索。

金本位制和货币政策

在有关金本位制度框架下的货币政策的学术讨论中，司空见惯的是对"游戏规则"的约定参考。在此需要解释的是，这些"游戏规则"在 1914 年之前并不存在，而是在第一次世界大战期间和两次世界大战间隔期间，由货币金融危机研究者们提出来的。从 1918 年的坎利夫委员会开始，经济学家们关于金本位制是如何良好运行的形成了一系列幻想，"泛道德说"（greater morality）就是其中之一。他们推测，各国中央银行的持续努力，而不是对冲黄金储备变动的操作，才是国际经济调整机制顺利运行的关键因素。他们指出，这一点与两次世界大战间隔期间的情况相反，其中 Nurkse（1944）曾证明两次世界大战间隔期间所采取的政策大量使用了对冲操作。但是随后，Bloomfield（1959）指出，对冲操作在第一次世界大战前也曾被广泛使用。

Bloomfield 的研究奠定了一种新型研究的基础。根据最新的研究进展情况，其试图从第一次世界大战前货币政策实际实施的一系列规则中重构基本原则。[7]要想得出系统性的结论，此研究还有很长的路要走。但是，就现阶段而言，它已经为研究国际经济调整机制奠定了更直接的微观经济、制度性和政治性基础。

Ford（1960，1981）和 Lindert（1969）的早期研究成果对金本位制研究具有里程碑的意义。他们曾强调，金本位制度中存在不对称性调整，并认为这是由金融集中化程度不同所导致的。在此，一个关键的概念是"相对吸引力"（由 Lindert 首次提出）。在吸引外资方面，某些国家的中央银行要优于其他国家的中央银行，即它们具有更强的"吸引力"。Ford 曾注意到，国际经济调整机制的运行因被考察国家的类型而异："中心"国家（英国）调整更容易，而"外围"国家（阿根廷）调整较缓慢。

Ford（1960）的头脑中有一套非常明确的国际经济调整机制方案，认为贸易方面的波动调整所面临的困难源于出口贸易的高度集中。但是，其政策建议并没有非对称性调整的逻辑那么普遍。为了解其中的缘由，我们在两国模型中考察了简化的世界经济调整机制。首先，按照通常的做法，我们集中考察相对价格波动所导致的初始外部不平衡的情况。[8]假设国家 A 的通货膨胀水平持续上升，这将会导致贸易结构的转变和贸易赤字。原则上，如果国家 A 采取紧缩性货币政策，那么长期内能够实现经济运行的再平衡，因为贸易赤字导致国家 A 的黄金储备外流，继而导致相对价格通货紧缩。但是，货币当局可通过加息而获益。这使得国内价格水平最终与国际价格水平一致。也许更重要的是，加息能够在短期内通过吸引外国资本而平衡外部赤字。

现在假设将模型设置限定在一个关键维度。假设国家 A 的货币为唯一的当地货币，而国家 B 的货币充当国际货币。也就是说，外国投资者不持有任何以货币 A 标价的资产（定期存款、短期信贷、长期债务等）。因此，国家 A 的中央银行加息不会对外国投资者产生任何影响，而只会通过国家 A 的居民的外国账户汇回产生影响，最终导致国内经济趋于紧缩。国家 B 的情况完全不同于国家 A，因为国家 B 的货币充当国际货币。在此分析框架中，外部调整必然是非对称的。

上述案例符合 1914 年之前的国际金融体系的一个关键的经验特征。假设国家 A 代表阿根廷，国家 B 代表英国。伦敦没有比索票据的交易市场，但是布宜诺斯艾利斯存在英镑票据交易的真正市场。伦敦的这一市场缺失非常关键。国际经济调整的不对称性源于其背后的微观经济基础。[9]顺着这个思路，我们预期金本位制的实施将会更加持久，并且长期存在于本国货币参与国际流通的国家中。拥有国际货币的国家能够避免国际经济调整通过国内经济通缩而带来的阵痛，并最终更倾向于坚定对国际金本位制的信心。

Flandreau 和 Jobst（2005）曾提供了有关这一问题的证据。通过集中考虑票据在既定市场的国际渗透力，他们对"中心"国家和"外围"国家进行了系统性排序。三个大型欧洲经济体（英国、法国和德国）共同构成了当时国际货币体系的核心。Flandreau 和 Jobst 还识别了本国货币参与区域性流通的"中间"国家集团。其他欧洲国家很明显属于这一集团。将这一研究结果与整个欧洲实施的金本位制政策的相对一致性相结合是非常引人注目的。

第一次世界大战前，关注货币政策实施的微观结构基础也是货币政策"现代综合论"中的核心内容。[10]这一"综合论"强调了某些特征，而这些特征使得金本位制下的中央银行操作成为更广泛的理论研究的一部分，并且这些理论研究从属于最初为解决欧洲汇率制度而提出的"目标区"理论。目标区或通货波带（Currency Bands）是各国中央银行为将汇率波动限制在特定幅度内而实施的安排。"黄金输送点"表示两个市场之间黄金的运输成本，据此可得出两国之汇率波动的浮动区间。一国汇率不会高于或低于某一价格水平，在这一价格水平上，一国在既定市场上用票据购买黄金、将黄金运送到另一市场并再次出售都会获利。[11]

"目标区"理论非常重要，因为它意味着货币浮动区间为汇率稳定和货币政策自主性之间的抉择提供了一种权衡机制。这一点能够在关于完全固定汇率制度和完全浮动汇率制度具体情况的研究中得到很好的解释。在完全固定汇率制度框架下，一国不拥有任何政策自主权，国内货币供给、利率等变量都是内生的。通常会强调，选择将本国货币钉住黄金的国家会丧失汇率调整的弹性。蒙代尔的"三元悖论"指出，在以下三个目标中不可能同时实现其中的两个以上：货币政策自主性、汇率稳定性和资本自由流动。相反，保持汇率弹性的国家能够通过使汇率承受调整的冲击力来应对外部失衡。[12]

因此，货币浮动区间也许是最好的汇率制度选择。例如，假设外国利率高于本国利率水平。在固定汇率制度框架下，本国货币当局必须根据外国利率调整本国利率。但是，在货币浮动区间制度框架下，货币政策可以只让汇率波动，而不用改变本国经济情况。这种情况之所以能够发生，是因为投机者相信货币当局会兑现其继续用黄金偿付票据的承诺，他们会将赌注押在本国货币的最终升值上。国内较低利率所导致的低收益可以通过货币升值后的预期资本收益得到补偿。在此，一个重要的启示是，由于货币浮动区间赋予了中央银行操作的余地，即使一国采用准固定汇率制度，也能够在一定程度上免受国际经济冲击。

下面关于奥匈帝国的案例就有力地说明了这一逻辑（详见 Flandreau and Komlos，2006）。1907 年，一场猛烈的金融危机撼动了纽约金融市场，并波及许多欧洲中心城市。这导致了全球流动性紧缩以及黄金的大量外流，大多数遭受冲击的国家的中央银行被迫通过加息来应对资金需求。在柏林，中央银行（德意志帝国银行）于 11 月 1 日将利率从 5.5% 提高到 6.5%，并且在 11 月 11 日再次提高到 7.5%。

奥匈帝国银行实施了与德国马克保持固定汇率的制度，因此应该跟随德国相应地调整本国汇率。但是，当时奥匈帝国的银行家们很快就意识到，货币浮动区间制度可以保护他们的利益。他们发现，危机爆发时，弗洛林对德国马克的即期汇率低于平价水平，因此汇率"强劲"。但是同时，远期汇率高于即期汇率，这意味着市场预期弗洛林会趋于贬值。当危机发生时，奥匈帝国货币当局通过任由汇率自由波动，最终使汇率变得"弱势"（高于平价水平）。但是此时，远期汇率低于即期汇率，这意味着市场预期即期汇率会恢复原有水平。因此，通过任由汇率自由波动，货币当局诱导投机者在期货市场上炒作弗洛林。

这样做的好处是，尽管奥匈帝国和德国都是金本位制国家，但是奥匈帝国货币当局能够容忍本国基准利率与德国官方利率之间保持一个较大的差异区间。11 月中旬，这一差异区间最高达到 250 个基点，并最终稳定在 150 个基点的水平上。货币市场投资者的预期资本收益使得中央银行能够避免提高利率，进而能够确保本国货币政策的独立性。当时及后来的评论指出，这一政策是经过深思熟虑的，其反映了较高的周期管理熟练程度和认知水平（Federn，1910；Einzig，1937；Flandreau and Komlos，2006）。图 4.2 通过货币政策未来变动情况下的汇率与市场预期收益之间的相关关系，总结了上述情况。图 4.2 中的负斜率曲线表示，当货币走弱时，市场预期收益会增加；当货币走强时，市场预期收益会减少。

上述奥匈帝国的案例突出了关于国际经济调整机制先行研究的一个非常重要的问题：为稳定投机活动，并且让投资者拥护货币当局的政策，奥匈帝国必须具备一个可以自由流通本国票据的发达市场，也必须存在一个运行良好的远期外汇市场。也许不足为奇的是，奥匈帝国实际上具有"中间"国家的特征，并且比较靠近国际金融体系的"中心"国家而不是"外围"国家，在承诺守信的前提条件下，其所取得的成功可能会受到自身货币发展程度和国际金融一体化的更深的影响。[13]

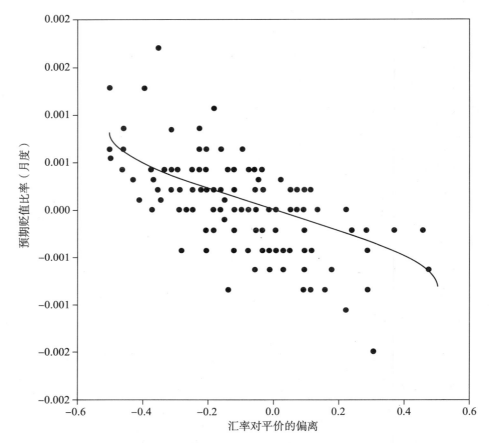

图 4. 2　金本位制货币区间条件下的货币政策灵活性（奥匈帝国 1901—1914 年，月度数据）
资料来源：作者根据 Flandreau 和 Konlos（2006）的数据整理而来。

全球化、经济周期和调整机制

一个异常融合的年代

图 4.3 描绘了三个衡量商品、劳动力和资本市场的长期一体化趋势的指标。商品市场的一体化程度用出口占 GDP 的比重来衡量（贸易开放度）。劳动力市场的一体化程度用移民数除以人口总数来衡量（移民指数）。金融一体化程度/

融合程度用经常账户分离状态的 Feldstein-Horioka 估计值来衡量（金融一体化程度）。[14] 这些指数的基准年是 1900 年。

结果发现，第一次世界大战前，得益于交易成本的削减，市场一体化程度已达到惊人的程度。市场一体化和有限的贸易壁垒在很大程度上加剧了国际竞争（Broadberry and Crafts，1992）。运输成本的削减和冷藏技术的进步使欧洲可以从世界各地进口产品（从阿根廷进口肉类，从美国进口谷物，从澳大利亚进口羊毛）。[15] 资本市场对外开放推动了金融一体化进程，这是另一个显著特征（Nurske，1954；Edelstein，1982）。先前的研究者已注意到，实际工资和利率呈现出国际趋同的趋势。[16]

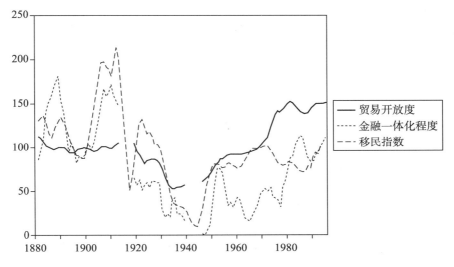

图 4.3　贸易开放度、金融一体化程度、
移民指数（1880—1996 年，1900 年=100）

资料来源：作者根据多种来源的数据计算而来。

一体化与经济周期：注意事项

依次包括以下事项：第一，虽然关于交易成本降低、外部经济调整顺畅已经达成共识，但是对于其他市场的相对一体化问题结论仍然不确定。前提条件是，流动性较强的市场应首先进行经济调整。研究这一时期全球市场运行的兴趣不应该被"完全市场"条件下的"自动调节"磨灭。

第二，值得注意的是，这一时期的经济发展仍是不平衡的。作为资本输出国的富裕的西北欧国家（尤其是法国、德国和英国）与由仍然存在巨大赶超空间的农业经济体构成的南欧和东欧国家之间的经济发展仍存在很大差异。因此，我们不能简单地认为，欧洲经济体就是一个同质化的整体，经历着对称的经济冲击，并且经济周期的传递是完全同步的。由此，如前文所述，经济周期国际传递的地理特征仍然是值得关注的现象。

第三，我们应区分经济周期同步性和外部经济调整。一体化进程可能会使外部经济调整放缓，并且不一定必须通过经济周期的更高程度的同质化来实现。在

83

第 4 章　经济周期（1870—1914年）

某些情况下，市场一体化促进了专业化（Krugman，1991b），结果导致国别冲击更加频繁，继而降低了各国经济周期之间的同质化程度。沿袭 Ford 的研究，Eichengreen（1992d）发现，欠发达国家的专业化主要集中于较少种类的产品的生产，因此必然会遭遇市场动荡，进而导致自身贸易状况的急剧变化。Flandreau 和 Maurel（2005）曾证明，在 19 世纪末期的欧洲，贸易一体化对经济周期趋同具有负效应。

第四，资本流量是稳定的还是不稳定的仍不明确。Bloomfield（1968）认为，第一次世界大战前后期，短期资本流动趋于增加，加大了经济体的压力。Ford（1981）曾指出，资本流动是有益的还是不稳定的取决于考察期间。他认为存在一个循环，这个循环开始于中心经济体（英国）的出口，继而又向新世界国家的资本和劳动出口发展。沿袭 Schumpeter（1939）和 Morgenstern（1959）的研究，Kindleberger（1985）曾发现，在 1914 年之前，不管是在资本输出国还是资本输入国，其年度国际投资额都与经济周期密切相关。

生产要素流动与调整

什么样的因素决定了要素的流动呢？首先考虑资本要素的情况。在资本自由流动的体系中，投资者能够选择任意投资组合，这也是我们当前不可避免地缺乏双边资本流动的系统性数据的原因。只有原始数据能够提供一些线索，但是它们显示的结果有偏差。世纪之交，英国资本主要输出到新世界国家和移民定居的国家。法国和德国的资本主要集中在欧洲。Fishlow（1985）指出，英国资本追求发展导向型投资，主要投向铁路和其他基础设施，而欧洲大陆的投资则是金融税收导向型的，后者有利于增加欧洲和中东国家的政府收入和经常开支的来源。Esteves（2007）指出，德国投资与英国投资的去向一致。Flandreau（2006）认为，欧洲投资者有"家乡偏见"（home biased），也就是殖民地国家倾向于特定国家的投资，为这些特定国家设定一个"制度框架"从而使得它们愿意投资，因此，对殖民地来说，大都会投资者的借款比其他投资者的更安全。[17] Regalsky（2002）将法国的出口热潮与南美的投资联系起来研究。Easterlin（1968）也证明了资本输出和移民是同时进行的。Clemens 和 Williamson（2004）发现，影响英国资本输出的因素主要有教育、自然资源和人口。

研究这个问题的另外一种方法是考察主权债券价格的决定因素。Bordo 和 Rockoff（1996）认为，钉住金本位制可以降低一国的外部借贷成本，这说明金本位制扮演了"批准认证好管家"（good housekeeping seal of approval）的角色。Flandreau 和 Zumer（2004）发现，一旦一国控制政策表现（债务和财政记录），金本位制的好处就消失了。他们指出，降低借贷国的融资成本、促进利率融合的两个关键因素是该国的经济增长和通胀，而不是财政纪律。这种组合在 1985 年以后成为提高财政可持续性的强大力量。[18] 因此，存在一种自我持续的扩张机制，不断加快增长会加剧通胀，从而抵消了早期的债务。

在劳工方面，不能夸大市场通过价格波动实现顺利调整的能力。当大量的劳动力市场进行改革和社会保险制度被采用时，名义工资下行趋势在一段时间内会受到工会的抵制（Huberman and Lewchuk，2003）。Phelps Brown 和 Browne（1968）曾指出，当商业繁荣带来劳工收入增加之后，经济衰退时的减薪往往是边际性的和不对称的。Hatton（1988）发现，英国 1880—1913 年的工资弹性低于 20 世纪末期的情况。

在此背景下，国际劳工流动提供了一种替代方案。Jerome（1926）发现，国际劳工流动与经济周期高度相关。[19] 如果家乡的经济环境恶化，那么劳工就会前往更加繁荣的地区，这些地区可能在欧洲内部，也可能是以美国为代表的新世界国家。同样，移民也会因为经济波动返流。当前的移民更容易受经济逆转的影响，移民在外围经济萧条时倾向于回到家乡（Gould，1979）。

Panic（1992）指出，金本位制国家的资本流动和国际移民是可以相互替代的：较先进的国家可以依靠资本流动解决经济失衡问题，而较落后的国家则不得不依靠移民。Khoudour-Castéras（2002，2005）指出，名义汇率波动和国际移民之间存在权衡关系。奥匈帝国的例子最为引人注目。货币当局采用金本位制以后，奥匈帝国的移民类型发生了显著变化（见图 4.4）。1896 年以后奥匈帝国的汇率趋于稳定，向外移民则不断增加且更加不稳定。劳动力流动能够解决跨区域的劳动力市场不平衡问题，并有助于维持固定汇率体制。[20] Khoudour-Castéras（2005）指出，赤字国家可以通过对外移民改善经常账户赤字。此外，移民寄回国内的汇款可以帮助母国经济恢复平衡（Fenoaltea，1988；Esteves and Khoudour-Castéras，2009）。[21]

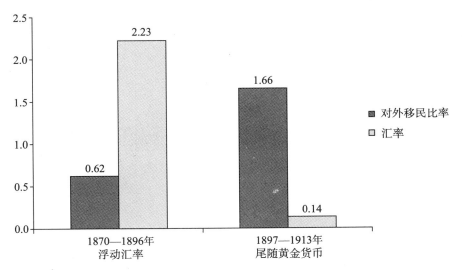

图 4.4　采用固定汇率制前后奥匈帝国的年均对外移民比率和汇率的标准差

资料来源：作者根据 Khoudour-Castéras（2005）的数据整理而来。

金融危机及其蔓延

图 4.5 比较了以左侧纵坐标表示的"新兴市场"违约风险指标（新兴市场债券指数溢价）和以右侧纵坐标表示的金融开放程度 Feldstein-Horioka 测量指

标（金融一体化指数）。[22] 当违约风险指标向上移动时，表明经常账户趋于封闭，这种情况在金融自给自足的体系（有限的金融一体化）中可能会发生。两种指标的共同变动表明，新兴市场的违约风险越大，全球金融体系越封闭。从视觉上观察也可以发现，一组金融一体化指数的上升对应新兴市场债券指数溢价的下降。早期学者（Abramovitz，1961；Ford，1962）定义了三个传统意义上的资本繁荣时期：19 世纪 60 年代的繁荣，1872 年达到顶峰，继而步入衰退，一直持续到 1878 年；19 世纪 80 年代的繁荣，高峰在 1888 年，1890 年以后国际资本市场突然关闭，后来又逐渐开放，从而带来了全球化的"美好时代"（the Belle Epoque），并一直持续到第一次世界大战结束。最后一个资本繁荣周期结束的情况有些特殊，但是前两个繁荣时期存在一些相似点。二者都是金融危机破坏了国际资本流动，进而导致主权债务违约以及银行危机和货币危机等其他痛苦的调整过程。

巴林银行危机（The Barings crisis）具有特殊意义。如图 4.5，巴林银行危机以后的几年，英国及其他金融中心的资本流出量大幅下降。巴林银行危机伴随着一系列的其他事件，但是很多观点认为是巴林银行危机引起了 19 世纪 90 年代早期的经济衰退（Wirth，1893；Kindleberger，1989）。

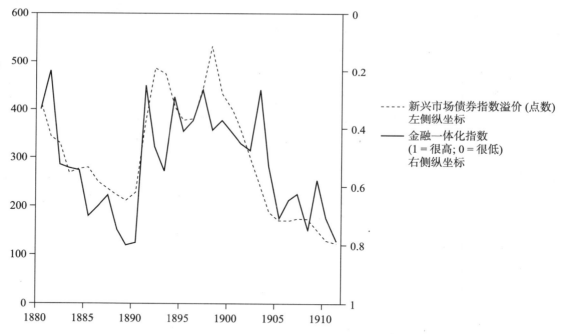

图 4.5　金融一体化和政府的风险溢价

最近资本输出的急速减少引起了许多学者的关注；这种现象被定义为"突然停滞"（sudden stops）。[23] "突然停滞"是全球性的信贷紧缩。当全球资本市场遭受冲击时，高杠杆的投资者可能不愿意出售某些类型的资产，而是削减对其他方面的贷款（Calvo，1999）。19 世纪 90 年代初，一些观察家认为，德国银行在巴林银行危机以后长期投资拉美证券，而抛售了流动性更高的奥匈帝国债券，从而导致哈布斯堡王朝出现问题，这些问题与"突然停滞"类似。[24]早期的研究还指出，供给因素对巴林银行危机之后的通货紧缩至关重要（Joslin，1963；Kindleberger，1985）。英国资本输出的大幅下滑严重影响了欧洲内外的第三世界国家。Bordo（2006）指出，第一次世界大战之前"突然停滞"与金融危机对经济的共同的消极影响可能占GDP的4%左右。

金融危机从一国扩散到另外一国的过程被称做"传染"（contagion）。同时代的学者们研究了巴林银行危机的"混合影响"（reverberation）。[25]近代的文献研究了19世纪金融危机的传染及传染渠道。Triner和Wandschneider（2005）指出，部分危机从阿根廷蔓延到巴西。Bordo和Murshid（2000）比较了一组国家在巴林银行危机前六个月和后六个月的收入的相关系数，发现相关系数并没有明显提高。同样，Mauro、Sussman和Yafeh（2002；2006）研究了1870—1913年新兴市场债券利差的联动机制，发现巴林银行危机以后并不存在蔓延机制。[26]Flandreau（2003a，2003b）以及Flandreau和Zumer（2004）指出，巴林银行危机以后，各国比以前更谨慎地监控债务负担。危机也为新银行进入市场创造了机会，新银行可以通过大力投资于信息采集的形式使用新的信号处理技术。领先市场的投资者对全球风险的认知似乎一直是全球经济周期的一个强大驱动力。

结论

本章研究了许多有关19世纪末期和20世纪初期的商业周期前景问题。第一，我们一方面强调了金融、名义一体化、经济周期趋同三者之间的分歧（chasm），另一方面又指出了实际变量之间的明显脱节。第二，我们发现一直被强调的汇率体制对经济周期同质化的作用被严重夸大了。对金本位制"统一天下"（unified the world）这一概念的要求包括专业化导致经济周期异质化、中央银行利用汇率的微小差别来保护本国货币自主权的能力等。

我们也碰到了许多将来需要仔细研究的问题。特别地，我们认为国际金融体系的微观经济基础对经济周期的影响要比宏观方面（例如汇率体制）对经济周期的影响大。

因此，我们发现本章的研究反复涉及国际货币市场的相关供应因素。首先，我们在强调国际流动的地理因素对各国应对国际干扰的能力的影响时涉及了这个问题，其次，我们在讨论资本供应的全球循环时再次涉及了这个问题，即巴林银行危机以后，资本供应的全球循环表现出"突然停滞"的特点。最后，当我们讨论声誉变量（reputational variables）和政府决策的相互作用决定性地影响了"美好时代"（Belle Epoque）长周期的形成时，我们又涉及了这个问题。我们认为，国际货币市场的相关供应因素对政策前景起关键作用，因此应该把它作为今后工作的重点。

【注释】

[1] 但关于 19 世纪趋势增长率的修订曾有大量争论，参照本卷第 2 章。

[2] 一个美国的经典案例见 Romer（1989），其证明了美国 GDP 波动性在长期内趋于下降是再造历史 GDP 数据的过程中发生了变化的人为结果。而这就是年 GDP 系列数据的来源，从这显而易见，关于不同国家差异的结论已被大大削弱。

[3] 与此相关的例子是 Barsky 和 DeLong（1991）关于"Gibson 悖论"的探讨，即价格和名义利率呈正相关。他们把这解释为由代理人预测不完全导致的结果。

[4] Romer 曾发现，传统的估计夸大了大萧条前的波动，因此下调了第二次世界大战后的经济波动程度。因此，依据 2008 年开始的全球经济危机，所有对不同时期经济波动的比较都必须加以重新考量。

[5] 然而值得注意的是，双向关联法证明西班牙和奥地利之间的经济周期高度相关，尽管它们的货币不可相互兑换。

[6] 见 Flandreau、Le Cacheux 和 Zumer（1998），Flandreau（2003b），及下文相关段落。

[7] 可参考 Flandreau（2004，第 4 章）和 Reis（2007）。

[8] Eichengreen 和 Flandreau（1997）。

[9] 相关研究包括近期对所谓"原罪"问题的研究。关于欧洲这个问题的具体情况详见 Flandreau 和 Sussman（2005）。

[10] 见 Eichengreen 和 Flandreau（1997）的早期叙述。

[11] 因为企业风险管理（ERM）不是一个可信的安排，也因为 ERM 有一些特殊之处，诸如给定波动区间、将目标区间框架应用于金本位制期间需要一定的资格，这些特殊之处往往被忽略，从而有可能引起混乱。其中一个问题是，不同于现代目标区间，金本位制下的中央银行从来都不承诺将货币稳定在某个预设的价格，而只是保证可以把票证兑换成实物。

[12] Catão 和 Solomou（2005）研究表明，金本位制时期，那些不与黄金挂钩的国家，其有效汇率波动对调节机制作出了重大贡献。

[13] 关于第一次世界大战前夕奥匈帝国的国际外汇市场发展更详细的研究见 Jobst（2009）。

[14] 见 Bayoumi（1990）；Flandreau 和 Rivière（1999）；Bordo 和 Flandreau（2003）；Obstfeld 和 Taylor（2003）。

[15] 一个开放性问题是：金本位制是否对一体化有反作用？一些学者认为，金本位制能够降低运输成本，带来更安全的贸易环境，推动贸易和资本流动（Lopez-Cordoba and Meissner，2003；Jacks，2006）。另外，Yeager（1976）强调浮动汇率制度的承诺问题（pre-commitrnent problems），以及在缺乏其他协调机制下金本位坚持自由化的可信度。Flandreau 和 Maurel（2005）证明了金本位制和开放度的共线性，进而支持了 Yeager 的解释。

[16] 见 Flandreau、Le Cacheux 和 Zumer（1998）；O'Rourke 和 Williamson（1999）；Dowrick 和 DeLong（2003）；Obstfeld 和 Taylor（2003）。

[17] Accominotti 等（2008）给出了有关这个问题的进一步证明。

[18] Flandreau、Le Cacheux 和 Zumer（1998）验证了同样的问题。他们发现，主权债务的实际利率收益在 1895 年以后大幅下降。

[19] 也可参见 Thomas（1954）；Gould（1979）；Hatton 和 Williamson（1998）。

[20] 这与 Mundell（1961）的最优货币区理论一致。

[21] 在某些情况下，汇款可能会变成不稳定因素的携带者，例如，19 世纪 90 年代初期，巴西货币崩溃对葡萄牙国际收支的影响（Lains，1995）。

[22] 这是 Feldslein-Horioka 检验（其将储蓄和投资联系起来）。见 Bayoumi（1990）关

于它的早期应用。

　　[23] Calvo、Izquierdo 和 Mejia（2004）将突然停滞定义为"国际资本流动骤然收缩"。Catão（2006）认为，1914 年以前的突然停滞涉及许多国家，而不管其收入水平和金融发展水平如何。Esteves 和 Khoudour-Castéras（2009）指出，欧洲移民的汇款通过减少资本突然外流的消极影响，有利于减轻"突然停滞"给外围国家带来的影响。

　　[24] 见 Flandreau（2003a）。

　　[25] 见 Flandreau（2003a）；Kindleberger（1987）。

　　[26] 他们指出，19 世纪的蔓延没有成本。Flandreau 和 Flores（2009）用同样的方法发现，19 世纪 20 年代的联动效应比 19 世纪末期的联动效应强。

第 5 章 | 人口与生活 (1870—1914 年)

卡罗尔·莱纳德（Carol Leonard）
乔纳斯·永贝里（Jonas Ljungberg）[*]

引言

90

生活在 1914 年之前半个世纪的人，经历了生活条件的巨大变化。这种变化不仅发生在欧洲早期工业化地区，而且发生在外围的许多区域，其中又以欧洲北部最为显著。然而早期工业化进程对居民生活水平的影响并不明确。到 19 世纪末期，大量人口开始享受日益丰富的商品和机遇。这个时代变化巨大并影响日常生活的方方面面：铁路被用于通勤；发达的自来水和污水处理系统使得大城镇的生活更为便捷；欧洲大部分地区的基础教育开始惠及全部儿童；理性知识与现代报纸以及诸如微生物理论之类的科学进步相结合，共同影响整个社会。此外，罐头食品、成品服装、自行车等新的消费品出现在市场上；世纪之交的时候，电话及电气化产品出现了，并且对居民的日常生活产生了革命性的影响，尽管只有少数人能够直接使用到这些新发明。然而，本章只是间接地介绍这些 19 世纪末期出现的新鲜事物，而主要研究生活水平的基础方面，包括健康水平、家庭模式及收入分配等方面的发展。

总人口

估算数据表明，1870 年欧洲（不包括土耳其）的总人口大约为 3.14 亿

---

* 衷心感谢 George Alter、Leonid Borodkin、Steve Broadberry、Bob Millwowd 和 Kevin O'Rourbe 为本章所提出的建设性建议和评论。限于各位作者的知识结构，可能存在不足之处。

（第一卷第 10 章）。截至 1913 年，欧洲的总人口增加了约 50％，达到 4.17 亿左右（根据 Maddison，1995 的估算）。与此相对应的年增长率略低于 1％（0.95％），这意味着在之前的半个世纪欧洲人口经历了温和的增长（0.78％）。俄国的年均人口增长率更快。由于死亡率大幅下降，1867 年到 1913 年其人口年增长率大约为 1.5％。俄国的情况说明了一点，即我们不能把人口的快速增长与工业化和居民生活水平的提高联系在一起。例如，芬兰人口的快速增长早于 18 世纪的工业化进程，其增长速度与工业革命时期英国的增长速度接近。另一个例子是，1870—1914 年沙皇俄国经历了高人口增长率，然而当时俄国仍然是一个以农业为主的国家。与此同时，英国的人口增长率开始下降。这一方面是由于生育率的下降，另一方面则是因为移民（见本卷第 1 章）。除了移民因素，抑制人口增长的另一个因素就是生育率下降。有关欧洲生育率下降的问题在第一卷第 2 章有所论及。然而，1870 年西欧大部分国家，从意大利到瑞典，每名妇女生育的小孩仍为 5 个左右。1910 年，这一数字下降到 3～4 个，英国则少于 3 个。南欧（伊比利亚半岛、希腊）和东欧（波兰、匈牙利）的部分地区的儿童数量略多，但是也出现了下降趋势。沙皇俄国稍微落后，但是也在 19 世纪 90 年代末期跟上其他国家，生育率普遍下降。总之，该样本期间整个欧洲的生育率都出现了大规模的、决定性的下降。

死亡率下降与寿命延长

尽管有大量的人口向外移民且生育率不断下降，但是 1914 年以前欧洲的人口还是在快速增长。人口快速增长最重要的原因是人们的寿命越来越长，即死亡率下降。对死亡率下降最有说服力的描述可能是新生婴儿的平均预期寿命。如今，平均预期寿命在发达国家大约是 80 岁，在欠发达国家则只有不到 50 岁，例如有的欠发达国家受糟糕的福利状况制约（例如，阿富汗），有的欠发达国家艾滋病泛滥（如许多撒哈拉以南的非洲国家）等。可以肯定的是，对平均预期寿命的准确估计需要详细的人口统计数据。但是，我们并没有关于所研究的所有国家的数据。表 5.1 显示了 1914 年以前半个世纪的数据变化。

截至 1870 年，只有斯堪的纳维亚半岛的平均预期寿命超过或接近 50 岁。即使是德国、法国、荷兰等富有的西欧国家，新生儿的平均预期寿命也不足 35 岁。在欧洲东部和南部，直到 19 世纪末情况依然如此。俄国的平均预期寿命更短，并且直到 1890 年之后都没有延长。然而，欧洲大部分地区在第一次世界大战前夕平均预期寿命都延长了 10 多岁，其中荷兰的平均预期寿命在 40 年的时间里更是延长了 19 岁之多。第一次世界大战爆发前夕，欧洲西北部地区的平均预期寿命已远高于 50 岁，除俄国之外的其他地区平均预期寿命也都超过 40 岁。尽管表面看来平均预期寿命传达了翔实的信息，但是我们应该认识到所谓平均预期寿命实际上是对于一种假设的抽象，这种假设即新生儿终其一生的死亡率相对其出生年份或出生一段时间内的死亡率保持不变。这种测量方法的另一个特点是，年龄较小的人死亡率较高，也就是说如果奥地利的一个孩子在 19 世纪 70 年代初长到 10 岁，那么他的平均预期寿命将超过 55 岁而不是低于 35 岁。同样，同期挪威能够长到十岁的孩子的平均预期寿命将超过 60 岁而不是勉强达到 50 岁。可见，挪威儿童若能活到 10 岁则可以增加 12 年左右的平均预期寿命，而奥地利儿童则增加 20 多年的平均预期寿命。这种差异主要源于婴儿死亡率，也就是新生儿出生第一年的死亡率。新生儿死亡率是造成 1870—1914 年欧洲各国平均预期寿命差异巨大的一个重要因素，但是，新生儿死亡率下降只能部分地解释人类平均预期寿命的延长。在我们更详细地讨论导致死亡率下降的生活条件的变化之前，我们将首先用人类发展指数（Human Development Index，HDI）来描述欧洲的生活水平。

表 5.1　　　　　　　　　1870—1914 年欧洲各国平均预期寿命对比

	19 世纪末			20 世纪初		
	年份	男性（岁）	女性（岁）	年份	男性（岁）	女性（岁）
奥地利	1868/1871	32.7	36.2	1909/1912	43.5	46.8
比利时（HMD）	1870	40.1	41.7	1913	50.6	54.3
保加利亚				1900/1905	42.1	42.2
英格兰和威尔士	1871/1880	41.4	44.6	1910/1912	51.5	55.4
爱沙尼亚				1897	41.9	45.5
丹麦（HMD）	1870	45.0	47.0	1913	57.6	60.1
芬兰	1881/1890	41.3	44.1	1901/1910	45.3	48.2
法国	1870	33.7	37.7	1913	49.4	53.5
德国	1871/1881	35.6	38.5	1910/1911	47.4	50.7
冰岛（HMD）	1870	34.5	42.5	1913	56.6	61.2
意大利（HMD）	1872	28.5	29.5	1913	47.9	48.8
卢森堡				1913	48.0	52.6
荷兰	1871/1875	36.5	38.2	1911/1915	55.3	57.4
挪威	1871/1875	47.4	50.4	1911/1915	56.3	59.6
波兰（B&M）	1890	37	37	1910	42	42
俄国（M）	1838/1850	25	27	1904/1913	32.4	34.5
西班牙	1900	33.9	35.7	1910	40.9	42.6
瑞典	1870	43.2	46.8	1913	57.2	60.0
瑞士（HMD）	1876	38.4	41.8	1913	52.5	55.9

　　资料来源：Max-Planck-Gesellschaft 2007 人类生命情况数据库（The Human Life-Table Database (www. lifetable. de)），其中给出了具体的数据；加州大学 HMD（Human Mortality Database）标记的国家数据来自 Berkeley（2008），www. mortality. org；波兰的数据来自 Bourguignon 和 Morrisson（2002），www. delta. ens. fr/XIX/；俄国的数据来自 Mironov（1999b）。

生活水平的估计：HDI

到目前为止，我们已经从人口变化的角度讨论了生活水平，涵盖了平均预期寿命、健康状况及移民因素。当然，衡量生活水平较为通用的指标是人均GDP。它可以反映一国的经济发展水平，然而作为衡量生活水平的一种手段，人均GDP存在明显的局限，尤其是在与HDI相比较的情况下。HDI是由联合国开发署（UNDP）开发的指标，被应用于近期全球福利状况的衡量。除人均GDP以外，HDI还考虑了平均预期寿命、知识在人口中的分布这两个变量，三者的贡献各占指数的1/3。其中知识依次用两种方法进行衡量：成年人的读写能力和青少年的中等教育入学率。表5.2显示了1870—1913年人均GDP和HDI及其变化。为了方便比较，我们重新估算了各国的HDI，以便考察1913年其他各国与最富有的国家英国之间的差异。

表 5.2   1870—1913 年欧洲各国的人均 GDP 与 HDI 表

	1870 年 人均 GDP （国际元）	1913 年 人均 GDP （国际元）	年均变化 率（%）	1870 年 HDI （1913 年 英国为 100）	1913 年 HDI （英国为 100）
丹麦	2 003	3 912	1.63	79.5	102.5
荷兰	2 757	4 049	0.80	75.5	100.8
英国	3 190	4 921	0.97	77.6	100.0
瑞士	2 102	4 266	1.80	80.0	99.8
瑞典	1 662	3 096	1.79	75.0	99.5
挪威	1 360	2 447	1.04	70.5	98.0
德国	1 839	3 648	1.56	71.9	95.3
法国	1 876	3 485	1.28	71.9	94.3
爱尔兰	1 775	2 736	1.01	—	93.0
比利时	2 692	4 220	1.00	72.8	91.6
捷克*	1 164	2 096	1.38	—	84.0
匈牙利	1 092	2 098	1.53	—	78.7
奥地利	1 863	3 465	1.48	51.4	77.8
意大利	1 499	2 564	1.11	41.6	75.3
芬兰	1 140	2 111	1.43	37.1	69.9
西班牙	1 207	2 056	0.73	46.7	65.4
保加利亚	840	1 534	1.41	—	62.6
俄国	943	1 488	1.07	—	53.6

注：* "捷克"（Czech lands）的人均 GDP 数据中包括斯洛伐克。变化率是通过对数据进行拟合时间序列分析得出的，因此，表中数据与每年实际的具体数据可能有差别。另外，爱尔兰、捷克斯洛伐克、匈牙利、保加利亚与俄国缺乏中间几年的数据。

根据 1913 年各国的 HDI 进行排名。用 1990 年的购买力平价指数调整后的人均国内生产总值，单位为国际元。

资料来源：Maddison（2007），*Historical Statistics*，www.ggdc.net/Maddison/；Crafts（2002）。

令人吃惊的是人均 GDP 和 HDI 之间并不完全匹配。1913 年，英国是最富有的国家，但是欧洲西北部国家以及瑞士在 HDI 方面与英国不相上下。大陆地区工业化的先驱国家比利时在收入方面居于前列，但是用 HDI 衡量的居民生活水平却低于其他高收入国家。此外，斯堪的纳维亚半岛国家挪威和瑞典虽然经济水平一直显著落后于比利时，但是在这一阶段的初期，两国的 HDI 水平与比利时相仿，末期则远高于比利时。进一步研究欧洲大陆南部和东部的国家，可以发现意大利和奥地利分别比挪威和瑞典富有，但是 HDI 却分别远低于后两个国家。我们已经强调了平均预期寿命在欧洲各国存在巨大差异，这些差异也可以有效地解释 HDI 方面的差异。

从表 5.2 也可以看出，1913 年福利水平最低的几个国家为西班牙、保加利亚和俄国，它们在 1913 年的收入水平大约是中等收入国家 40 年之前的水平。在 HDI 方面，这几个国家已经超过了奥地利和意大利的早期水平，然而其生活水平仍然低于 1870 年左右的欧洲西北部国家的总体生活水平。

总之，1870 年到 1913 年欧洲所有国家的状况都得到了迅速改善，这种快速发展无论是在时间长度上还是在空间范围上都是前所未有的。经济增长并不是引起这种改善的唯一因素，我们可以看到人均 GDP 与 HDI 之间不完全相关。识字率和受教育程度的差异也是造成二者不匹配的因素之一。同样重要的因素是平均预期寿命。传统的观点认为，营养和生活水平的改善降低了死亡率（McKeown，1976），而国家收入的提高以及收入的合理分配可能促成了这种改善。然而，对数据进行更仔细的研究，尤其是对特定年龄死亡率的数据进行分析却发现，尽管没有达成共识，但是可以肯定的是，传统的观点过于简单（Schofield and Reher，1991；Riley，2001）。现在，我们将探讨健康和死亡率的影响因素。

现代化、城市化与生活条件

城市化进程彻底改变了传统的生活方式，因此，我们将对现代化以及生活水平变化与城市化之间的关系进行广泛讨论。移民是人们寻找新机会的结果。除了"大移民"（the great emigration），欧洲内部也出现了移民现象，农民从农村迁移到了城市。

如果定义居住人口超过 10 000 人的社区的居民为城市居民，那么 1870 年城市居民构成了欧洲总人口的 15%（第一卷第 10 章）。欧洲发达的西北部地区和人口稀少的北部、东部地区差异很大。欧洲西北部的英格兰和威尔士城市居民的比重高达 43%。1869 年，有 9.5% 的俄国居民生活在城市，即至少 10 000 人的社区（Mironov，1999，pp. 313-315）。虽然关于城市化的定义不同，但是斯堪的纳维亚半岛只有 5.5% 的人口可以称得上是城市居民。如果将城市的门槛人口调低为 5 000 人，那么斯堪的纳维亚半岛的城市化水平为 10%～25%，英格兰和威尔士则在 60% 左右，而欧洲的平均水平为 23%。1914 年，即在本研究时间段的末期，欧洲总体的城市化率上升到 25％（如果以更低的标准定义城市化，那么这一数据为 38％）。这一时期欧洲的总人口快速增加，这意味着城市快速发展。大城镇的居民从 4 700 万人快速增加到 1.18 亿人（如果以更低的标准定义城市，那么数据将分别为 7 200 万人和 1.79 亿人）。众所周知，德国的城市化速度非常引人注目，尤其是鲁尔区。从东向西的地区性移民对德国非常重要，在我们研究的时间范围内鲁尔区的居民数量增长了四倍。其最大的几个城镇在 18 世纪、19 世纪之交的时候不过是几个村落，总人口不足 40 000人，然而，一个世纪后却多达 150 万人。即便是欧洲外围地区，城市化也迅速发展，典型的例子是沙皇俄国。在俄国，很多普通的城镇成长为令人瞩目的城市中心，到 1914 年，沙俄的城镇居民比率增长到 15.3％（Mironov，1999a，p.315）。如果用更低的标准定义城市化，将人口超过 2 000 的定居点也纳入城市的范围，那么沙俄的城市化率为 32.3％（Mironov，1999a，p.318）。表 5.3给出了基于 99 个重要城镇的统计数据的欧洲城市化概览。引人注目的是，城市化浪潮延伸到了许多刚刚开始工业化的地区。然而，在英国、法国、意大利、捷克这几个欧洲中心国家，城市化发展速度都比较温和，城市化发展同样温和的还有伊比利亚半岛和爱尔兰。

表 5.3　　　　　　　　　　　　　欧洲主要城镇的数量及增长率

	总城镇数	1910 年/1911 年人口多于 200 000 人的城镇数	年均变动百分比（％）	
			1800/1801—1870/1871	1870/1871—1910/1911
奥地利	1	1	1.75	2.25
比利时	2	2	1.78	2.12
保加利亚	1	0	—	4.30
捷克	1	1	1.06	0.89
丹麦	1	1	0.84	2.86
芬兰	1	0	1.53	4.43
法国	8	5	1.43	1.69
德国	16	16	1.85	3.11
希腊	2	0	—	5.09
匈牙利	1	1	1.90	3.75
意大利	9	7	0.54	1.47
爱尔兰	2	2	1.05	1.82
荷兰	3	2	0.61	2.54
挪威	1	1	2.75	3.27
波兰	7	7	1.41	2.95
葡萄牙	1	1	0.37	1.57
罗马尼亚	1	1	2.15	2.21
沙皇俄国	21	10	1.31	3.12

	总城镇数	1910 年/1911 年人口多于 200 000 人的城镇数	年均变动百分比（%）	
			1800/1801—1870/1871	1870/1871—1910/1911
塞尔维亚、克罗地亚	2	0	0.27	3.32
西班牙	4	3	0.87	1.63
瑞典	2	1	1.10	2.47
瑞士	2	0	1.57	2.28
英国	10	10	1.99	1.59
欧洲（样本中国家）	**99**	**69**	**1.25**	**2.27**

注：表中所统计的城镇的标准为，在 1900 年居民数达到 25 万，或在 1960 年居民数达到 50 万，抑或是有"其他重要之处"。表中爱尔兰包括北爱尔兰，波兰包括弗罗茨瓦夫（Wroclaw），弗罗茨瓦夫在当时是德国的布雷斯劳（Breslau），沙皇俄国包括如今已经独立的几个共和国。

资料来源：Mitchell（2003）。

城市生活带来了新的习惯。家庭在传统意义上既是消费单位又是生产单位，但是现代化和城市生活使得家庭更多地成为一个消费单位。当然，孩子们继续为家庭收入作贡献。虽然除了葡萄牙、巴尔干半岛和俄国之外，其他地区已经普及初等教育，但是，孩子还没有把所有时间都投入到学校，且几乎没有孩子超过 14 岁仍继续上学。因此存在一种家庭生命周期的收入模式，即孩子承担了母亲为家庭赚钱的工作，直到他们离开父母组建自己的家庭。1900 年，在比利时纺织工业重镇根特，最初妻子们通常能为家庭赚来总收入的 20%～30%。随着时间的推移，孩子贡献的家庭收入的比重高达一半，父亲贡献其他部分。直到我们研究的这一时期结束后很久，与父母同住的青少年需要工作仍然是一种惯例。到 1900 年，包括俄国在内的欧洲大多数工业化地区，法律都已禁止雇用未满 12 周岁的劳动力。但是几乎在所有的地区，这种保护性法律都没有覆盖小手工业作坊。1900 年以前，除了旨在保护儿童和妇女的法律，基本上没有法律对工作条件提出要求。值得注意的是，俄国的立法并不比其他国家落后，1897 年俄国法律规定日班工作时间最长为 11.5 小时，夜班最长为 10 小时，尽管加班是合法的（Janssens，2003，pp.73-74；Tugan-Baranovsky，1970，pp.313，329，341-342）。除了英国在 1873 年以法案形式限定每天 9 小时的工作时间外，其他国家对于工作时长都没有什么限制。英国的这个法令似乎效果不大。当然，即使在 1870 年，英国的男性工人比西欧国家的同行每年也要少工作 500 小时左右。与今天每年 1 600 小时的工作时长相比，西欧国家工人当时每年 3 200 小时的工作时间长得令人难以置信。到 1913 年，西欧国家的工作时间与英国的标准已经趋同，其中，法国在 1904 年颁布法律限定每天工作时间为 10 小时。此时，各国的差异仍然显著，荷兰的工作时间最长，而西班牙的工作时间最短（Huberman，2004）。

立法亦侧重于保护女性劳工。1878 年，德国禁止女性从事采矿业，规定妇女分娩后可以享受三个星期的产假，并且从 1887 年开始给予分娩妇女津贴。俄国在 1885 年禁止儿童和妇女在纺织行业从事夜间工作。1890 年关于法律协调的柏林会议召开之后，越来越多的国家开始在次年管控有女性参与的工作。德国禁止女性上夜班，并且将产假延长到六个星期，限定女性每天的工作时间为 11 小时。英国规定妇女产假为四个星期。法国在 1892 年限定女性日工作时间为 11 小时，并禁止女性在工厂从事夜间工作。法国当时没有推出产假政策，但是在我们研究的这一时期行将结束之时，法国女性劳工获得了产前六周和产后六周的假期（Kintner，1985；Rose，1996；Canning，1996；Stone，1996）。伴随着城市化和工业化的推进，"男性养家糊口"这一古老的资产阶级理想，在 1914 年之前就已经在很多地方成为社会的主流思想（Janssens，1997，2003）。英国显然也是，1901 年只有 10％左右的英国已婚妇女仍在工作，而法国的这一数据为 40％（Frader，1996）。尽管前一个数据可能被低估，后一个数据可能被夸大，但是，法国已婚女性更倾向于工作赚钱，很可能是因为法国工资水平较低而并非刻意寻求女性解放。在德国，妇女，尤其是越来越多的已婚妇女，在 19 世纪末快速工业化时期涌入工厂（Canning，1996）。工资水平与已婚妇女参加工作的意愿相互作用。俄国 1861 年农奴解放以后，相对工资的上涨逐渐惠及女性劳工。在 1898 年的莫斯科，1/4 的成年女性在村外从事非农业劳动（Pallot，1991，p.167）。在英国和荷兰，工资水平相对较高，较少的已婚妇女在外工作。在比利时和法国，女性劳动力的劳动参与率在各个工业区不尽相同。在以矿业和金属加工业为主导的地区，女性劳工极少。在纺织工业区，女性劳工可能占绝大多数，并且工资也低得多。在法国，劳工运动中有一次关于"家庭工资"的激烈争论，这带来了"男性养家糊口"的观念（Frader，1996）。在 19 世纪、20 世纪之交，法国妇女在农业以外的部门就业的形势停滞不前。有人可能认为这种停滞是已婚妇女的行为造成的。Mitchell（2003）提供了不同部门和不同性别的就业数据，这些数据中部分国家数值的准确性和一致性可能存在值得商榷之处，但是总体情况是正确的。由于统计得来的农业就业数据与各国的农业结构的相关度很高，可能存在雇用劳工和自雇的区别，这里只考虑农业以外的就业。值得注意的是，就业比例与劳动参与率并不相同（后者是通常所用的指标），并且二者之间并不存在固定关系。假设全部就业者中有 30％是女性，并且处于劳动年龄的女性和男性数量相等。如果其中 90％的男性就业，那么女性劳工的劳动参与率则为 39％；如果其中 80％的男性就业，那么女性劳工的劳动参与率则为 34％。

如表 5.4 所示，鲜有国家其就业中的性别分布呈现明显变化，不同国家在不同时间段的变化趋势不尽相同。在人口较多的国家中，19 世纪末意大利女性在非农业部门中的就业比例大幅下降，以至于影响了欧洲的总体就业水平。如果剔除意大利，那么欧洲女性在非农业部门中的就业比例稳定在 30％左右，正如表 5.4 所显示的那样。这意味着女性劳工的劳动参与率接近 40％，并且因为大多数未婚女性都工作，所以从事非农业工作、非家庭劳动的已婚女性的就业比例应该与表 5.4 中的数据差别不大。因此，1880—1910

年这一数据非常稳定。然而，就业数据肯定低估了参与家庭劳动的女性的数量。由于服装行业扩张，大量的工作开始外包，家庭劳动依然存在，并在19世纪末期逐渐增长。因此，男性养家糊口的模式出现得比较缓慢，并且在1914年尚未成为主导模式（Honeyman and Goodman, 1991）。并不存在已婚女性从工厂返家的历史性拐点，女性劳工比男性劳工的劳动参与率低主要是个人生命周期的表现。已婚女性随着家庭规模的扩大逐步退出劳动大军，孩子们开始赚钱。

表 5.4　　　　　　　　　　非农业部门就业人口中女性所占比重　　　　　　　　（%）

	1880	1900	1910	偏离年份
爱尔兰	47.9	—	*40.8*	
英国	33.8	*31.5*	31.6	1881，1901，1911
比利时	33.0	*29.3*	32.1	
荷兰	25.1	26.4	26.3	1889，1899，1909
法国	34.4	37.4	*36.2*	1886，1901，1911
德国	18.3	20.1	21.5	1882，1895，1907
瑞士	26.4	34.4	38.6	1890
奥地利	35.4	*29.4*	31.4	
匈牙利	34.6	*29.0*	*27.1*	
意大利	42.5	*31.7*	29.4	
西班牙	24.5	23.6	*20.0*	1877
葡萄牙	40.1	*20.9*	33.3	1890，1911
丹麦	50.4	*35.0*	38.3	
挪威	40.0	40.2	40.5	1875
俄国		18	27	1914
瑞典	17.9	29.4	30.3	
芬兰	31.3	31.7	35.9	
欧洲（样本中国家）	**32.1**	**29.7**	**29.7**	
排除意大利	**30.3**	**29.5**	**29.8**	

注：斜体的部分至少应减少一个百分点。

资料来源：根据 Mitchell（2003）的数据计算得出。俄国的数据来自 Barber and Davies（1994，p. 92）。

　　城市生活不仅改变了人们的生活习惯和家庭模式，而且深深地影响了人们的健康状况。"城市惩罚"（urban penalty）指的是大城镇的死亡率明显比农村高，这种现象在这一时期的欧洲大部分地区都很普遍。此外，这一阶段初期，意大利、法国和俄国的城市居民死亡率都超过出生率。因此，城市人口的增长完全依靠移民的流入。然而，我们之前讨论平均预期寿命延长时已经提到，情况在1870—1914年有所好转。对比英格兰和德国的死亡率以及不同年龄段的死因，可以发现死亡率下降的重要原因。我们分离出了两种最常见的死亡原因：呼吸系统疾病（主要包括结核病）以及消化系统疾病。其他常见的传染性疾病，如天花、猩红热、伤寒、白喉及百日咳，曾经夺去很多生命，但在当时已经属于次要原因。这意味人类历史上刻骨铭心的灾难性流行病越来越少。表 5.5 列举了英德两国各自最大的十个城市及全国范围内的统计数据，结果令人沮丧。

表 5.5　　　　德国与英格兰和威尔士的大城镇及全国范围内不同年龄段和不同原因所导致的死亡率（每 10 000 人）统计

	德国			英格兰及威尔士		
	1877 年十个最大城镇			1871—1880 年十个最大城镇		
	婴儿	儿童	全部	婴儿	儿童	全部
消化系统	1 717.1	75.9	61.3	320.8	30.9	22.4
呼吸系统	334.2	90.5	67.3	386.4	95.1	48.2
全部死因	3 417.9	408.0	267.7	2 031.8	421.4	240.2
	全国（普鲁士）1877			全国 1871—1880		
	婴儿	儿童	全部	婴儿	儿童	全部
消化系统	1 131.6	78.0	49.5	241.7	22.1	20.0
呼吸系统	96.1	35.1	46.3	317.9	67.3	37.6
全部死因	2 327.7	417.3	256.8	1 774.1	311.9	212.7
	1900 年十个最大城镇			1901—1910 年十个最大城镇		
	婴儿	儿童	全部	婴儿	儿童	全部
消化系统	1 367.8	34.6	38.5	248.5	15.5	7.9
呼吸系统	385.3	93	56.9	361.6	129.3	50.5
全部死因	2 899.0	239.1	199.6	1 699.7	347.8	168.2
	全国（普鲁士）1900			全国 1901—1910		
	婴儿	儿童	全部	婴儿	儿童	全部
消化系统	1 369.0	58.4	49.0	180.0	19.7	5.7
呼吸系统	221.5	58.4	52.1	321.4	99.3	40.8
全部死因	2 582.2	246.2	223.1	1 501.7	263.1	153.6

　　资料来源：Vogele（1998）。婴儿年龄为 0～1 岁，儿童年龄为 1～5 岁。表中部分德国城镇并不位于普鲁士，如慕尼黑、纽伦堡以及汉堡（Munich, Nuremberg and Hamburg）。此外，Vogele 还给出了德国 1907 年的死亡率数据，但是 1907 年时死亡原因的分类已经发生变化，因此数据不具有可比性。

　　令人吃惊的是，表 5.5 不仅显示了"城市惩罚"至少在这一阶段初期存在，而且显示了"德国惩罚"（German penalty）的存在。即便到了 1900 年，德国的死亡率仍然没能降至英格兰 19 世纪 70 年代的水平。然而，这两个国家不同年龄段的死亡率差异很大。德国 1 岁以上的人口在 1900 年的死亡率低于或约等于英格兰 1 岁以上的人口在我们研究阶段初期的死亡率，接近于英格兰 5 岁以上的人口在 1900 年的死亡率。在 1～5 岁的儿童方面，德国的死亡率实际上已经低于英国，如表 5.5 中"儿童"一栏所示。因此，"德国惩罚"越来越明显地表现为婴儿持续较高的死亡率。

对于德国城市数据与全国数据的对比呈现出了和德国与英格兰之间对比相似的情形。"城市惩罚"逐渐演变为"婴儿惩罚"（infant penalty），1900 年城市的死亡率要低很多，大城市 1 岁以上人口的死亡率要低于全国平均水平。然而，城市化导致全国范围内婴儿死亡率的上升，1900 年消化系统疾病造成的死亡人数在大城市和全国一样多。其原因在于，以腹泻为主的消化系统疾病是最致命的一种"德国惩罚"，并且一般说来，这类疾病也完全可以解释德国和英格兰之间、德国城市与农村之间婴儿死亡率的差异。呼吸系统疾病在英格兰以及德国城镇造成的死亡人数要比德国农村多。然而，虽然结核病导致的死亡率有些许下降，但是在德国其他呼吸系统疾病造成的死亡率却有所上升，并且大城市和其余地区之间的死亡率差异有所缩小。这可能与德国更大规模的快速城市化有关，而英格兰即使在十大城市以外的地区也相对更具有城市特征。

相对而言，"城市惩罚"在英格兰的变化不大，在这一阶段末期，英格兰的大城市的死亡率仍高出其他地区 10% 左右。因此，我们可以将"城市惩罚"和"德国惩罚"都归因于大规模的、日益严重的"婴儿惩罚"。

德国的婴儿死亡率普遍高于欧洲其他国家。图 5.1 中将德国与奥地利和匈牙利都归到"欧洲中部"一栏，这一栏中各国的婴儿死亡率明显高于欧洲其他发达地区的婴儿死亡率，甚至高于一些相对贫困地区的婴儿死亡率。俄国的情况最糟糕，但是保加利亚、塞尔维亚等东欧国家的婴儿死亡率明显低于德国、奥地利和匈牙利的婴儿死亡率。19 世纪 90 年代，在欧洲大多数地区第一次出现了婴儿死亡率下降的现象。欧洲南部地区是个例外，在我们研究的整个阶段中，意大利和西班牙都表现出缓慢但是稳定的婴儿死亡率下降趋势。单个国家中另外一个例外是荷兰，其表现比意大利好，在整个阶段中荷兰的婴儿死亡率呈现稳定下降的趋势。在 19 世纪 70 年代中期中欧地区婴儿死亡率的急剧下降凸显出德意志地区内部的巨大差异。这次婴儿死亡率下降主要归功于包括普鲁士在内的德意志地区的婴儿死亡率下降，而这是因为普鲁士所在的德国北部和西部的权重得以提高。虽然出现了这次下降，但是中欧的婴儿死亡率在这一阶段仍稳定地处于高位，并且由于罗马尼亚一国在 1913—1914 年的糟糕表现，巴尔干地区在这一阶段最后几年婴儿死亡率急剧上升。解释婴儿死亡率的巨大差异的一个核心因素是婴儿人工喂养的水平，人工喂养在缺乏卫生保障和食物处理的情况下，使得婴儿更容易感染疾病。

然而，正如已经提到的那样，对于婴儿死亡率下降的原因并没有达成共识（Corsini and Viazzo，1997）。我们可以从 1870—1914 年社会进步的角度考虑欧洲婴儿死亡率和婴儿喂养方式的特征，进一步理解这个问题。

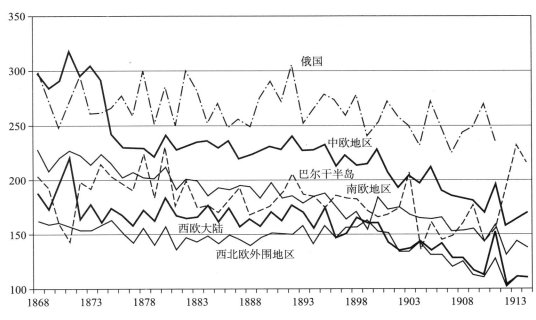

图 5.1　1868—1914 年欧洲部分地区的婴儿死亡率（每出生千人的死亡数量）

资料来源：根据 Mitchell（2003）估算得出。中欧地区包括奥地利、德国、匈牙利；巴尔干半岛包括保加利亚（1892—1912）、罗马尼亚（1868—1903；1912）、塞尔维亚（1888—1910）；南欧地区包括意大利、西班牙（1868—1870，1878—1888，1900）；西欧大陆：比利时、法国、荷兰、瑞士（1871）；西北欧外围地区包括丹麦、爱尔兰、英格兰和威尔士、挪威、苏格兰、瑞典。图中各国数据都已根据其 1870—1913 年的人口水平进行了调整，因此可能会偏离实际的出生人数。

卫生条件、儿童保育与知识进步

很显然，1870—1914 年欧洲城市人口从 5 000 万上升到 1.2 亿，必然导致住房紧张。城市新移民发现他们必须住在阁楼或者地窖中，而且必须与很多人分享生活空间与床。在俄国，城市拥挤、脏乱。在圣彼得堡，工人往往住在军营中，平均每个房间和地窖居住的工人数量是柏林、维也纳和巴黎的两倍（Barber and Davies 1994，p.93）。尽管如此，"城市惩罚"还是在 19 世纪末期的俄国消失了，这时城市的总体死亡率甚至低于农村（Mironov，1999，p.190）。换言之，与其他地区一样，俄国的城市生活状况可能有所好转，尽管这种好转可能是不平衡的。同样，19 世纪 40 年代在英格兰利物浦就有 40 000 人生活在地窖中，占利物浦总人口的 20%。利物浦和曼彻斯特的状况可能是最糟糕的。大约在这个时候，旨在改善卫生水平的公共健康运动逐渐兴起，曼彻斯特开始出台地方性住房政策，例如，在 1853 年禁止地窖里住人。从国家的层面看，英国在 1875 年颁布了《公众健康法案》（*Public Health Act*），比利时和法国也差不多在同期通过立法提高了住房标准（Burnett，1991）。涌向城镇的移民潮推动了大规模住房建设，但在许多地区出现了需求不足的现象。1880年柏林有10万人住在地窖里，占柏林总人口的1/10左右。社会统计学随着公共健康运动的发展而发展，在柏林，死亡率按人们的居住楼层分类统计。19世纪70年代中期，屋顶下的四楼（阁楼）或者地窖居民的死亡率比一楼居民的死亡率高25%。10年以后，即19世纪80年代中期，柏林的总体死亡率有所下降，但是阁楼和地窖居民的死亡率仍然比一楼居民的死亡率高15%（Vögele，1998，p.148）。同样，在1911年的格拉斯哥，一室住房居民的死亡率仍然是四室或更大公寓居民死亡率的两倍（Burnett，1991）。也许与其说这些数据体现出住房条件对于死亡率的影响，倒不如说这些数据体现的是社会阶层对于死亡率的重要性。

住房水平缓慢提高，但是不能夸大其对死亡率下降的作用。可能中央供水管网和污水处理系统的影响比住房本身的影响更大。传统上，城市供水主要来自水井或泉水，由居民或运水工提水。1870年的中央自来水管网所覆盖的地区，仍然只有少数民居能够得到此类供水。如果说英国和法国的中央自来水管网起步早一些，那么德国很快就在整个供水系统的建设方面后来居上。1870年，德国只有15%的居民、超过25 000的城镇拥有中央供水系统。1900年，德国所有同等规模的城镇都拥有了中央供水系统，甚至较小的城镇也有将近一半拥有中央供水系统。然而，中央供水管网的覆盖范围是另外一个问题，因为系统的建成需要时间。例如，柏林从1853年开始建设，12年后覆盖了一半的建筑，而伦敦直到19世纪90年代也没有达到相同水平（Spree，1988，pp.133ff.；Brown，1988；Goubert，1988；Vogele，1998，pp.151ff.）。不仅德国赶上了英国和法国，而且1860—1890年欧洲大部分地区的大城市也同时开始建设中央供水系统。从芬兰到意大利、从罗马尼亚到荷兰的21个欧洲大陆城市的样本数据中，有14个城市在这一时期开始进行供水系统建设，3个城市开始得更早，4个城市晚于1910年。很早就开始建设供水系统的城市之一——马德里——的供水系统设备一直用到1912年（Juuti and Katko，2005）。抽水马桶和污水处理系统与中央供水系统基本上是在同一时期出现的，尽管具体时间有些许差别。在英格兰和德国，抽水马桶和污水处理系统比中央供水系统晚出现10~20年（Brown，2000；Vogele，1998），但是在欧洲其他地区，这三者大致是同时出现的（Juuti and Katko，2005）。俄国虽然在1910年就已经建立了中央供水系统，但是对于那些生活在"花园环路"（Garden Ring）——城市中心区外围——的人们来说，运水工仍然在生活中起重要作用（Bradley，1985，p.67）。中央供水和污水处理系统的应用标志着城市卫生状况大幅改善，尽管相关问题可能从城镇转移到乡村，从而导致这类改善并不是长期稳定的。有时候污水会污染干净水源，典型的例子就是为伦敦提供部分水源的泰晤士河和为巴黎供水的塞纳河。但是直到20世纪，水净化也没能达到令人满意的水平，因此很难说城市卫生状况到底改善了多少。

毫无疑问，中央供水对居民生活水平影响巨大，它可能比洗衣机等日后的发明更能节省家务劳动（Svensson，1995）。然而，中央供水对健康和死亡率的影响没有那么巨大，原因可能在于水质不佳。如表 5.5 所示，20 世纪初期，德国和英格兰最大的十个城镇都安装了中央供水系统。虽然相较于英格兰，德国由其他原因导致的死亡人数显著下降，但是消化系统疾病却仍然是一种"德国惩罚"，这不仅体现在婴儿身上，而且体现于全体人口之中。

当然，死亡率下降是一系列因素共同作用的结果。如上所述，平均预期寿命与人均 GDP 并不完全吻合。McKeown（1976）强调营养水平提高是死亡率下降的核心因素。对德国人口的估算表明，1870—1914 年德国总人口的卡路里摄入量提高了 30％左右（Twarog，1997）。虽然总卡路里摄取量对居民的生活水平和健康很重要，但是真正消化掉的热量才是最关键的。疾病导致人们（尤其是婴儿）的消化能力下降，因而影响其一生的健康（Bengtsson and Dribe，2005，p. 348）。因此，食物供给和人口指标之间并不存在线性关系。

这里重点研究婴儿死亡率对于平均预期寿命的影响。欧洲国家之间迥异的儿童保育状况可能为我们探究导致平均预期寿命延长的因素提供了线索。俄国的婴儿死亡率很大程度上取决于儿童养育方式。俄国（Great Russian）妇女只能靠乳汁简单地喂养婴儿，并且有很多婴儿很早就开始食用固体食物，这导致俄国婴儿因腹泻造成的死亡率很高（Hoch，1994，p. 69）。德国的母乳喂养水平同样很低，这种儿童养育方式与别国不一样。德国的东部和南部以及与这些地区相邻的中欧国家，非母乳喂养的现象都比较普遍，这些地区的婴儿死亡率都很高（Newman，1906，p. 235；Kintner，1985；Morel，1991；Vogele，1998，p. 82）。图 5.1 显示，将德国西北部计入欧洲中部时，欧洲中部的婴儿死亡率大幅下降。除了母乳之外，婴儿还可以吃牛奶或半流质食物，后者通常是由咀嚼后的面包做成的，然后通过管子喂给婴儿。鉴于食物储量不足以及餐具上细菌繁殖的问题，婴儿受感染是不可避免的。在 1885 年的柏林，人工喂养的婴儿的死亡率是母乳喂养的婴儿的死亡率的 7 倍。尽管保育知识有所进步，但 1910 年这一数字仍为 4.4 倍（Vogele，1998，p，82）。不仅在德国，在别的国家，女性在工厂中工作通常都意味着母乳喂养将因此而减少，进而给婴儿死亡率带来灾难性的影响（Morel，1991；Vallin，1991）。人工喂养并不是母乳喂养的唯一替代方式。婴儿也可能交给奶妈照顾。在法国尤其是巴黎，这种现象非常普遍。1869 年巴黎 41％的婴儿由农村的奶妈喂养，而很多奶妈是人工喂养这些孩子的（Guttormsson，2002，p. 265；Newman，1906，p. 234）。相比之下，爱尔兰、苏格兰、斯堪的纳维亚等婴儿死亡率较低的国家中，母乳喂养是最重要的喂养方式（Newman，1906，pp. 221ff.）。

那么，是否仅仅是营养、住房、卫生条件等方面的零散的进步就降低了死亡率呢？以比较的眼光看，这种说法解释不通。因为如果可以解释，那么欧洲各国的人均 GDP 水平就会与平均预期寿命十分吻合。而实际上，人类行为决定了一个社会对健康改善和死亡率下降的响应程度。

我们必须重视家庭内部的变化。家庭中的婴儿要么喂母乳，要么喂牛奶，要么喂半流质食物，要么交给奶妈喂养。家庭也是处理个人卫生、制作食物的地方。至少在 19 世纪初期公共卫生运动兴起的时候，人们开始扫除污垢，试图创造清洁卫生的环境。然而，人们普遍相信，异味（miasmas）可以传播疾病，这种想法使得人们不能有效预防疾病，例如治理水源。一个被普遍引用的案例是伦敦医生 John Snow 的发现，即霍乱通过被附近院落里当事人的排泄物污染的水源传播。这是 19 世纪 50 年代的发现，而直到 10 年后 Louis Pasteur 才为微生物理论提供了科学证据，这颠覆了异味观点和古老认知，即新生命可以自然地在有机物中形成。化学家 Pasteur 通过消毒杀菌以及鉴定引起疾病的特定细菌开启了现代医学之门（Biraben，1991）。微生物理论并没有被立即接受，因为推动中央供水和污水处理系统建设的人是工程师而不是医生（Vogele，1998，p. 163）。医疗条件的改善对于 1914 年之前死亡率的降低亦没有发挥重要作用。尽管如此，新知识对人类行为产生的影响依然是不可估量的，这种影响并非仅仅局限于家庭生活，而且还极大地推动了健康水平的提高（Mokyr，2000）。认为疾病是由上帝创造的这一古老观点逐渐被有关疾病产生原因的知识及预防性措施所取代。父母们开始抵制宿命论及以往所信奉的"上帝赐予，亦索取之"观点，开始积极地为提高儿女存活率而努力（Guttormsson，2003）。1900 年后在德国成立的婴儿福利中心同样推动了婴儿保育的进步，这些中心的发起人是英国医疗卫生官员和包括保罗·纽曼在内的诸多医生。保罗·纽曼在 1906 年出版了著作《婴儿死亡率——一个社会问题》（Kintner，1985；on Newman，see Galley，2006 and Woods，2006）。

新知识推动了意识形态中所谓的男性养家糊口的家庭观念的确立。历史上，这一概念被认为是用词不当，因为这个词使得大家忽视了妇女对现代家庭发展的贡献。诚然，诸如对于家庭工资制度和女性工作立法的鼓动情绪，都带有男权动机并且伴以贬低女性个人主义的口吻（Honeyman and Goodman，1991；Frader 1996）。但是，如果忽视现代家庭在推动健康水平进步和死亡率下降方面的作用，那么我们将陷入一种歧视性陷阱。"现代家庭生活"（modern household）一词并不是意在贬低劳动的性别差异（这在今天依然是主要的传统观点），而是为了强调现代家庭受益于新知识。这些新知识包括卫生知识、微生物知识以及 20 世纪后大众所了解的维生素和矿物质知识。书籍和杂志推广了"家政学"（domestic science），对社会产生了影响。通过学校，知识传播速度变得更快，使得相关知识覆盖了欧洲大部分地区的几乎所有年轻一代居民。虽然花了几十年的时间，微生物理论的完整行为学含义才被人们所接受，但是令人惊奇的是，到 1914 年这一理论就已取得较为迅速和完全的成功，从而使得在抗生素引入前数十年，传染病就大幅减少（Mokyr，2000，p. 17）。中产阶级是最先采用新做法的人群，也是健康状况最先得到改善的人群。1891 年巴黎较为贫穷行政区的婴儿死亡率高于较为富裕地区 71％左右。20 年后，二者的差异扩大到 135％。同样是 1891 年，普鲁士工人阶级家庭与公务员阶层的婴儿死亡率的差距为 31％，20 年后扩大到超过 90％（Morel，1991）。然而，知识和习惯从高社会阶层逐渐向低社会阶层扩散，总的来说，随着时间的推移，人们的健康状况得到了改善。

对于不平等的比较

对于家庭模式、社会阶层和健康状况的讨论引出了生活水平的另外一个方面：收入分配。在欧洲现代经济增长的最初阶段，不平等状况似乎不断恶化，总人口中大部分人深受收入下降之苦（Pamuk and van Zanden，第一卷第9章）。1870年以后，欧洲经济增长势头迅猛，收入水平提高。但是，不平等状况是怎样的呢？如果一个富有国家的收入差距大，那么我们可以得出该国贫困并不罕见的结论。如果一个中等收入国家的收入差距适中，那么我们可以得出该国很可能贫困并不普遍的结论。在一个低收入国家中，高平等程度则意味着普遍贫困。第一次世界大战之前，鲜有关于收入的完整数据，因此这一时期的相关国家间的比较不得不建立在不太准确的估算的基础上。大多数国家中易得的数据是体力劳动的实际工资数据，有些国家还有经购买力平价指数调整过的实际工资数据，因而可以比较相关国家的工资水平。我们将结合这些数据与人均GDP数据对欧洲的收入不平等状况进行快速估算（见表5.6）。"工资"对于表5.6中大多数国家来说指的是城市非熟练工人的薪酬，但是在表5.6中的芬兰（城市化水平较低）一行中，"工资"指的是"手工户外工作者"的薪酬；瑞典的数据是男性制造业工人的平均薪酬；俄国的数据是农业工人的薪酬。我们先描述这一研究，然后再论证研究的有效性与局限性。

基本思路是计算出实际工资与人均GDP之比（以下简称 w/y），从而得出关于收入分配的信息。最重要的是，这种方法并不适用于绝对数据之间的比较，而是适用于处于不同时间、空间的相对数据之间的比较。对跨时间的数据进行比较并不困难，如果 w/y 提高，则意味着体力劳动者的收入占国民收入的比重提高，不平等状况有所改善；如果 w/y 降低，则意味着不平等状况加剧。此外，如果我们可以比较不同国家的工资和人均GDP水平，那么就可以比较相关国家的收入分配状况。因此，我们得出一种计算相对平等水平的方法：

$$Equaliyt = \frac{W_j/W_{uk}}{Y_j/Y_{uk}}$$

如果 j 国家的实际工资是英国实际工资水平的95%，而人均GDP仅是英国水平的85%，那么 j 国家的体力劳动工人的收入占国民收入的比重比其英国同行高，因此 j 国家的平等水平较高。我们把当时最发达的国家——英国——的水平作为比较的标准。鉴于我们所发现的规律在1890年之前和之后差别很大，我们将1890年作为参照年，相关结果见表5.6。

表 5.6　对于欧洲各国的收入水平、实际工资水平和平等水平的比较（英国 1890 年水平为 100）

	1890 年相对人均 GDP	1890 年相对实际工资	平等水平 1870 年	平等水平 1890 年	平等水平 1913 年
塞尔维亚	20.6	44.0	277.4	217.5	167.8
葡萄牙	28.1	47.2	122.0	168.0	151.4
俄国	27.6	40.8	118.2	150.0	99.0
芬兰	24.4	51.5	130.2	149.7	157.5
德国	60.6	85.4	139.0	140.9	115.0
西班牙	40.5	55.1	192.9	136.0	136.4
瑞典	52.0	66.3	97.7	127.5	101.0
挪威	42.6	52.8	96.5	123.9	140.3
法国	59.3	71.9	109.5	121.2	99.6
比利时	85.5	96.6	105.4	113.0	94.6
荷兰	82.9	85.4	83.9	103.1	74.7
丹麦	62.9	64.0	76.0	101.7	115.7
英国	100	100	82.6	100	80.7
意大利	41.6	38.3	63.8	92.1	83.6
欧洲（样本国家）	44.1	53.8	89.3	121.9	119.0

注：根据 1890 年的不平等状况进行排名。

资料来源：实际工资数据来自 Williamson（1995），芬兰的数据来自 Heikkinen（1997）；俄国数据来自 Leonard（即将出版）；塞尔维亚的数据来自 Palairet（1995）；西班牙的数据来自 Simpson（1995）；瑞典的数据来自 Bagge、Lundberg 和 Svennilson（1935）。Simpson 得出的一系列数据与 Williamson（1995）得出的数据非常相似，但是前者从 1900 年开始与后者偏离，前者该年的数据水平是根据 Williamson 的研究推导出来的，俄国和塞尔维亚的购买力平价可以通过以下公式推算出来：

$$Real\ wage = \alpha + \beta_1 GDP_C + \beta_2\ wgrowth_{1870-1890}。$$

有几个现象值得注意。第一，英国的不平等状况最显著，1913 年只有荷兰比英国更加不平等。第二，尽管其不平等状况逐步加剧，但是最穷的国家塞尔维亚却是最平等的国家。这两个现象与所谓的库兹涅茨曲线一致，后者推测工业化早期不平等状况会加剧，但是成熟的工业社会将会再现更为平等的收入分配。然而，第三个现象与库兹涅茨曲线不一致。19 世纪 70 至 90 年代，除了塞尔维亚、西班牙，可能也包括德国，所有国家的平等状况都有所改善。此外，在那以后的 1890—1913 年，除了丹麦、挪威、芬兰，可能也包括西班牙，所有国家的平等状况都有所恶化。如果将表 5.6 中各国的人口进行加权，把欧洲视为一个整体，那么我们也会发现，欧洲在前一个阶段平等状况改善，在后一个阶段平等状况基本稳定不变。

库兹涅茨曲线的局限性在于它是一种只适用于封闭经济的结论，而我们观察到的现象却应以全球化视野和第二次工业革命的视角来看待。大约从 1870 年开始，铁路建设及运输成本下降使得俄国和美国生产的粮食在欧洲市场上拥有了竞争力。以前生产边界之外的产品往往价格很低，但是由于国外需求旺盛，这些产品的价格开始上升，从而导致耕种面积扩大。然而在那些消费中心，廉价的进口产品使得商品价格普遍降低。两方面共同作用，使得俄国农业工人的工资上升，也使得欧洲工人的实际工资上涨（O'Rourke and Williamson，1999；Borodkin, Granville, and Leonard，2008）。受第二次工业革命的影响，用工需求倾向于熟练工人，在 1890 年以后，平缓下降的物价水平逐渐演变为温和的通货膨胀，抑制了实际工资的上涨（Goldin and Katz，1998；Svensson，2004）。19 世纪 90 年代由通缩转为温和通胀的原因并不确定，可能是由黄金产量增加导致铸币增加而引起的，也可能是由现有资源日益缺乏引起的。从某种程度上说，全球化继续促进着平等，这主要是因为向外移民使得欧洲劳动力更加稀缺。三个北欧国家 1890 年后平等程度的提高突出了这一点。然而，在第四个北欧国家——瑞典，虽然移民推高了工资和生活水平，但是由于人均 GDP 增长速度非常快，总的结果是瑞典的平等程度下降了（O'Rourke and WiUiamson，1995；Ljungberg，1997）。塞尔维亚几乎没有受到这种从英国到俄国的遍布整个欧洲的模式（移民）的影响。隔绝于市场一体化和第二次工业革命，塞尔维亚的收入分配遵循早期库兹涅茨曲线，不平等程度加剧。

上述欧洲收入分配状况在多大程度上是合理的？首先我们不得不承认，人均 GDP 和实际工资数据的质量还有改善的空间。如果不考虑细节，那么数据质量问题肯定影响不同国家之间的比较以及国家之间的排名。但是，根据我们的测算，1890 年之前平等程度提高，1890 年之后平等程度下降这个大体趋势是非常明显的。关于 w/y 方法需要注意的是，这种方法减少了非熟练工人的工资的比重。如果熟练工人和专业人员的收入水平和收入总额在不同的国家差异很大，那么这会影响收入分配和 w/y 的比值。因为熟练工人和专业人员对 GDP 的贡献更大，因此此类工人的增加会造成人均 GDP 的提高以及平等程度的降低，这也解释了为什么最富有的国家是最不平等的。因此，w/y 能够体现最低收入者所面临的收入差距，但是却不太能说明收入分配的结构。然而，在这一阶段中非熟练工人占工薪阶层的比重很大，即使缺乏更精确的计算，w/y 亦有意义。欧洲 1870—1913 年的经济增长所带来的收入水平提高和不平等状况改善一直持续到 19 世纪 90 年代。然而，19 世纪 90 年代经济加速增长的代价却是不平等状况停滞不前或略有加剧，在俄国这一代价极为高昂。

结论

1914 年以前的半个世纪，整个欧洲的生活条件变化巨大。毫无疑问，人们可以列出一长串创新的名录，也可以列出人类流动性大增的表现，后者对人类生活的影响程度绝不亚于当下的全球化与 IT 技术革命。但是，我们认为最引人注目也往往最容易被忽视的变化在于平均预期寿命的延长。欧洲 19 世纪 70

年代的新生儿的平均预期寿命只有 35 岁，但是也就是一代人的时间之后，在第一次世界大战前夕，平均预期寿命已达到 50 岁左右。上述数据仅仅是通过观察表 5.1 得出的，没有考虑人口众多的俄国。1870 年俄国人口占欧洲总人口的 1/4 左右，这一数字在 1913 年约为 1/3，然而，即使是在 1913 年俄国的平均预期寿命也达不到 35 岁。由于婴儿死亡率是平均预期寿命短的最主要原因，因此，我们应该注意：第一，欧洲各地情况迥异；第二，婴儿死亡率下降在欧洲各地基本上是平行的，当然这在俄国同样不显著。然而收入水平差异不能解释婴儿死亡率的差异，造成后者的一个主要原因在于母乳喂养的水平不同。可是，婴儿死亡率下降，尤其是自世纪之交（1900 年）以来的下降不能用母乳喂养来解释，而更多是因为城镇卫生水平的提高、家庭卫生状况的改善。虽然女性在家庭中所承担的母亲和主妇的角色极其重要，但是却经常被忽视甚至被嘲笑。此外，尤其对于妇女，可以只生三个孩子而不是五个或更多，以及有更大可能看自己的孩子长大成人，这些现实使得其生活质量得到提高。

新知识及其在各个阶层人群中的广泛传播是人们生活水平提高的关键因素。微生物理论的科学证明推翻了关于疾病和传染病的传统观点，对于习惯改变以及医学进步至关重要，尽管后者的影响仍然比较小。

当然，现代经济增长扩展了改善的空间，例如，可以投资自来水系统或者卫生系统。此外，经济增长的地区分布较之以前更加均衡。全球化，伴随着移民和进口廉价食品，是提高西欧实际工资、促进西欧平等的杠杆。然而，诸如电气化的技术变革扩张了对于熟练工人和人力资本的需求，从而阻碍了平等化的进一步发展。在俄国，某些情况甚至使得收入差距急剧扩大。这种发展的阴影一直持续了一个世纪，甚至更长的时间。

第二部分　世界大战和两次世界大战间的和平时期

第6章 | 战争与解体（1914—1950年）

亚里·埃洛兰特（Jari Eloranta）
马克·哈里森（Mark Harrison）[*]

引言

1914年到1945年，欧洲的经济发展和一体化进程因为两次世界大战被打断而停滞不前，它的区域格局因为战斗、杀戮、人口迁移和边界的重新划定而遭到严重扭曲。第一次世界大战（即1914—1918年的"世界大战"）有三十多个国家卷入相互斗争之中，并导致一千万人过早死亡。历史上只有第二次世界大战（1939—1945年）造成的死亡人数超过了这个数目。第二次世界大战中有超过六十个国家发动了战争，导致超过五千五百万人丧失生命（Broadberry and Harrison，2005b）。至于是谁与谁战斗，其实只有少数几个国家在持续战斗：在两次战争中，大多数时间都是德国、奥地利和匈牙利在与英国、法国和苏联战斗。而同盟国却不是固定不变的。为了便于参考，表6.1列出了参加或未参加每次战争的欧洲国家，以及参与国所属阵营。

这两场战争本可以理解为一个历史进程，虽然其中间隔着约二十年的和平时期。这一进程是全球性的，但最根本的部分还是在于欧洲方面。因此说，欧洲是一场持续了30年的帝国主义和民族主义的冲突的主要战场。第一次世界大战主要由欧洲列强在欧洲作战。一些非欧洲的参与国和殖民政体在其中起到了次要作用，还有另一些国家在战争后期加入进来。它使得欧洲大陆支离破碎，并且消耗了大量的人力和物力资本。欧洲中心国家深陷赔款和债务泥潭之中，无力回到政治和经济的稳定状态。第二次世界大战在亚洲开始，随后便迅速蔓延到欧洲，大多数参与者都了解，欧洲的战况对战争的最终结果是决定性的。德国历史学家Ernst Nolte（1965）最先将这30年定义为欧洲"内战"。他将其视为1917年俄国的恐怖主义和侵略行为

* 作者非常感谢此卷合作者，特别是 Joerg Baten、Robert Millward、Leandro Prados de la Escosura 和 Kevin O'Rourke 所给予的意见和评论，并对他们所分享的知识与给予的理解表示感谢。

所引发的战争，而在德国出现的国家社会主义和种族灭绝是一种防御性的反应。我们不同意这一观点；如果说是某个国家发动了战争，那也是德国。出于各种原因，德国分别在 1914 年和 1939 年发动了两次战争。然而，毫无疑问，将两次大战和大战之间的阶段视为一个连续的进程是有意义的，并且我们还发现，在战争期间，道德底线遭到破坏，修昔底德（Thucydides）首次将这个现象和内乱联系在一起。

表 6.1　　　　　　　　　所属阵营：两次世界大战中的交战国和中立国

	第一次世界大战	第二次世界大战
阿尔巴尼亚	中立国	轴心国
奥地利	同盟国	德国附属国
比利时	被德国占领	被德国占领
保加利亚	奥匈帝国一省	轴心国
捷克斯洛伐克	奥匈帝国一省	被德国占领
丹麦	中立国	被德国占领
爱沙尼亚	俄国一省	被苏联占领
芬兰	俄国一省	轴心国
法国	协约国	被德国占领
德国	同盟国	轴心国
希腊	协约国	被意大利占领
匈牙利	同盟国	轴心国
爱尔兰	俄国一省	中立国
意大利	协约国	轴心国
拉脱维亚	俄国一省	被苏联占领
立陶宛	俄国一省	被苏联占领
荷兰	中立国	联合国
挪威	中立国	被德国占领
波兰	俄国一省	被德国和苏联占领
葡萄牙	中立国	中立国
罗马尼亚	奥匈帝国一省	轴心国
俄国/苏联	协约国	联合国
塞尔维亚/南斯拉夫	奥匈帝国一省	被德国占领
西班牙	中立国	中立国
瑞典	中立国	中立国
瑞士	中立国	中立国
奥斯曼帝国/土耳其	同盟国	中立国
英国	协约国	联合国

我们所研究的是一个经济和政治不稳定的时期。相较于 1914 年之前或 1950 年后的表现来说，大多数欧洲国家在这一时期经济的平均增长率很低 (Maddison，1995)；Angus Maddison（2001）将这些年描述为"一个复杂和惨淡的时期，被两次世界大战的冲击和大战间歇时期的萧条打下了深深的烙印"。Eric Hobsbawm（1996）视这一时期极端的政治军事后果为 20 世纪衰败和经济发展不善的特征。但这并不是那一时期的全部。Bradford Delong（2000）和 Alex Field（2003，2006）也强调，技术进步即使在最惨淡的 20 世纪上半叶也像涓涓细流一样没有停滞，它带来了 20 世纪下半叶生活水平的大幅上升。欧洲世界像其他地方一样，尽管存在着军事斗争、经济衰退和人口下降方面的灾难，但在我们研究的这一期间内，技术进步率仍然很高，并且超出了 19 世纪的基准（Ferguson，2006）。简而言之，不管 1914 年结束的是什么，它肯定不是经济增长的潜在力量。

全球化、帝国与战争

在 19 世纪，全球化和帝国有着千丝万缕的联系。俄国革命领袖列宁于 1916 年最先指出了全球市场的兴起、全球企业和全球殖民帝国之间的联系。

20 世纪初，世界列强就视殖民帝国为完全合法的民族追求。例如，表 6.2 中给出了世界上的殖民附属国。在 1913 年，欧洲人是世界史上最强大的帝国主义者，世界 30％的人口居住在欧洲以外的欧洲殖民地上，这些殖民地占据了世界陆地面积的 2/5 还多。同年，英国这个自测有世界 1/40 的人口和 1/500 的土地的国家，就声称它已统治了全球 4 亿多人口，并管辖包括非洲、亚洲、美洲和大洋洲在内的 3 300 万平方公里的土地。它的帝国包括像加拿大和澳大利亚在内的自治区与像印度和尼日利亚等的殖民附属区，几乎囊括了世界 1/4 的人口和土地。其他欧洲强国，主要是法国和荷兰以及之后的比利时、德国、意大利、葡萄牙和土耳其，则远远地落在了后面。欧洲之外，美国掌控了一些邻近岛屿，日本也拥有包括朝鲜在内的多个殖民地 (Huntington，1996)。

25 年之后，在 1938 年，这种情况几乎没有任何改变。根据第一次世界大战后签订的和约，德国和土耳其几乎没有丢失它们的殖民地。意大利和日本分别处于在地中海区域和太平洋区域进行扩张的第一阶段。但从数据上很难看出这些变化。事实上，纵观世界，不论是柏林、罗马还是东京，世界殖民地的归属权之间的平衡没被打破：老牌殖民国家固守其殖民地，使得新帝国主义国家无法实现殖民野心。

表 6.2	1913 年和 1938 年的殖民附属：人口和土地			
	1913		1938	
	人口 （百万）	土地面积 （百万公顷）	人口 （百万）	土地面积 （百万公顷）
英国管辖领土	19.9	19.5	30.0	19.2
英国殖民地	380.1	13.5	453.8	15.0
法国殖民地	48.4	10.7	70.9	12.1
荷兰殖民地	44.1	2.1	68.1	1.9
其他欧洲殖民地	54.1	11.5	33.0	8.3
欧洲国家的殖民地及领土总计	546.5	57.2	655.9	56.5
非欧洲国家殖民地	28.8	0.6	75.7	1.9
全世界	1 810.3	134.4	2 168.0	134.4

资料来源：Harrion（1998a）；Broadberry 和 Harrison（2005a）。

事实上，不断崛起的国家对殖民地的追求，加上对已有殖民地的保卫，使得在这些势力所维持的全球平衡中不断出现危机，而这也被认为在很大程度上导致了两次世界大战的爆发。在这个过程中，帝国主义失去了其合法性。在殖民地人口中，帝国主义合法性的认可度一直都不高。这种合法性的不断削弱在美国极其显著，当时美国的对外政策是坚定地反殖民主义。到 1950 年，英国、法国和荷兰这几个仅剩的还有一些势力的帝国也全面展开了以协议或以武力形式实现的大规模的去殖民化。这也从另一个意义上说明，两次世界大战形成了一个单一的历史进程，从 1914 年开始至 1945 年结束（Modelski and Thompson，1996）。

从列宁时代起，将世界贸易和世界帝国的存在与两次大战的起因联系在一起就成为一种流行趋势。然而，实际情况更加复杂。既不是全球化也不是帝国主义直接导致了 1914 年战争的爆发。Norman Angell 在他 1909 年出版的畅销书《大幻想》（重印版，1972）中表示，强国间持续增强的经济依赖程度可以消除任何大型国际争端出现的可能性，或者至少可以使其迅速终止。全球化增强了地区和全球范围内有影响的国家之间的相互依赖关系，从而增加了发动战争需要付出的代价。特别地，开放程度的增加使得欧洲各国更易受到食物和原料进口中断的负面影响。因为工资不断增长，经济增长使得常规军费开支变得更加昂贵。欧洲的商人并不希望看到战争，但它却出人意料地爆发了（Ferguson，1999）。但也存在着一些对立因素。其中之一是战争的工业化，它增强了军事装备的破坏力，也给工业国带来了爆发性的经济发展（McNeill，1982；Ferguson，2001）。最终，一旦存在发动战争的可能性，经济动荡的脆弱性就增强了潜在参与者将赌注押在快速进攻上的倾向（Rowe，2005）。

John Hobson（1993）指出，与大多数强国相比，英国和德国在军队上花费较少。John Keegan（1999）认为是协调失灵和不可动摇的军事计划将欧洲推向了战争，这个锚铢必较的军事计划是为"维护至高军事权威性的永久追求"而设计的。

表 6.3　　　和平时期列强军备开支，1870—1913 年和 1920—1938 年　　　（%）

国家	军备开支，占 GDP 百分比		军备开支，占中央或联邦政府支出百分比	
	1870—1913	1920—1938	1870—1913	1920—1938
奥地利（和匈牙利）	3.5	0.9	12.0	5.8
法国	3.7	4.3	25.9	22.4
德国	2.6	3.3	54.1	23.8
意大利	2.8	4.4	21.7	25.4
俄国（苏联）	3.9	7.1	27.9	11.9
英国	2.6	3.0	37.5	16.3
六国平均值	3.2	3.8	29.9	17.6
日本	5.0	5.7	32.2	20.1
美国	0.7	1.2	29.4	22.4
十六国/十七国平均值	2.7	2.8	33.3	18.0

注：1870—1913 年的十六国是指奥地利（和匈牙利）、比利时、丹麦、法国、德国、意大利、日本、荷兰、挪威、葡萄牙、俄国（苏联）、西班牙、瑞典、瑞士、英国和美国；1920—1938 年的十七国是指在十六国的基础上增加了芬兰。

资料来源：详情见 Eloranta（2002b, p.110）。

　　然而，第一次世界大战的爆发并非偶然。历史学家们倾向于认为，德国应为 1914 年之前的军备竞赛和随后发生的外交崩溃负责（Berghahm，1973）。Ninall Ferguson（1999，2001）指出，开始军备竞赛后，德国无力与其竞争对手抗衡，因此它在 1914 年孤注一掷，先发制人。因此，受殖民地竞争的刺激而发起的战前军备竞赛是战争爆发的一个主要原因，而军备生产的产业化又在很大程度上使得长期的和极具破坏性的战争成为可能。

　　导致 1914 年战争爆发的军备竞赛在经济层面上并没有显著意义。工业革命加之 19 世纪的财政改革，使西方国家在增加了军费开支的同时却没有使其经济发展承受过重负担。这里有两种衡量国防开支的标准方法："军事负担"，即军费开支对国家资源的占用（占 GDP 的百分比），以及预算支出中的"国防预算份额"，即占中央财政支出的百分比。大多数国家在 1914 年之前比在 19 世纪初承受着更重的军事负担。在欧洲范围内，如表 6.3 所示，比起别国，列强的军事开支有所提高；六大强国的平均军事负担为 3.2 %，相比而言整个样本的平均值为 2.7 %。值得注意的是，新兴的经济体领袖美国，其军费投入不到国内生产总值的 1%（Eloranta，2003）。

竞争和制约对于军备竞赛来说无疑是火上浇油。当一些国家为了追上对手而推高军费开支时，另一些国家同样扩增军费开支以利用英美经济巨人间的相对制约制胜。第一次世界大战的起源可以从两大对抗联盟的联合中发现蛛丝马迹。不过当研究战略互动行为的统计证据时，我们发现，联盟本身最终被证明是低效的，而且与国家支出决策几乎无关。

第二次世界大战的起因与第一次世界大战的起因并不相同。在两次世界大战间隔的和平时期，平均军事开支比 1914 年以前更高，但如表 6.3 所示，各国（意大利除外）的军费开支低于其他各种支出。因此这些国家都减少了国防预算，而且削减的幅度通常很大。表 6.3 中并未反映出各国在重整军备时间上的不同；苏联和日本在 20 世纪 20 年代末开始，德国始于 20 世纪 30 年代初。其他大多数国家则将集中重整军备的时间推迟到了 30 年代中期。希特勒将德国的军备开支占 GDP 的比重从 1933 年的 2% 提高到了 1938 年的将近 20%。日本重整军备的进程更是令人印象深刻。其军备开支在 1938 年占到 GDP 的 23%，占国防预算份额的 50% 以上。相比于建立新罗马帝国所付出的努力，墨索里尼在重整军备上是不太成功的——1938 年意大利的军备开支占 GDP 的比例不到 5%。像苏联一样在这个时间之前就实现高军工产出率的军事意义是值得商榷的，因为技术变革日新月异，许多军备在两三年内就过时了。

一些国家在裁军和重整军备的政策之间摇摆不定。许多小国直到 1935 年后才开始积极重整军备，但有些国家在 20 世纪 20 年代就已经有很重的军事负担了（例如葡萄牙和芬兰）。瑞典在这一时期初有很高的国防预算份额，但在 20 世纪 30 年代末有了明显下降。作为国际联盟的初始成员之一，瑞典表现出了对裁军的积极态度。Ulf Olsson（1973）指出，瑞典的军备重整对国际安全环境的不断恶化反应缓慢，直到 1939 年其军事负担一直保持在 2% 以下。这类似于美国对于在 20 世纪 30 年代末开始的新的军备竞赛反应迟钝。

更高的军费开支并不能确保军事成功和边界安全。军费开支只是决定了 Samuel Huntington（1996）所提出的军事四大方面之一的军事生产力，这是从数量层面上（人力、武器和资源）来说的。另外三个方面是技术上（装备的有效性）、组织上（军事部署和部队士气）和社会性质上（有意愿并有能力在各种情况下部署军力）的。军事活动的发生本身分四个不同的层次——政治上、战略上、运营上和战术上，其中政治层面包含着军费决策（Millett et al.，1988）。例如德国提出量化资源的概念，投巨资在各种民用和军用技术开发上，拥有必要的组织结构和训练，并使德国在 20 世纪 30 年代就处于备战状态。法国的决策者虽然在 20 世纪 20 年代就深信保证国家安全需要高额军费开支，但到 20 世纪 30 年代却无法使军费开支维持在具有竞争力的水平上，这可能也导致了在第二次世界大战中的法国部队技术上的薄弱。此外，他们部署的军事战略与当时即将开展的军事演习是不协调的。

专制国家地位的上升及其军费开支的增加在 20 世纪 20 年代中期开始显现，并在 1933 年后加快，此时德国在其中起到了决定性作用。看起来，20 世纪 20 年代的军力扩散打破了国际体系的平衡。美国未能履行与其经济实力相称的军事领导责任。在欧洲的民主国家，国内军费开支决策是由生产者游说集团做出的，而不是由外部的安全问题所决定的。

　　新一次重整军备竞争的结果是第二次世界大战的爆发。战争从何而来？这其中有新旧混合的因素。对于殖民地的争夺是从 1914 年之前就开始并且从未间断过的因素。英国、法国和荷兰都要捍卫自己的帝国。苏联要维护前俄国的边界。日本期待创建一个新的帝国，首先向北在西伯利亚扩张，然后，当事实证明苏联太难对付后，又转向南争夺英国、法国和荷兰的殖民地。意大利希望在从北非到巴尔干和希腊的地中海周围建立一个帝国。而德国则觊觎东欧和俄国（苏联）的各种补充性资源、市场和重组种族的生存空间。为了实现这些计划，日本首先进攻中国（入侵东亚），然后是意大利（入侵北非），最后是德国（入侵东欧）。如果列宁那时候还活着，他就能认识到这片图景。帝国主义列强在用武力重新划分世界版图。不过，却是一些新的力量在驱使帝国间的竞争。

战争、发展和独裁

　　到 1913 年，欧洲最富有的国家开始变得更加民主，与此同时贵族与君主制也在经济实力稍弱的希腊、塞尔维亚、西班牙、葡萄牙和土耳其等国家逐渐丧失效力。

　　民主国家之间很少开战，因此欧洲应有望向和平发展。我们用 2 号政体指数（基于政体 IV 数据）来衡量政治制度，从民主分数中减去专制分数，创建一个政权的综合指数，其取值范围从 +10（完全民主）到 -10（完全独裁）。表 6.4 比较了经济发展水平和民主程度，结果表明在 1913 年，人均 GDP 高于欧洲平均水平的国家中有七成已取得了正的政体指数，低于平均水平的国家也有五成实现了这一点。虽然欧洲以民主国家居多，但最终第一次世界大战还是由最不民主的德国、奥地利、匈牙利和俄国这些君主制国家发动了。第一次世界大战的失败使得战争发起国失去了其政权的合法性。在德国、奥地利、匈牙利、俄国，君主制的地位下滑，其中德国和奥地利变得尤为民主，匈牙利其次，俄国却仍是君主制当道。不过这些国家的民主虽然都在发展，但仍是脆弱的。

　　20 世纪 20 年代和 30 年代初期的情况几乎已不能更糟了，到 20 世纪 30 年代末，新的民主政体在德国、奥地利、意大利、西班牙、葡萄牙和大部分东欧国家被一种新型独裁制所取代。与此同时，俄国却马不停蹄地从君主制转变成共产专制主义。表 6.4 显示了，1938 年前在欧洲就已出现的明确的分化：大部分的富裕国家继续坚持民主，而大部分贫穷国家则屈服于威权。最终，第二次世界大战后的欧洲定局便仍与其之前一样呈现两极分化的态势，分为富裕的民主国家和贫穷的独裁国家，在东欧和东南欧地区共产主义替代了法西斯主义。

表 6.4　　　　　　　　两次世界大战期间欧洲的政治体制和经济发展：国家数量

	人均 GDP	
	高于中位数	中位数或中位数以下
政体 2 指数，1913		
高于 0	7	5
0 或低于 0	3	5
政体 2 指数，1923		
高于 0	9	5
0 或低于 0	0	5
政体 2 指数，1938		
高于 0	9	2
0 或低于 0	2	9
政体 2 指数，1950		
高于 0	11	3
0 或低于 0	1	10

注：国家包括阿尔巴尼亚（只有 1950 年）、奥地利（1938 年不是）、比利时、保加利亚（1923 年不是）、捷克斯洛伐克（1913 年和 1938 年不是）、丹麦、芬兰（1913 年不是）、法国、德国、希腊、匈牙利（1923 年不是）、爱尔兰（1913 年不是）、意大利、荷兰、挪威、波兰（1913 年不是）、葡萄牙、罗马尼亚（1923 年不是）、俄国/苏联（1923 年不是）、塞尔维亚/南斯拉夫、西班牙、瑞典、瑞士、土耳其和英国。2 号政体指数是从民主分值中减去专制分值，按标准化比数修正后得到的一个关于政治体制的适合于时间序列分析的综合指数。此指数取值范围为 +10（完全民主）到 −10（完全独裁）。

资料来源：数据来自 www.systemicpeace.org/polity/polity4.htm；1990 年人均美元 GDP 来自 Md-ddison（2001）。

在两次世界大战之间的帝国间竞争的新成分是极权主义。极权主义是政治理论家 Hannah Abrondt 提出的一个术语，它适用于 20 世纪最暴虐的政权：德国和俄国。根据 Juan Linz 的观点，一个极权国家应是：（1）政治权力集中；（2）统一的意识形态，当权者将其作为一种工具，既为了达到政治认同的目标又作为行动的指南；（3）通过单一的政党以集体目的动员公民，用暴力对抗实际的或潜在的敌对党（Boesche，1996；Linz，2000）。

希特勒的政权也体现了极权主义控制的概念。他将反犹太主义和种族净化这样会引起激烈争议的元素加入了德国民族主义和帝国主义的传统理想。1933年，希特勒赢得选举并迅速成为独裁者，这开始了他的权力登顶之路。在经济大萧条中因为经济崩溃的推动，他的权力达到巅峰。1932 年，德国的失业率高到令人咋舌的地步，国内有三分之一的劳动力失业。希特勒的号召力来源于他所承诺的恢复德国繁荣和帝国的统治、日耳曼民族对犹太人的仇恨和对国内及苏联共产党人的恐惧。他通过封杀异己言论和建立一个高效的警察国家来巩固自己的权力。他的政策减少了失业率并旨在确保战争中经济能实现自给自足。

希特勒并没有指望能完全控制经济生活，但却时刻准备着为重整军备而降低人民的生活水平和实际工资（Tooze，2007）。他使德国退出国际联盟，并且在 1936 年 3 月使莱茵地区重新军事化和让奥地利并入德国的决定对于国际联盟的公信力来说是致命的一击。他的主要目的就是殖民扩张（Kennedy，1989；Abelshauser，2000）。

1922 年 10 月，法西斯主义者在罗马游行后，墨索里尼当选意大利总理。他花了几年时间来掌控议会和其他政党，但却从未像希特勒和斯大林一样拥有绝对的控制力，也没有像预想的那样在 20 世纪 30 年代保持住重整军备对意大利的益处。相似地，在 1926 年极权主义就开始崛起的葡萄牙，安东尼奥·德·奥利维拉·萨拉扎于 1932 年当选总理后才逐渐拥有独裁权威。在西班牙，普里莫·德里维拉在 1923—1930 年的独裁标志着第一次极权主义实践；经过一段短暂的共和制度时期和残酷的内战，弗朗西斯科·佛朗哥在 1939 年使西班牙重新回到了独裁制度。在东欧、波罗的海和巴尔干地区，20 世纪 30 年代见证了极权政府的大量兴起，它们大多由功勋卓著的将军或民主领导者当权（Lee，1987；Saz，1999）。

然而，证据表明，制度的变化并非与这些国家的军费开支行为的结构性变化相联系。虽然是独裁体制，但它们并没有积累起大规模重整军备所需的足够的集中权力。例如，与德国和日本的军事负担相比，意大利在 20 世纪 30 年代末的军事负担仍然较轻（Eloranta，2002b）。其他独裁国家未能解决好修正主义思想和如何在国际舞台上求生存这两者之间的关系。它们主张加强保卫政策并实行贸易保护主义，但在 20 世纪 30 年代，在外交和贸易上基本没有自主选择的权力。在第二次世界大战中，这些国家，特别是东欧的国家，都选择了加入轴心国阵营。

发动战争

两次世界大战将欧洲经济置于崩溃的边缘。这意味着什么？战争需要大量的资源。在两次战争中，千万人通过战舰、飞机和坦克等大型武器相互投放了百万吨的炸药。这些高额军事开支，就要求国内生产和进口得更多，而消费和投资得更少。

在战时生产规模的扩大是很有限的，事实上，大多数国家在战时生产得更少，并不会更多，尽管它们想方设法想要刺激经济。表 6.5 比较了欧洲交战国和三大"控制"集团：欧洲中立国；远离主战场但却积极加入战争的在北美洲和澳大利亚的前英殖民地；以及前伊比利亚在南美洲的殖民地，它们是中立的，或者说只是名义上参战。在两次大战中欧洲的产出直线下降，与此同时，其更多的土地被远方的政权所掌控或占领。在欧洲内部，被占领国和战败国损失最为惨重。在几乎全部地区，第二次世界大战导致的产出减少要比第一次世界大战时期更少，但一个特例是苏联，它在 1944 年经历了灾难性的经济状况。

从这方面来说，在两次世界大战中，美国和澳大利亚的经济取得了引人注目的成绩，从 1938 年到 1944 年，两国的 GDP 翻了一番多。[1]

表 6.5	战时 GDP			
	占 1913 年水平的百分比		占 1938 年水平的百分比	
	数量（个）	1917（%）	数量（个）	1944（%）
欧洲，总计	16	90	19	96
其中，国家是：				
未参战	7	97	6	112
胜利	2*	100	2	99
失败	7	75	11	91
前英国殖民地	4	105	4	207
前伊比利亚殖民地	8	100	14	124

注：没有参加第一次世界大战的欧洲国家是丹麦、荷兰、挪威、葡萄牙、西班牙、瑞典和瑞士；没有参加第二次世界大战的欧洲国家是爱尔兰、葡萄牙、西班牙、瑞典、瑞士和土耳其。第一次世界大战战胜国为法国和英国（意大利有关情况详见此表下注释）；第二次世界大战战胜国为英国和苏联。第一次世界大战战败国（国家政府投降或其领土被完全占领）为奥地利、比利时、德国、匈牙利、奥斯曼帝国和俄国（包括芬兰）；第二次世界大战战败国（国家政府投降或其领土被完全占领）为奥地利、比利时、保加利亚、丹麦、芬兰、法国、德国、希腊、意大利、荷兰和挪威。在两次世界大战中，前英国殖民地为澳大利亚、新西兰、加拿大、美国。第一次世界大战中伊比利亚的前殖民地为阿根廷、巴西、智利、哥伦比亚、墨西哥、秘鲁、乌拉圭和委内瑞拉；第二次世界大战时的前殖民地是阿根廷、巴西、智利、哥伦比亚、哥斯达黎加、古巴、危地马拉、洪都拉斯、萨尔瓦多、墨西哥、尼加拉瓜、秘鲁、乌拉圭、委内瑞拉。

排除意大利的原因为，如果包括意大利，则数值 100 应为 107 。

资料来源：麦迪森（2001），除了 1917 年的国内生产总值外，我们添加了一些评估值。Schulze（2005，p. 86）对饥荒的评估；Gatrell（2005，p. 241）对俄国（苏联）的评估；Pamuk（2005，p. 120）对奥斯曼帝国 1913 年评估的三分之二；但表中的数据总值对这一假设并不敏感。

由于生产总量对战争的需求是缺乏弹性的，所以军队需求的不断上升对资本支出和家庭消费施加了巨大的压力。表 6.6 显示了其中几个交战国的数据情况。先不论在战争时期消费者花费在统计的方法论上出现的重大问题，很明显，到 20 世纪，主要交战国已经发现了将生产总量的 1/3～2/3 用于战事的方法。为了减少民用市场必要的购买力，政府使用了各种各样的手段：更高的税收以及发售有战争胜利后还款承诺的债券。同样重要的手段是对消费和企业活动加以直接控制，对平民所需物资进行限量供给——从食品和纺织品到机械、燃料和战略物资。

---

[1] 数据显示，意大利的 GDP 在第一次世界大战期间实现了奇迹般的增长，但是 Broadberry（2005）指出，这绝对是统计异常现象。

表 6.6　　　　　　　　两次世界大战中国家物资动员情况（占时价下 GDP 百分比）　　　　（%）

	政府支出		军备支出	
	1913	1917	1939	1943
法国	10	50	—	—
德国	10	59	23	70
意大利	—	—	8	21
苏联	—	—	17[*]	61
英国	8	37	15	55

注：* 1940；数据按 1937 年不变价格计算。

资料来源：Broadberry 和 Harrison（2005b, p. 15）；Harrison（1998b, p. 21）。

大部分的动员单位是国家经济体。为了满足国内战时需求，本应用于国际贸易的资金也转移到了军费预算中。在战时，大国们鼓动年轻人为战事而服务、企业为战事而生产。因而，这些国家停止了向世界市场出口商品，尽最大能力从国外市场买入更多的食物、燃料和战争物资，甚至包括从它们各自的殖民帝国和中立的贸易伙伴大量买进。它们希望多存储一些物资，这样在战后时期国内也能保证足够的物资供应。只有一个大国，相对而言，富足到既可以发动战争同时又能保持商品对外出口，这个国家就是美国，而且两次大战中它都这样做，并为同盟者提供了帮助。

联盟的存在催生了超国家化的军事动员。在这一时期，反法西斯联盟两次在整个北半球扩张，从美国的西海岸穿过大不列颠，一直到俄国（苏联），它们的领域从北欧到亚洲围成了一个圆圈，离阿拉斯加只有几英里远。英国和美国为其联盟国提供了大量的资金和物资，第一次世界大战中主要是向法国和意大利提供，第二次世界大战时则主要是向苏联提供。通过联合经济富足的国家的经济资本和经济欠发达的国家的人口资本，它们在既定资源禀赋的基础上最大限度地增强了其战斗力量。事实上，两次战争中胜利方都比战败方更加有效地聚集和联合了它们的经济和军事资源，这也极大地鼓舞和推动了每个成员国。不过，胜利方本身就拥有更大数量和更高质量的资源禀赋。

在一些贫穷的国家，相似的动员却只能发生在各行政区划单位之间。动员军队的压力过大导致在全国范围内集合力量准备战斗的努力最终失败。不光如此，这种强压使得国家经济开始自行瓦解。这在一些仍以小农经济为主导的农业经济国更易发生。在战时动员的压力下，这部分农业经济趋向于"退出国家经济"。这种情况直接的后果就是城市饥荒。当汉堡和彼得格勒的具备生产力的家庭在战时买不起食物时，主要的原因并不是整个国家缺粮，而是因为即使价格再高农民也不愿意售卖粮食，因为就算他们卖了粮食有了钱也买不到任何工业品。因此，动员实际也没有在国家经济的范围内实现，而只动员了直接归中央政府管辖的当地的城市经济。政府从法律上来说对农村地区是具有管辖权的，但它实际上的经济统治权却十分有限；它甚至不能控制近在咫尺的农家资源，一如它不能控制远在天边的中立国的生产商和销售商的商业决策一样

(Harrison，1998b；Broadberry and Harrison，2005b)。

　　第一次世界大战中奥匈帝国的经济崩溃说明了这个问题。奥地利和匈牙利虽都归属维也纳的同一个君主统治，但却有着不同的政府、法律体系和货币体系。除了这些外部制度不同之外，更加重要的是两国的经济存在不对称性：奥地利的工业化程度比匈牙利更高，也更加富裕。为了扩大工业生产以满足战争的需要，奥地利需要匈牙利农民供给充足的食物，但却不能为匈牙利提供和平时期所提供的相同规模的民用产品。

　　因此，两国之间的贸易逐渐萎缩。食物仍留在匈牙利的田地里，而与此同时，奥地利企业却因缺乏食物和原材料而不能扩大生产规模。此时，两件事同时发生了。两国间的合作开始恶化，而农民们却只管自顾自怜（Schulze，2005)。奥地利和匈牙利如果连自己都不能联合好，那么它与其他同盟国联盟的几率又能有几成呢？

　　第二次世界大战中德国的攻占经历提供了另一个案例。德国的目的是占有一个东欧的殖民帝国，并主要通过杀戮或使当地原始居民遭受饥荒之苦来使乌克兰和西俄转变成它的粮食供应地，当时躲过德军屠害的幸存者们都逃出了乌拉尔边境。（Kay，2006)。快速攻占苏联计划的失败，阻止了德国完成这项伟大计划，即使如此，德国当局也依旧尽其最大努力剥削了已占地的农业资源。但事实证明，哪怕是被顶在枪口下，这些资源都相当难以调动（Liberman，1996)。可以说是偶然，与此同时，西欧的大部分领土都落入了德国之手。在占领期间，德国从富裕的工业化国家法国所进口的食物远比从俄国（苏联）侵占的多（Milward，1965)。这再次证明了调动资源的难度之大，特别当这些资源属于一直以低生产率的自然经济糊口的农民时。

　　在两次世界大战中，唯一的在强攻下保持经济完整的低收入国家是第二次世界大战中的苏联。十几年前，斯大林和他的同盟已经从第一次世界大战的失败中吸取了教训：小规模农耕是俄国在第一次世界大战时的致命缺点（Simonov，1996)。斯大林发起运动通过集中土地确保政府对农民和食物的控制力。这场运动对俄国人的生活和农业系统造成了巨大的伤害，使它们付出了巨大代价。这场运动的最终结果也遭人愤恨，效率低下（Davies and Wheatcroft，2004)。不过从某种意义上来说，它却实现了其价值，当战争再次爆发之时，农民无力再从市场中抽身。当食物极度短缺、国家不再有足够的食物保障全国人民的需求、数以百万的人民遭受饥荒之苦时，士兵和制造军用设备的工人却依旧有饭可吃（Barber and Harrison，1991；Harrison，1996)。斯大林已将农民变成他们自己产品的剩余索取人。因此，1942 年，当国家的命运被置于刀刃之上时，苏联的经济并没有崩溃，其战争努力在战争最关键的时刻为经济提供了支持下去的力量。

　　经济上富裕的国家在食物消费方面调动资源的优势同样明显。例如，在两次大战中，即使受到了水下封锁的影响，英国人仍然拥有充足且健康的食物，这一部分来自他们资本密集型的商品化的农业，它对物资动员的反应快速且敏捷，也有一部分来自地球的另一端的食物供给（Olson，1963)。第二次世界大战中的美国，如 Hugh Rockoff（1998）所观察到的那样，消费者虽然没能拥有更多的黄油，但的确拥有了更多的冰激凌。

一般来讲，世界战争能将被限于经济封锁的经济战带入一个新的高度。国家经济封锁的政策会持续，但经济学家 Olson（1963）、Davis 和 Engerman（2006）都认为，直接应对经济封锁的对策，或是经济动员，或是经济替代都能轻而易举地使其失效。德国通过剥削包括英国贸易伙伴在内的中立邻国所进行的跨国贸易，部分突破了英国对其港口的封锁。在两次世界大战中，盟军成功地通过海军护航保护了商船免遭德国潜艇的攻击，保留了盟军的战争努力。与此形成对比的是，两次战争中德国制造潜艇花费巨大。1917 年，这种寻求进行无限制潜艇战的豪赌的直接后果就是美国加入了盟军一方。

第二次世界大战中，重型远程飞行器的出现使轰炸敌后成为现实。在 1940 年到 1945 年，盟军空军在德国境内扔下了两百万吨炸药；其中百分之四十用于轰炸工业和交通设施，百分之三十用于轰炸城市地区（Zilbert，1981）。对德国的战略轰炸旨在摧毁其经济，瓦解其战斗意志。随着战事的推进，炸平城市的收效已越来越小；它非但没有摧毁战斗意志，还在某种程度上起了反作用（Brauer and Tuyll，2008）。轰炸主要摧毁了民用资源而非军事物资，反而鼓舞了工人们的牺牲精神，对战争产出的破坏作用甚微。在战争后期，对工业和交通设施的日间轰炸成为可能，且效果极佳。不过即使这样，德国的工业依旧在扩张，因为它的投资速度高于战争毁坏的速度（Abelshauser，2000）。战略轰炸确实增加了德国的生产成本，它也迫使德国资源由东线地面作战转向西线防空作战。然而空袭耗资巨大，难以维持，联盟内部关于空袭和诺曼底登陆哪个应享有更多支持争论不休。总而言之，经济战没能决定任何战事的结果，但却在一定程度上加速了战争的结束（Forland，1993）。

战争余波

两次战争分别于 1918 年和 1945 年结束，都对世界经济造成了较大影响。它们有一些共同的特点，即因为它们，交战国家都付出了巨大代价。两次大战都导致了巨大的人员伤亡以及人力资本和实物资本的流失。然而，战争对经济机构和后战争时期的经济表现影响迥异。第一次世界大战给两次战争间二十年和平时期的经济发展留下的阴影挥之不去，国际组织的努力也未能将其驱散。消除不了的紧张局势破坏了世界恢复常态的可能，欧洲出现了贫穷和富裕、民主和专权的极端分化。不过，随着第二次世界大战结束而来的国内、国际改革帮助缓和了自 1918 年后一直困扰着欧洲的经济和政治问题。第二次世界大战所带来的后果则不同。国际经济迅速恢复。虽然冷战开始，但欧洲仍进入了黄金阶段。不论是北约或华约阵营，在一段时间内它们的经济都实现了较快发展。

第一次世界大战的人员伤亡令人目瞪口呆：将近 1 000 万的士兵死于战争或其他原因。540 万的盟军伤亡者中有多半是俄国人和法国人。在中心国家的 400 万伤亡者中，有四分之三来自德国和奥匈帝国（Boradberry and Harrison，2005b）。这些人力资源的损失不能完全从人的角度来衡量。不过在一定程度上，作为包含重置成本的人力资本，可以像其他物质损失一样用重置成本从金钱角度来进行衡量（见表 6.7）。

表 6.7　　　第一次世界大战期间欧洲经历的物质破坏：选定国家情况
（占战前资产的百分比）　　　　　　　　　　　　（％）

	人力资本	物质资本			
		国内财产	海外财产	战争赔款	国家财富
奥匈帝国	4.5	6.5	—	—	—
法国	7.2	24.6	49.0	—	31.0
德国	6.3	3.1	—	51.6	54.7
意大利	3.8	15.9	—	—	—
俄国	2.3	14.3	—	—	—
土耳其和保加利亚	6.8	—	—	—	—
英国	3.6	9.9	23.9	—	14.9

资料来源：Broadberry 和 Harrison（2005b）。

德国、土耳其和保加利亚相较于战前都丧失了约 6％ 的人力资本。表 6.7 同时表明，人力资本损失有被实物资本损失成比例超过的趋势。德国是个例外，它的领土范围内少有战争。物质资本损失最严重的国家是法国，因为其工业化水平高并且国家富足，所以损失也最多。

转而关注第二次世界大战的损失，我们可以给出一个更完整的包括平民伤亡和军队伤亡的解释。即使考虑这些因素，第二次世界大战也比第一次世界大战的损失多得多。从平民伤亡数来看尤其如此，在第一次世界大战中，较第二次世界大战来说，平民死亡人数较少。相对而言，第二次世界大战中至少有 5 500 万人因战争死亡，而他们中多半是平民。超过 4 000 万人属于欧洲市民。德国和南斯拉夫损失了战前人口的十分之一，苏联损失了七分之一，波兰损失了五分之一。作为欧洲的一部分的苏联拥有欧洲五分之三的人口，其在战争中损失了 2 500 万人（Urlanis，1971，pp.294-295；Harrison，2003）。这并非偶然，德国的部分计划就是大量减少苏联人口而为德国腾出粮食供给。

利用表 6.8 可将人口损失从经济方面数量化，从而使其能与其他物质和经济损失相比较。这些数字表明，人口损失率在各国之间差别很大，苏联损失最为惨重。虽然如此，但实物资产损失率远远超过了人口损失率。这是由像战略轰炸这样的新破坏性技术和传统方式双管齐下所导致的。

表 6.8　第二次世界大战期间欧洲经历的物质破坏：选定国家情况（占资产的百分比）（%）

	人力资本	物质资本	
		国家财富	工业固定资产
英国	1	5	—
苏联	18~19	25	—
德国	9	—	17*
意大利	1	—	10
日本	6	25	34

注：*仅为联邦德国情况。

资料来源：Harrison（1998b）。

种族清洗和种族屠杀是两次大战的共同特点。第一次世界大战中值得注意的一段时期是 1915 年和 1916 年亚美尼亚人从安纳托利亚被向东驱逐。土耳其青年党革命政府的既定政策是取得他们的财产，并将他们赶至南部叙利亚的沙漠中。由此所导致的死亡人数是个无法确定的数字（30 万~150 万），精确的因饥饿、缺乏避难所以及驱逐过程中大屠杀所致疾病而死亡的总人数是无从知晓的（Simpson，1939；Zurcher，2000）。第二次世界大战中，德国对欧洲犹太人的屠杀意图是人尽皆知的，这些犹太人有些在德国境内，有些在西欧，不过最主要的还是居住在波兰和苏联。屠杀主要从 1942 年开始（具体的时间以及真正引发这场屠杀的内外导火索仍存在争议）。据其主要组织者阿道夫·艾希曼所说，屠杀造成的死亡人数在 600 万以上。另外，纳粹还杀死了数以万计的其他"劣等人"，包括同性恋者、吉普赛人、社会主义者以及精神或身体上有残疾的人。

两次战争对社会机构和政策的影响更为复杂和多样化。第一次世界大战结束了 19 世纪的自由主义秩序并逐步开始了去全球化的进程。整个战争期间的生产和消费都依赖于对基本战略物资、原材料和食物的保障，这使得各国都限制出口，一有机会就尽力扩大进口。交战国用贸易壁垒作为武器，试图通过经济封锁和造成对方国内饥荒而使敌国屈服。这些都造成了国际商品市场的瓦解和世界贸易额的下降（Maddison，1995）。

更一般地说，20 世纪上半叶是重商主义的动机和手段在欧洲百年来的时间里体现得最为明显的一段时间。第一次世界大战所引发的资源抢夺战被和平时期的流动资产抢夺战所代替。第一次世界大战对国际贸易的长期影响是灾难性的。全球 GDP 中贸易份额从 1913 年的 22% 跌至 1929 年的 15%，直至 1938 年的 9%（Estevadeordal，Frantz and Taylor，2003，p.595）。欧洲的出口也相应下跌，在战争结束后陷入了停滞状态；除去世界贸易最初的少量恢复，欧洲 1929 年的出口量仍停留在低于 1913 年的水平（Maddison，1989）。农业和工业保护主义空前流行。到 20 世纪 20 年代中期，保加利亚、捷克斯洛伐克、德国、匈牙利、意大利、罗马尼亚、西班牙、瑞士和南斯拉夫几国的关税实际上都比 1913 年时的还高。经济大萧条爆发后，采取"以邻为壑"政策的民族国家越来越多，经济独立的区域贸易集团势力也开始巩固加强，这些最终使得国际贸易崩溃。20 世纪 30 年代的新贸易限制通常是以限额而不再是关税的形式出现。贸易协定和贸易关系开始服从于重新崛起的欧洲国家的经济和军事的需求（Kindleberger，1973；Kennedy，1989；Findlay and O'Rourke，2007）。

欧洲在世界制造业中所占的份额仍在持续下降，直到 20 世纪 30 年代末期，其贸易才有了轻微好转。到 1950 年，包括欧洲在内的世界经济的所有地区都开始享受到了贸易重建和贸易自由约定的好处（Maddison，1995）。

两次世界大战间的保护主义的一个显著特例是军火贸易。随着第一次世界大战尾声的接近，军事出口量暴跌，但在 20 世纪 20 年代早期又出现反弹，并一路增长直至经济大萧条爆发。大萧条结束后，军事出口的恢复总体上快于世界贸易，尽管其价格有所下降。价格下降部分是由于世界范围内的通货紧缩，部分是由于小国们进入市场带来了竞争。捷克斯洛伐克、瑞典以及后来的比利时和挪威是 20 世纪 30 年代崛起的军事出口国。到 1935 年，捷克斯洛伐克独占小中型武器市场的四分之一的份额，瑞典和比利时也能分得一杯羹（Eloranta，2002a）。英国则始终在其传统的重型武器领域（如战舰方面）一枝独秀。尝试管制军火贸易的努力通常都远未达到预期效果，这部分是由于其国内军火商的抵制（Krause，1992；Krause and MacDonald，1993）。

两次世界大战间经济、政治的稳定以及独裁政权的崛起，可以看做第一次世界大战和大萧条的延伸（Feinstein et al.，1997）。很多制度上的失败，追根究底都来自于 1919 年签署的《凡尔赛和约》。它促成了很多新兴民主主义的异军突起和一个"新欧洲"的出现。然而，和约的核心是集中处置第一次世界大战中的同盟国，这也是后来导致 20 世纪 30 年代德国民族主义反抗的一个原因。和约并没有满足大多数参与国的要求。

两次世界大战间，欧洲经济遭受的另一重大打击就是沉重的战争债款。美国曾向英国和法国提供了价值数百万美元的贷款。而英法也向意大利和俄国提供了贷款。因此，联盟中较为贫穷的国家才能在国内资源耗尽之后依旧坚持作战。两次世界大战间的经济政治关系被此债务网折磨甚久，大多数债务最后都不了了之。第二次世界大战中也有相似的情况，美国最终向英国和苏联提供了几十亿美元的经济援助，英国自己也向苏联提供了相对小额的援助。与第一次世界大战的不同之处在于，第二次世界大战中同盟国内部所有的战时援助都是无偿的，所以，实际上也就不存在战后债台高筑的现象。

两次世界大战间制度的失败从成立于 1920 年的国际联盟的表现就可见一斑。其 18 个成员总共占据了多于 74% 的世界人口和 63% 的土地，这其中不包括后来实行孤立主义的美国。在接下来的 20 年里，国际联盟对日、意、德的侵略行为没有做出恰当反应。国际联盟的失败有几大原因，其中包括几个主要成员国不同的裁军和国防目标，主要大国的缺席（如美国），以及未给成员国提供可靠的国家安全保证。

害怕重犯这个错误的阴影一直萦绕在 1945 年由反法西斯联盟建立的联合国的心头。但迅速爆发的冷战却又与以前的情况极其相似。例如，第一个裁军提议直到 20 世纪 50 年代才被提出，实际成功的几率也十分渺茫（Jolly et al.，2005）。不过，国际联盟与联合国有两大不同。一是，美国没有参与两次世界大战间的国际联盟，不过在第二次世界大战后成立的联合国中，它成为新的经济强大的霸主。另外一个不同则是，1945 年后多边合作组织在其他方面的新合作。联合国与第二次世界大战后迅速崛起的其他组织一起共同合作建立了国际新秩序。这包括国际货币基金组织下的汇率协调体系——布雷顿森林体系、国际复兴开发银行（后改名为世界银行）以及为战后欧洲提供重建援助的马歇尔计划。截至 20 世纪 70 年代早期，布雷顿森林体系一直起到了维持第二次世界大战后国际关系稳定和经济发展的作用（Maddison，1995，2001）。

1948 年到 1951 年，美国向西欧经济市场投放了 130 亿美元（约合 2003 年的 1 000 亿美元）。这笔巨额援助以它的设计者美国国务卿乔治·马歇尔的名字命名。其目的是在战争废墟上重建欧洲，同时扩大社会主义的对立阵营。大部分东欧国家都已经变成了苏联的附属国，或者不想因接受这个援助而激怒苏联。马歇尔计划加速了西欧地区的经济合作，并助其将复苏经济的计划纳入自由贸易和市场一体化的政策中。

不难看出，1918 年的战后经济复苏所面临的障碍很多且速度缓慢，而总体来说，1945 年后的复苏相对较快。表 6.9 显示，1918 年后，欧洲的中立国和战胜国用了三年多的时间才将人均 GDP 水平恢复到 1913 年的水平，战败国则用了将近十年。相比之下，1945 年后的经济复苏却闪电般迅猛。这是 1945 年后世界格局将大变样的一个早期信号。

表 6.9   **从战争最后一年起人均 GDP 恢复经历的时间（年）**

	数量（个）	第一次世界大战后（年）	数量（个）	第二次世界大战后（年）
欧洲国家中：				
未参战国	6	3.4	6	1.3
战胜国	4	3.4	2	1.5
战败国	10	9.7	16	4.4

注：第一次世界大战的未参战国为丹麦、荷属挪威、葡萄牙、西班牙、瑞典以及瑞士；第二次世界大战的未参战国为爱尔兰、葡萄牙、西班牙、瑞典、瑞士以及土耳其。第一次世界大战的战胜国为法国、希腊、意大利及英国（包括爱尔兰）；第二次世界大战的战胜国为英国和苏联。第一次世界大战的战败国（其政府投降或是其领土被完全占领的国家）为奥地利、比利时、保加利亚、捷克斯洛伐克、德国、匈牙利、罗马尼亚、俄国、塞尔维亚及土耳其；第二次世界大战的战败国（其政府投降或是其领土被完全占领的国家）为阿尔巴尼亚、比利时、保加利亚、捷克斯洛伐克、丹麦、芬兰、法国、德国、希腊、匈牙利、意大利、荷兰、挪威、波兰、罗马尼亚及南斯拉夫。

资料来源：Maddison（2003）。

结论

在 20 世纪的上半叶，欧洲的全球化戛然而止，大规模地被保护主义、种族主义、战争、杀戮以及破坏所取代。在 20 世纪中叶，全球化重回舞台，欧洲经济也开始在更高、更一致的收入水平上趋同。

两次世界大战之后，欧洲发生了三个变化。首先，欧洲经济的增长、一体化及繁荣都不再与帝国有关。如果 19 世纪的欧洲领导者们能活下来，看到这样的事实——即使没有宣称帝国统治，没有跨洋越海占领其他国家的人民、领土和领海，他们依然可以获得财富或威严，那他们定将瞠目结舌。

其次，欧洲的领导者们对合作的重要性有了新的认识。现今，他们与美国合作，共同实现了经济复苏、汇率合作、关税减免；他们互相合作，巩固欧洲一体化的发展；他们也与发展中国家合作，帮助其去殖民化，给予它们发展援助。

最后，欧洲的领导者们学会了用国家的权力管理经济生活。战争期间，政府通过它的绝对权威控制了国内的民众、生产和消费。从中至少可以看到，这种直接与经济发展水平相联系的权力的有效性：随着经济增长，政府的权威也越发广泛和有效。但政府即使可以也不应该在和平时期行使与战时同样的权力来控制国家，尽管有些政府愚蠢地认为，因为可以保持这种绝对权威，所以应该保持。它们这样认为的一个特殊原因就是，苏联这个指令性经济国家最终战胜了纳粹德国。学习如何恰当地协调管理经济市场，转而成为战后时期政府面临的主要挑战。

第 7 章 经济周期与经济政策（1914—1945 年）

阿尔布里奇·里切尔 (Albrecht Ritschl)
托拜厄斯·施特劳曼 (Tobias Straumann)

引言

1914—1918 年第一次世界大战对欧洲经济造成的严重破坏主要有几个方面。第一次世界大战宣告了欧洲长达一个世纪的经济持续增长的结束。第一次世界大战使得长期以来近乎全球范围内的货币稳定局面遭到破坏，并且开启了痛苦的去全球化进程。第一次世界大战带来了一个劳动关系高度政治化的时代。第一次世界大战迎来了一个新时代，在这个时代里，经济大幅波动、持续大规模失业等成为日常生活的常见现象。

虽然我们用第一次世界大战的开始来界定这个戏剧性时期的开始，但是这一时期的影响一直持续到第二次世界大战结束以后。在两次世界大战间的和平时期，欧洲经济体的水平远低于它们历史上的经济增长水平。这次长期、持续的经济衰退一直持续到 20 世纪 60 年代的"黄金时代"，在那以后经济才开始全面复苏。但是，并不是所有第一次世界大战期间逆历史潮流的改变都得以纠正，有些改变仍一直存在。在欧洲比较发达的经济体中，1918 年以后发生了明显的工人收入比重上升的现象。因此必须在总体上压缩工资和个人收入，包括保护低收入阶层和降低高收入者的收入等。两次世界大战期间的这些收入分配冲击大多已经变成永久性现象，并且在今天的欧洲经济中仍然可以寻觅到它们的踪影。第一次世界大战以后，货币状况也发生了根本性变化。有些变化是暂时的。最显著的暂时性货币状况变化在于，20 世纪 20 年代剧烈的恶性通货膨胀不断冲击第一次世界大战后的德国与其同盟国以及相关继承国。同样暂时性的货币状况变化还有通货紧缩在 20 世纪 20 年代波及欧洲其他地方，并在 20 世纪 30 年代进一步扩散。货币条件的其他制度性变化则更长久，最重要的一点变化是 20 世纪 20 年代人们试图终止金本位制。这一变化的重创性后果对货币体系在第二次世界大战后的重建影响深远。另外一个影响深远的货币条件变化是国际资本自由流动的显著减少，以及后来国际贸易量的显著降低。

两次世界大战期间的和平年代也见证了宏观经济政策翻天覆地的变化。与19世纪温和的政策干预是多数国家的惯例不同，此时积极的经济政策大行其道。国家对商品、生产要素以及货币市场进行干预，这种做法也迅速遍及全球。在此背景下，许多新建立的制度都获得了类似宪法的地位，有些制度的影响甚至一直持续到今天。然而，并不是所有第一次世界大战后试行的政策都有很长的生命力。试图用纸币实现货币稳定的尝试很快就宣告失败，被人们放弃，政策不断动摇，20世纪20年代中期，虽然各国并不情愿，但也曾经回归到金本位制。20世纪30年代第二次转向纸币政策只是比上次略微成功了一点，但欧洲大部分地区再次出现国际贸易和资本流动困难，不过这次不是因为通胀，而是因为趋紧的资本管制和进口配额。随着第二次世界大战后相关放松贸易管制的政策的实施，直到20世纪70年代，各国才找到解决方案，即将区域汇率集团与资本流动自由化结合起来。

经济计划起初只是第一次世界大战后应对资源短缺的临时性对策，但是很快却在不少欧洲国家获得了系统性的完善。工业是国有的，或者是由监督性国家机构所创建的，国家试图在宏观和微观层面都实现政治控制，从而避免经济遭受经济周期波动之苦。同样，这些变化的影响也是十分长远的，尤其是宏观经济方面的持续影响。撤销国有控股部门以及从国有工业中撤资一直持续到20世纪末。东欧的苏维埃政权，作为将经济规划和废除私有产权做到极致的国家，它的解体是最有力的例证。

经济政策本身就是1914—1945年国际冲突的一个维度。两次世界大战期间的和平年间，经济政策制定者们从没有忽略过经济战。德国赔偿问题严重影响了20世纪20年代的货币政策、贸易关系以及国际资本流动（Temin，1989）。深入一点来说，20世纪30年代德国的侵略姿态和备战行为给欧洲各个经济体蒙上了浓重的阴影。

人们试图从理论上深入理解政治干预经济的影响。在两次世界大战期间的和平期间，宏观经济学被独立为一门单独的经济学学科。它很快从新凯恩斯主义的失业理论扩展到了公共部门经济学、国际收支理论和货币经济学等。与此同时，福利经济学也取得了很大的进步。受两次世界大战期间惨痛经济经历的影响，这一时期的经济分析怀疑市场的力量、轻视货币和汇率政策的作用、对政府干预经济饱含信心，无论政府干预涉及的是财政政策、金融抑制或者两者兼有。这些现象再次被证明影响深远，因为这种心态塑造了20世纪70年代依然盛行的干预性宏观经济政策。

由于我们所研究的时期的利率具有不合理的本质，所以从来都不缺乏这方面的经济解读。1929年后对经济大萧条的解释甚至被称为宏观经济理论中的"圣杯"（Bernanke，2000）。考虑到解释的复杂性及不同解释的多样性，任何试图描述1914—1945年经济周期的理论都应该折中处理，本文争取在专注研究深度、精度、广度与易于理解之间找到一种较完美的中间方法。

首先，本章将研究1914—1945年欧洲经济的宏观表现。本章将突出关键性程式化事实，并对几种主要经济解释进行调查。本章第二部分将研究这一时期（1914—1945年）的突出特点：1914年以后总产量持续高度偏离原有的经济增长路径。研究这些数据之后发现，我们拥有数据的大多数国家都存在一个经济周期。本章第三部分回顾了本时期的货币因素，并突出了本阶段名义经济的不稳定性。本章第四部分转而研究两次世界大战期间和平时期经济周期的主导因素之

———社会冲突，进而研究社会冲突造成的影响。主要包括第一次世界大战后欧洲核心国家生产要素份额的转移、工业工作周的缩短以及随之而来的收入不平等程度下降现象。本章第五部分介绍了宏观经济波动、国际贸易与资本流动的相互作用。本章第六部分研究了两次世界大战期间经济周期可能的影响因素——外交政策和国际冲突，并认为它们的影响比较普遍。本章第七部分总结了冲突的两个维度，这两个维度共同影响两次世界大战期间的宏观经济表现。1914—1945年这个期间远没能形成一个正常的经济周期，这期间的经济波动主要由两种力量驱动，这两种力量影响各个事件并深刻改变了欧洲政体的经济法则。这两种力量之一是社会冲突及其带来的机构和劳动市场的反应；另一种力量是国际冲突及其产生的欧洲经济去全球化。受这两种力量的影响，两次世界大战期间的宏观经济表现高度失常，但是，在20世纪下半叶这两种力量促进了欧洲经济的成长。

识别欧洲的经济周期

两次世界大战期间存在一系列短经济周期，同时也存在不同于历史生产趋势的长期衰退的现象。这种向下偏移现象开始于第一次世界大战期间，并持续到第二次世界大战结束。1914年以后的30年，欧洲经济持续衰退了14年，累计损失了潜在产出的40%左右（见图7.1）。[1]

图 7.1　1913—1973 年欧洲的大衰退及经济恢复：西欧的人均 GDP 潜在增长率为 1.95%
资料来源：根据 Maddison（2003）的数据整理而来。

反思这种发展可以发现，从衰退中走出来之后，通常所说的战后"黄金时代"一直持续到 20 世纪 70 年代。为什么第一次世界大战之后的欧洲经济重建不完全？是什么导致了持续 30 年的大萧条？本章将讨论这些问题。

欧洲的长期经济萧条包含三个短期萧条阶段。第一个短期萧条阶段是

1914—1921 年，第二个短期萧条阶段是 1929—1932 年，第三个短期萧条阶段是 1940—1946 年。[2]这三个短期萧条阶段中的两个都与世界大战有关，那么就只剩下一个真正的两次世界大战期间的萧条阶段了。

然而，欧洲总体状况下隐藏着重要的各个地区之间的差异。德国及大多数欧洲大陆国家都深受第一次世界大战经济衰退的影响，这导致其经济产出比战前最高下降了 25%。相比之下，英国和意大利经历了战时的经济繁荣。1920—1921 年的国际衰退导致这两个国家的经济产出大幅下降（分别为 20% 和 25%），但是对欧洲其他地方的影响却并不明显。20 世纪 20 年代剩下的几年里，欧洲大陆的经济恢复良好，产出接近或超过了历史趋势下的经济产出（见图 7.2）。但是，德国和英国例外，这两个国家经济的恢复总体上并不完全：如果按生产力增速 2% 的标准看，那么两个国家直至 1929 年都没有达到潜在水平的 80%。

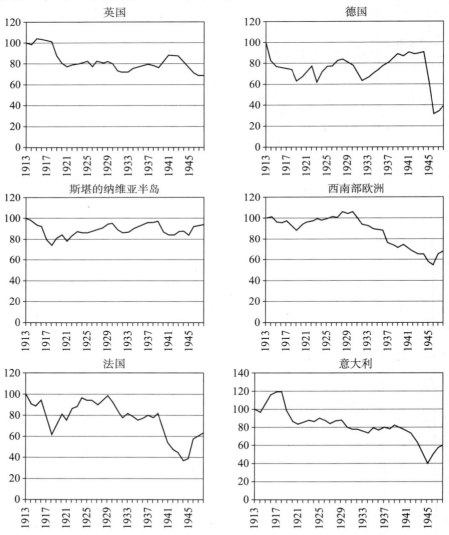

图 7.2　相对于 2% 的潜在增长率的实际人均 GDP 增长率情况图（1913 年＝100）

资料来源：根据 Maddison（2003）的数据整理而来。

1929 年国际性的经济衰退影响了整个欧洲，虽然对各个欧洲国家的影响程度不尽相同。到 20 世纪 30 年代中期，大萧条使得欧洲大部分国家的潜在效用水平降低到了德国和英国 1920 年的水平。对这些经济体来说，20 世纪 30 年代是一个经济相对停滞的阶段或者是更严重萧条的开始，其中，西班牙内战（1936—1939 年）使得欧洲西南部的萧条加剧、第二次世界大战（1939—1945 年）使得欧洲其他地区的萧条加剧。其中，德国、英国和斯堪的纳维亚国家是三个例外，与欧洲其他国家的萧条不同，这三个国家和地区的经济从 1933 年开始回归正常发展趋势。[3]斯堪的纳维亚国家的经济恢复最为彻底，到 1939 年就几乎已经完全恢复到正常的经济增长轨道上来。德国强劲的经济复苏持续到 1939 年，但是由于第二次世界大战，经济无法继续增长。英国在 1929—1932 年大萧条期间受到的冲击比德国小，因此英国的经济复苏更温和。然而，第二次世界大战期间英国的经济增长相对于潜在水平有所提高，因此英国的经济增长水平很快就与德国持平。

观察过不同的区域经济格局之后，可以将它们划分为四组需要分析的问题。第一，驱动第一次世界大战的经济衰退的因素是什么，同时为什么经济衰退对欧洲经济体的区域影响差别如此之大？第二组问题是有关各国从战争中恢复经济的速度以及程度的。第三组问题与 20 世纪 30 年代初期的萧条有关，为什么复苏只发生在少数几个地方？为什么欧洲其他地方的衰退贯穿整个 20 世纪 30 年代？第四组问题与第二次世界大战期间更严重的经济衰退有关。对于所有这些现象，各国的文献以及比较文献中都提供了各种不同的解释。这里不能一一列举各国的详细情况，只能对某种共同的模式进行研究。以下各节将逐一探讨这四组问题中最突出的问题。

两次世界大战期间欧洲经济周期的货币因素

虽然 19 世纪末期古典金本位制时代欧洲大部分地区的货币保持稳定，但是，欧洲的货币体系和财政体系在第一次世界大战中遭受重创。1914 年所有的国家都暂停兑换黄金，战争期间的通胀使得物价推高了 50％或者更多。战争结束以后，欧洲中部新成立的弱小民主国家的通胀依然严重。其他政治形势更好的国家，战后货币稳定并且刚性工资下行，而后者本身就是集体工资谈判方案的重要结果。这些国家出现了通货紧缩、失业率上升、产出量降低等，意大利和英国甚至出现了彻底的经济衰退。战后，欧洲用了近十年的时间才实现货币稳定，也就是正好在 1929 年大萧条来临之前实现货币稳定。

在德国、奥地利、匈牙利和波兰，恶性通货膨胀非常普遍。德国和奥地利是前世界中心，匈牙利和波兰在哈布斯堡王朝解体以后以及 18 世纪俄国、普鲁士和哈布斯堡皇室对波兰进行重新划分之后才独立。通过通货膨胀为战争融资、税收制度缺乏、新的海关边界的形成、贸易额下降以及第一次世界大战结束时的政治动荡等因素，都加剧了这些国家的货币的不稳定性。1919—1920

年，物价水平比1914年提高了十倍或更多（见图7.3）。因此，中产阶级的名义储蓄大幅缩水，大部分战争赔款也被取消。但是，在所有这些国家中，直到通

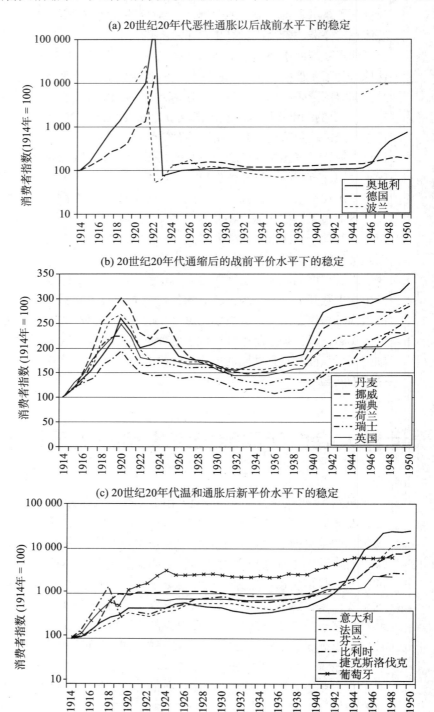

图7.3 欧洲战后通胀、稳定以及通胀再现情况图

资料来源：根据 Nations（1931，1940）、Mitchell（2003）、Lains（2003）等的数据整理而来。

货膨胀凭借其经济效应抹去战争赔款以后才出现恶性通货膨胀。造成战后恶性通货膨胀延后的重要原因是新成立的政府无力实施有效的税收政策。的确，20 世纪 20 年代发生恶性通货膨胀的国家一个接一个地实现了政治稳定和财政稳定，紧随其后的货币稳定则被还原到公共财政中去（Sargent，1982；Dornbusch，1987）。奥地利和匈牙利两个经济体受哈布斯堡王朝解体的影响尤其大。借助国际社会的帮助以及严格削减财政支出，两国分别在 1922 年和 1924 年获得了稳定。德国在 1923 年末期，即在内部叛乱被粉碎、与法国达成接受调解冲突赔款的共识、旨在重建政府预算体系的紧急立法等完成以后获得稳定。波兰的稳定因与苏联的战争而推迟，后又因与德国的贸易冲突而推迟。1924 年波兰第一次尝试加入金本位制失败，这导致波兰直到 1926 年才实现稳定。在所有的案例中，货币稳定都是成功的，图 7.3（a）证明：直到第二次世界大战及以后，物价都没有再失控。[4]

像其他第一次世界大战中立国一样，英国在战后恢复到战前的金本位制，成功扭转了战时的通货膨胀。而在美国，虽然物价大幅地从战时的水平降下来，但仍没能恢复到战前的水平。直至 20 世纪 20 年代末期，这些国家与美国一样，物价水平仍然比 1914 年以前高出 50%。各国再次成功实现了货币稳定：大多数国家在第二次世界大战之前物价没有再超过 1925 年的水平（见图 7.3（b））。1940 年后，第二次世界大战期间的通货膨胀大致延续了第一次世界大战以来的温和通货膨胀水平，显著的不同之处在于 1945 年以后并没有发生通货紧缩。

以法国为首的几个国家采取折中方法，允许第一次世界大战期间物价上涨 7～10 倍，因此这几个国家没有经历战后恶性通货膨胀，也没有试图恢复到战前的黄金平价。两次世界大战期间，这几个国家的价格水平在 20 世纪 20 年代早期的水平上波动。因此，与战争有关的债务导致国内货币和名义储蓄大幅缩水。如图 7.3（c）所示，第二次世界大战时再次出现的通货膨胀对这几个国家的影响明显比其他国家小。

第一次世界大战后各个国家选择的不同货币政策引起了学者的注意。英国选择接受战后通胀，进而为恢复到战前平价水平做准备（最终在 1925 年恢复到战前水平），英国的这种做法从凯恩斯警告通缩可能会带来的危害以来，就一直饱受批评。凯恩斯认为，工资下行刚性会导致实际工资上升，从而使通缩变为萧条。[5]这种把 1920—1921 年衰退与第一次世界大战之后的通缩联系起来的观点现今已经被普遍接受。[6]事实上，在当时经历通胀的国家都幸免于这次衰退。[7]另一方面，同样的几个国家各自的衰退低谷都在 1918—1919 年（见图 7.2）。此外，正如欧洲大陆经济开始复苏就出现了通货膨胀一样，英国在衰退开始之后[8]紧接着就出现了战后通缩的势头。当然，战后通胀是不是衰退的原因还需要进一步研究。

与此同时，凯恩斯的观点是：英国在经过一番不完全的通货紧缩之后回到原来的黄金平价，将会推高英国与其他未发生通缩的国家或恶性通胀后取得稳定的国家的实际汇率。20 世纪 20 年代末期回归金本位制以后，欧洲各国的相对价格差别很大，而相关证据也印证了这一点。图 7.4 显示了以英镑为基准的汇率情况，将 1913—1914 年的水平设为基准 100。选择战前水平作为基准主要是因为假设购买力平价或多或少地保持了当时的水平，因此汇率低于或高于 100 表明货币被低估或高估。实际汇率是根据图 7.3 中的物价数据得出的，名义汇率是根据通用方法得来的。图 7.4（a）显示出英镑在兑换恶性通胀国家的货币时被严重低估了

（虽然低估程度比不上德国）。稳定在战前平价水平上的各国货币总体上都与英镑的购买力平价接近，只有荷兰货币是个例外，值得关注（见图7.4（b））。如图7.4（c）所示，货币稳定在低于第一次世界大战平价的水平时，货币被大幅低估。

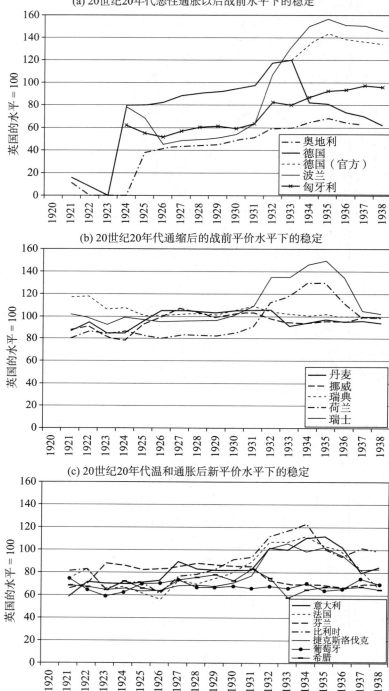

图 7.4　实际汇率图

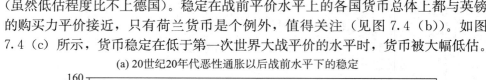

资料来源：同图 7.3。

法郎被低估引起了学者们的关注，学者们对法国为达到政治目的而操控黄金平价的行为进行了明确控诉。越来越多的学者指出，20 世纪 20 年代法国国内的不稳定和通胀是货币不稳定的重要因素。这些学者包括 Moure（1991）、Prati（1991）和 Sicsic（1993）。不管政治意图如何，很明显法国的情况并不是孤案。以 20 世纪 20 年代末期的黄金为标准，稳定在较低平价水平的国家普遍存在违反购买力平价的现象，并且市场没能很快予以纠正。

总的来说，20 世纪 20 年代那些稳定在新水平的国家在失业率方面表现得比其他国家更好一些。图 7.5 给出了同样一组国家的失业指数（1932 年＝100）（很遗憾不同国家的数据不能直接比较，因此我们更关注趋势而不是水平）。那些恶性通胀后获得稳定的国家的失业情况是混合的（见图 7.5（a））。那些经历了通缩后又稳定在战前平价水平的国家，在 20 世纪 20 年代经常会陷入长期失业的困局（见图 7.5（b））。相反，稳定在低于战前平价水平的国家在 20 世纪 20 年代几乎实现了充分就业（见图 7.5（c））。

所有的欧洲国家都受到了 1929 年大萧条（国际形势逆转）的严重影响。然而，危机影响各国的方式和时间并不相同。如图 7.3 和图 7.4 所示，危机的主要表现并不是通缩和汇率冲击：黄金平价国家的通缩趋势已在 20 世纪 20 年代得到控制，并刚刚在 1929 年之后通缩加剧，而直到 1931 年实际汇率的变动其实都并不大。图 7.1 和图 7.2 证明 1929 年以后存在强劲的产出冲击，虽然这次冲击的时间非常不一致。图 7.5（c）的失业数据大体证实了这样一点：总的来说，20 世纪 20 年代稳定在平价水平以下的国家成为 20 世纪 30 年代大萧条的后来经历者。对比这些国家 20 世纪 20 年代经济的良好表现，它们其实遭受了大萧条的更严重的冲击，并且大多数国家需要更长的时间才能从大萧条中恢复。

货币政策对 1929 年以后的经济崩溃的影响程度仍需讨论。正统的货币主义者指责 20 世纪 20 年代末期美国紧缩性货币政策是经济衰退以及类似的经济萧条的推手（Friedman and Schwartz，1963）。批评者指出，欧洲尤其是德国的通胀压力是自己创造的（Temin，1989）。当今盛行的观点是，美国削减资本输出是欧洲货币紧缩的直接原因（Kindleberger，1973；Feinstein，Temin and Toniolo，1997）。很明显，20 世纪 20 年代重新恢复金本位制后，固定汇率制和较高的资本流动作为这种背景下的一种传导机制，促使冲击迅速蔓延到整个欧洲（Choudri and Kochin，1980；Bernanke，1995）。欧洲各国央行在金本位制的基本规则下，通过紧缩性货币政策减少储备损失。财政政策主要是紧缩公共支出和削减开支弥补税收损失。两三年的时间后，欧洲的物价水平最高下降了 1/4。

然而，通货膨胀与失业率之间看似明显的关系很难用数据证明。研究动态菲利普斯曲线可以发现，通胀和失业之间的短期均衡使得货币政策只有在自然失业率条件下才能起作用（Clarida，Gertler and Gali，1999）。然而，尽管两次世界大战之间通货膨胀和失业的变化都很大，但是，相关数据并没有表现出某种系统的联系，即使是单独分析 20 世纪二三十年代的数据，这两个数据的相关度也不大。图 7.6 显示，自然失业率的变动独立于通胀的变动，与一国是否采用金本位制也无关联。[9]

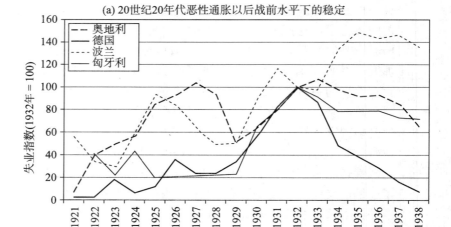

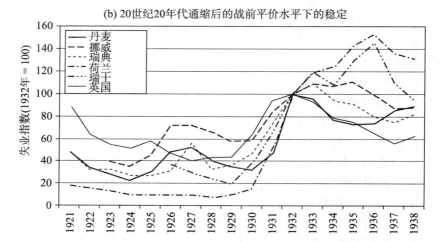

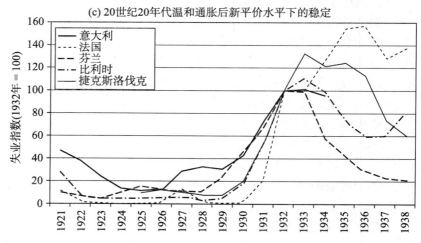

图 7.5　失业情况图

资料来源：根据国际联盟（league of nations）1931 年、1940 年的数据整理而来。

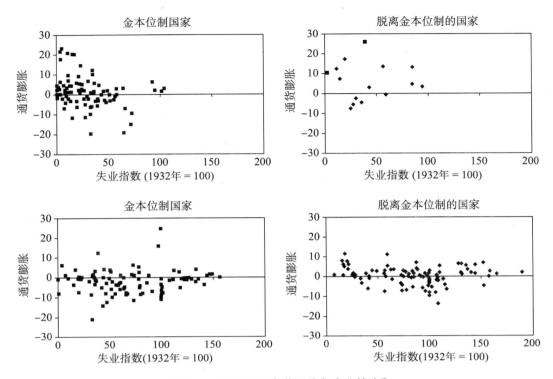

图 7.6　20 世纪 20 年代通胀与失业的均衡

资料来源：见之前的数据。20 世纪 20 年代的数据中，通胀为 $y \times 10^3$。

物价螺旋式下降给银行体系带来了压力，对中央银行的货币储备也造成了压力，这种压力在 1931 年达到政治所不能承受的程度。1931 年 5 月奥地利面临银行危机，中央银行也仅仅能维持运行。[10] 7 月德国一家银行发生挤兑，导致德国部分银行暂停兑付，迫使德国的国际短期债权人将现有的贷款展期。[11] 在一定程度上，由于看到英国给欧洲的贷款被冻结，英国不得不在 9 月份放弃金本位制。英国从 18 世纪 20 年代开始，在和平时期一直实行金本位制，因此英国放弃金本位制是革命性的一步，标志着金本位制正式结束。[12] 欧洲各国纷纷采取货币浮动或者资本管制措施以保持本国货币稳定。很多国家同时采取两种方法，并开始竞争性贬值。斯堪的纳维亚半岛的国家将它们的本币与英镑（sterling）挂钩。许多欧洲大陆国家像德国一样暂停兑换，因而，这些国家无论采用何种货币平价都仅仅是没有经济意义的货币兑换率标准而已。只有一小部分国家维持在法国主导的金本位制中，而这些国家的金本位制都在 1936 年崩溃。

正如大家普遍认为金本位制能够推动衰退影响的全球传播一样，对于打破"金脚镣"（Eichengreen，1992）能够促进经济恢复这一现象，学界也已达成共识。Eichengreen 和 Sachs（1985）以及 Bemanke 和 James（1991）认为经济恢复的速度与脱离金本位制的速度存在联系。根据这一共识，那些维持本币与黄金挂钩的国家出现了本币高估现象，这些国家不得不保持较高的利率，这进而引起了经济低迷和复苏放缓。图 7.7（a）分别显示了 20 世纪 30 年代金本位制国家和非金本位制国家的通胀与经济增长情况。如图所示，各组内部通胀与经济增长之间都只存在较弱的正相关关系（weak positive）。如预期的那样，脱离金本位制的国家的 GDP 增速比金本位制国家高。图 7.7b 研究了 20 世纪 30 年代货币相对英镑的高估程度与 GDP 增长率的关系。与预期不同，各组内部没有显示存在关联（但是，再一次验证了脱离金本位制的国家的 GDP 增长率更高）。相反，货币贬值国家的实际汇率集中在两个区间中，与英镑保持平价或者被低估 70％左右，两组之间并不存在哪一组具有明显增长优势的现象。这是一个谜题：虽然利用不完整的汇率机制，货币比值被低估的国家在 20 世纪 30 年代经济增长率更高，但是，这既没有引起通胀也没有改变外部竞争力，这表明它们本身就是问题的原因。Wolf（2008）指出货币贬值很大程度上是由其他因素推动的，可能伴随内生性通胀和货币低估。图 7.7 显示的现象与这种观点一致。

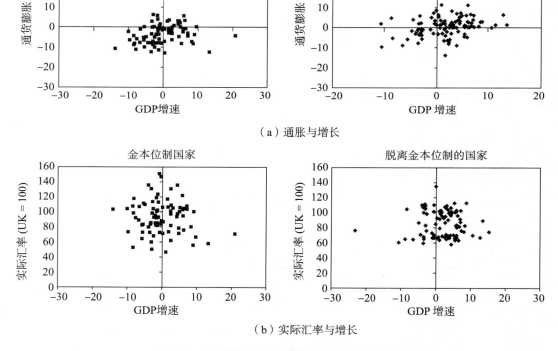

（a）通胀与增长

（b）实际汇率与增长

图 7.7　20 世纪 30 年代的货币低估与经济复苏

资料来源：见之前的数据。

　　20 世纪 30 年代末期，放弃金本位制的进程接近尾声。新货币体系的主要特点是普遍的双边汇率协议，这种协议经常附加冗长的商品配额以及精心设计的不同汇率。虽然德国不是第一个采用这种协议的国家，但是它在 1933 年成为新货币体系的中心，并试图利用这种货币体系服务于备战时的经济需求。[13]

　　货币因素作为两次世界大战期间衰退的最突出的影响因素，有助于解释各国不同的措施。紧缩性货币政策仍是 1920—1921 年美国和英国经济衰退的流行解释之一。然而正如我们看到的那样，第一次世界大战后，非衰退条件下的通缩在欧洲非常普遍，这使得相关解释令人充满疑问。相反，在 1929 年的萧条后，固定汇率制对衰退蔓延的作用是无可争议的。20 世纪 30 年代取消金本位制的国家比没有取消的国家的情况要好一些。但是这种现象背后的原因却不甚明显。

社会冲突与两次世界大战期间的欧洲经济周期

1914 年以前，欧洲大多数经济体遵循类似 19 世纪的市场经济模式，很少或甚至不存在福利政策，也没有正规的工会组织。而且，那时欧洲大多数社会的就业以农业为主，因此对老弱病残的照顾仍然主要由家庭承担。

第一次世界大战以后，很多国家的社会制度和劳动力市场发生了迅速的变化，并且这些变化影响深远。在较发达的经济体中，8 小时工作制几乎成为普遍的行业规范。工会和罢工的权利被制度化，或者至少成为一种常用的手段。[14]这些变化使得工资制定机制从双边谈判转为集体谈判。工资制定机制变化以后，工人工资占国民收入的比重明显高于战前水平。[15]

同时，积极的福利政策开始投入实施，逐步引进的失业保险制度提高了替换率，例如福利水平与现有的工资水平挂钩。有些欧洲国家尝试采用慷慨的最低工资制，产生了类似的效果。

工会的谈判能力增强、替换率上升、引进最低工资制这些因素，都对 20 世纪 20 年代早期失业率居高不下和经济复苏缓慢负有责任。[16]这些同样可以解释 20 世纪 30 年代以前的持续经济萧条。[17]一个典型的例子是 1934 年法国布鲁姆政府推行的"亲劳工"政策。[18]现在已经被广泛接受的一种观点认为，德国政府对福利政策和劳工友好型的工资政策进行调解，促进了德国魏玛共和国（Germany's Weimar Republic）的经济消亡。[19]

20 世纪 20 年代早期，欧洲大多数大型政治骚乱都是源于福利国家范围的扩大以及亲劳工工资机制的采用。遍布欧洲，劳工运动都取得了政治影响，这种政治影响促进了有组织劳工的权利增加、普选权扩大、妇女权利提升等。虽然第一次世界大战期间试图寻找一种调节有组织的劳工的机制，但是革命过程中欧洲大陆的君主政体纷纷被推翻，只有荷兰和斯堪的纳维亚半岛例外，二者在战争中保持中立且以和平的形式过渡到民主政体。极左翼在俄国（苏联）已经掌权（并且极左翼在匈牙利的大部分地区以及德国的部分地区也已经掌权），受到极左翼的威胁，欧洲很多地方出现了右翼运动。这些运动分享左翼的革命动力、吸引与左翼相似的人群的关注。但是，右翼运动通常将民粹主义的福利政策和激进的经济民族主义联系起来。随着时间的推移，第一次世界大战后欧洲大陆上形成的弱势民主政府越来越感觉到左翼和右翼带来的改革压力。这些政府中的大多数在第二次世界大战之前，纷纷屈服于右翼的独裁统治。这些当局纷纷延续 20 世纪 20 年代初期的革命动力，复制意大利法西斯模式，但是取消了有组织的劳工的权利。工会被解散，劳工被置于国有组织的保护之下。妇女加入劳动力大军的难度再次提高，农业得到了特殊的发展。工业工资比重并没有跌回 1913 年的水平；所有的欧洲大陆独裁者都以"亲劳工"为借口建立了他们的合法政权，20 世纪 20 年代这些独裁者大多在破坏工人获得的物质利益以及工人的政治组织。

虽然劳动市场范式在解释 20 世纪二三十年代的战后动荡和恢复缓慢方面有效，但是它却不能成功地解释 1929—1932 年的大萧条。高工资政策对失业的不良影响在整个欧洲都比较均衡，但是 1929—1932 年大萧条的严重程度和持续时间在各国差异很大。此外，斯堪的纳维亚半岛最快地恢复到历史趋势下的发展水平，并且 20 世纪 30 年代就已经存在亲劳工市场的严厉调节机制。德国的情况与斯堪的纳维亚半岛则完全相反。

国际贸易

在欧洲大多数国家，1914 年以前的关税都比较适中，那时关税的作用主要是财政方面的而不是保护本国市场方面的。1914—1918 年的经济战（具体是通过盟军封锁、德国潜艇战及其他反封锁措施）使得国际贸易量降到最低水平。因此，战争结束时中欧的国际贸易受到了严重抑制，但是西欧的情况远没有这么严重，因为西欧可以进入大西洋。如前所述[20]，很大程度上，贸易在战争期间的差别可以解释中欧和西欧战争期间经济衰退时间上的差别。

第一次世界大战之后商业贸易的恢复普遍比较缓慢，部分原因在于德国赔款冲突和不断发展的中欧恶性通货膨胀。德国的关税冲突以及波兰和法国的关税冲突进一步延缓了 20 世纪 20 年代中期的贸易恢复。在欧洲中东部地区，旧时为哈布斯堡王朝组成部分的国家之间的关税壁垒加剧进一步阻碍了贸易的恢复。此外，俄国的战后动荡以及国家垄断对外贸易严重破坏了欧洲中部与俄国之间的贸易。

因此，直到 1929 年欧洲的贸易额还没有恢复到 1913 年的水平。总贸易额的普遍下降趋势随着国家和贸易结构的不同而变化。20 世纪 20 年代英国丧失了许多海外资产，英国竭力维持国际收支平衡，但是由于 19 世纪英国主要行业的生产水平下降，英国失去了大部分海外市场。德国在恶性通胀时期产生了大量进口盈余，这种趋势在 20 世纪 20 年代几乎没有中断。

一次全球性经济低迷的开始再次使得国际贸易总额快速降低。由于缺乏曾支撑了德国 20 世纪 20 年代的贸易赤字的外国信贷，德国采用了激进的通货紧缩政策，并在 20 世纪 30 年代积累了很高的贸易盈余，从而导致衰退的冲击蔓延至整个欧洲。[21]1931 年，对外汇储备不足的担忧开始蔓延，促进了双边贸易和汇率协定的兴起，进而有效地将贸易流通与资本管制联系起来。1930年美国推出保护主义的《斯姆特-霍利关税法案》（*Smoot-Hawley Tariff*），英联邦1932年推出《渥太华协定》，进一步增强了相关保护主义的动力。德国1933年转向严格的资本管制和贸易配额政策，进一步巩固了新贸易制度。因此，20世纪30年代国际贸易额没有从衰退中完全恢复，欧洲经济体的开放程度下降到19世纪中期以来的最低水平（见表7.1）。与此同时，20世纪20年代资本账户不平衡的现象几乎完全消失。20世纪30年代最重要的经济目标是国际收支平衡和国际贸易平衡的共同实现，这一目标是靠相关政策的颁布而不是市场的力量来实现的。

表 7.1 1913—1937 年国际贸易的地区分布（出口）

	1913		1928		1937	
	所占份额（%）	贸易额（百万，1990年国际元）	所占份额（%）	贸易额（百万，1990年国际元）	所占份额（%）	贸易额（百万，1990年国际元）
欧洲（包括俄国/苏联）	58.9	139 198	48.0	160 516	47.0	152 284
北美洲（加拿大和美国）	14.8	34 977	19.8	66 213	17.1	55 406
拉丁美洲	8.3	19 615	9.8	32 772	10.2	33 049
亚洲	11.8	27 887	15.5	51 833	16.9	54 758
非洲	3.7	8 744	4.0	13 376	5.3	17 172
大洋洲	2.5	5 908	2.9	9 698	3.5	11 340
总体	100.0	236 330	100.0	334 408	100.0	324 009

资料来源：根据 Kenwood 和 Lougheed（1992），Maddison（1995）的数据整理计算而来。

20世纪30年代的贸易政策受到金融方面考虑的影响，特定行业的进口替代政策也具有重要战略意义。农业保护主义旨在提高自我供给能力，以便克服未来可能遇到的战时封锁。因此，大量资源被投入到从钢铁到化工的各种工业部门中，使得贸易转向为战备服务，或者说是贸易被战备所取代。农业保护主义也使得主要的收入再分配转向国内农业和重要替代工业部门。这些做法反过来促使农业就业人口的下降趋势得到缓和、大量失业人口涌入新的与战争有关的进口替代工业中。这样一来，20世纪30年代欧洲退回到了重商主义，为了增加本国的自给自足能力而放弃贸易中的收益，这种政策与市场经济进程是格格不入的。

资本流动、国际冲突与两次世界大战期间的欧洲经济周期

19世纪60年代到1914年，国际政治对欧洲经济波动的影响非常小。虽然欧洲发达国家企图为了战略利益而对外围国家进行资本出口和直接投资[22]，但

是，欧洲强国之间的经济争夺大多表现在对殖民地的争夺中。总之，当时的主要观点是将这种政府干预市场作为一种杠杆，以便获得国际竞争中的领先地位。一个典型的案例是1870—1871年法德战争后赔款的"商业化"。[23]法国通过在国际市场上发行债券为清偿德国赔款筹集资金，从而使得法国的政治债务完全成为一个商业问题。德国用所得款项的一部分支持新货币——马克，使得马克与英国的金本位制而非法国主导的复本位制挂钩。尽管如此，货币政策的歧视性操作在当时仍然比较少见。那时主流的观点认为货币和金融市场主要是为出口服务的，因此货币和金融市场上不存在政治干预。根据发源于19世纪70年代的古典金本位制，即使在政治局势高度紧张的情况下各国央行也仍然继续合作。典型的案例是1907年和1911年的危机。[24]

这些现象都随着第一次世界大战的打响而发生了巨大变化，战争双方都起草了惩罚性赔偿计划。德国占领比利时后采取的无情的经济剥削手段成为后世经济战的典范。战争期间经常出现领土大规模变动的情况，德国政界人士在讨论相关政策建议时，甚至建议在东欧进行大规模的种族清洗。[25]在这种情况下，1918年的停战协议以及附加的经济条件也就没那么激进了。

长期以来，历史学家一直认为，对德国战争赔款的仇恨及与之类似的，法国和英国给予美国的盟国信任，给1919—1932年的经济关系蒙上了阴影。政治事件的不时干扰，严重影响了国际资本市场的正常运作，并破坏了几个核心国家的国内稳定。1921年的战争赔偿法案导致德国出现抗税、内乱以及转向恶性通货膨胀的情况（Feidman，1993）。德国拒绝按规定利率支付赔款，一定程度上破坏了法国20世纪20年代初期的财政预算，使得对法郎的影响持续了十年。[26]根据1924年的道威斯计划（Dawes Plan），美国参与了德国稳定事宜，从而重新推动了德国与国际市场之间的资本流动。[27]然而，这并没有提供最终解决方案，并且对于有争议的盟军债务的未来部分也没有定论。法国拒绝为美国提供这些债务，除非德国赔款完全证券化，这导致美国对法国实行信贷禁令。这一禁令使得法国脱离美国市场，进而使得法国实施饱受争议的囤积黄金政策，这种政策反过来动摇了两次世界大战期间的金本位制。[28]

20世纪20年代后半期，美国和欧洲之间的资本流动仍然数量巨大。这些信贷流量中的很大一部分直接流进德国，德国为了保持平衡吸收了美国20世纪20年代后半期资本净出口的全部。[29]仅仅五年时间，德国就成为世界上最大的净资本进口国，使得德国可以赔偿道威斯计划下的所有赔款。[30]

历史学家认为，德国滥用道威斯计划在国际市场上过度举债[31]，主权债务理论告诉我们德国没有理由不这样做。[32]因此，1929年国际大萧条爆发时，德国包括按市值计算的战争赔款在内的国际债务总额达到GNP的80%左右。

一旦遇到困难，19世纪央行间协作的非正式规则下的货币和金融管理，就能够为德国货币提供方便。两次世界大战之间央行间协作显然没能解决这些问题。[33]道威斯计划用替代性的商业措施解决德国赔偿问题的尝试，似乎在解耦国际政治与经济方面取得了短时间的成功。1929—1930年制定的更加严格的杨格计划（Young Plan），使得美德之间的联系更加紧密。主要作为盟军内部的战争信用贷款的偿付计划，杨格计划将法国和英国的利率与美国的利率联系起来，以防这些信用贷款违约。同时，杨格计划潜在的作用是将德国置于盟军的财务控制之下（有人可能认为太晚了），因此，可以将未来应对德国债务和赔款问题的任何货币救援计划牢牢地与金本位制捆绑在一起。[34]

为了应对这种背景下央行间协作的去政治化问题，国际清算银行诞生了。然而，与以往一样，中央银行间的协作没能做到无懈可击，经过两年的强制性通缩和紧缩之后，德国的支付危机在 1931 年爆发。[35]经济援助计划很快捆绑上了政治问题，问题很快显现。很明显，如果不解决杨格计划的深层次问题，债务不可能得到减免。美国提出所有国家的政治债务都延期一年，是打破僵局的一种临时办法，从而为德国最终接受赔款和盟军内部债务之间的关系做准备。用政治安排替代央行间协作的代价是 1931 年 7 月强加给德国的资本管制，德国因此退出金本位制。

德国债务问题和国际冲突继续困扰着 20 世纪 30 年代中期的金融市场。有关赔偿的谈判被推迟到 1932 年年中，诱使法国和德国采取更进一步的通货紧缩措施。1932 年 8 月德国赔偿接近尾声的时候，法国和英国宣布它们拖欠对美国的盟军内部债务（1932 年 11 月）。德国的商业债务的拖欠率上升，并取得了其他债务的改期交易权利。1935 年其债务违约率达到了 80%～90%。[36]因此，欧洲的国际金融关系朝着越来越紧的资本和汇率管制协议体系发展。[37]第二次世界大战以前，欧洲大部分贸易和支付问题很大程度上已经变成政治和官僚干扰的问题，从而产生了一个新的、极端的结构，这种结构将贸易最大化作为国际冲突的一种武器。

结论

两次世界大战期间欧洲产出和收入的增长趋势长期低于潜在水平，真正的大萧条从 1914 年一直持续到 1945 年，这在 19 世纪是前所未有的。这一期间包含着三次严重的经济衰退，如果没有后一次更深程度的衰退，那么每一次衰退都可以称得上是工业革命以来欧洲最严重的经济衰退。本章研究了一些学者对这些衰退的深刻见解。本文认为，欧洲经济史上这段极不正常的增长阶段不能用两个不同角度的冲突来分别解释。这两个冲突在当时笼罩着整个欧洲。其中一个是国际冲突，以德国与其邻国的两次战争为标志。另一个是社会冲突，主要是工人运动兴起与伴随着的收入分配方面的变化，也包含着公民权利的第一次广泛传播和妇女地位的变化。两次世界大战期间，这两种冲突都严重地影响了欧洲的经济周期。

社会冲突可能是导致欧洲经济体偏离原有高速增长轨道的一个关键变量：工会的形成、八小时工作制、福利水平提高等因素共同改变了劳动力市场中谈判力量的平衡，从而导致工资占总产出的比重上升、利润率下降。社会冲突也是欧洲大陆国家专制政体兴起的一个关键变量，这些政体试图以生活水平为代价推动经济增长从而改变 20 世纪 20 年代的状况，结果往往是生活水平下降了，但是经济目标依然不能实现。

国际冲突是 1914—1918 年以及 1940—1945 年这两次与战争相关的经济衰退最重要的影响因素。国际冲突也是两次世界大战期间欧洲经济动荡的决定性因素。本章指出，德国赔款的持续冲突严重妨碍了两次世界大战期间国际金融市场的运转，也导致 1931 年化解金本位制危机时各国中央银行无法通力合作。1931 年春开始出现的德国债务的拖欠，使得原本虽然严重但是可控的两次世界大战期间欧洲的货币体系问题，演变成具有长期影响的灾难性事件。两次世界大战期间的欧洲在政治局势极端异常的情况下很难发现：如果设计一个更有效的国际金融构架，那么将会带来明显要好得多的结果。

【注释】

［1］图 7.1 假定人均 GDP 的潜在年增长率为 1.95％，这与新古典经济学假定的 2％非常接近。曲线略微向下偏移是由英国的增长率略低引起的。根据这一点，Crafts 和 Mills（1996）还有 Crafts 和 Toniolo（1996）认为两次世界大战期间英国经济增长的状态被打破。图 7.1 中的数据是根据 Maddison（2003）提供的欧洲 14 个国家每年的数据计算出来的。

［2］图 7.1 中的证据似乎强有力地支持了替代假设的趋势。例如，Ravn 和 Uhlig（2002）提出的 HP 过滤参数（an HP filter with the parameters）也能得出类似的结论。

［3］在消除趋势的时间序列中，英国的经济复苏要早一年。如果考虑趋势，那么这一年仍然在衰退中。

［4］在德国，通胀创伤是 20 世纪 30 年代避免货币贬值的重要因素，它使得政策制定者倾向于采用替代性的资本管制措施：见 Borchardt（1984）。

［5］见 Moggridge（1969），在英国回归金本位制之前专家间的讨论。

［6］见 Eichengreen（1992b）与 Feinstein、Temin 和 Toniolo（1997）。

［7］这一观点的德国支持者有 Holtfrerich（1986）和 Webb（1989）。

［8］这个观点始于 Cole 和 Ohanian（2002）以及更早的 Broadberry（1986）。

［9］为了证实这一点需要更严谨的分析。然而，标准的经济计量显示这种观点是正确的。这个问题的真正答案留给读者思考。

［10］见 Schubert（1991）。

［11］见 Schnabel（2004）、James（1985，1986）。

［12］讨论这个问题的文章非常长，具体内容见 Eichengreen（1992b）。

［13］见 Eliis（1941）。Ritschil（2001）重新审查了这篇文献。

［14］见 Bain 和 Price（1980）关于工会的比较数据。

［15］见 Broadherry 和 Ritschi（1995）对英国和德国的研究。

［16］为英国失业保险制度影响的研究作出开创性贡献的是 Benjamin 和 Kochin（1979）。Broadberry（1986）强调工会和八小时工作制对劳工供给和工资率的影响。

［17］在随机生长模型与劳动力市场存在摩擦的背景下，Cole 和 Ohanian（2002）再次强调，替代率上升与工人部门和地区流动性下降共同起作用，是导致英国 20 世纪二三十年代远离其长期经济趋势的主要原因。

［18］Beaudry 和 Portier（2002）采用与 Cole 和 Ohanian 相关联的分析框架。

［19］Borchardt（1991，1982）、Fisher 和 Hornstein（2002）在随机增长框架中得出了类

似的结论。

[20] Ritschl（2005）记载了德国第一次世界大战期间的出口下降与产出减少情况。英国在战争期间出口中断，虽然有时候数量巨大，但是总量比德国小得多（Broadberry and Hewlett，2005）。

[21] Ritschi（2002b，2003）。

[22] 见 Fishlow（1985）、Davis Huttenhack（1986）。更新的数据见 Flandreau、le Cacheux 和 Zumer（1998），Ferguson 和 Schularick（2006）。

[23] 见 White（2001）。

[24] 代表作见 Eichengreen（1992a）的长篇文献。

[25] 见 Fischer（1967）对德国长期战争目标问题的开创性研究。

[26] 见 Schuker（1976b）、Prati（1991）、Hautcoeur 和 Sicsic（1999）。

[27] 除其他事项外，道威斯计划使得德国央行国际化、保护德国新货币免遭赔款转让、为德国提供主要的国际贷款、为德国提供了一个更有利的赔款计划，但是却没有提供最终的解决方案。

[28] 见 Schuker（1976a）关于道威斯计划的政治后果的研究；Boyden（1928）对同时代两种类型的债务的内部联系的研究；Moure（1991）对当时法国的货币政策的政治研究。

[29] 见 Ritschi（2002b）。

[30] 见 Kindleberger（1973）关于这种债务回收机制的研究。

[31] 见 Link（1970）、Schuker（1988）。

[32] 见 Ritschl（2002a）。

[33] 这是 Kichengreen's（1992）研究两次世界大战期间衰退的核心观点。关于两次世界大战期间央行间协作更广泛的研究见 Clarke（1976）。批评角度的研究见 Moure（2002）。

[34] 见 Ritschl（2002a）。

[35] 这一点以及以下的内容见 James（1985，1986）对德国危机的详细研究，以及 Toniolo（2005）记载的，新成立的国际清算银行在各方面的政治干预下试图实施合作的尝试。

[36] 见 Klug（1993）。

[37] 见 Einzig（1934）、Child（1958）。

第 8 章 | 总增长 (1913—1950 年)

琼·R·罗斯（Joan R. Roses）

尼古拉斯·沃尔夫（Nikolaus Wolf）

欧洲经济增长（1913—1950 年）：一个比较的视角

1913—1950 年，欧洲经济增长十分缓慢，"第二次三十年战争"（Churchill，1984，p. xiii），即从 1914 年第一次世界大战开始到 1945 年第二次世界大战结束的这段时间，与 1950 年至 1973 年经济增长的"黄金时代"形成了鲜明的对比（见本卷第 12 章）。实际上，欧洲各国的经济增长率都"异乎寻常"地低：在那段时间里，欧洲的低增长率像是有意要让欧洲各国与全球其他地区区别开来一样，但与欧洲 1870—1913 年的经济增长率相比还是非常高的。有大量文献指出了造成欧洲经济增长放缓的几个可能的关键因素。不出所料，占据了整个 1913—1950 年三分之一的时间的欧洲中心国家发动的两次世界大战是造成经济增长放缓的主要原因（Svennilson，1954）。而 1913—1950 年的另外二十年则充斥着政治动乱，并且在很多情况下都存在误导性的宏观经济政策，而且与此同时，试图协调各个国家之间政策的目标并未达成，这使得欧洲没能充分发挥其经济发展的潜力（Feinstein，Temin and Toniolo，1997）。

为了研究政策及协调不当对经济增长产生的影响，我们先要了解第一次世界大战后欧洲的经济增长潜力究竟有多大。简而言之，在 1913 年到 1950 年，在技术、组织和行业变化，实物资本积累以及人力资本形成和积累的推动之下，欧洲经济增长的潜力显著增加。20 世纪二三十年代欧洲所取得的巨大的技术进步有目共睹。在此期间，工业开始大规模机动化；化学及电子工程产业也有了长足的发展；大范围的公共交通网络逐渐形成；商业航空业开始出现；最重要的是，欧洲经济体的大部分地区，包括一些最偏远的地方，都实现了电气化。欧洲的工业在很多方面都开始了现代化进程，其中一些企业也在尝试引进并采用美国式的标准化大规模生产的新型生产方式（Chandler，1990）。此外，在 1913—1950 年，欧洲各国都经历了农业的衰退，劳动力纷纷涌向生产率更高的工业以及服务业，这种现象在北欧和西欧尤为明显（见本卷第 9 章）。新成立的国家政府都将目标指向了大力发展其落后乡村的经济。数据显示，学校的入学人数和学生总数不断增加，并且在某些情况下，劳动力市场的就业率呈现增长态势。与此同时，欧洲的人口也在稳步增长。

所以在这么有利的背景下，为什么欧洲没有在 20 世纪 20 年代更早地进入经济增长的"黄金时代"？欧洲的文化史，特别是对 20 世纪 20 年代的描述——"黄金二十年代"（golden twenties），抑或"疯狂年月"（les annees folles）[1]——巧妙地反映了欧洲人在充满未知的现代生活和隐约逼近的灾难之间的紧张与焦虑。大西洋经济圈中实行保护主义的国家的逐渐增多（Kindleberger，1987；Findlay and O'Rourke，2003）和 19 世纪 80 年代以来欧洲中心帝国的瓦解（Schulze and Wolf，2009）都预示着第一次世界大战将终结 19 世纪末的自由经济。在战争结束后，保护主义并未销声匿迹。许多关税、配额和其他在战争时设立的贸易保护措施在 20 世纪 20 年代依然存在。这与限制移民及降低资本流动性一起，不可避免地造成了国家间资源分配的不合理。在这样的大环境下，国家间的战争债务和赔款问题（Ritschil，1998）以及由新国家的建立和政治边界的重新界定而引起的焦虑（Rothschild，1974；Broadberry and Harrison，2005）都成了当时的热点话题（见本卷第 7 章）。任何试图改善国际政策协调的努力，例如在 20 世纪 20 年代末重建金本位制的努力，都在大萧条时期因为经济民族主义或经济集团主义的阻挠而以失败告终（Eichengreen，1992）。类似地，在第一次全球化过程中促进欧洲和新世界间薪资趋同的移民潮，由于战争和萧条停止了其之前扩大的趋势，移民人数大幅减少，并且移民政策也进入了一个新的严格限制的时期。不但美国、澳大利亚这样的移民接受国的移民限制政策迅速增加，一些移民输出国，像苏联，也实行了严格的移民政策（Chiswick and Hatton，2005）。在某种程度上，这些国际协调的失败与维持各个国家间政治协调的高昂代价有关。而这高昂的代价正是由于第一次世界大战期间及之后政治特权范围的扩大和由此导致的各国国力的重新调整而形成的（Narkse，1944；Eichengreen and Temin，2000）。

下面，我们将对欧洲在两次世界大战之间的和平时期所经历的经济增长进行研究，并且特别分析 1920—1938 年的经济增长。也就是说，我们将在很大程度上排除两次世界大战造成的直接和即时影响。尽管如此，我们还是可以清楚地看到第一次世界大战的遗留问题和第二次世界大战爆发的征兆都对 20 世纪二三十年代的经济增长有着间接但十分显著的影响。考虑到研究的时间段相对较短，我们将依旧在很大程度上进行描述性分析，并尽可能深地探究欧洲各个国家的经济增长率间的截面差异。首先，我们会给出 1913—1950 年欧洲经济增长的概况。其次，我们将简要地介绍一些理论背景，以明晰对于不同增长过程的可能解释，并讨论一些关于两次战争期间欧洲经济总增长的解释。最后，我们将进行归纳分析并得到一些总体的结论。

---

① 法国人所指的"疯狂年月"开始于 1920 年，结束于 1929 年。

欧洲经济增长表现：跨时期比较

我们先从一个更广的角度来考察在两次世界大战之间的和平时期欧洲的经济发展过程。图 8.1 显示了欧洲经济在世界经济中所占的比重（GDP 以 1990年国际元为单位计算）。这里，我们区分了三种概念下的"欧洲"：第一，所有欧洲国家，包括土耳其和苏联／俄国；第二，不包含土耳其的其他欧洲国家；第三，不包含土耳其和苏联／俄国的其他欧洲国家。

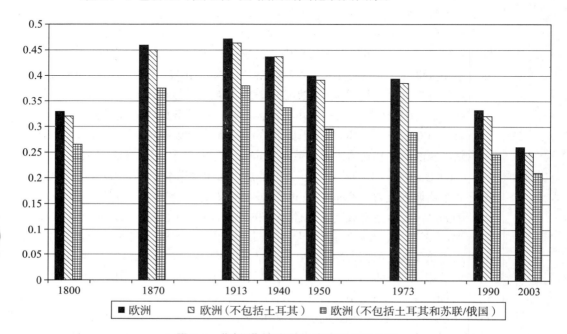

图 8.1 "欧洲"在世界经济中所占的份额

资料来源：Maddison（2007）。

欧洲经济占世界经济的份额在工业革命开始后的很长时间内都处于不断提高的阶段，而在两次世界大战之间的这些年这个份额则开始逐步下降。在鼎盛时期，即1913 年左右，欧洲（包括土耳其和苏联）的 GDP 占全球 GDP 的 47％。到 1950 年，在经历了两次世界大战以及两次世界大战之间的和平时期之后，这一比重已降到了大约40％。值得注意的是，尽管在 1950—1973 年的经济增长的"黄金时代"欧洲经济以惊人的速度增长，但欧洲在世界经济中所占的比重相对降低的趋势还是不可逆转。在这之后，欧洲经济在世界经济中所占的比重加速下降，到2000 年只占约 1/4。显然，造成这种相对"下降"的一个主要原因在于至今为止仍不景气的亚洲及世界其他地区的经济的发展，而这给欧洲经济带来了明显的积极影响。图 8.2所显示的欧洲的情况则更为乐观。在图 8.2 中，我们将 1870 年以来欧洲 GDP 的份额与其GDP（根据 1990 年国际元计算，单位为百万国际元）绝对水平做了比较。

不论如何定义总量，欧洲经济都在 1870—2003 年增长了近二十倍。如果与2003 年之前的长期趋势相比（不包括土耳其和苏联／俄国），那么在两次战争间的和平时期欧洲的经济不可谓不低迷。如果考察人均 GDP，则其经济在这期间的不佳表现更为明显。接下来，我们将关注的重点放在人均 GDP 上。尽管在这段时间内欧洲人的生活标准持续提高，但从长远来看，其增长率十分低（见图 8.3）。

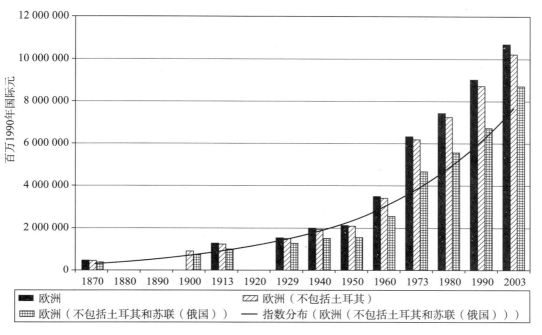

图 8.2　欧洲 GDP，1870—2003 年

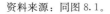
资料来源：同图 8.1。

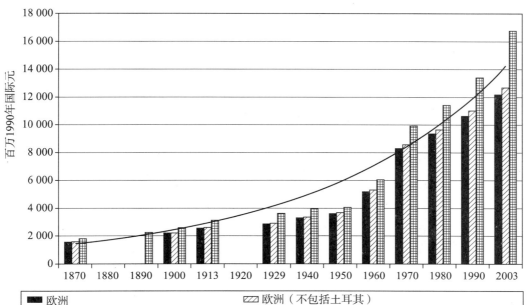

图 8.3　欧洲人均 GDP，1870—2003 年

资料来源：同图 8.2。

总体数据体现出两次战争期间的又一特点，即不论是从欧洲国家的截面数据来看，还是从短期经济循环的角度来看，1913—1950 年与 1870—1913 年的增长率差异都显著增加了（见本卷第 7 章）。

欧洲经济表现：空间比较

从长远的角度分析两次世界大战间和平时期的经济增长会引申出一些相关问题。首先，一个最重要的问题是，是什么造成了 1913 年之后欧洲人均 GDP 增长率的显著下降？欧洲经济占世界经济份额的持续下降表明，欧洲经济可能受到世界市场上来自海外的强大的竞争对手（特别是美国和日本）所带来的不利影响。尽管一定会存在反向因果关系的影响因素，但是海外竞争也只能在一定程度上解释增长率的下降，因为即使在增长率特别高的黄金时期，欧洲所占份额也仍在下降。而且，欧洲内部经济发展过程的巨大差异表明增长率也受到了某些国家或集团等特定因素的影响。正如我们在引言中所说的，这些因素中的一个是一国被卷入两次世界大战的程度。表 8.1 显示了欧洲各国重新达到 1913 年时人均 GDP 水平的年份，以及它们在第一次世界大战中的参与情况。

表 8.1　　　　　　　27 个欧洲国家的人均 GDP 恢复到 1913 年水平的情况

国家	1922 年人均 GDP 相对于 1913 年人均 GDP 的比重（％）	恢复到 1913 年水平的年份	在第一次世界大战中的参与情况
奥地利	83	1927	战败国
比利时	105	1922	战胜国
丹麦	106	1922	中立国
芬兰	98	1923	中立国
法国	103	1922	战胜国
德国	91	1926	战败国
意大利	102	1922	战胜国
荷兰	114	1919	中立国
挪威	109	1919	中立国
瑞典	94	1924	中立国
瑞士	108	1920	中立国
英国	94	1924	战胜国
爱尔兰	95	1928	从战胜国中独立
希腊	123	1919	战胜国（但 1919 年加入与土耳其的战争）
葡萄牙	114	1921	战胜国

续前表

国家	1922 年人均 GDP 相对于 1913 年人均 GDP 的比重（%）	恢复到 1913 年 水平的年份	在第一次世界大战 中的参与情况
西班牙	111	1920	中立国
阿尔巴尼亚	n/a	n/a	从战败国中独立
立陶宛	n/a	n/a	从战败国中独立
拉脱维亚	n/a	n/a	从战败国中独立
爱沙尼亚	n/a	n/a	从战败国中独立
保加利亚	59（1924/1913）	1937	战败国
捷克斯洛伐克	96	1923	从战败国中独立
匈牙利	91（1924/1913）	1925	战败国
波兰	79	1926	从战败国中独立
罗马尼亚	72（1926/1913）	1959	战胜国
南斯拉夫	99	1922	从战败国中独立
俄国（苏联）	n/a	1933	战败国

资料来源：Maddison（2007）以及作者的计算。

第一次世界大战中战败国的经济恢复速度比战胜国的恢复速度慢得多，而战胜国的恢复速度又不及荷兰、挪威和西班牙这些 19 世纪 20 年代的中立国的恢复速度。数据还表明，在战胜国中，英国和罗马尼亚的恢复状况不是很好。其中，英国经历了战后严重的衰退期，只能缓慢恢复经济，而罗马尼亚的人均 GDP 在两次世界大战间的和平时期内则完全没有增长。而像捷克斯洛伐克、波兰、爱尔兰这些在战争中或战后立即获得独立的国家的经济发展情况完全不同。一些国家在这期间表现得很好，包括两个波罗的海国家（拉脱维亚和爱沙尼亚），它们当时的相关经济数据也十分充足；而爱尔兰与南斯拉夫的经济发展则十分缓慢。接下来，我们将重点关注 27 个欧洲国家在 1920—1938 年的经济增长情况。表 8.2 列举了这些国家在该时间段内的经济年均增长率，包括不同时期相应的标准偏差。

表 8.2　　　　　　　27 个欧洲国家与美国的平均年增长率（人均 GDP）　　　　　　（%）

国家	1913—1950（标准差）	1920—1929（标准差）	恢复到 1929 年水平的年份（标准差）	1929—1938（标准差）
奥地利	0.18（0.17）	4.93（0.04）	2.68（0.02）	−0.43（0.07）
比利时	0.70（0.07）	3.99（0.05）	2.75（0.03）	−0.50（0.03）
丹麦	1.55（0.06）	2.74（0.05）	3.53（0.04）	1.41（0.02）
芬兰	1.89（0.07）	4.94（0.03）	3.97（0.02）	3.09（0.04）
法国	1.12（0.12）	5.16（0.07）	5.33（0.02）	−0.59（0.05）

国家	1913—1950 （标准差）	1920—1929 （标准差）	恢复到 1929 年水平 的年份（标准差）	1929—1938 （标准差）
德国	0.17 (0.16)	4.49 (0.09)	3.43 (0.04)	2.32 (0.07)
意大利	0.84 (0.09)	0.83 (0.05)	2.52 (0.03)	0.77 (0.04)
荷兰	1.06 (0.13)	3.22 (0.02)	4.81 (0.06)	−0.89 (0.04)
挪威	2.15 (0.06)	2.71 (0.06)	3.75 (0.07)	2.55 (0.05)
瑞典	2.10 (0.04)	3.71 (0.03)	3.98 (0.03)	2.22 (0.04)
瑞士	2.04 (0.06)	4.44 (0.03)	4.44 (0.03)	0.10 (0.03)
英国	0.93 (0.04)	1.22 (0.04)	2.42 (0.04)	1.44 (0.03)
爱尔兰	0.63 (0.02)	1.36 (0.02)	3.12 (0.01)	0.86 (0.03)
希腊	0.50 (0.12)	2.49 (0.01)	2.50 (0.01)	1.48 (0.05)
葡萄牙	1.33 (0.06)	3.17 (0.08)	2.99 (0.08)	0.91 (0.07)
西班牙	0.25 (0.06)	2.92 (0.03)	2.92 (0.03)	−4.72 (0.09)
阿尔巴尼亚	0.57 （—）	n/a	n/a	n/a
立陶宛	n/a	n/a	n/a	
拉脱维亚	n/a	5.31 (0.11)	n/a	4.10 (0.12)
爱沙尼亚	n/a	2.75 (0.10)	n/a	3.30 (0.06)
保加利亚	0.19 （—）	5.23 (0.11)	n/a	3.35 (0.09)
捷克斯洛伐克	1.40 （—）	5.04 (0.05)	5.95 (0.04)	−0.68 (0.06)
匈牙利	0.45 （—）	5.17 (0.08)	5.17 (0.08)	0.78 (0.05)
波兰	0.93 （—）	5.24 (0.07)	8.38 (0.04)	0.34 (0.09)
罗马尼亚	−1.04 （—）	−2.91 (0.03)	n/a	0.83 (0.05)
南斯拉夫	1.04 （—）	3.11 (0.03)	3.37 (0.03)	−0.06 (0.06)
未加权平均值	**0.91 （—）**	**3.43 （—）**	**3.90 （—）**	**0.88 （—）**
加权平均值	**0.72 （—）**	**3.21 （—）**	**3.69 （—）**	**0.53 （—）**
俄国（苏联）	1.76 （—）	n/a	n/a	4.87 (0.05)
美国	1.61 (0.09)	1.94 (0.04)	1.94 (0.04)	−1.32 (0.09)

资料来源：同表 8.1。

从表 8.2 我们可以发现，欧洲各国的发展情况是多种多样的。1913—1950年欧洲的年均增长率为 0.72％（按人口加权），最大值为 2.15％（挪威），最小值为−1.04％（罗马尼亚）。在这段时期，只有三个北欧国家（挪威、瑞典和芬兰）以及中立国瑞士的增长速度快于美国和苏联，其中，美国与俄国（苏联）的年均增长率分别为 1.61％和 1.76％。除此之外，只有四个欧洲国家（丹麦、法国、捷克斯洛伐克和南斯拉夫）的年均增长率超过了 1％，其余国家则连如此低水平的增长率都难以实现。

但这其中也蕴含着一些规律。总体来讲，所有的欧洲国家（除罗马尼亚外）都在 20 世纪 20 年代经历了相对较高的经济增长率。同时，在那十年间，欧洲正在高速向美国看齐，加权平均年增长率达到了 3.21%，而可观测到的大西洋彼岸的这个数值仅为 1.94%。多达十个国家的年均增长率超过了 4%，只有四个国家（英国、爱尔兰、意大利和罗马尼亚）的增长率低于美国。这么强劲的增长只能部分归因于第一次世界大战后的恢复重建，因为即便重新达到1913 年的水平后，增长率仍旧维持在一个很高的水平上（对照表 8.2 中第二和第三列）。此外，值得注意的是，一些在战争中未遭受大规模破坏的中立国，特别是位于斯堪的纳维亚半岛的瑞典和芬兰，还有中欧的瑞士，其经济增长速度甚至超过了欧洲的平均水平。在上述三个例子中，增长都伴随着经济结构的明显改变：瑞典和瑞士的经济发展主要转向高附加值产业（Krantz，1987；Siegenthaler，1987），芬兰则在政治独立后开始进行效果显著的工业化（Hjerppe and Jalava，2006）。我们稍后将再次研究这些因素。

表 8.2 同时清楚地显示了大萧条是欧洲经济发展的分水岭。在两次世界大战间和平时期的第二个十年里，所有欧洲国家的经济增长速度都减慢了，但在斯堪的纳维亚半岛、英国、拉脱维亚和爱沙尼亚，增长放缓则不那么明显。尽管大多数政府都试图通过提高关税、引入资本管制机制等方法来阻止经济受到更多的外生冲击，但有趣的是斯堪的纳维亚国家、拉脱维亚和爱沙尼亚还是设法同英国一起，在 1931 年年底趁早放弃了金本位制度，将其余欧洲国家甩在了身后。这说明了在两次战争之间的这段时间里，宏观经济政策和跨国协调的重要性："时机的掌握和货币贬值的程度能够在很大程度上解释经济复苏的时间和程度的变化"（Eichengreen，1922 p. 232）。另外，德国的增长情况则夸大了那个时期个人生活水平的提高，因为从 1934 年开始，德国个人生活水平的提高很大程度上是由于大规模的改良军备政策。而这样做的代价则是日益增加的政府债务和在严格管理的劳务市场上低廉的名义工资及实际工资（Ritschl，2002a）。

最后，通过对一些欧洲国家的面板数据分析，我们能发现一些从以上图表中看不到的有趣的动态分布（若想了解更多，请参见 Epstein，Homlett and Sthulze，2000）。表 8.3 是样本国家在 1922 年、1929 年、1938 年人均 GDP 的排名情况。

表 8.3   动态分布：1922 年、1929 年、1938 年人均 GDP 的国家排名   （单位：美元）

1922		1929		1938	
国家	人均 GDP	国家	人均 GDP	国家	人均 GDP
英国	4 637	瑞士	6 332	瑞士	6 390
瑞士	4 618	荷兰	5 689	英国	6 266
荷兰	4 599	英国	5 503	丹麦	5 762
比利时	4 413	丹麦	5 075	荷兰	5 250
丹麦	4 166	比利时	5 054	德国	4 994
法国	3 610	法国	4 710	比利时	4 832

续前表

1922		1929		1938	
国家	人均 GDP	国家	人均 GDP	国家	人均 GDP
德国	3 331	德国	4 051	瑞典	4 725
瑞典	2 906	瑞典	3 869	法国	4 466
奥地利	2 877	奥地利	3 699	挪威	4 337
挪威	2 784	挪威	3 472	拉脱维亚	4 048
意大利	2 631	意大利	3 093	爱沙尼亚	3 771
爱尔兰	2 598	捷克斯洛伐克	3 042	芬兰	3 589
爱沙尼亚	2 311	爱尔兰	2 824	奥地利	3 559
西班牙	2 284	爱沙尼亚	2 802	意大利	3 316
芬兰	2 058	拉脱维亚	2 798	爱尔兰	3 052
捷克斯洛伐克	2 006	西班牙	2 739	希腊	2 677
希腊	1 963	芬兰	2 717	匈牙利	2 655
拉脱维亚	1 929	匈牙利	2 476	波兰	2 396
葡萄牙	1 430	希腊	2 342	西班牙	1 790
波兰	1 382	波兰	1 994	葡萄牙	1 747
南斯拉夫	1 057	葡萄牙	1 610	保加利亚	1 595
		南斯拉夫	1 364	南斯拉夫	1 356
		保加利亚	1 180	罗马尼亚	1 242
		罗马尼亚	1 152		
		阿尔巴尼亚	926		

无阿尔巴尼亚、保加利亚、匈牙利、罗马尼亚的数据		无阿尔巴尼亚、捷克斯洛伐克的数据
最贫穷国家的 GDP 为最富裕国家的 22.8%	最贫穷国家的 GDP 为最富裕国家的 14.6%	最贫穷国家的 GDP 为最富裕国家的 19.4%

资料来源：同表 8.1。

尽管在 20 世纪 20 年代英国将自己的领先地位拱手让给了瑞士和荷兰，但是在 30 年代末，它又在瑞士和荷兰经济经历大萧条后的长期停滞时迎头赶了上来。除此以外，最显著的变化还包括斯堪的纳维亚国家相对地位的稳定上升，特别是在 20 世纪 30 年代尤为明显；拉脱维亚和爱沙尼亚的积极发展（尽管此处的估计可能偏高）；以及奥地利和西班牙的相对地位甚至绝对地位的下降。巴尔干半岛国家，以及罗马尼亚、葡萄牙和西班牙（在毁灭性的内战之后，见 Prados de la Escosura，2005）依旧处在欧洲经济的外围，而希腊和波兰的地位则在 20 世纪 30 年代开始提升。综上所述，我们可以发现，在两次战争间的和平时期几乎不存在欧洲经济总体上的趋同性。然而，"有条件的"趋同还是可能存在的，即对国家，或是国家团体的特定因素进行限定，这些因素通过结构性改变、教育以及储蓄和投资倾向等影响生产率的增长速度。为了更系统地研究这些因素能如何解释两次战争间和平时期欧洲的经济增长，我们将简要介绍一些经济增长理论的背景。

一些理论背景

为什么一些国家兴旺发达，而另一些国家的经济却停滞不前？为了回答这个问题，我们可以首先考虑由 Solow（1956）和 Swan（1956）最先提出的标准的新古典主义增长模型（Barro and Sala-i-Martin，2003）。在这个包括劳动增加和技术进步的标准模型中，人均 GDP 的增长由技术转换率和资本积累决定，并且服从于规模报酬递减规律。产出方程采用典型的柯布—道格拉斯函数形式：

$$Y = K^{\alpha}(AL)^{1-\alpha} \tag{8—1}$$

其中，Y 代表 GDP，K 代表资本，L 代表劳动，A 则代表技术水平。[1]这个模型的一个主要推测是趋同：在其他条件（包括技术）维持不变的情况下，资本累积的规模报酬递减规律使得贫穷国家的经济增长快于富裕国家的经济增长。因此，从长期来看，所有的经济体都会在人均收入和生产率上趋同。值得注意的是，该模型假设劳动、资本以及技术转换的市场是有效的。国内和国际市场的不完全性会对趋同的速度造成影响。例如，国际资本市场较低的进入门槛会帮助贫穷国家进行资本积累，但富裕国家则会通过将其储蓄借给贫穷国家来获得更高的回报（Barro，Mankiw and Sala-i-Martin，1995）。而且，该模型说明储蓄率（用于创造更多资本而不是用于消费的产出比例）和资本折旧率的变化会影响产出水平和动态转换，但不会影响长期增长率。该模型说明，如果储蓄率和资本折旧率或技术转化率在各个国家间不同，那么趋同性将会因这些不同而相应变化。与无条件的趋同相比，这种理论得到了更多的实证支持（见 Baumol 和 Delong 在 1968 年的辩论）。

尽管这个标准模型为我们的研究提供了一个较为容易的切入点，但若想将它应用于实证分析还需经过进一步修正。Mankiw、Romer 和 Weil（1992）提出了一个增强的模型，它包含了人力资本形成这一变量，其通过某种方式，如教育，与劳动力发生相互作用。并且他们说明了该模型能为不同时期各个国家不同地区的收入差距提供更好的解释。最近的研究则更多地将注意力放在增长的微观经济基础上，包括内生变革导致内生增长的观点（Romer，1990）或产业空间集聚会使厂商获益的观点（Krugman and Venables，1995）；还有的学者将重点置于由部门间的技术差异造成的行业变革的影响（Broadberry，1978），以及市场无效性造成的后果上。现在人们所达成的共识是，在解释不同国家的收入差异的问题上，效率的差异至少和要素积累一样重要。这些尝试对于改进人力资本的测量方法、解释人力资本存量的年龄组成、产出的按部门分解，以及其他显著性检验来说都是显著有益的（Caselli，2005）。与此直接相关的论述在 Abramovitz 的大量著作中均有体现。Abramovitz 认为一个地区的增长模式的特点是由其对技术上处于领导地位的地区的追赶而塑造出来的。而追赶的范围又反过来取决于一个国家的"社会能力"和国家间的"技术一致性"。从这个角度来看，一个国家的政策、制度以及市场规模并不是独立的，而与长期经济增长率紧密相关（North，1990；Mauro，1995；Engerman and Sokolotf，1997；Hall and Jones，1999；Acemoglu，Johnson and Robinson，2003；Easterly and Levine，2003）。

总的来讲，有两种方法可以判断这些理论的实用性。这两种方法都要从新古典主义的标准增长模型出发。一种方法致力于考察趋同性的关键预测，它控制了储蓄率或投资率中的差异、人力资本的存量或形成、市场大小等制约因素（Sala-i-Martin，Dopperhofer and Miller，2004）。方程形式如下：

$$\ln\left(\frac{y_T}{y_0}\right) = a + b(\ln(y_0)) + \sum_{i=1}^{j} c_i \ln(X_i) + \varepsilon \qquad (8—2)$$

其中 y 为人均 GDP（将人口数作为一个单位），T 为最后观测时间，0 为起始时刻，X 为制约因素，ε 为误差项。被解释变量为人均收入增长率，如果存在趋同性，则其与起始收入水平（y_0）呈负相关关系，表示为 $b<0$。这说明从起始点开始，越富有的国家其人均收入增长越慢，而越穷的国家其人均收入增长越快。

另一种方法是 Tinbergen（1942）和 Solow（1957）提出的增长会计法。GDP 或每单位劳动力投入所增加的 GDP 被分解为要素投入贡献和生产率变化。通常，该模型被描述为柯布—道格拉斯函数的形式：

$$Y = AK^{\alpha}L^{1-\alpha} \qquad (8—3)$$

在这个框架下，我们通常会做两个假设。首先，技术参数 A 为 TFP，服从于希克斯中性技术假设，而不服从于哈罗德中性技术假设。这样技术进步就免受资本和劳动变化的影响。其次，我们假设此生产函数规模报酬不变。设劳动生产率为 $y=Y/L$，资本密集度为 $k=K/L$，这样，GDP 增长率便可大致分解为如下形式

$$\ln\left(\frac{Y_{t+1}}{Y_t}\right) = \ln\left(\frac{A_{t+1}}{A_t}\right) + \alpha\ln\left(\frac{K_{t+1}}{K_t}\right) + (1-\alpha)\ln\left(\frac{L_{t+1}}{L_t}\right) \qquad (8—4)$$

该式又可以变为

$$\ln\left(\frac{y_{t+1}}{y_t}\right) = \ln\left(\frac{A_{t+1}}{A_t}\right) + \alpha\ln\left(\frac{k_{t+1}}{k_t}\right) \qquad (8—5)$$

在我们只有 Y、K、L 三者的数据的情况下，我们通常使用残差来测算 A（TFP）的增长率。因此我们只需要知道 Y、K、L 的数据即可。式（8—5）表明劳动生产率的增长可分解为 TFP 变化和资本密集度（或资本深化）的变化。劳动生产率的增长也可以用人均 GDP 表现，它不同于劳动生产率由参与率，即人口就业率决定的方法。通常我们认为 TFP 的评估结果代表技术进步的近似值，但一些说明也是必要的。首先，任何投入或产出要素的测量误差都会影响 TFP 的估计值。其次，任何对函数关系的不当说明，比如何时实际上是规模报酬递增的，或者总产出方程是否随产业结构调整而变化，或技术进步测量是否

存在偏差，都会对结果产生影响。最后，由于 TFP 是用残差估算出来的，所以"TFP 增长"的变化也会反映出政策或制度环境的变化。尽管如此，通过此种方法我们依然可以对推动经济增长的因素形成一个大体认识。

两次世界大战间和平时期欧洲经济增长率的解释

条件趋同真的存在么？

我们先对新古典主义增长模型中最强的前提条件——非条件趋同——做一个考察。首先，如在式（8—2）中显示的一样，我们不控制任何制约因素，在图上标出 1913—1950 年的相较于 1913 年人均 GDP 数值的平均年增长率。从图 8.4 至图 8.7 中我们可以发现，不论在 1913—1950 年整个时期还是在其中的任何一段时间内，在欧洲国家中都不存在非条件趋同。

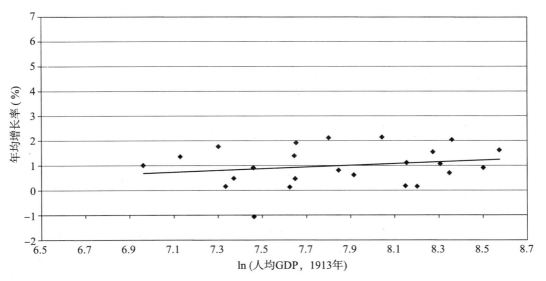

从表 8.3 中我们不难发现初始收入与经济增长间的关系很弱。不论是发达国家还是欠发达国家都参与了战争并遭受了战争的破坏以及战后重建带来的经济增长，而这些与它们 1913 年的发展状况无关。这可以很好地解释 1913—1950 年不存在条件趋同的原因。值得注意的是，在和平时期，增长和初始收入之间还是存在一定的负相关关系的，虽然这种关系也很弱。从而我们可以研究 1920—1938 年是否有存在于特定国家的条件趋同。但究竟是什么因素制约了增长率？很多因素都有可能。

图 8.4　1913—1950 年存在非条件趋同吗？23 个欧洲国家及美国的数据

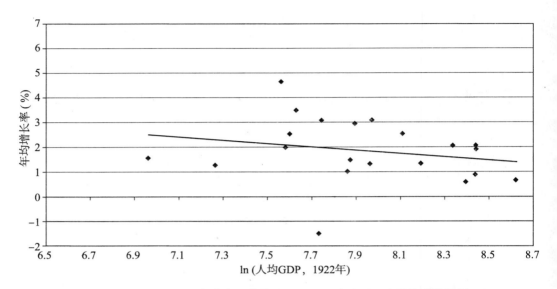

图 8.5　1922—1938 年存在非条件趋同吗？23 个欧洲国家及美国的数据

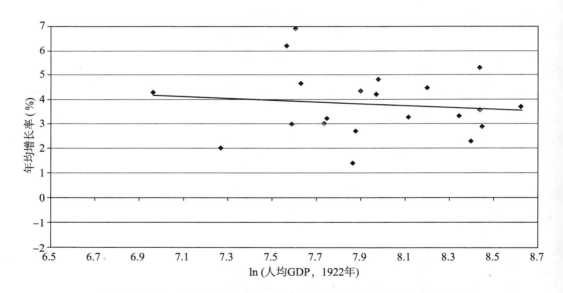

图 8.6　1922—1929 年存在非条件趋同吗？23 个欧洲国家及美国的数据

　　关于经济增长的实证文献都面临着一个很严重的"小样本"问题：因为相比于这些理论文献中所提出的变量数量来说，用于长期增长率变化的决定因素的回归分析的样本数量过少，参数估计值常与数据生成过程中"真实的"参数值相差甚远。这个问题在两次世界大战间的和平时期的欧洲尤其突出，因为数据充分（可信）的国家数量有限，而造成经济（缓慢）增长的可能原因数不胜数。因此，我们要么将验证经济理论的想法彻底放弃，要么就使用

"样本外"的数据缩小分析的关注点。这些数据由 Sala-i-Martin、Doppelhofer 和 Miller（2004）所做的"元分析"提供。他们采用经典估计贝叶斯平均（BACE）来分析各种经济模型所提出的 67 个变量的相关性。他们的结果建立在 1960—1996 年 88 个国家的经济增长数据和几百万个随机选取的回归分析之上。他们发现有三个变量对人均 GDP 增长的影响最大，分别是反映人力资本形成的小学入学人数、反映物质资本积累的投资品的相对价格，以及初始收入水平。一些地理和制度变量也有助于解释经济增长率，但是解释力相对较弱。

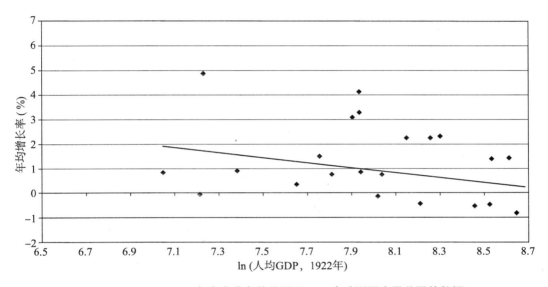

图 8.7　1929—1938 年存在非条件趋同吗？23 个欧洲国家及美国的数据

　　因此，我们可以将小学入学人数和投资环境加入新古典主义标准模型中。小学入学率是根据一个国家 1920—1939 年读小学的学龄儿童（5～14 岁）占学龄儿童总数的比例计算出来的。在此，我们使用 Benavot 和 Riddle（1989）的数据集。我们使用延迟的入学率（大约 10 年前的入学率），而非当下同时期的入学率，因为小学入学率对经济的影响会有一个时间差，这些儿童上小学的时间到他们参加工作之前平均大约有十年间隔。我们缺少投资品价格对于总体价格水平的相对价格的可靠数据，但我们从 Svennilson 建立在人均钢铁和水泥消费之上的指数，计算得出了投资动力的数据。有了人均钢铁和水泥消费的数据，我们就可以将英国 1925—1929 年的指数定为 100，以此来得到英国其他年份该指数相对于此标准的数值。因此，它包含了不同时间下截面数据的变化。并且，对一些欧洲国家，我们根据 Madsen（2007）的论文得出了资本存量的估计值。表 8.4 说明了小学入学率、投资指数（人均钢铁和水泥消费）和资本存量是如何随时间变化的。显然，欧洲各国的人力资本形成和投资条件都有很大不同，这两者都将影响各国的经济增长表现。

| 表 8.4 | 小学入学率和投资动力（1922—1938 年） |

	小学入学率		人均钢铁和水泥消费（记英国 1925—1929 年的水平为 100）		资本存量变化
	1922	1938	1922	1938	1938 年的水平占 1922 年的水平的百分比（%）
奥地利	0.70	0.71	44	117	91
比利时	0.62	0.73	127	191	125
丹麦	0.41	0.67	75	114	157
芬兰	0.26	0.51	37	119	180
法国	0.86	0.79	72	93	148
德国	0.73	0.73	101	229	119
意大利	0.45	0.59	48	79	209
荷兰	0.70	0.74	79	127	135
挪威	0.69	0.72	81	129	161
瑞典	0.67	0.64	56	168	188
瑞士	0.71	0.70	63	122	130
英国	0.78	0.82	54	162	172
爱尔兰	0.78	0.87	34	86	—
希腊	0.40	0.53	7	37	—
葡萄牙	0.19	0.27	12	29	—
西班牙	0.35	0.36	30	45（1935）	184
阿尔巴尼亚	Na	Na	Na	Na	—
立陶宛	Na	Na	Na	Na	—
拉脱维亚	0.22	0.37	Na	Na	—
爱沙尼亚	0.14	0.27	Na	Na	—
保加利亚	0.41	0.73	9	28	—
捷克斯洛伐克	0.71	0.66	32	92	—
匈牙利	0.53	0.64	30	40	—
波兰	0.24	0.57	23	47	—
罗马尼亚	0.34	0.59	17	34	—
南斯拉夫	0.20	0.42	19	29	—

资料来源：Benarot 和 Riddle（1989）的数据集；Madsen（2007）的论文。

我们可以分两步来考察条件趋同。首先，我们依旧将 23 个欧洲国家作为样本，通过简单 OLS 回归估计其年增长率、前一年收入、入学率变化（十年前入学率）以及投资情况之间的关系。其次，我们控制学校教育和投资对经济造成的多种影响，计算出与现实情况并不相同的反事实增长率，并标在图上与初始收入相比较。结果显示，在其他条件不变的情况下，欧洲国家的经济增长确实在两次世界大战间的和平时期或多或少存在趋同的态势，具体情况因人力资本积累和投资环境不同而不同（见图8.8）。

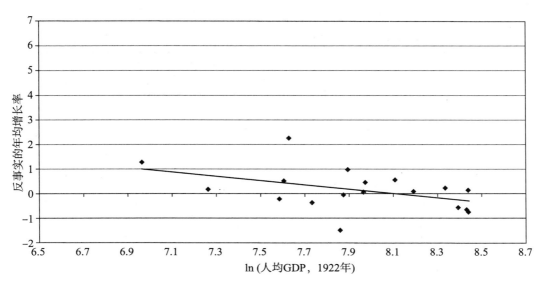

图 8.8　1922—1938 年 22 个欧洲国家的有条件趋同

初始收入对增长的预计影响说明，1922 年的贫穷国家和富裕国家（比如芬兰和比利时）之间的差异将会在 23 年后减半（我们估计的 β 值为 0.029；见 Barro and Sala-i-Martin，2003，第 1 章）。资本投资的良好环境和不断增长的儿童入学率会加速这种趋同。实际上，在 1922 年，芬兰的人均 GDP 为比利时的 47%，但 16 年后已达到 74%。相比之下，1922 年希腊人均 GDP 为比利时的 55%，而在 1937 年和 1938 年此比例基本没有实际变化。这在一定程度上可由芬兰的入学率和投资的增长都快于希腊的增长来解释。然而，我们的结论同时说明人力资本和实物要素积累对增长的影响十分有限。

增长会计法和生产率表现

我们现在转向在增长会计法的框架下来进行研究，在此我们将增长率分解为要素投入贡献和生产率变化。这有利于研究经济发展潜力和已实现的增长之间的关系。在研究一国的情况下，我们要对它的全部资本存量做出估计，并且需要准确衡量总劳动投入，但所有的欧洲国家都不存在两次大战间和平时期的这些资料。在接下来的分析中，我们将用到 Madsen（2007）提供的欧洲几个国家的资本存量估计值和总工作时间，以及 Maddison（2007）提供的 GDP 估计值。由于东欧的数据无法获取，所以下面的结论不代表整个欧洲大陆的情况。

和前面一样，根据等式（8—4），我们将 GDP 增长分解为资本存量的变化、总劳动投入的变化以及 TFP 的增长。需要注意的是，劳动投入的变化是由总劳动时间来衡量的。总劳动时间被定义为总就业量（全职员工）乘以给定年份中给定国家的平均工作小时数。所有的估计值都基于国家特定的资本份额得出，表 8.5 给出了这一估计值，并且我们假设此模型中规模报酬不变。

表 8.5　根据等式（8—4），1900—1938 年西欧国家的经济增长会计核算（年增长率）（％）

	1900—1914			
	资本积累	总工作小时数	TFP	GDP 增长
比利时	1.08	0.50	−0.22	1.35
丹麦	1.35	0.27	1.76	3.38
芬兰	1.10	0.37	0.85	2.32
法国	0.55	−0.15	0.60	1.00
德国	1.30	0.35	−0.08	1.57
意大利	1.80	−0.37	1.86	3.30
荷兰	0.92	0.65	0.73	2.30
挪威	1.41	0.46	0.84	2.70
西班牙	1.22	−0.48	0.80	1.53
瑞典	1.12	0.92	−0.08	1.96
瑞士	1.01	0.52	0.37	1.90
英国	0.65	0.60	0.21	1.46
	1922—1929			
	资本积累	总工作小时数	TFP	GDP 增长
比利时	0.86	0.13	2.61	3.60
丹麦	1.17	1.01	2.20	4.39
芬兰	1.42	0.70	3.42	5.54
法国	1.36	0.40	4.19	5.95
德国	0.56	−1.72	5.22	4.06
意大利	2.40	0.01	1.00	3.41
荷兰	0.95	1.14	2.50	4.59
挪威	0.98	−0.04	3.72	4.67
西班牙	1.95	0.27	1.45	3.68
瑞典	1.22	2.00	1.78	5.00
瑞士	0.83	0.18	4.56	5.57
英国	1.53	0.88	0.72	3.31

续前表

	1929—1938			
	资本积累	总工作小时数	TFP	GDP 增长
比利时	0.30	−1.06	0.72	−0.04
丹麦	0.91	1.18	0.12	2.20
芬兰	0.97	1.05	1.80	3.83
法国	0.53	−2.23	1.30	−0.40
德国	0.40	0.55	2.01	2.96
意大利	1.12	−0.44	0.88	1.55
荷兰	0.37	0.12	−0.17	0.33
挪威	1.62	0.24	1.24	3.10
西班牙	0.83	−0.29	−4.31	−3.78
瑞典	1.34	−0.14	1.35	2.55
瑞士	0.31	−0.49	0.74	0.56
英国	1.35	0.73	−0.20	1.88

	1922—1938			
	资本积累	总工作小时数	TFP	GDP 增长
比利时	0.56	−0.50	1.61	1.68
丹麦	1.03	1.10	1.10	3.23
芬兰	1.18	0.89	2.56	4.63
法国	0.92	−0.99	2.66	2.59
德国	0.48	−0.52	3.52	3.48
意大利	1.72	−0.23	0.94	2.43
荷兰	0.65	0.60	1.09	2.33
挪威	1.32	0.11	2.41	3.84
西班牙	1.36	−0.03	−1.60	−0.27
瑞典	1.28	0.87	1.55	3.70
瑞士	0.55	−0.17	2.54	2.92
英国	1.44	0.80	0.23	2.47

注：各国资本份额按表中顺序分别为：0.37、0.37、0.33、0.38、0.40、0.38、0.32、0.47、0.35、0.33、0.33、0.44（Madsen，2007）。

从上述研究中我们可以得到三个结果。首先，总劳动投入对 GDP 增长的贡献大体上来说较小，一定情况下甚至产生消极影响。这反映了伴随着市场政策的变化，如德国 1918 年引入 8 小时工作制，劳动生产率趋于上升。其次，当考虑 20 世纪 20 年代的增长时（从 1922 年大多数国家恢复了战前收入水平开始），我们会发现20世纪20年代的增长率比第一次世界大战前十年要高,而这主要是由于TFP的增长。最后,20世纪30年代显著的增长减速是由缓慢的资本积累、总劳动投入的缓慢甚至负增长和低TFP增长共同导致的。

另一种估算TFP的方法是将劳动生产率的增长按其组成成分进行分解。表8.6根据(8—5)式将劳动生产率分解为TFP和资本深化。

表8.6 根据等式(8—5),1900—1938年西欧国家劳动生产率增长的分解情况(年增长率)　　(%)

1900—1914		
资本深化	TFP	劳动生产率(每工作1小时所创造的GDP)
比利时 0.78	—0.22	0.56
丹麦 1.19	1.76	2.95
芬兰 0.92	0.85	1.77
法国 0.64	0.60	1.23
德国 1.07	—0.08	0.98
意大利 2.02	1.86	3.89
荷兰 0.61	0.73	1.35
挪威 1.00	0.84	1.84
西班牙 1.48	0.80	2.28
瑞典 0.66	—0.08	0.58
瑞士 0.75	0.37	1.12
英国 0.18	0.21	0.39

1922—1929		
资本深化	TFP	劳动生产率(每工作1小时所创造的GDP)
比利时 0.78	2.61	3.39
丹麦 0.59	2.20	2.79
芬兰 1.08	3.42	4.49
法国 1.11	4.19	5.30
德国 1.69	5.22	6.91
意大利 2.40	1.00	3.40
荷兰 0.41	2.50	2.91
挪威 1.02	3.72	4.74
西班牙 1.80	1.45	3.25
瑞典 0.22	1.78	2.00
瑞士 0.74	4.56	5.30
英国 0.85	0.72	1.57

续前表

	1929—1938		
	资本深化	TFP	劳动生产率（每工作 1 小时所创造的 GDP）
比利时	0.93	0.72	1.65
丹麦	0.23	0.12	0.34
芬兰	0.45	1.80	2.25
法国	1.90	1.30	3.20
德国	0.04	2.01	2.05
意大利	1.38	0.88	2.26
荷兰	0.32	−0.17	0.15
挪威	1.41	1.24	2.65
西班牙	0.99	−4.31	−3.32
瑞典	1.41	1.35	2.76
瑞士	0.55	0.74	1.29
英国	0.78	−0.20	0.58

	1922—1938		
	资本深化	TFP	劳动生产率（每工作 1 小时所创造的 GDP）
比利时	0.86	1.61	2.47
丹麦	0.40	1.10	1.50
芬兰	0.75	2.56	3.31
法国	1.53	2.66	4.19
德国	0.82	3.52	4.34
意大利	1.86	0.94	2.80
荷兰	0.36	1.09	1.45
挪威	1.23	2.41	3.63
西班牙	1.37	−1.60	−0.23
瑞典	0.85	1.55	2.40
瑞士	0.64	2.54	3.17
英国	0.82	0.23	1.05

注：各国资本份额按表中顺序分别为：0.37、0.37、0.33、0.38、0.40、0.38、0.32、0.47、0.35、0.33、0.33、0.44（Madsen，2007）。

不论从哪个角度看，我们计算 TFP 的方法都是不完善的。因为，例如，我们并没有区分 TFP 和由教育引起的人力资本变化，而且我们的计算方法是建立在一些有争论的假设的基础之上的。尽管如此，TFP 和要素积累所揭示的模式还是很有启示意义的。20 世纪 20 年代 TFP 的高速增长说明在战争末期，存在很多未开发的潜能，这些潜能有助于提高欧洲的经济效率。这特别表现在两个方面：技术变革和行业变化。战争期间有很多技术上的可能性不断涌现。在大多数情况下，这些技术产生于战争之前，而且从 20 世纪 20 年代初就开始在欧洲大陆扩散，从一个区域到另一个区域，从一个行业到另一个行业，这其中，有两项革新最突出也最为重要：内燃机的发明和电力的新的应用。这两者彻底变革了工业、运输业和农业中的机械原动力。表 8.7 给出了四个欧洲领先的汽车制造业国家和美国在 1923—1949 年私家车（轿车）和商务用车的产量和使用数量。表 8.8 给出了欧洲和美国能源总产量在 1922—1950 年的变化。

表 8.7　　　　　1923—1949 年欧洲四大主要经济体的汽车的生产和使用情况

		轿车（1 000 辆）		商务用车（1 000 辆）	
		生产	使用	生产	使用
英国	1923	71	384	24	259
	1929	182	981	57	428
	1938	341	1 944	104	583
	1949	412	1 961	218	896
德国	1923	31	98.6	9	53.5
	1929	117	422	39	155
	1938	277	1 272	65	384
	1949	104（德意志联邦共和国）	352	58（德意志联邦共和国）	329
法国	1923	—	294	—	155
	1929	211	930	42	366
	1938	200	1 818	27	451
	1949	188	1 200*	98	750*
意大利	1923	—	53.8	—	24.5
	1929	—	170	—	52.7
	1938	59	289	8	83.6
	1949	65	267	21	214

注：* 自主计算。
资料来源：Svennilson（1954）、Mitchell（2003）。

经济科学译丛 / 剑桥现代欧洲经济史：1870 年至今

表 8.8		1922—1950 年欧洲与美国的能源产量			（单位：十亿千瓦小时）	
	欧洲			美国		
	水能	热能	总计	水能	热能	总计
1922	24.5	36.0	60.5	21.3	39.9	61.2
1929	43.7	70.3	114.0	—	—	116.7
1937	65.3	106.2	171.5	48.3	98.2	146.5
1950	112.1	189.1	301.2	101.0	287.7	388.7

资料来源：Svennilson（1954）。

这些技术变革深刻地影响了欧洲经济的结构。电力领域的新技术提高了用煤和水力发电的效率。而高压传输技术的发展则使得欧洲最偏远的乡村也能使用电力。同时，移动交通工具（卡车、公共汽车或私家车）以及交通道路网络的共同发展，使偏远地区和城市间的货物和旅客的运输比以前更便宜也更快速。

技术变革通过几种渠道提高了劳动生产率。更廉价的单位能源价格和运输费用提高了经济中所有部门的劳动生产率，从而增加了收入。此外，由于食物的需求弹性较低，与其他行业相比，农业对劳动力的需求也下降了。农业劳动力在总劳动力中所占的比重在 20 世纪 20 年代出现了明显的下降，并且在 30 年代持续下降，尽管下降速度有所减慢。由于工业和服务业的特定行业劳动生产率比农业高（Broadberry，1997 及本卷第 3 章），不同部门之间雇佣人数的改变，即劳动力从农业转到工业和服务业，还会对总体劳动生产率产生正向的影响。这也暗示了欧洲经济活动的地域分布的变化。例如，因为能源和新型运输设备的日渐普及，工厂可以通过获取更多工资低廉的农村劳动力来增加利润以扩大工业化。一个有趣的例子是巴伐利亚从 20 世纪 20 年代开始，逐渐从落后的农业区发展成了欧洲先进的工业区（Salin，1928）。回过头来看，我们知道电气化和自动化带来了大量的经济发展机遇，并在接下来的十年里改变了整个欧洲。

经济政策协调的失败

一些出现在 20 世纪 20 年代的变化是由经济政策带来的。第一次世界大战后，大多数欧洲国家都发现有必要改变经济模式以适应和平环境，并使其工业赶上业界技术上的领导者。在 20 世纪 20 年代早期出现了"组合主义的"组织形式，比如旨在通过用集体谈判的新规则来帮助经济复苏的德国的中央协会（Zentral-Arbeitsgemeinschaft，ZAG），或者致力于在德国经济中开展技术和组织形式变革的德国经济合理化建议委员会（Reichskuratorium für Wirtschaftlichkeit，RKW）（Shearer，1997）。它们与第二次世界大战后建立的"合作主义安排"（corporatist arrangements）有一些相似之处，其常在"黄金时代"释放欧洲经济潜力的因素中被提及（详见 Eichengreen，1996a 及本卷第 12 章）。在农业依旧为主要经济部门的东欧，大多数政府都试图实施既能提高农业生产力，同时又能帮助发展工业的政策——不过收效甚微（Aldcroft，2006）。从国际范围来看，20世纪20年代，各个国家付出了很多努力来协调各国之间的经济政策，特别是考虑到战后德国的地位。尽管战后关税的保护程度依旧很高，但是国际资本市场经历了显著的恢复期，表现为到1926年大多数货币趋于稳定，1928年已建立的金本位制被作为国际货币体系实施，以及1929年根据杨格计划就战争赔款和债务达成了新的协议。然而，这些国际协议的脆弱性很快便体现了出来。

美国，这一与欧洲对立的经济体，在20世纪20年代末经历了经济发展的高峰。当这个高峰在1929年10月结束的时候，以保护主义和早已显现的经济民族主义为分水岭，欧洲经济趋于分裂。一些欧洲国家很快便放弃了用金本位制作为它们与主要贸易伙伴间的货币协议，而其他国家则害怕再次出现20世纪20年代早期那样的恶性通货膨胀（Wolf，2008）。欧洲货币与经济会议集合起来协商通过了一项政策，作为对没能阻止欧洲经济遭到进一步破坏这一事实的回应，德国实行封闭经济便是一个很好的例子（见本卷第7章）。这项经济政策的向内运转阻止了产业结构的进一步变化，限制了资本和劳动力的流动性，并且大大减慢了技术传播的速度。

结论

下面我们总结一下两次世界大战之间的时期欧洲经济增长的总体情况。1918年之后相对和平的20年里欧洲可谓错失了良机。欧洲经济继续增长，并且源于若干动力。首先，许多国家的经济增长经历了现代化进程的推动。现代化源于第一次世界大战后的经济重建，但是其影响力却远远超过了战后重建本身。东欧新成立的国家为实现经济现代化以及向工业化转型付出了巨大努力，但是结果是复杂的。在第一次世界大战期间，许多新兴技术应运而生，并且其中大部分在第一次世界大战前就已经出现了。20世纪20年代初期，这些技术开始在欧洲国家之间和产业之间传播。在当时的许多技术创新中，内燃发动机和电力的新应用显然是最重要的。二者相结合引发了工业、运输业和农业机械驱动力的革命，提高了投资水平和能源消费潜力。而且，许多欧洲国家在19世纪的最后几十年积累了丰厚的人力资本，并且一直持续了整个两次世界大战之间的期间，正如前文小学入学率保持长期增长所显示的那样。我们已经指出，要想有效地解释制度和经济政策的影响，需要对新古典增长理论进行修正。我们发现，证据表明欧洲国家之间的经济增长倾向于出现（条件）趋同，并且发现小学升学率和投资环境是催生这一趋同的主要因素，这一结果类似于1950年以后更广泛的国际经济增长的情况。从经济增长的会计核算方法的角度来看，19世纪20年代欧洲经济增长相对强劲的态势主要源于总要素生产率的提高，而这又得益于技术和经济结构的变化。然而，这些多样化的经济增长源泉所蕴含的巨大增长潜力并未完全被开发出来，因为国家之间的经济政策没有得到有效协调，尤其是在 20 世纪 30 年代。第一次世界大战后，欧洲国家之间因经济和政治势力重新分配而矛盾频发，减缓了投资的增长，或者将资源配置到了准备下一场武装冲突的低生产率用途上。更迫切的跨国经济政策协调在很多情况下都以失败而告终，加剧了贸易保护主义以及劳动力和资本市场的分散，继而阻碍了资源在整个欧洲大陆的有效配置。相反，20 世纪 30 年代的经济政策逐渐转向国内，阻碍了进一步的产业转型，大幅减缓了技术在欧洲地区内部以及欧洲和技术领先者美国之间的传播。一旦这些阻碍经济增长的政治障碍被排除，欧洲就将会步入一个经济增长的"黄金时代"。

【注释】

［1］此技术方程被描述为"劳动增加"，因为技术进步与增加劳动力所造成产出增加的方式是相同的，这对其保持稳定状态是极为重要的。

第 9 章 | 行业发展 (1914—1945 年)

埃里克·贝斯特 (Erik Buyst)

皮特亚雷·弗兰斯基 (Piotr Franaszek)

引言

不同于 1913 年之前相对稳定的宏观经济形势，1914 年到 1945 年这段时期宏观经济遭受了一系列严重的冲击。第一次世界大战不仅带来了严重的破坏与分裂，而且还重新定义了政府在经济生活中的作用。尽管第一次世界大战时很多欧洲国家实施的中央管制经济在战后都被取消了，但是在随后的几十年里，这一基调还是影响了很多国家的经济政策。由于哈布斯堡皇室和俄罗斯帝国的灭亡，东欧被分割成了许多独立的小国，也形成了许多不同的货币和关税单位。而此时，新成立的苏联将自己与世界其他部分隔离开来。分裂的欧洲市场与高度统一的美国国内市场形成了鲜明的对比，这使得美国公司无论在工业还是服务业上，在采取大规模生产这一方面都具有前所未有的优势。

20 世纪 20 年代的前几年里，许多欧洲国家都面临着巨额的债务、紊乱的货币政策以及交替的通胀与通缩的苦恼。经济的混乱、社会与政治的动荡促成了内向型经济政策的诞生。于是在 20 世纪 20 年代的后几年里，出现了一段短暂的相对稳定时期。可是，紧接着，大萧条来了。高失业率、货币贬值以及毁灭性的金融危机加剧了经济国家主义甚至自给自足的趋势。欧洲经济的瓦解最终为新的世界大战铺平了道路。

主要的结构转变

表 9.1 提供了 1913—1950 年大多数欧洲国家劳动力在三大传统部门——农

业、工业、服务业——的分布情况。在使用这些数字时要注意一些问题，比如边境的变化、不同时间不同国家对二级部门的划分可能有所不同以及不同国家对女性劳动力的不同态度。该表没有包含苏联，因为无法获得苏联在此期间的足够的数据。

表 9.1   1913—1950 年主要部门的劳动力分配情况   （%）

	农业			工业			服务业		
	1913	1930	1950	1913	1930	1950	1913	1930	1950
西北欧	**22.5**	**17.7**	**13.4**	**39.3**	**40.6**	**44.2**	**38.2**	**41.7**	**42.4**
比利时	23.2	17.7	12.5	45.6	46.4	48.7	31.3	35.9	38.8
丹麦	43.1	35.8	25.4	25.0	27.5	33.7	31.9	36.7	40.9
芬兰	78.5	69.8	46.6	12.0	15.9	28.1	9.5	14.4	25.3
爱尔兰	47.5	45.0	33.1	25.5	22.8	30.7	27.1	32.2	36.2
荷兰	28.6	20.8	19.6	33.1	36.8	37.4	38.3	42.3	43.0
挪威	40.0	35.6	26.1	26.2	26.6	36.6	33.8	37.8	37.3
瑞典	48.3	36.3	20.5	26.9	32.3	41.1	24.8	31.5	38.4
英国	10.2	6.0	5.1	45.1	46.5	49.1	44.7	47.5	45.8
南欧	**50.8**	**43.1**	**40.7**	**27.6**	**29.8**	**30.2**	**21.5**	**27.2**	**29.1**
法国	41.0	35.6	31.8	33.1	33.3	32.8	25.9	31.1	35.3
希腊	57.1	61.1	51.3	18.7	18.0	20.7	24.2	20.9	28.0
意大利	55.7	46.8	42.2	26.8	30.8	32.1	17.5	22.4	25.7
葡萄牙	57.4	52.1	48.5	21.9	19.2	25.1	20.7	28.7	26.5
西班牙	66.6	45.5	49.6	16.3	26.5	25.5	17.0	28.0	24.9
中欧以及东欧	**54.6**	**50.1**	**43.4**	**27.5**	**27.8**	**32.3**	**17.9**	**22.0**	**24.3**
奥地利*	36.0	33.5	32.9	37.5	32.8	37.1	26.6	33.7	30.0
保加利亚	82.4	81.9	77.4	8.1	8.2	10.5	9.4	9.9	12.1
捷克斯洛伐克*	40.9	37.5	37.8	37.4	37.7	37.5	21.7	24.8	24.7
德国	37.1	29.0	21.0	41.2	40.4	45.8	21.8	30.6	33.1
匈牙利*	59.7	54.8	47.8	20.2	24.9	29.8	20.1	20.3	22.4
波兰*	77.5	67.3	57.6	9.6	17.5	23.1	13.0	15.2	19.3
罗马尼亚	80.0	80.7	70.1	8.1	9.3	16.8	12.0	10.0	13.1
瑞士	26.9	21.3	16.6	45.9	45.0	47.0	27.2	33.7	36.4
南斯拉夫*	82.2	79.7	66.9	11.0	11.2	18.2	6.7	9.0	14.9
欧洲	**46.6**	**41.0**	**35.7**	**30.0**	**31.2**	**34.3**	**23.4**	**27.8**	**30.0**

注：* 1920。

资料来源：Mitchell（2003）、Prados de la Escosura（2003）。

尽管这一阶段宏观经济遭受了一系列严重冲击，但是结构调整进程（本卷第3章中提到过）却丝毫没有放缓。整个欧洲的农业部门的劳动力占比进一步下降，从1913年的47%左右降到1950年的35.7%。这段时间里大多数国家的相对状况并没有变化：英国、比利时、瑞士与其他欧洲国家相比，农业劳动力所占比重仍然很低，而巴尔干半岛国家即使到1950年也有超过三分之二的劳动力从事农业。甚至到20世纪30年代，巴尔干半岛国家中从事农业的劳动力的绝对数量依然在增加。

工业部门的劳动力占比持续上升，到1950年第二产业中的劳动力数量已经基本与农业持平了。然而，国与国之间的工业化速度差异显著。北欧国家第二产业的劳动力比例迅速增加，因此它们与"工业核心国"——英国、比利时、瑞士以及德国——的差距明显缩小了。东欧一些国家的工业劳动力所占的比例也开始上升，但是与"核心国家"的差距仍然很大，而法国、奥地利、捷克斯洛伐克、希腊等国的工业比例基本没有发生变化。

整个欧洲农业比重的相对下降使服务业成为最大的受益者。Colin Clark 在其1951年的著作中表示，现代经济的增长是按照以下阶段完成的：从以农业为主的经济转变成工业经济，然后转到服务业经济。然而，欧洲一些国家明显没有按照这种模式发展。除了荷兰，早先的欧洲"核心国家"确实经历了这几个阶段，但是1913—1950年，丹麦、法国、希腊的劳动力是直接从农业转移到第三产业服务业的。

总趋势

一篇研究欧洲农业产出的报告将1914—1945年划分为三个阶段，主要是根据粮食和畜产品的产出量划分的，同时也考虑了一些政治事件和世界经济形势。第一阶段为第一次世界大战期间；第二阶段为两次世界大战之间的时间段，包含了20世纪20年代、大萧条阶段以及战后恢复阶段，直到20世纪30年代后期；第三阶段为第二次世界大战期间。1910—1938年，欧洲的耕地面积几乎没有变化，一直维持在14 950万公顷左右，而牧场的面积却减少了60万公顷——从8 210万公顷减至8 150万公顷。与此同时，自1913年到1937年，牛的数量从9 330万头增加到10 430万头，猪从6 590万头增加到7 990万头，羊从11 250万只增加到13 870万只（Federico，2005）。

从表9.2可以看出，西北欧的农业产出增长要快于南欧和东欧。在这一时期，农产品价格平均下降了32%。在1930年欧洲从事农业的劳动力有6 300万人，但是具体的人数及其在劳动人口中的比重在各国之间却有很大差异（见

表 9.1)。各国的人均土地面积也有很大差别（见表 9.3）：大多数国家的人均土地面积在两次世界大战期间基本没变甚至有所减少，但同一时期英国人均土地面积却增加了 0.74 公顷，瑞典人均土地面积增加了 0.4 公顷。1910—1940 年的年均 TFP 为 1.16%（Federico，2005 和表 9.4）。

表 9.2 　　农业产出变化情况（按国别，1913 年＝100）

	欧洲	西北欧	南欧	东欧
1920	75.5	80.4	97.9	59.3
1921	75.3	82.3	96.1	57.1
1922	81.4	86.4	101.8	66.0
1923	84.9	86.4	105.9	73.4
1924	87.0	90.1	102.2	76.4
1925	95.7	93.0	111.5	91.8
1926	94.6	88.8	108.0	95.7
1927	100.6	98.2	108.5	99.8
1928	103.3	101.6	107.0	103.5
1929	108.4	104.9	117.2	108.8
1930	104.1	102.8	104.2	105.7
1931	104.8	107.5	109.5	99.3
1932	102.6	105.6	120.2	90.9
1933	106.5	114.3	109.5	95.5
1934	106.5	114.4	111.0	94.8
1935	107.3	110.4	115.1	100.0
1936	102.7	112.5	94.2	94.5
1937	111.6	108.1	107.2	117.9
1938	112.6	116.0	106.4	111.2

资料来源：Federico（2005）。

表 9.3 　　人均土地面积（按国别）　　（单位：公顷）

国家	1910	1938
比利时	1.88	1.69
丹麦	5.80	4.82
法国	3.84	3.80
德国	2.50	2.22
意大利	1.41	1.44
荷兰	3.09	1.67
葡萄牙	2.91	2.46
西班牙	4.34	4.10
瑞典	3.40	3.80
英国及爱尔兰	4.47	5.21

资料来源：Federico（2005）。

表 9.4	1910—1938 年全要素增长率（按国别）	（%）
国家	1910—1938	
比利时	0.96	
德国	0.64	
爱尔兰	1.55	
意大利	0.42	
西班牙	1.11	
英国及爱尔兰	1.17	

资料来源：Federico（2005）。

第一次世界大战

第一次世界大战给欧洲的农业带来了深远的影响。虽然很多工业企业转向生产军火，但这仍然满足不了战争的需求，于是大量农业劳动力被动员入伍，马匹被部队征用。化工产业减少了化肥的生产，但由于家畜的数量也减少了，故仅靠粪肥无法完全弥补化肥的短缺。战区的土地遭到严重破坏，牲畜数量大幅减少，农舍也被毁坏了。所有这些因素都导致了耕地面积减少、农产品产出下降（见图 9.1 和图 9.2），自然地，农产品价格迅速上涨，远高于正常的均衡价格。战争使这些国家的农业衰退了（Broadberry and Harrison，2005）。

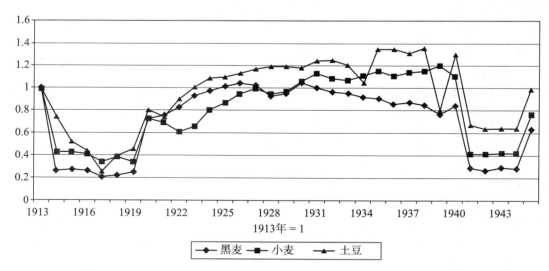

1913年 = 1

◆黑麦　■小麦　▲土豆

图 9.1　欧洲 1913—1945 年黑麦、小麦、土豆的种植面积

资料来源：Mitchell（2003）。

战争期间，由于无法通过进口解决粮食短缺问题，大多数政府不得不采取积极的干预措施。和平时代有效的农业政策工具在战时完全不起作用，因此这些政府开始尝试运用国家垄断和行政指令来规范粮食价格。在德国，大约于

1914 年年底，政府甚至采取征用粮食的做法来维持谷物批发价格。次年，德国政府开始垄断谷物、土豆、家畜饲料的经营。随后，为了应对持续的食物短缺和越来越多的投机行为，政府对一些商品进行定量配给，一些商品采用替代品来代替。后来，德国从占领的东部地区国家掠夺了大量的物资，这才在一定程度上缓解了其国内物资短缺的压力。

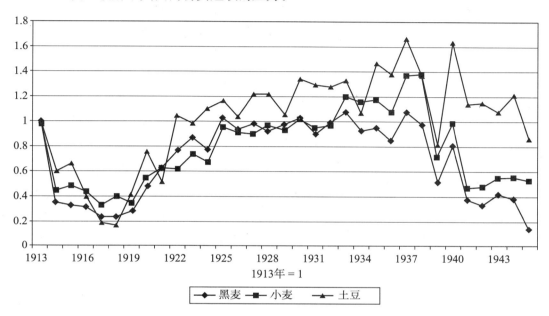

图 9.2　欧洲 1913—1945 年黑麦、小麦、土豆的产出量

资料来源：Mitchell（2003）。

　　同样，在法国，1915—1916 年政府有权控制农产品价格，甚至可以没收谷物和面粉；1917 年，法国的谷类产品和糖也开始了限额配给，还实行了每周三天"无肉日"的政策。英国政府通过增加耕地面积（例如将花园和果园变为耕地）和单位产出来刺激国内农业产出，通过国家法令来抬高农产品的官方价格，1917 年 4 月，英国通过一项议案来限制农产品的最低收购价和农业部门的最低工资，并在化肥、机械、牲畜等方面给农民提供帮助。这些措施使英国成功遏制了价格的上涨和投机的猖獗。

　　但是对东欧来说，事情就麻烦多了。俄国的农业机械化水平本来就不高，750 万人口入伍对农业生产能力的降低无疑是雪上加霜。由于德国占领了俄国大面积的领土，俄国的农田从 1913 年的 9 350 万公顷骤减至 1917 年的 7 800 万公顷。尽管猪的数量从 1913 年的 1 580 万头增加至 1917 年的 1 930 万头，但是这一时期牛和羊的数量却大大下降了。

两次世界大战之间

　　第一次世界大战后，大部分欧洲国家都处于饥饿状态，所有的国家都面临食物短缺。大量农村土地因为战争而遭到破坏，房子倒塌，机器失修，牛、猪、马等牲畜也极其短缺，大部分地区的农作物产出下降。由于东欧与西欧不同的土地所有制结构阻碍了农业的发展，欧洲开始进行农业改革以应对不合理的土地制度。尽管各国农业改革对产出的影响差异很大，但是总体来看，改革使战后欧洲的农业只用了几年的时间就恢复了。

由于农产品普遍短缺，所以欧洲没有出现1920—1921年世界其他地区出现的粮食价格大幅下降的现象。此外，1922年以后世界农业的积极发展也有利于欧洲粮食生产恢复盈利。尽管如此，战后的几年里欧洲的农业仍然没有恢复到第一次世界大战前的产量水平：黑麦产量比战前下降了25％，小麦产量下降了15％，大麦产量下降了22％，燕麦产量下降了11％（见图9.2）。直到1923—1924年，农业产量才恢复到战前的水平（Federico，2004）。随后的几年里，农业进一步增长，在20世纪20年代的后期，工业也经历了与其相似的增长趋势。因此，工业用农产品的增速要远快于普通消费性农产品的增长速度，小麦的表现最明显。其中一个原因是战前粮食出口最大的市场——俄国的粮食市场——消失了。于是美国抓住这个有利的机会开始向欧洲大量出口谷物。匈牙利、罗马尼亚、南斯拉夫、保加利亚等欧洲国家也开始增加它们的小麦产出。一开始这种供应量的增加伴随着价格的上涨，但是，随着时间的推移，供给量逐渐超过了需求量。在一些国家，尤其是富裕的国家，由于对谷类产品（尤其是面包）的消费类型的转变，人们对粮食的需求量反而下降了。20世纪20年代中期生产者采用增加产量的方式来弥补收入下降的做法，使得产量过剩更加严重，价格也不断下降。1927—1929年，华沙的农产品价格下降了17％，柏林的农产品价格下降了14％，巴黎的农产品价格下降了8％，利物浦的农产品价格下降了15％。

与此同时，农业产值在GDP中的比重也降低了。在英国，20世纪20年代前五年该比例为6.3％，到后五年该比例就降为3.6％了。在瑞士，战后的十年里，农业份额从13％降为11％。然而在工业化程度不高的国家，农业产值在国内生产总值中仍然占很大的比例。比如20世纪20年代后期，波罗的海各国的GDP中有80％都来自农业，在巴尔干半岛国家和罗马尼亚，这一比例更高。

两次世界大战之间的这一时期以一个全新的经济体系的形成为标志，包括苏联共产主义经济形势下的新的农业类型。当布尔什维克们掌握了权力后，他们开始进行土地分配，将私人的和教会的土地分配给小佃农和没有土地的人，大约11％的土地划归国有，3％的土地分配给集体农场。1921年苏联政府制定了所谓的新经济政策（NEP）来应对农业在经济中的地位的下滑。其中关于农业的条款包括停止剥夺农民的劳动成果、实行新的税收体系——自1924年起将过去以多种方式缴纳税款改为以现金方式缴纳、在农业机械和信贷方面对农村公社提供支持。这种大转变的政策几乎一夜之间就使苏联的农业得以恢复，并且在农村和城市之间建立了紧密的联系。

受20世纪30年代大萧条的影响，一些国家的农业产出遭遇了严重的挫折。农业遭遇的暴跌比工业更严重且更持久。南欧和东欧的农业国家（波兰、匈牙利、罗马尼亚、意大利）的情况尤其严重，其衰退一直持续到1935年。世界粮食市场的形势直到 20 世纪 30 年代后期才有所好转（Svennilson，1954）。

大萧条期间的农业是保持稳定甚至有所增长的。在西欧，小麦、制糖用甜菜、饲料作物的种植面积都有所增加，而中东欧的农业发展则相对缓慢。如果设 1925—1929 年欧洲（不含苏联）农业产出的平均水平为 100，那么到 1929 年它就攀升到了 108，1933 年它达到了 112。当然不同国家不同作物的这一数值是不同的。产出的增加是农民对农产品价格迅速下跌做出反应的结果：由于价格下跌，农民为了保持他们的收入和生活水平，就增加了产量。显然供给的增加不可避免地会造成价格的进一步下降。结果，与之前相比，销售同样数量的产品，农民的收入降低了。其最明显最直接的后果就是农业技术的停滞——减少化肥的使用、用廉价的劳动来代替机械的使用。由于农产品的价格比工业产品的价格下降更快（有时也称为价格的剪刀差），这加重了欧洲农村的负担。为了购买与过去同样数量的工业产品、交税、还贷、缴纳保险费等，农民需要卖掉更多的粮食——危机前的两倍甚至三倍的数量！农作物受到的影响要比畜牧业更大、更深远，因此有许多农民转到了养殖业（Feinstein，Temin and Toniolo，1997）。

大萧条使得大的农场因为成本高于预期收益而变得无利可图了，农作物被毁坏或直接扔在地里无人收割。小佃农却不得不进行"饥饿供给"——尽管农民自身正遭受着饥饿的煎熬，但是他们还是得卖掉粮食来支付税款和购买其他生活必需的工业产品。大萧条时期当农产品价格和工业产品价格间的差距迅速扩大时，中东欧地区普遍存在以上这种情况。许多农户破产或者靠借贷维持生计，这显著地影响了欧洲农业国的国内市场。大萧条也导致农村失业率的上升，进一步加剧了农民的贫穷。显然，如果不对经济结构进行改革，那么就难以解决农村的贫穷问题，因此强制工业化成为采取的措施之一（在波兰，一个尝试就是建立中心工业区）。

20 世纪 30 年代后期，世界粮食市场的情况有了明显的好转。农村人口的购买力上升了，但是食品价格的上涨仍比工业产品的价格上涨要慢。1934—1938 年，欧洲种植业的年均产出（不含苏联）约为 46 亿美元，畜牧业产出在 56 亿美元以上，整个欧洲的农业产出约占世界农业产出的 30%。同一时期，苏联的种植业产出为 28.5 亿美元，畜牧业产出为 12 亿美元。

食品在欧洲的农业产出里占了高达 98% 的份额。西欧国家——丹麦、荷兰、比利时、英国、德国——的生产水平比较高，可以达到每公顷产小麦 2 000～3 000 公斤。这些国家的化肥用量也比较多，整个欧洲的化肥用量占全世界的 63%。

第二次世界大战

第二次世界大战期间，为了给军队和国民提供补给，德国政府首先开始尝试促进农业增产的措施。为了促进工业作物和块根作物的生产，它不惜牺牲谷物的生产，同时它也很注重养殖业。但是随着食物需求量的快速增加，农业机械和化肥的供应跟不上了，于是 1942 年德国开始了对其占领区的大规模掠夺，其手段包括没收、征用、征税等一系列严厉的政策。这一政策在东欧尤其严厉，以致负面影响极其严重——整个欧洲的农作物产出都下降了。1930 年后期法国平均每公顷产小麦 1 560 公斤，但是到 1944 年每公顷产出下降了 200 公斤。同样，在捷克斯洛伐克小麦从 1 700 公斤/公顷下降到 1 330 公斤/公顷。奥地利每公顷小麦产出也下降了 300 公斤。尽管如此，德国仍然通过食物配给、取缔市场贸易和低收入政策等措施来限制占领区的粮食消费，从而使占领区生产的粮食越来越多地被运到德国去。1943 年 1 月，德国食物配给量的热量值是 1 980 卡，荷兰的这一数值为 1 765 卡，比利时的这一数值为 1 320 卡，法国的这一数值是 1 080 卡，波兰总督府（德占波兰的一部分）的这一数值仅为 855 卡，还不到德国的一半（Harrison，1998a）。

战时的英国也不得不促进本国的农业生产，土豆产量上涨了 80%，谷物产量上涨了 90%，小菜园的水果和蔬菜的种植也增加了，因为从国外得到稳定的粮食供应越来越困难。畜牧业的情况却不太好，由于草料有限，牛的数量的增加限制了猪的养殖数量。总之，这些措施确保了土豆和面包的足额供应，使英国的平均消费水平与战前没有太大的区别。

1943 年的苏联，其国营农场和集体农庄的谷物产量还不到 400 公斤/公顷。尽管到 1945 年国营农场产出已经达到 510 公斤/公顷，集体农庄产出达到 670 公斤/公顷，但这也只不过是战前水平的 60% 而已。

180 工业

总体情况

在我们的考察期（1913—1938 年），欧洲工业增长缓慢，其速度远低于第一次世界大战前的十年，且地区差异明显（见表 9.5）。北欧国家和荷兰的工业在其始于 19 世纪后期的追赶"核心工业国"的过程中始终保持着高增长速度。而比利时和瑞士——两个地域面积虽小却高度工业化的国家——在 1913 年却陷入了停滞。此外，伊比利亚半岛和一些中东欧国家的制造业也缺乏活力，尽管其人均工业化水平很低。因此，除了西北欧，1913 年到 1938 年间欧洲的工业化并没有取得很大的进步。

第一次世界大战从几个方面严重地破坏了欧洲的工业发展。首先，军事需求促进了诸如钢铁、机械、造船、化学等行业的发展。一旦战争停止，这些过剩的生产能力很难得到消化。停战后不久，由于法国和比利时决定在更大规模上重建它们战时被毁坏的钢铁和机械行业，所以这一生产能力过剩的问题就变得更加严重。

表 9.5　　　　　1913—1938 年人均工业化水平（英国 1900 年的水平＝100）

	1913	1928	1938
西北欧			
比利时	88	116	89
丹麦	33	58	76
芬兰	21	43	59
爱尔兰	—	23	40
荷兰	28	61	61
挪威	31	48	76
瑞典	67	84	135
英国	115	122	157
南欧			
法国	59	82	73
希腊	10	19	24
意大利	26	39	44
葡萄牙	14	18	19
西班牙	22	28	23
中欧以及东欧			
奥地利		56	64
保加利亚	10	11	19
捷克斯洛伐克	—	66	60
德国	85	101	128
匈牙利	—	30	34
波兰	—	22	23
罗马尼亚	13	11	11
瑞士	87	90	88
南斯拉夫	12	15	18
欧洲		76	94

资料来源：Bairoch（1982）。

　　其次，战时庞大的军费开支和运输的困难导致欧洲交战国的传统出口市场难以维持正常的出口数量，于是欧洲的中立国和一些发达的海外国家，如澳大利亚、加拿大、南非等开始积极采取进口替代政策。此时美国和日本抓住机会，增加其对亚洲和拉丁美洲的出口。因此欧洲交战国在战后面临着出口机会的减少和贸易结构的失衡（Wrigley，2000；Broadberry and Harrison，2005a），在这种情况下贸易保护主义的呼声愈来愈高也就不足为奇了。

除了这些不利的结构性因素外，战争和汇率政策对 20 世纪 20 年代的工业产出的影响也非常深远。由于战争的损耗和普遍存在的社会政治动荡使得德国、奥地利、匈牙利等战败国陷入深深的战后危机中。后来的通货膨胀带来了迅速却短暂的复苏，因为螺旋上升的价格很快就失去控制。随着货币失去它的基本功能，制造业也再一次滑进了衰退的深渊。直到 20 世纪 20 年代后期才进入了新一轮的复苏。这一时期，德国曾试图在钢铁、机械、化学行业推行一个深刻的产业合理化进程，不幸的是，这一计划在很大程度上要依靠不可持续的外债，因此没有取得成功。

奥地利和匈牙利仍然在贸易保护主义盛行的环境下处理西班牙哈布斯堡帝国倒塌的后事。然而，捷克斯洛伐克的情况告诉我们，关于它的讨论并不应该延伸太远——虽然在起初经历了一些困难，但是随后捷克斯洛伐克的制造业实现了欧洲最令人瞩目的增长率之一。虽然这个新成立的国家继承了原哈布斯堡帝国的大部分工业，但也要看到，这个新政权被一群不那么友好的邻居包围着。技术创新在其成功中扮演了重要角色，这从 Bat'a 鞋业公司的崛起就可以看得出来，这家公司从美国引入了批量生产方法、纵向一体化、现代福利政策等，并在 1928 年一举成为行业的世界领导者（Teichova，1988）。

巴尔干半岛国家的工业化得益于它们的进口替代需求。但是生产力过剩和规模不经济导致许多国家只能生活在高关税壁垒之下。一些国家的手工业产品比机械工业产品增长更快，但罗马尼亚以出口为导向的石油开采和成品油是一个有趣的特例，因为石油这一产业属于现代工业中的一个特殊的行业。除此以外，食品加工业和纺织业成为主导行业，化学、机械、冶金等行业因为战略原因也得到国家的大力支持。南斯拉夫就显著加大了其对铜、铅、锌、铬的开采力度（Berend，2006）。

法国和比利时尽管是第一次世界大战的战胜国，但是由于它们的主要工业区在战争中遭到严重的破坏，所以到1920 年时其工业增长仍然很慢。不过战后的重建进展很快，到 1924 年它们的制造业产出已经超过了战前的水平。法国、比利时以及意大利都没有为了恢复到战前的物价水平而采取严厉的通货紧缩政策，这在一定程度上也刺激了其经济的复苏。但是，持续的通胀压力使这几个国家的货币不再坚挺，有时汇率下跌的速度甚至超过了国内的物价上涨速度。于是法国、比利时和意大利的出口商充分地利用了这次货币贬值。首先，他们以低于国际（国际上通常用美元或英镑计价）水平的价格销售商品来抢占市场份额；其次，他们利用国内投入品价格上涨需要时间来调整这一时间差以取得更大的利润。

1926 年起的币值稳定标志着以出口为导向的经济增长的结束。尽管此时法国法郎和比利时法郎遵循一价定律下的金本位制度，但是商人们已经意识到"简单获利"的时代已经一去不复返了。于是他们用 20 世纪 20 年代早期取得的巨额利润进行大规模的投资以使其工厂、设备满足现代化的需要，这就使生产生产资料的行业扩张得尤其迅猛（Buyst，2004；Dormois，2004）。但是意大利在 20 世纪 20 年代后期的表现却差强人意，主要是因为墨索里尼将里拉的汇率稳定在一个高估的水平上（Cohen and Federico，2000）。

像英国和意大利这样的中立国和参战国在第一次世界大战中没有受到大规模的破坏，因此在 20 世纪 20 年代初期其工业产出水平都不低于 1913 年时的水平。尽管拥有有利的初始条件，但是英国、丹麦和挪威在 20 世纪 20 年代发展得并不好。这几国都实施了通货紧缩政策，试图回到第一次世界大战前金本位制时的价格稳定状态。然而，高税率和过紧的信贷环境使国内需求增长的压力颇大，同时高估的币值也削弱了其产品的国际竞争力，而且通缩政策加大了政府和公司的实际债务压力。

尽管如此，我们不能把所有的过错都推到汇率政策身上。荷兰和瑞典也实施了通缩政策，但是它们特有的经济结构和经济的灵活性使其工业增长在 20 世纪 20 年代后期表现良好。这两个国家成功地发展了一些新兴产业，比如电气工程和人造纤维（荷兰）以及机械和耐用消费品（瑞典）。英国的情况与此完全不同。英国的制造业仍然集中在纺织、采煤、钢铁、造船等传统的产业，而且其产品大多出口，因此国际环境变化对英国的影响非常大。所以 20 世纪 20 年代的需求增长乏力、传统市场（印度、欧洲大陆）的进口替代政策以及来自美国和日本的竞争给英国制造业造成了致命的打击。直接后果就是英国的失业率提高和由此带来的社会动荡，而不稳定的社会结构又阻碍了社会结构的变迁（Maizels，1965；Broadberry，1997）。

新成立的苏联却成了一个特例。1920 年，严峻的内战使其工业生产基本停滞了。战时共产主义政策使得其经济牢牢把握在政府手里，同时政府也将一些重要的生产部门国有化了。内战结束后，列宁恢复了企业家的自主权，尤其是从事轻工业的企业家。尽管新经济政策取得了一定的成功，但是从 1928 年开始，斯大林改变了路线。他制定了建立在中央计划经济、全面国有化、自力更生、强制工业化基础上的五年计划，旨在通过掠夺农业剩余和强制储蓄来加速机械和重工业的生产（Allen，2003）。

在大萧条时期，除了苏联，欧洲所有的国家都遭遇了工业产出的下降。德国无疑是最严重的一个——外国借款骤减、严厉的通货紧缩政策、严重的经济危机。大规模的失业使本来已岌岌可危的魏玛共和国信誉扫地，也最终推动了纳粹政权的建立。四年计划促进了重工业的发展，对重整军备也或多或少起了些作用。在严格的监管下，德国实际工资长期处于较低水平，导致消费品的生产恢复迟缓。基于同样的原因，那个有名的高速公路建设计划也主要是出于宣传目的，因为德国根本没多少车需要跑高速公路。外汇管制和自给自足的经济政策为即将出现的战争经济描绘了蓝图（Ritschl，2002a）。

在其他国家，工业复苏的速度很大程度上取决于采用的汇率制度（Eichengreen and Sachs，1985）。一开始就让本国货币贬值的国家比那些坚持金本位制的国家复苏得更早一些。英国就是一个很好的例子，它在 1931 年 9 月就废除了金本位制，允许英格兰银行实行低息政策。低利率刺激了建筑业及制砖、水泥等相关行业的发展。消费品制造业也从低息政策和扩大的电力供应中得到好处。英镑相对于其他欧洲国家货币的贬值也给英国的出口商带来了一点竞争的优势，尽管这种作用可能不应该过于夸大。1932 年实施的帝国特惠制使得英国的制造业避免了与欧洲大陆国家的直接竞争（Broadberry，1986）。

与英国贸易往来密切的北欧国家向英格兰银行学习，采取低息政策，于是从 1933 年起工业强劲复苏。瑞典除了降息，还大举增加公共支出，但是拉动工业增长的最重要的原因却是出口：向纳粹德国出口铁矿石，向英国出口耐用消费品、纸张以及纸浆等。

黄金联盟国家——法国、比利时、荷兰、意大利、瑞士、波兰——决定维持它们的黄金平价。但是，由于缺乏竞争力、采取通货紧缩政策、资本大规模叛逃，这个联盟仅维持到 1936 年年底。这时它们再想通过贬值以在 20 世纪 30 年代中期的世界经济复苏中分一杯羹为时已晚。1937 年，一次新的衰退开始了，法国的工业产出再也没有回到 1929 年的水平。但是在法国这萧条的经济形势下也有一丝绿意——炼油业快速增长并成为法国最重要的产业之一（Smith，2006）。

20 世纪 30 年代早期，日益严重的农业保护主义、迅速恶化的贸易条件以及外债危机是大多数中东欧国家的痛苦所在。奥地利和捷克斯洛伐克由于缺少外汇，不能大量进口工业产品，这也沉重地打击了该地区的工业出口。波兰则尝试着将一些工业企业收归国有，主要是化工、军工、钢铁生产等企业，这其实是在克拉科夫和利沃夫之间建立一个中心工业区的宏伟计划的一部分；南斯拉夫也尝试在其铁矿区建立一个工业中心区。但是这两种建立工业区的做法对其经济结构和经济表现的影响可以说是微乎其微（Turnock，2006）。

正当大多数欧洲国家都陷入大萧条的泥潭时，苏联却经历了工业上的一次飞跃，只不过不同行业、不同部门之间差异显著。1927 年到 1940 年，苏联的生铁产量翻了两番，其研制的锅炉的效率也可与美国的相媲美。但是其消费品生产却远远落后，20 世纪 30 年代早期，食品加工、羊毛制品、皮草业由于农业的崩溃而受到很大影响。到 30 年代末，扩军压制了民用经济（Allen，2003）。

两次世界大战期间，所有被纳粹占领的地区都遭受了残酷掠夺，其中波兰和苏联的沦陷区最为严重，许多战犯和普通市民被当做奴隶，最终死在德国的工厂里。在西欧，这种掠夺没那么残忍，但却更有效率，其主要是通过强制劳动、高额税收以及对原材料（比如法国的铁矿石、化学药品等）的掠夺实现的。西欧国家的很多生产资料因为缺少投资和维护而报废了。但是在德国却是另一番景象：尽管遭受了盟军的战略轰炸，但是 1945 年 5 月其工业资本存量仍比 1939 年要多出三分之一（Harrison，1998a）。

部门发展

在两次世界大战之间的时期里，从相对量来说，欧洲能源供应主要靠煤炭，但从绝对量来看，这段时间里煤的供应量并没有增长。首先是因为蒸汽机逐渐被廉价、小巧灵活的电动机取代了。当然，发电厂也会用煤，但是效率是不一样的，火电厂的发电效率有了跨越式的提高并且水电也占据了重要的地位。其次，由于燃煤船逐渐被燃油船所取代以及国际贸易的不景气，燃料贸易也受到了不良影响。类似地，在铁路运输方面，电动机和柴油机也威胁到传统蒸汽机的统治地位，而且铁路运输也面临着来自汽车的日益激烈的竞争。最后，与1913年前相比，钢铁行业的增长速度明显放慢了，但是其能源的利用效率却提高了（Svennilson，1954）。

英国的煤炭开采业受到的影响最大，因为其煤炭生产高度依赖出口（见表9.6），过去欧洲大多数燃料煤都是由英国提供的，可是现在却面临欧洲国家的进口替代政策以及波兰这样的新燃料出口国的兴起的威胁。国内因素也有影响，部门间的高度分割阻碍了规模经济和机械化的进程。

表9.6　　　欧洲煤炭、钢铁、电力、化工产品的生产情况（1913—1938年）

A　煤炭（百万公吨）

	1913	1920	1929	1938
英国	292.0	233.1	262	230.6
德国*	154.0	140.8	177	186.2
俄国（苏联）*	28.0	6.7	36.6	115.0
法国*	43.8	24.3	53.8	46.5
波兰	n/a	31.7	46.2	38.1
比利时	22.8	22.4	26.9	29.6

B　钢铁（百万公吨）

	1913	1920	1929	1938
德国*	14.3	9.3	18.4	22.7
俄国（苏联）	4.9	0.2	4.9	18.1
英国	7.8	9.2	9.8	10.6
法国*	7.0	3.1	9.7	6.2
意大利	0.9	0.8	2.1	2.3
比利时	2.5	1.3	4.1	2.3

C　电力（兆千瓦时）

	1913	1920	1929	1938
德国	8.0	15	30.7	55.3
俄国（苏联）	1.95	0.5	6.2	39.4
英国	2.5	8.5	17.0	33.8
法国	1.8	5.8	15.6	20.8
意大利	2.0	4.0	9.6	15.5
挪威	n/a	5.3	7.8	9.8

续前表

D 化工产品（其价值占世界产出的百分比,%）

	1913	1920	1929	1938
德国	24.0	16.0	17.6	21.9
英国	11.0	10.2	9.3	8.6
俄国（苏联）	3.0	3.6	5.7	8.2
法国	8.5	6.7	7.6	5.6
意大利	3.0	3.1	4.3	4.1
比利时	2.5	2.0	1.9	1.7

注:* 1913：两次世界大战之间的时期的界限。

资料来源：Svennilson (1954)、Mitchell (2003)。

　　从长期来看，欧洲的钢铁消费量一直在增长，只不过速度比1913年之前慢了许多（见表9.6B）。然而，钢铁行业一直饱受产能过剩的困扰，尤其是经历了战时的行业扩张、战后法国和比利时对钢铁行业的大规模重建、政府支持的进口替代政策等。最大的表现就是价格的下行压力增大，于是各家公司不得不通过合并（主要在德国）、增产、签订非竞争协议等来应对市场困境。

　　所谓的第一和第二国际钢铁卡特尔建立不久，国家卡特尔组织也建立了。一开始这些辛迪加组织只是把欧洲大陆的主要生产商联合在一起，到20世纪30年代，英国和美国的公司也加入了。它们的主要目的是根据配额来限制产量。配额制度是由一系列双边协议组成的，原则是将国内市场留给国内的生产者。这一组织的成功就在于它可以轻松地将国内价格抬升至国际水平之上。政府部门不仅不阻止这种垄断势力的形成，而且有时甚至积极地参与其中，比如德国和意大利的政府（Munting and Holderness，1991）。

　　新兴的汽车行业无疑是个前景光明的行业，尽管之前由 Henry Ford 引进的批量生产技术在此时的欧洲发展得很慢，而且欧洲大陆和美国在生产能力方面的差距依然巨大。在供给方面，工人们坚持采用基于手工的灵活生产技术来保护他们的独立性和技艺。需求方面，欧洲市场被高关税搞得七零八散，没有形成大规模的汽车市场（Broadberry，1997）。由于以上原因，欧洲的汽车生产成本相对于其工资水平来说比美国要高得多，因此汽车保有量也比较低。尽管如此，事情还是在朝着有利的方向发展：大规模的企业合并减少了欧洲汽车生产商的数量，而对车辆和燃料的高税率反而促进了欧洲小型汽车的发展。

　　电气工程在这一时段的发展也很迅猛。19世纪后期的许多发明直到第一次世界大战后才被广泛应用。长途输电技术的进步促进了大规模发电厂的建设，巴黎的电力主要是由坐落于比利时边境煤矿区的发电站提供的，而波河平原的工业中心的电力主要是由位于阿尔卑斯山的水电站供应的。随着输电量的增加，单位成本进一步降低了，这也刺激了工业用电和生活用电的需求（Svennilson，1954，表 9.6C）。

电动机很快就取代了蒸汽机，发电机、变压器、交换机等相关设备的生产规模也跟着扩大了。飞利浦成为国际上有名的灯具企业。收音机、洗衣机、电热水器、吸尘器等家用电器发展迅速，但也面临着跟欧洲的汽车行业一样的困境——分割的市场不利于开展大规模生产。因此，一些电器即使在国内的中产阶级中也没有得到普及。

第一次世界大战严重影响了化工业的发展。到 1913 年一直是德国垄断了某些有机化工产品的生产，比如合成染料、药物等（见表 9.6）。第一次世界大战时许多同盟国（比如英国）在政府的支持下，花费了大量精力来建造自己的化工厂。战时的英国极度缺乏军装染料和药物，盟军甚至占领了德国在国外的专利权和工厂。停战后，一些欧洲国家继续实行进口替代政策，因此化工业开始出现产能过剩的苗头。价格压力以及战时的合作协议促进了国家卡特尔组织的成立，1925 年，德国的一些主要的化工厂合并组成了法本化学公司（IG Farben）。这次合并和德国化工业在新技术基础上的快速复苏也刺激了英国的化工业的合并，产生了帝国化学公司（Imperial Chemical Industries，ICI）。这个大型组织随后通过签订一系列协议垄断了化工产品的国际贸易。政府再一次在降低竞争和维持价格方面发挥了积极的作用（Travis，1998）。

服务业

总体情况

从表 9.1 中可以看出，1913 年至 1945 年欧洲第三产业的从业人数在快速增加。尽管南欧、中欧、东欧的劳动力中从事服务业的比例上升很快，但是这一比例与西北欧的差距还是很大。英国和荷兰的这一比例一直是最高的，而巴尔干半岛国家和波兰的这一比例则不超过 20%。对于这一产业我们将重点关注航运、铁路与陆路运输业，金融业和销售业。这一时期个人服务业仍较少。在高收入国家，家庭工作和宗教服务的作用在降低，而教育、医疗、社会服务变得越来越重要（Krantz，1988；Thomas，2004）。关于教育的内容在第 10 章会详细涉及。

部门发展

第一次世界大战期间，大部分国家不再依赖英国和其他参战国提供的国际航运服务了。于是美国和几个中立国决定建立并扩大它们自己的商业船队。此外，《凡尔赛和约》要求德国将其大部分舰队交给盟国管理，于是德国也迅速重建了它的商业船队。这样到 1920 年世界船舶总吨位远远超过了 1913 年的水平，而世界贸易额则勉强才恢复到战前的水平。由于许多政府通过补贴、优惠以及建立国有船队来进行干预，所以仅靠市场的力量就难以解决产能过剩的问题。英国的航运公司不断合并最终形成五家大的公司。限制竞争的策略逐渐达到顶峰，大的航运公司通过航运会议系统成功地控制了运价。

英国由于受到这些发展的重创而失去了它在航运业的霸主地位并再也没能重拾其往日辉煌：它的市场份额从 1913 年的 40％大幅下降到了 1939 年的 26％（见表 9.7）。燃煤船向燃油船的过渡也成为英国的大问题。第一次世界大战之前，英国的船只向欧洲运输粮食和其他原材料时可以将英国的煤炭输送出去，但随着煤炭贸易的减少，英国船只失去了其相对于希腊和其他竞争对手的成本优势。油轮业务方面挪威已取得了领先地位。在这种情况下，英国的船队越来越依赖国内的海运贸易（Broadberry，2006）。

表 9.7 　　　　　　　　1913—1939 年世界水上商业运输情况 　　　　　　　（单位：百万吨）

	1913	1920	1929	1939
英国	18.3	18.1	20.0	17.9
美国	4.3	14.5	13.5	11.4
德国	4.7	0.4	4.1	4.5
法国	1.8	3.0	3.3	2.9
欧洲七国*	7.6	9.0	14.3	16.7
世界总计	43.1	53.9	66.4	68.5

注：* 意大利、荷兰、瑞典、丹麦、挪威、希腊以及西班牙。
资料来源：Svennilson（1954）。

在西欧及北欧的大部分国家，铁路的"黄金时代"也结束了。铁路线的长度几乎没有增加，客运量（人—公里）和货运量（吨—公里）的增长速度与第一次世界大战前相比也放慢了，英国的货运量甚至下降了。在所有的高收入国家，公路运输量（尤其是短途客运）都超过了铁路运输量，因为公路运输更加灵活，价格也便宜（见表 9.8）。

大多数国家的铁路公司即使不是国有，也与政府关系紧密。于是它们利用自己的政治影响力来对公路运输施加各种各样的限制——通过严格的牌照发放机制来限制新进入此行业的厂商，通过对机动车和燃油征收高额的税负来增加其运营成本。然而如果我们只将其归咎于铁路公司那也欠缺公平，因为公路运输业的先进入者也从中获取了巨额的利益（Millward，2005）。

东欧的情况却大不相同。1920 年早期，许多国家不得不根据新边境来调整它们的铁路网，例如波兰就有了三种不同的铁路系统。国家在解决了这一问题后，才开始继续扩大铁路网和铁路交通规模。因此这时的公路运输相对来说贡献有限。一些地区甚至还在广泛使用驴和马来作为运输工具（Ambrosius and Hubbard，1989；Turnock，2006）。

表 9.8　1922—1938 年欧洲拥有机动车最多的国家的情况（每千人拥有的机动车数量）

A　轿车
（单位：辆）

	1922	1926	1930	1935	1938
法国	5.1	14.3	26.0	37.7	41.9
英国	7.4	16.9	24.5	33.0	38.7
丹麦	5.4	18.0	22.0	24.9	29.4
瑞典	3.9	12.7	17.0	17.5	24.9
德国*	1.3	3.4	7.8	2.7	20.7
比利时/卢森堡	3.8	6.5	12.9	12.9	18.6

B　商用车辆

	1922	1926	1930	1935	1938
法国	2.4	7.5	9.1	12.0	12.2
英国	3.0	6.0	8.6	10.4	12.1
丹麦	1.5	5.2	9.0	10.6	11.4
瑞典	1.2	3.6	6.7	8.0	9.8
比利时/卢森堡	0.8	5.4	7.2	7.3	9.6
荷兰	0.4	3.5	6	5.9	6.4

注：* 1938 年的数据包括奥地利和苏台德区。
资料来源：Svennilson（1954）。

第一次世界大战及其后果严重地影响了金融部门。伦敦国际金融中心的地位被纽约抢走，恶性通货膨胀也大大削弱了欧洲国家的银行业的实力。其中，德国的银行业不得不放松它们对重工业的控制。合并浪潮的威胁和挑战成了许多国家的银行必须要面对的问题。寡头竞争逐渐显现。大银行更多在服务上而非价格上进行竞争，那么扩充分支机构的数量就是一个能有效吸引客户的策略。金融网络的扩张也带来了一系列的好处——组织的高效化、程序的标准化以及功能的专业化（Thomas，2004）。

东欧在哈布斯堡帝国统治时期曾是维也纳银行的后花园，在 20 世纪 20 年代却成了英国、法国、比利时、德国银行家的必争之地。这些外国投资者只向当地机构提供短期贷款而不进行股权投资（Turnock，2006）。20 世纪 30 年代这些外国投资者短期内抽回了其贷款，给东欧国家的银行体系造成了严重的破坏。政府只能救助大的银行，不得不任由无数的小银行倒闭（Cottrell，1997）。

20 世纪 30 年代早期的银行业危机并没有局限在东欧，而是很快席卷了整个欧洲大陆。为挽救金融体系，魏玛共和国实际上几乎将德国所有的大银行都国有化了。而意大利和比利时将全能银行分拆成存款银行和金融控股公司。在意大利，很多原来由私人持有的工业股票最后都由 IRI——一个公共持股公司——接手了（Toniolo，1995）。一些国家的私人银行无法再获得公众的信任，因此其存款直到第二次世界大战爆发也没有恢复到危机前的水平。政府普遍开始建立公众信贷机构来填补这一信用缺口，但是也仅仅在投资方面起了一点作用（Feinstein，Temin and Toniolo，1997）。

　　谈到销售时，区分一个国家中进行国际贸易的批发商和国内的批发商以及零售商是非常必要的。显然传统商行的贸易会受到爱国主义经济的抵制。欧洲经济开放程度的降低（不包括斯堪的纳维亚半岛国家）只是其中一个原因。国内贸易和由几个大公司控制的国际市场组织的地位的上升也对传统商行产生了一定的负面影响。当然传统商行也不必过于悲观。汇率管制的放松和一系列的贸易协定使传统商行从每一笔国际贸易中可以获取更多的利润。电信业的情况如表 9.9 所示。

表 9.9　　　　　　　　　　　　　　　　　电信业

A　每千人拥有电话的数量（部）

	1913	1932
丹麦	42	98
瑞典	39	93
挪威	31	70
德国	19	46
英国*	16	46
法国	7	30

B　每千人拥有电台牌照的数量（张）

	1938
法国	195
英国	181
丹麦	176
瑞典	146
比利时/卢森堡	126
荷兰	112

注：* 1913 年的数据仅指不列颠地区。

资料来源：Millward（2005）。

　　在高收入国家，合作社、百货商店、连锁店等大型零售商的市场份额不断增加，小商店的市场份额则不断被其蚕食。不过小商店在高时效要求的商品方面仍然具有优势，比如水果、蔬菜、烟草、糕点、报纸、杂志等。大萧条时期很多失业工人尝试着通过经营小商店或小酒吧来艰难地维持生计（Peeters，Goossens and Buyst，2005）。但是中小企业并不欢迎这些小竞争者在本已缩水的市场中分一杯羹，所以贸易保护的呼声高于以往任何时候。于是德国和其他国家开始实行准入管制，尤其是对大型零售商（Braun，1990）。所有这些因素都导致了生产力的退化。

第 10 章 | 人口与生活水平 (1914—1945 年)

罗伯特·米尔沃德 (Robert Millward)

约尔格·贝登 (Joerg Baten)

引言

1914—1945 年发生了内战、饥荒、经济萧条、大量人口迁移、种族清洗和世界大战，同时这期间人口变化的趋势也十分显著。欧洲的人口从 1913 年的大约 5 亿增长到 1950 年的 6 亿，这主要是因为死亡率的下降而非生育率的提高。1913 年，欧洲各国的生育率与死亡率之间的差额差别很大，东欧和中欧地区的这一差额最高。接下来的 30 年里，尽管受到一些短期的不利因素的影响，但是各国的死亡率与生育率都大大降低了，且国与国之间的差别也减小了。本章的内容就是关于人口发展的。

这一时期的另一个特点就是欧洲的大规模人口迁移。经济上，当时的经济重心从农业转向了工业，从而引起了人口从农村向城市的转移，这将在后面的章节有所分析。政治上，三个多元文化政权（奥斯曼帝国、沙俄帝国、奥匈帝国）的垮台，以及德意志帝国在两次世界大战中的扩军与裁军引起了大规模的人口迁移、种族清洗。

那么这些巨大的变革给人们的生活带来了哪些影响呢？实际上在这一时期，人们的工资水平上涨了，平均预期寿命延长了，受教育程度和文化水平也有所提高。我们将研究国与国之间的这些情况有何不同以及衡量生活水准的一些新指标——HDI、身高等。

公共健康与平均预期寿命的变化

历史上人口统计学家通常将 18 世纪以后称为欧洲人口大迁移时期。一开始，人口增长还比较缓慢，各种传染病、粮食歉收、脏乱的卫生环境和落后的医疗措施等造成的高死亡率抵消了高出生率的作用。19 世纪时，出生率和死亡率双双开始下降，但是 1914—1945 年，这种双降的局面就急剧地扭转了。20世纪 40 年代出现一次婴儿潮，不过此后一直到 20 世纪末期，人口增长率一直维持在较低的水平上。这种人口结构的变化并不符合马尔萨斯的观点。尽管工资水平有所提高，但出生率却下降了。而死亡率的下降显然是由环境的改善和医疗水平的提高造成的，但在马尔萨斯看来，这会导致生存危机。

19世纪后半期开始，几乎整个欧洲的死亡率都下降了（见第5章），19世纪后期下降的幅度还比较缓慢，1914—1945年下降速度明显加快，涉及范围更广。1850—1970年这120年里人们平均预期寿命的延长有一半都发生在1914年以后的30年里。图10.1和图10.2描绘了几个国家自1900年起每隔5年的死亡率情况（选择5年是为了体现长期趋势）。

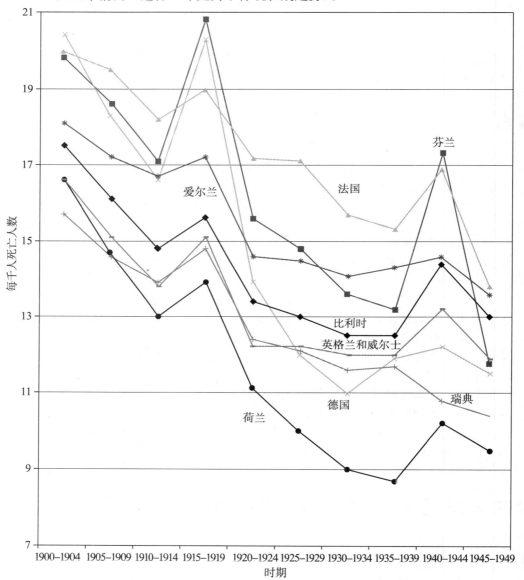

图 10.1　1900—1949 年北欧和西欧的死亡率情况（按当代边界）

注：法国、德国、英格兰和威尔士地区的死亡人数不包括 1914—1919 年的战争伤亡人数。荷兰的死亡人数不包括 1939—1949 年的战争伤亡人数。

资料来源：Mitchell（1976；2003）。

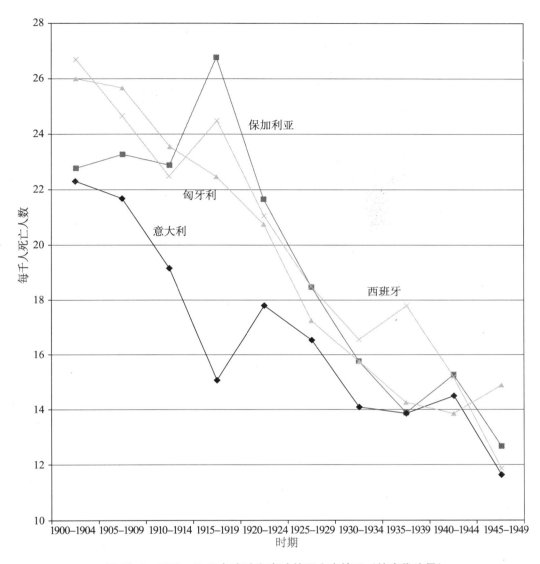

图10.2　1900—1949年南欧和东欧的死亡率情况（按当代边界）

注：意大利和匈牙利的数据不包括战时伤亡人数。

资料来源：Mitchell（1976；2003）。

　　从图10.1和图10.2中可以看出，在20世纪早期，各国死亡率差异比较大，东欧和南欧的数据要高一些。丹麦和荷兰在1910—1914年的死亡率为13人/千人，俄国的该数据为28人/千人，土耳其的该数据估计超过36人/千人。俄国（苏联）的死亡率走势是很不寻常的。尽管俄国（苏联）的数据的真实性颇具争议，但是Wheatcroft（1999）对其信息来源经过认真核对后认为俄国（苏联）的死亡率后来的确显著下降了。尽管存在普遍的饥荒、战争的威胁、劳工被迫迁移等不利因素，但是死亡率还是下降到了1948年的11人/千人。Wheatcroft认为，大量的短期福利损失与长期的平均预期寿命延长共同发生的现象的确很不寻常。俄国（苏联）是个特殊的例子，不过德国跟其他国家的死亡率在这一时期也显著下降了。我们取得的数据可能有一些水分，但是这不妨碍我们从中得到的重要信

息的真实性。到 20 世纪 40 年代末，大多数国家的每千人死亡人数降到了 9～14
人。当然，仅看死亡率数字无法使我们得到各年龄段的人口的死亡分布情况，实
际上，婴儿死亡率不断下降，并且一直持续到 1950 年后（见第 15 章）。从图 10.3
和图 10.4可以看出，在 1910—1914 年，挪威的婴儿死亡率为 66 人/千人，而许
多大工业城市达 150 人/千人[①]，在匈牙利和一些东欧国家，这一数字更高。虽然
婴儿死亡率与其他年龄段的死亡率情况不完全相同，但婴儿死亡率的降幅是最大
的，这是平均寿命延长的重要原因。1910 年丹麦、英国、威尔士的平均寿命是 55
岁，俄国的平均寿命是 37 岁，土耳其的平均寿命还不到 35 岁。到 1950 年，人们
的平均寿命基本都超过了 65 岁（Shorter，1985；Caselli，Mesle and Vallin，1999）。

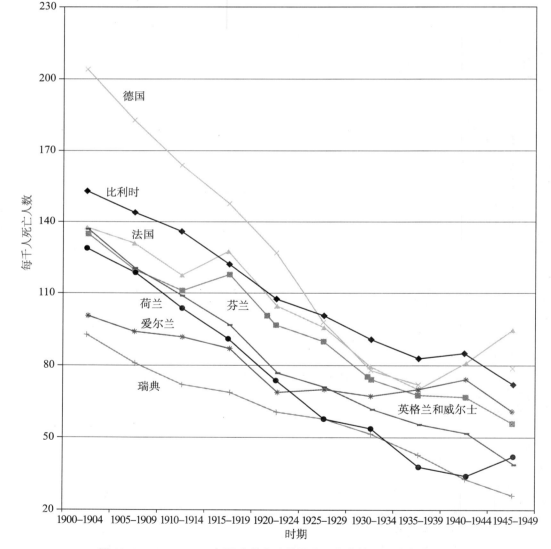

图 10.3　1900—1949 年西欧和北欧的婴儿死亡率情况（按当代边界）
资料来源：Mitchell（1976；2003）。

---

① 原书如此，疑有误。——译者注

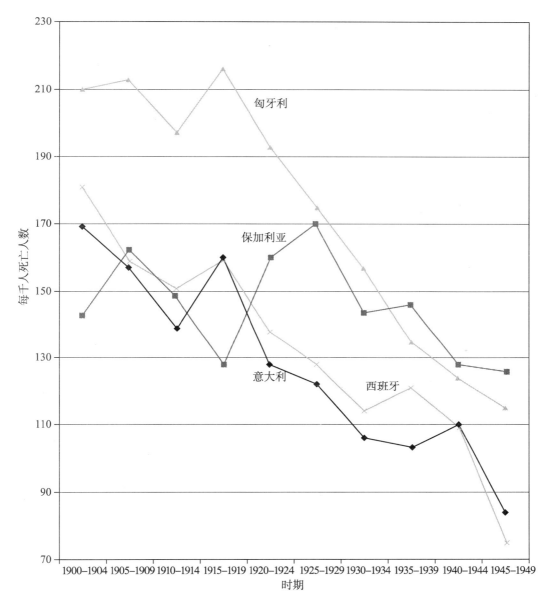

图 10.4　1900—1949 年南欧和东欧的婴儿死亡率情况（按当代边界）

资料来源：Mitchell（1976；2003）。

医疗的进步是死亡率降低的最重要的原因。20 世纪初，传染病是威胁人类生命的最大问题，对 15～64 岁的人来说，最棘手的是肺结核；5 岁以下的孩子面临的最大威胁是流感、支气管炎、肺炎等通过空气传播的疾病；对婴儿来说其最大的威胁则是痢疾和先天性缺陷。各国对疾病的分类及其相关数据的可信度是不一致的。意大利、英国和威尔士的数据质量还是比较高的，其数据显示 1911—1951 年平均寿命的延长一半是因为空气传播类疾病导致的死亡的减少，还有四分之一是由于小孩的痢疾、肠炎以及新生儿的先天性缺陷等疾病导致的死亡的减少。意大利由痢疾和肠炎导致的死亡的相应减少量要远远大于英国和威尔士的相应减少量（19 世纪后期），但是由其他疾病导致的死亡的减少量比较小。其他国家——荷兰、丹麦、德国、西班牙、葡萄牙——的情况也差不多。但是捷克斯洛伐克的波西米亚和摩拉维亚地区与经济欠发达的斯洛伐克和喀尔巴阡山地区的情况却完全不同。与西欧和东欧的情况刚好相反，在 1900—1950 年这些地区的传染病减少了，心脑血管疾病和癌症却增加了，但在东欧城市，在更晚的时候，心脑血管疾病和癌症才成为主要的杀手（Caselli，1991；Masova and Svobodny，2005）。

这些成就并非大多来自医学知识的进步。像卡介苗（BCG）和链霉素这样治疗结核病的疫苗和药物在我们研究的此段时间内虽然已经出现，但并不普遍，影响也不大。当时的妇产科医学也很落后。公共健康水平的提高主要是由于居住条件、垃圾处理、饮用水等条件的改善以及营养水平提高增强了人对疾病的抵抗能力。婴儿的死亡率也取决于胚胎的情况，与其母亲的健康程度相关。

始于 19 世纪末期的死亡率的下降也催生了大量研究营养对公共健康所起的作用的文献（与本卷第 5 章比较），但却鲜有关于死亡率在 1914 年至 1945 年间的急剧下降和趋同的辩论，同时，这种状况为什么没有更早或更晚出现也没有很多研究。我们认为关注 20 世纪前十年里在环境卫生、居住条件、健康教育和咨询以及母亲健康水平的不断提高等方面出现的有利因素是很重要的。提高公共健康水平需要大量的资金支持，尤其是在排水系统和供水系统方面的投资。尽管文献中对 19 世纪的公共健康运动都极尽吹捧，但是对公共健康的大量投资直到 19 世纪 90 年代末和 20 世纪初才开始出现，有些国家甚至更晚。这些都是大型的基础设施建设项目，它们的影响将会持续到此后的 50 年左右。例如，20 世纪初德国许多城市的饮用水质量很差，厕所虽然普遍，但抽水马桶还远未普及。有明显证据证明英国和德国为改善公共卫生环境而做的努力开始得较晚，这两国也基本能够代表整个西北欧的情况，不过跟南欧和东欧相比它们仍算早的（Bell and Millward，1998）。婴儿死亡率下降的另一个同等重要的原因是从 20 世纪早期开始对孕妇健康的投入加大。关注婴幼儿健康的运动在第一次世界大战之前的十年里席卷了欧洲大陆。1900—1914 年通过了多项法律来推进婴幼儿健康运动，这些法律支持了多项活动，助产士和托儿所增多了，提倡母乳喂养的宣传小册子和咨询服务也增多了。

19 世纪末期家庭规模的缩小和生育率的降低减少了家庭内部传染疾病的情况，这种趋势也一直持续到了 1913 年。两次世界大战间的和平年间是住房数量大规模增加的时期，这让人们有了更大的居住和工作空间。但在 19 世纪的时候，大多数国家的居民的居住空间仍十分拥挤，不注重个人卫生使得本来就脏乱的环境更加恶劣。政府开始介入管理住房，虽然它们所做的也就是对住房设定标准，不过这也确实意味着大多数新建住房都配备了良好的给排水系统，入住率（每间房子居住的人数）也被限制在相对较低的水平。20 世纪 20 年代大多数国家都出现了房地产的繁荣。市政当局在国家的补贴下发挥了积极作用，并且房屋建设大多数面向低收入家庭、贫民窟居民以及新成家的人。在超过5 000 人的德国城市，当地政府的住房补贴支出从 1913—1914 年度的 9 亿德国马克增加至 1925—1926 年度的 1 490 亿马克，到 1928—1929 年度达到了 2 050 亿马克。住房补助只是市政支出的一部分，1913—1914 年度仅占政府支出的0.02%，1925—1926 年度这一比例达到 25%，1932—1933 年度这一比例为23%。即使在爱尔兰这样城市化水平较低的国家，政府在改善住房方面的支出也增加了 9 倍——从第一次世界大战结束时的 34 英镑/千人增加到 1936 年 8 月的 346 英镑/千人。在英格兰和威尔士这样稍微富裕一点的地区，政府住房支出从 67 英镑/千人增加到 1 109 英镑/千人。住房投资并不局限于公共领域，许多国家的私人住房投资甚至超过了政府投资。1911—1951 年，英国的存量房增加了 60%，而人口只增加了 21%，爱尔兰的存量房虽然增加甚少，只有 6%，但是其人口却是负增长的，所以相对来说，人们的居住空间还是更加宽松了。1890—1945 年英国的长期资本形成模式也间接促进了公共卫生、饮水供应、住房条件的改善。19 世纪 90 年代到 20 世纪早期对这三个部门的总投资额几乎与工业部门的投资额相等。20 世纪 20 年代和 30 年代，住房投资的快速增加使得以上三个部门的投资成为英国总投资中比例最大的一块（Mitchell，1988；Balderston，1993）。

英国和德国是首先开始关注并着手改善公共健康和卫生条件的国家，所以我们可以得到其较早时期的数据并不偶然。魏玛共和国时期对公共健康和卫生的大量投资使德国成为一个初级的福利国家。那些关于对清洁且更大的工厂、医院住房等进行更多投资的思想逐渐被经济上欠发达的欧洲国家吸纳了。西欧的公共健康与卫生运动也影响了俄国政府，而且这种影响一直持续到苏维埃政权建立以后。20 世纪 20 年代，苏联的医务人员、医院、结核病中心、托儿所的数量大大增加。同时期西班牙公共健康与卫生的改善则要归功于公共健康计划机构。"社会医学"被看做社会科学与医学知识的结合，但是由于农村地区爆发了大规模的疟疾，除了社会医学的努力之外，西班牙政府也清楚自己对于保障农民人身安全应负有的责任。南斯拉夫和捷克斯洛伐克新成立了公共健康部门，尽管该部门强调集体努力的重要性并且对公共健康也很有帮助，但还是受到了来自传统私人执业医生的抵制。马其顿地区的疟疾之所以很晚才被消灭（20 世纪 60 年代以后）就是因为该地区关于建立公共健康文化的教育存在很多问题（Stachura，2003；Emmons and Vucinich，1982；Dugec，2005；Zylberman，2005）。

以上这些因素降低了疾病爆发的几率（也间接提高了人们的营养水平），同时，人们可获得的食物也增加了，真实工资水平也提高了，尽管增加的幅度并不明显。本章节后面的内容还会对这一时期取得的成就进行更为详细的阐述，但同时我们也要注意，大体上来看，1950 年的人均 GDP 和工资水平比1913 年都有所提高。当然，不同阶层的工资水平差距很大；20 世纪 30 年代的大萧条不仅使工资停止上涨，而且导致了大量失业。另外，生育率的下降使0~15 岁这一年龄段的人口减少，因此无工作人口占劳动人口的比例实际上也下降了，所以至少从总体来看，失业人口对财政补贴的需要一部分被 0~15 岁人口更少的财政补贴需要所抵消了。由于收入的增加和冰箱的发明，这一时期人们消费肉类食物（蛋白质）的比例大大提高了。尽管如此，我们还不能得出收入的增加导致死亡率下降的结论。俄国（苏联）的例子深刻地说明当地的粮食形势也不能解释死亡率的下降，第一次世界大战从 1914 年持续到 1917 年，紧接着是 1917—1922 年的内战和饥荒，然后又经历了 1931—1933 年的大饥荒和 1942—1945 年的饥荒，然而死亡率在这一期间一直是下降的，幅度要超过欧洲任何其他国家。

导致婴儿死亡率大幅度下降的原因主要有三个。首先就是前面提到过的育儿和儿童保育咨询水平的提高。其次，环境的改善减少了婴幼儿暴露在疾病中的风险。最后，也是最重要的：母亲的健康水平提高了。因此在 19 世纪后期未出世的胎儿的健康状况也大大改善了。伴随生育率下降出现的初生婴儿数量的减少很有可能也有助于母亲的身体状况的改善从而也有利于胎儿的健康。19 世纪女性死亡率的下降幅度要远远大于男性，到 1913 年，除了 5～49 岁这个年龄段，女性死亡率普遍低于男性。此后，女性死亡率更是急剧下降，到 1950 年时前述情况已经适用于所有年龄段了。直接因为战争而丧命的女性较少，相对男性她们也很少酗酒，并且随着农业和采矿业（男性主导的文化）的衰落女性在家庭中的地位逐渐提高，因此战时女性开始成为雇佣劳动力，她们大多在纺织部门工作。

欧洲各地的公共健康水平、住房条件、实际工资水平都有所提高，不过东欧和南欧由于其最初的高死亡率，还面临着更多的问题。另外，像我们已经注意到的，关于育儿、保健、公共健康标准的知识得到了广泛的传播。尽管 1914—1945 年对资本和商品市场来说是一个去全球化的阶段，但这一阶段良好的卫生条件及做法却广泛被人们熟知以及认同。到 1950 年，西北欧已经形成了良好的健康环境，而其他国家也在逐渐向西北欧的高水平靠近。几个主要的例外似乎也证明了这一点。一些经济不发达地区的死亡率一直很高，如阿尔巴尼亚和意大利南部地区，这主要是由于保健条件、卫生规范以及医疗支持的缺乏。在土耳其，直到第二次世界大战以后死亡率才开始长期下降。意大利南部地区的婴幼儿持续高死亡率使得整个意大利的婴幼儿死亡率直到第二次世界大战以后才降到 10％以下。阿尔巴尼亚具备不发达国家的所有特征，而在意大利（由于第一次世界大战后重建过程中对北部地区关注较多以及此后的法西斯政策的影响），大部分的社会经济指标显示其南北差距在 20 世纪上半叶扩大了。除了以上几个例外情况，大部分欧洲国家的平均预期寿命的趋同几近完成。

家庭和工作：生育率下降的经济因素

20 世纪上半叶，人口出生率显著下降，与死亡率显著下降的幅度类似。尽管死亡率大幅下降，但是人口出生率下降的幅度之大还是让很多国家开始担心人口增长的停滞，因此"出生率计划"在这些国家中开始盛行。从表 10.1 中几个样本国家的数据可以看出，19 世纪后期就开始出现了出生率下降的迹象，决定性的下降出现于 20 世纪 20 年代和 30 年代。20 世纪早期，各国人口出生率差异还比较大，西欧和北欧低于 30 人/千人，保加利亚为 41 人/千人，而欧陆俄国约为 50 人/千人。法国和爱尔兰由于不同的原因所以人口出生率较低，分别为 19 人/千人和 23 人/千人。一般来说，东欧国家的人结婚倾向较强并且结婚时的年龄较小。在 1920 年，西欧国家 20～24 岁的女性中有四分之三都是单身而在东欧国家这些女性中的四分之三已经结婚。在罗马尼亚、塞尔维亚、保加利亚以及匈牙利，45～49 岁的人口中单身的比例低于 5%，仅为西欧和北欧的一半（Hajnal，1965）。

表 10.1	出生率，1890—1939 年（每千人口出生率）			（单位：人/千人）
	1890—1899	1900—1909	1920—1929	1930—1939
挪威	30.1	27.9	21.0	15.4
苏格兰	30.3	28.7	22.3	18.1
西班牙	34.8	34.4	26.7	23.1
保加利亚	38.8	41.4	36.9	27.2
俄国（苏联）的欧洲部分	49.3	47.2	39.4	35.3

资料来源：Mitchell（2003）。

最初由普林斯顿大学提出的著名的"欧洲生育计划"使得许多国家的出生率在 19 世纪 90 年代出现了决定性的急剧下降（Coale，1986）。法国的出生率下降更是早于这一年代。东欧和南欧的一些国家，如俄国（苏联）、西班牙和葡萄牙的出生率到 20 世纪 20 年代才开始出现长期的下降。意大利南部一些地区的出生率直到第二次世界大战之后才开始下降。而土耳其，一项评估发现，其生育率实际上在上升：1923 年平均每位母亲生育 5.4 个孩子，而 1930—1935 年每位母亲养育孩子的数目超过了 7 个（Shorter，1985）。

出生率的变化可能是由人口的年龄构成的变化引起的，尤其是 15～49 岁的育龄妇女人数的变化。需要提醒年轻读者的是这一时期的孩子基本都是婚生子女。即使人们将出生人口数与 15～49 岁的育龄妇女人数联系在一起，就像我们在接下来的计算中所做的那样，也仍然存在一个问题，即这样总体的生育率计算会因为结婚人数或私生子比例的任何简单的变化而发生变化。这一时期的私生子数量，除去一些例外，粗略估计维持在 10% 左右。人们结婚的年龄在相当长的时间内也是相对稳定的，直到 20 世纪 30 年代和 40 年代的结婚潮时才有所改变。

因此图 10.5 和图 10.6 所展示的生育率水平的变化是指婚内生育率的变化。为了得到长期趋势，此处选取了能得到连续数据的国家并以五年为时间段。图 10.5 和图 10.6 记录了每一时期（例如 1910—1914 年）每个妇女在其生育年龄（15～49 岁）内按照当时的所有妇女生育的平均频率所能生育的孩子数目。

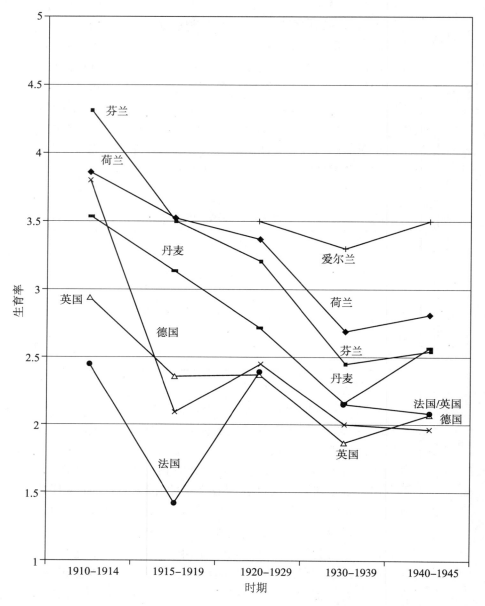

图 10.5　西欧和北欧的生育率，1910—1945 年（平均每位 15～49 岁的育龄妇女生育的孩子数）
资料来源：Chesnais（1999，p106）。爱尔兰和英国 1910—1914 年的数据为估计值。

　　1910—1914 年，大多数国家平均每位母亲生育 3～4.5 个孩子，到 20 世纪
30 年代后期，平均每位母亲生育约 2.5 个孩子。这个大约 40％的降幅也是一个
明显的趋同信号：如果与西欧和北欧在 20 世纪 30 年代后期上升了的结婚率相
比的话，那么东欧和南欧的婚内生育率的下降幅度看起来就更大了。到 20 世纪
40 年代，结婚潮使生育率的平均值提高到 2.8。尽管战争和战后重建有助于生
育率的提高，但是这次婴儿潮仅是暂时的，20 世纪 30 年代的生育水平被证明
是整个 20 世纪生育率趋势的一个很好的缩影。一些国家的生育水平在 20 世纪

30 年代就下降到 2，并且一直持续到 20 世纪结束。算上婴儿死亡的数量，繁殖率远远低于 2。在没有战争、移民等因素影响的情况下，这一繁殖率也低于维持人口稳定所必需的最低繁殖率。[1] 粗略的计算表明在 1900 年的死亡率下为了维持人口稳定所要求的繁殖率约为 3.4，随着死亡率的下降，可持续繁殖率降为第一次世界大战之前的 2.8，20 世纪 20 年代的 2.5，20 世纪 30 年代的 2.4，到 20 世纪后半叶则降到 2.1。按照这个方法，各国繁殖率首次降到可持续繁殖率的最低值的时间如下（忽略战争年代）。

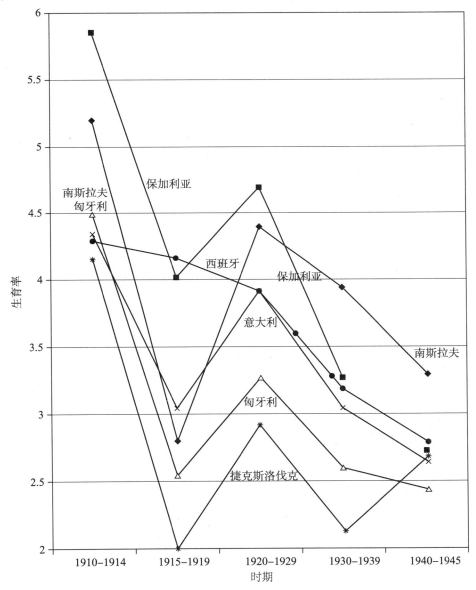

图 10.6　东欧和南欧的生育率，1910—1945 年（平均每位 15～49 岁的育龄妇女生育的孩子数）
资料来源：同图 10.5。捷克斯洛伐克 1914—1919 年、意大利 1910—1939 年、南斯拉夫 1910—1919 年和 1940—1945 年的数据为估计值。

1914 年前：法国；

1920—1929 年：奥地利、德国、瑞典、瑞士、英国；

1930—1939 年：比利时、捷克斯洛伐克、丹麦、挪威。

欧洲其他国家要更晚一些——在 20 世纪 60 年代以后。当然，由于第二次世界大战的影响，几个西欧国家在 1940 年后出现了结婚潮和婴儿潮，也使得它们的繁殖率高于目标水平；但是 20 世纪 70 年代后，又恢复到之前的模式。在 1914—1945 年，低繁殖率已经使得丹麦这样的国家开始担心"灭绝"。在法西斯德国，当 20 世纪 30 年代初生育率降到 2 以下时（如果考虑死亡率，实际上繁殖率在 1922 年就降到 2 以下了），整个国家感受到了威胁的存在。

尽管许多国家开始实施提高出生率的计划，但是在德国，母亲的地位和家庭生活仍然受到了种族歧视——鼓励雅利安人多生育后代，但是犹太人和斯拉夫人却得不到这种优待。

如何来解释 1914—1945 年生育率大幅下降并趋同的现象呢？第一，在考察经济问题之前，必须认识到生育率的下降是与社会文化因素有紧密关系的。显然，家庭规模会受到结婚年龄以及婚后控制生育等因素的影响。这一时期的生育率的下降通常被称为"分产次"（parity specific），因为在这一时期，当每个家庭的孩子数目达到某一目标值时，就要控制家庭规模（Coale, 1986）。与母乳喂养、战争等因素导致的非自愿控制生育不同的是，这里要求的是自愿使用避孕方法来控制人口数量。人口统计学家认为这些方法没什么创新之处，无非是体外射精、禁欲等古老的方法。在 20 世纪早期，高品质而廉价的避孕套在一些国家，例如德国就已经很普及了。重要的是人们是自愿使用这些方法进行人口控制，近期对老人进行的一项采访表明很多夫妻间的决定都是心照不宣且没什么明确目标的（Fisher, 2000; Guinanne, 2003）。

总之，我们认为中产阶级和非天主教区的生育率下降得更快一些，而在实行家庭计划的地区以及入学率和识字率高的地区这一趋势还会加强。同时，生育率的下降速度、蔓延和趋同在很大程度上会受到经济因素的影响。我们认为有四个因素共同导致了各国的平均生育率的下降（1914—1945 年下降了约 40%）和各国生育率在 20 世纪 40 年代末期的趋同现象。第一个因素是，在死亡率下降的情况下，要达到规定的家庭规模就要求新生儿的数量减少。从 20 世纪初开始，婴儿的死亡率开始长期下降，而在那之前的 30 多年，许多国家的儿童死亡率就已经开始下降了，这两个因素共同导致了目标新生儿数量的下降。例如，在英格兰和威尔士，1871 年 5 岁以下的男孩的死亡率为 72 人/千人，1911 年降为 47 人/千人，1926 年为 23 人/千人，到 1950 年仅为 7 人/千人。法国、瑞典、挪威、德国、西班牙的卡斯提尔的情况也差不多如此。有两个国家的情况支持了这一观点。法国在 19 世纪末期的生育率水平相对于其他国家来说就很低了，而如果法国的目标家庭规模与其他欧洲国家相同，那么我们会认为法国死亡率下降的调整应该是所有国家中最小的。结果也确实如此。1914—1945 年，法国的生育率下降的速度是最慢的，不过到 1950 年它就不再是例外情况了。爱尔兰的生育率下降幅度也很小，一方面因为它是天主教区，受传统影响，另一方面是因为其人民生活在相对健康的广大农村地区，这使得爱尔兰的男孩死亡率在 1871 年时也仅为 38 人/千人，并且到 1926 年时爱尔兰、英格兰和威尔士的记录水平趋同，降到 23 人/千人。很多东欧国家的死亡率下降是最显著的，死亡率下降导致了这些国家的生育率的快速下降以及趋同的发生。

第二，1914—1945 年欧洲经济结构发生了巨大变化，农业、家庭手工业、户外作业等部门的重要性降低了。而在这些部门中，童工具备很高的劳动价值，并且家庭与工作的合并使得母亲的时间可以发挥最大的经济效用。当经济重心从这些部门转移到服务业和工厂后，童工的劳动价值就降低了，养育孩子的时间成本提高了。这里有一个关键指标就是农业中男性劳动力的比例，在 1911 年农业产值占 GDP 的比例的国别差异很大，这与生育率的国别差异情况在某些方面是一致的——英国的农业产值占 GDP 的比例为 11％，比利时为 24％，波兰、芬兰、罗马尼亚、保加利亚、俄国、土耳其、塞尔维亚则均超过 65％。1911—1950 年农业产值占 GDP 的比例的大幅度下降也伴随着一定的趋同现象。因此到 1950 年，大部分国家的农业份额都在 20％～40％的区间内。而奥地利、苏联、芬兰、波兰的农业产值占 GDP 的比例下降幅度很大，同时也伴随着大幅下降的生育率。意大利南部和西班牙南部的农业产值占 GDP 的比例下降幅度不太大，其生育率的下降幅度同样比较小。土耳其在第一次世界大战期间损失了 20％的人口，其中大部分是城市人口，因此战后其农村人口的比例要高于城市人口的比例。

第三，证据表明越来越多的女性进入劳动力市场，就她们的工资和时间来说，养育孩子的成本比以前提高了。19 世纪后期有大量女性从事纺织业。波西米亚地区的捷克是一个纺织业发达的地区，也是生育率最早开始下降的地区，英国的纺织小镇的生育率下降也是非常快速和明显的（Millward and Bell，2001）。在土耳其，20 世纪 30 年代从事纺织业的劳动力中女性超过一半，而纺织业又主要是在城市发展，因此城市的生育率明显要低于农村地区的生育率。两次世界大战和平期间的欧洲社会兴起了秘书、教师以及其他一些服务性职业。20 世纪 30 年代后期德国的全职工作的女性数量大幅增加。在英国，1911 年参加工作的已婚女性在 15～24 岁女性中的比例为 12％，到 1931 年这一比例上升至 18.7％，到 1951 年这一比例则为 36.6％。在 25～64 岁年龄段的女性中，这一比例从 1911 年的 9.7％增加到 1931 年的 10％，以及 1951 年的 22.5％，这种现象的出现应该是由于战争的缘故（Matthews, Feinstein and Odling-Smee，1982，表 C.3）。比较有趣的是意大利南部地区的情况，当 20 世纪上半叶女性的劳动工资下降时（主要是因为纺织业的衰落和法西斯政策的影响），该地区生育率的下降相对来说非常缓慢。

第四，越来越多的人接受了计划生育的概念，而且东欧和南欧人民的识字率和入学率都提高了。西欧和北欧地区的识字率在 1913 年就已经达到 90％以上。而在西班牙地区这一比例仅为 52％，芬兰的这一比例是 59％，意大利的这一比例是 62％，奥地利的这一比例是 66％，这几个国家也是生育率比较高的地区——每位母亲平均生育超过 4 个孩子。到 1950 年，这些国家的识字率都超过了 80％，芬兰的识字率是 90％，奥地利的识字率达到了 99％。而此时生育率最高的土耳其、葡萄牙、南斯拉夫、阿尔巴尼亚的识字率仍然很低，分别为32％、56％、45％、46.2％（Crafts，1997）。一些天主教区的生育率水平也很高，如爱尔兰、荷兰的部分地区等，这些地区强烈抵制限制家庭规模的计划。同时爱尔兰和葡萄牙的收入水平也比较低，并伴随着大规模的人口外流。虽然这一时期爱尔兰的入学率大幅提高，但是许多年轻人都移居海外了，导致留下的人口中四十几岁才结婚的人占了很大比例。

西欧国家中爱尔兰的情况是个例外，其结婚率到1950年时仍然很低。西欧国家20世纪30年代开始的结婚潮使它们的情况与之前的低结婚率情况大不相同。几个世纪以来，西欧国家的结婚年龄随着经济条件的改变而变化，没有显示出一个长期确定性的上升或下降的变化趋势。根据Hajnal（1965）最早的归类，在东欧结婚最早的地区是位于的里雅斯特和圣彼得堡一线以东的地区，那里拥有相对富余的土地，这使得这一地区在此基础上形成了大家庭文化。而西欧的家庭特点则是规模比较小，经济相对独立，这就要求家庭中夫妻双方分别拥有独立稳定的收入来源。如果家庭规模过大，那么就会降低整个家庭的人均工资水平，而过去保障收入的传统办法就是晚结婚。因此西欧地区在20世纪30年代大萧条时代出现的结婚年龄趋小的情况似乎表明人们有意愿也有能力控制其婚内生育率。1860年以来法国某些地区生育率的持续下降和结婚率不断上升似乎也提供了一个很好的证据（Watkins，1986）。1913年，爱尔兰的结婚率为10人/千人，匈牙利和罗马尼亚可以达到18人/千人。斯堪的纳维亚、奥地利、不列颠诸岛、荷兰等国家的结婚率快速提高，到1940年，大部分国家的结婚率在16～21人/千人。东欧国家的结婚率还要稍微高点。但爱尔兰以及希腊仍然属于例外情况，尽管也有所增长，但幅度很小，直到1950年其结婚率也仅为11人/千人。

经济移民

说到这一时期欧洲人口变化的特点，人口数量的增长远没有欧洲内部的人口迁移重要。与19世纪后期的人口增长速度相比，这一时期的人口增长相对缓慢，尤其是在20世纪20年代和30年代的大萧条时期，美国的移民配额限制措施导致欧洲的海外移民逐渐消失以后。俄国（苏联）、南斯拉夫以及东欧其他国家虽然在两次世界大战中受挫严重，但是其人口却增长了近4 000万，同时西北欧人口仅小幅增加，而南欧人口则比较均衡地增加了2 000万。意大利、西班牙、葡萄牙、希腊等国的生育率都有所下降，但仍显著高于其他欧洲国家。

两次世界大战所产生的政治影响中，人口流离失所和种族清洗所导致的人口被迫迁移大概是欧洲大移民中最痛苦的部分（参见第6章）。在这里要强调的是，我们此处讨论的是经济移民，而非由于永久的农业就业所造成的移民，的确有一些意大利北部地区的人最后定居到法国西南部地区，但这是一个例外情况。许多国家政府（德国、波兰、南斯拉夫、俄国（苏联））曾试图实施农业移民计划、殖民地计划等，但最终都失败了。经济移民最主要的驱动因素是工业化以及由此带来的美国与欧洲收入水平差距的拉大。20世纪最初的十年里，这种收入差距所导致的移民在最高峰时达到了100万人/年（见表10.2）。移民比例最高的是意大利，尤其是其不发达的南部地区，爱尔兰、葡萄牙、西班牙的情况也是如此，即经济不发达的地区移民更多。英国主要向美国和英联邦国家（加拿大、澳大利亚、新西兰等）移民，尤其是1922年《帝国殖民法案》（*Empire Settlement Act*）的颁布更加鼓励了这种移民。拉丁美洲一直对移民敞开大门，1921—1940年，一共有300万人口迁入。然而，对许多欧洲人来说，美国1921—1924年的一系列配额法对移民是一个沉重的打击。这些法律将每年向美国移民的人数限制在16万人，并且只向与美国有血统关系的国家提供配额，这样就把意大利、俄国（苏联）、波兰排除在外了。1901—1921年共有1 240万欧洲人移居美国，而在1921—1940年，仅有280万欧洲人移居美国（Faron and George, 1999）。此外，德国和意大利的民族主义政策也不鼓励其居民向海外迁移，但允许犹太人移民或逃离，这大概是两次世界大战期间除了经济移民以外的最主要移民。

表 10.2　　欧洲向海外移民的情况，1901—1950年（年平均数）　　（单位：千人）

	1901—1910	1911—1920	1921—1930	1931—1940	1941—1950
意大利	361.5	219.4	137.0	23.5	46.7
英国和爱尔兰	315.0	258.7	215.1	26.2	75.5[a]
奥地利	111.1[b]	41.8[b]	6.1	1.1	na
西班牙	109.1	130.6	56.0	13.2	16.6
俄国（苏联）	91.1	42.0	na	na	na
葡萄牙	32.4	40.2	99.5	10.8	6.9[c]
瑞典	32.4	8.6	10.7	0.8	2.3
德国	27.4	9.1	56.4	12.1[d]	61.8[e]
波兰	na	na	63.4[f]	16.4[g]	na
挪威	19.1	6.2	8.7	0.6	1.0[a]
芬兰	15.9	6.7	7.3	0.3	0.7
丹麦	7.3	5.2	6.4	10.0	3.8
法国	5.3	3.2	0.4	0.5	na
瑞士	3.7	3.1	5.0	4.7	1.8[h]
比利时	3.0	2.1[i]	3.3	2.0	2.9
荷兰	2.8	2.2	3.2	0.4[d]	7.5[a]

注：[a] 1946—1950年；

[b] 奥匈帝国；

[c] 包括1941—1949年向欧洲其他国家的移民；

[d] 1932—1936年；

[e] 联邦德国；

[f] 不完整数据；

[g] 1931—1938年；

[h] 包括1941—1944年向欧洲其他国家的移民；

[i] 不包含1913—1918年的数据。

资料来源：Mitchell（2003）。

两次世界大战期间欧洲的工业化地区是移民流入比较多的地区，其移民主要是来自本国的农村地区或欧洲其他国家，而从欧洲以外的国家流入的人口比较少。20 世纪 20 年代是移民最活跃的十年，但是此后 30 年代的大萧条使城市的工作机会减少了。粗略统计，整个欧洲从事农业的男性劳动力的比例从 1910 年的 55％下降到了 1950 年的 40％，从这一数字也可大概看出迁移的规模有多大。根据之前提过的欧洲总人口数据，如果农业的比例依然维持在 55％，那么到 1950 年农村地区的人口应该达到 8 000 万以上，仅苏联就有一半的人口从农业转到了工业中去。

De Santis 和 Livi Bacci（2005）指出，意大利各地区向外移民的倾向都很强，而且农业在经济中占比越高的地区，人均产出就越低，这无疑也适用于欧洲其他地区。移民的趋势是从东和南向西，在捷克斯洛伐克尤其明显。1921—1930 年斯洛伐克东部省份的净流出人口为 120 万，仅乌克兰喀尔巴阡山脉地区的净流出人口就为 15 万，而在波西米亚工业化程度高的西部省份净流入人口则从 3 万增加到 20 世纪 30 年代的 33 万（Kulischer，1948）。在意大利，北部的工业中心城市，例如米兰和都灵，取代了美国成为南部移民的目的地，同样，英国成为爱尔兰移民的主要目的地，西班牙西部和南部的移民也大量向巴斯克、加泰罗尼亚以及中心地区迁移。即使西北欧国家中城市化程度最低的国家之一——法国，其农村人口占比也从 1911 年的 56％下降到 1951 年的 45％。1911 年，法国 45 岁的人中只有 27％的人的出生地与居住地不一致，而到 1936 年，这一比例增加到 37％。法国人主要向法兰西岛和其他工业化地区迁移，1920—1931 年这些地区的净流入人口达到了 100 万。在波兰，20 世纪 20 年代人口大量从中部和南部向西部地区迁移，因为西部地区靠近大海并且工业发达。1918—1921 年，有大约 9 万人从俄国和奥地利、波兰迁到波兹兰和波美拉尼亚的西部地区，这次的"波兰化"要比在第一次世界大战之前的德国化的尝试成功得多。到 20 世纪 30 年代，由于向城市移民和海外移民变得困难，波兰许多中部地区和南方地区的人口过多，人口密度达到了79 人/平方千米，几乎是法国的两倍。

移民并不仅限于国家内部的转移。过去，季节因素常常导致农业劳动力在法国、德国、俄国之间转移，但是现在工业的发展吸引了那些愿意留下来的人们。移民迁出国主要是波兰、意大利、巴尔干国家、俄国、西班牙、葡萄牙，主要的迁入地区是法国北部、鲁尔地区、鹿特丹和汉堡等港口地区。1914 年在德国的波兰人、乌克兰人、白俄罗斯人已经有大约 50 万，占外来劳动力的 90％左右。20 世纪 30 年代军工厂的兴起加速了农村人口的外流。从 1935 年起，开始在安全的中心地带和柏林的郊区建立军工厂，随着失业率的上升，劳动移民开始减少，但是到 1939 年德国仍然有 50 万的外国劳工。然而，两次世界大战期间向法国的经济移民是最引人瞩目的。战争中遭受的巨大损失以及长期以来稳定的人口水平，促使法国向外国的劳动者敞开了大门（当然入境许可证是需要的）。外国劳动者涌入了法国的采掘业、建筑业、化工业、钢铁业以及公共事务领域，1929 年 Longwy 的炼钢厂里有 60％的工人是外国人。20 世纪 20 年代有 60 万的波兰人、40 万的西班牙人进入法国。外国血统的法国居民在 1911 年到 1931 年的 20 年间增加了 170 万，达到 330 万人之多，占整个法国人口的 7.9%（Bardet，1999）。

收入变化与人类发展

最后，我们要考察这些发展对人们的福祉有什么影响。我们将使用三个指标来衡量人民的幸福水平：（1）用 GDP 增长率作为购买力增长的近似替代指标；（2）HDI，一个包含平均预期寿命和教育情况的综合指标；（3）个体身高作为衡量人民的营养摄入与健康水平的标准。将这些指标描绘出来可以同时对多个欧洲国家的情况进行比较。

关于这一时期的购买力的增强有一些似是而非的论点。鉴于两次世界大战的破坏、1929 年的大萧条以及两次世界大战之间的经济衰退，我们可能会觉得购买力不应该有什么增长。然而实际上国民收入的确大幅增长了。Foreman-Peck（1983）认为电力、内燃机等新技术从第一次世界大战之前就开始被广泛使用，提高了不同岗位工人的收入水平。此外，该时期的人口结构因素也是收入提高的重要原因——人口中不劳动的青少年和老年人的比例相对较低。

衡量购买力的典型指标是人均 GDP，1913 年的英国是欧洲最富裕的国家，人均 GDP 达到了 5 000 美元（以 1990 年美元衡量）（Maddison，2001）。瑞士、比利时、荷兰、丹麦、德国、法国、奥地利处于第二阶梯上，人均 GDP 为 3 500～4 500 美元。而巴尔干半岛上的国家、土耳其、俄国则是最穷的国家。1913—1938 年的人均 GDP 增长率见图 10.7。该图中的数据都是按照现在的国界来重新计算的，一是为了方便现在的读者理解，二是为了便于对第一次世界大战前后的情况进行比较。[2]

在图 10.7 中，以 1990 年美元表示的 GDP 是以指数衡量的，使得其可以与即将要进行讨论的 HDI 进行比较。指数的取值范围为 0～1。[3] 在这里要注意的是，德国（1938 年在纳粹统治下）和苏联部分地区的数据并不是完全可靠的。大多数国家 1913—1938 年的人均 GDP 都增长了，只有西班牙（由于 1936—1939 年的内战）和罗马尼亚（由于农村人口过剩以及一系列不成功的改革）在此期间的人均 GDP 有所下降（Feinstein，Temin and Toniolo，1997）。保加利亚、奥地利、比利时和爱尔兰的人均 GDP 的增长幅度相对较小。从 GDP 数据来看，斯堪的纳维亚、瑞士、希腊的增长幅度最大；苏联、土耳其、葡萄牙的表现也相对较好，且在这一时期后期，这三个国家的购买力也都从原先的较低水平开始向平均水平趋同。

另一个衡量生活水平的指标是 HDI，它不仅包含购买力水平，还包含了平均预期寿命、教育水平等。由于本章的内容是要将生活水平和人口发展结合起来，因此这个指数是很有用的。该指数的计算会考虑以下三个指标的最小值与最大值：

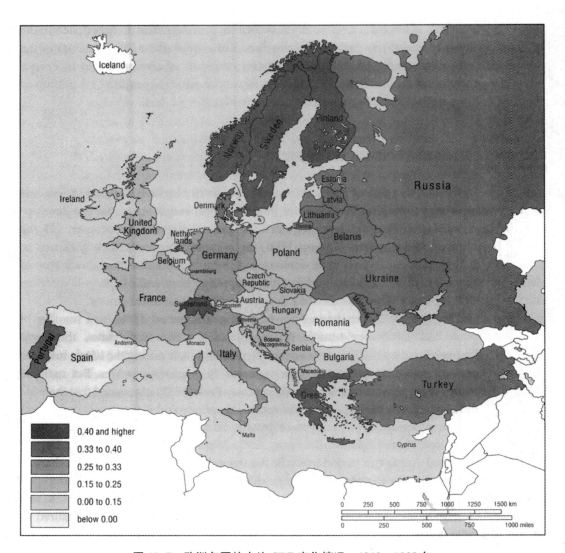

图 10.7　欧洲各国的人均 GDP 变化情况，1913—1938 年

注：图上 GDP 的价值是以 HDI 的组成部分来表示的，见正文部分。

资料来源：Madison（2001）、Ritschl 和 Spoerer（1997）。

（a）以 1990 年美元衡量的人均 GDP，取值从 100 美元到 40 000 美元；

（b）平均预期寿命，取值从 25 岁到 85 岁；

（c）小学入学率和识字率，取值从 0 到 100%。

人们对于 HDI 是否应该考虑人均 GDP 的边际效用递减的特性一直存在争议。因为一个快要饿死的人的收入增加 100 美元所带来的边际效用远远大于一个百万富翁的收入增加 100 美元的边际效用。为了解决这个问题，现在多数使用的 HDI 版本，亦即本章中所采用的，是将人均 GDP 取对数，将边际效用的影响考虑进去。另一个问题是是否应该将诸如政治自由、人权和性别歧视、不平等、环境质量等因素加入 HDI 指数中，于是产生了一系列扩展的 HDI 指数。但是，由于历史数据的缺乏以及简化的需要，我们采用的是标准 HDI 指数（唯一不同的是我们的 HDI 仅计算了入学率，没有将入学率和识字率同时考虑进去），并在后面单独分析身高指标。

两次世界大战期间的和平年代的教育支出有什么变化吗？20 世纪 20 年代德国的教育部门一直发展得很好，但是到 30 年代，纳粹统治者为了政治目的改变了教学内容，使过去取得的成就半途而废了。第一次世界大战前的俄国虽然也追求政治目的，对公共教育给予的关注较少，但教育方面还是取得了一定的成就。前哈布斯堡帝国的部分地区，如匈牙利、西罗马尼亚等由于在 20 世纪 20 年代发生了严重的经济危机，很难保持小学基础教育水平（Lindert，2004）。此时的南欧地区则差别很大，意大利此时的教育发展得异常好（相对其第一次世界大战前较低的水平来说），但葡萄牙在 20 世纪 20 年代对教育的投入少得可怜。

在图 10.8 中我们可以看出 1913 年，也就是第一次世界大战之前，欧洲存在明显的核心—外围结构。HDI 值最高的一组国家包括英国、法国、德国、奥地

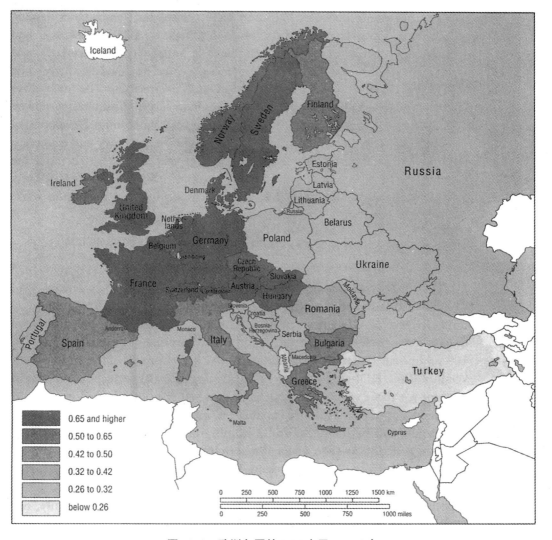

图 10.8　欧洲各国的 HDI 水平，1913 年

利、瑞士、荷兰、丹麦和瑞典。它们被归于此组的原因各不相同。英国的高GDP 是关键因素，德国和法国则在教育方面表现突出，斯堪的纳维亚地区的平均预期寿命比较长（相对于其国民收入来说）。匈牙利、比利时、爱尔兰、挪威、捷克和斯洛伐克的 HDI 值也比较高（这里捷克和斯洛伐克的 HDI 值相等，但实际上斯洛伐克要相对落后一些）。另外，俄国、奥斯曼帝国、葡萄牙的表现并不好，属于 HDI 值最低的一组，巴尔干地区也没有什么发展。这个早期的核心—外围结构在 1913—1938 年发生了巨大的历史性变化（见图 10.9）。最值得注意的是苏联的崛起：根据现有数据，苏联的教育系统发展迅速，这是由于共产党政府致力于让所有的儿童都有书可读和儿童死亡率的大大降低。其官方统计数据表明，苏联的平均预期寿命和 GDP 都有显著的增加。除了苏联，其他一些初始不发达的国家，比如波兰、波罗的海其他国家、葡萄牙、巴尔干半岛

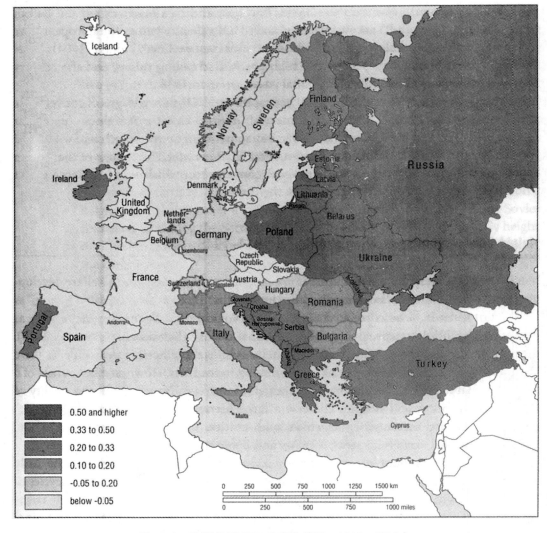

图 10.9　欧洲各国 HDI 的变化情况，1913—1938 年

的小部分国家以及土耳其，在这一时期的 HDI 值都有所增加，而原来的核心国的 HDI 值却增长缓慢，有些国家的 HDI 值甚至有所下降。Lindert（2004）指出法国在第一次世界大战前教育方面的数值尤其高，但是到 1938 年时其教育覆盖面反而缩小了。

两次世界大战间的和平期间欧洲的人均 GDP 和 HDI 有趋同的迹象。到 1938 年，东欧国家的福利水平有显著的提高。原来的富裕国家，如瑞士和瑞典，其 GDP 也有极大增长。相比之下，HDI 的变化显示出了一些不相称的趋同，这很大程度上是由东欧地区提升教育的努力引起的。

身高——衡量生活水平的指标（1914—1945 年）

人类的身高是另一个衡量福利发展的指标，其也被称为"生活水平的生物标准"，因为它跟与福利相关的大多数生物维度都息息相关——健康、平均预期寿命、营养质量等（Komlos，1985；Steckel，1995）。一个人的身高不能完全说明他的福利状况，因为每个人的身高大多存在很多基因差异。但是，衡量多人的平均身高可以得知他们的整体营养质量和健康状况。有很多文献是有关这种"人体测量"的福利指标的，这些研究也都采用了大量的资料数据（Fogel，1986；Steckel and Floud，1998；Komlos and Baten，2004）。

实际上，在 20 世纪早期经济史学家鲜少开展关于身高的研究。甚至我们对 18 世纪和 19 世纪人类身高的了解都要多于 20 世纪初人类身高的情况。这很容易理解，因为 18 世纪和 19 世纪其他衡量生活水平的指标——人均 GDP 或者实际工资水平几乎难以测算。而在 20 世纪两次世界大战间的和平期间，这些指标又是不可靠的，因为当时苏联、纳粹德国以及其他战时经济体都控制了商品价格与工人工资，因此这些建立在购买力指标基础上的指标并不可靠。研究身高有许多优点，但也有不少问题，但是当其他指标不可靠或不可得时，身高可以提供许多有价值的信息。

早期对 20 世纪初期的研究的关注点多为英国，Harris（1988）就考察了高失业率年份学龄儿童的成长情况。在苏联，有许多该方面的文章发表在《斯拉夫评论》（*Slavic Review*）上。但是对苏联人体测量数据的解读是有争议的。Wheatcroft（1999）发现苏联中部男性身高有上升的趋势，并把这归因于福利的提高以及共产主义政策的成功。也有人持相反的观点。Komlos（1985）将苏联人的身高与其他国家的身高进行比较后发现，尽管苏联人的身高的确有上升的趋势，但是在国际比较中并没有什么优势，甚至其他国家的表现要更好一些。在全球卫生和医疗知识进步的情况下，小幅度的身高增长证明不了苏联的优势。只有与国际的身高增长趋势进行比较才可能得出一些准确的结论，然而国际数据很难得到。Mironov（1999c）试图从 20 世纪 50 年代生育率的大幅下降方面来解释苏联人的身高增加的趋势，他认为应该对 Wheatcroft 的身高记录进行调整，因为很多身高在平均身高之上的苏联士兵战死于第二次世界大战期间，因此对苏联人的身高的早期测量是偏低的，而且早期测量的数据中还包括了许多老年人。

Baten 和 Wagner（2003）研究了纳粹统治初期（以不民主、不人道著称）德国的"生活水平的生物学指标"。他们发现，具有讽刺意味的是，尽管纳粹一直宣称德国人的身高是其优势，但实际上，和其他欧洲国家相比，德国学龄儿童的身高水平不但没有像其他国家那样增加，而是停滞不前甚至略微下降了。同样，德国平均预期寿命的增加也不如法国、美国等其他国家增加得多，一些疾病（比如白喉以及其他与营养有关的疾病）的传播与其他国家相比也更加厉害。这其中的一个最重要的原因就是由于自给自足和市场干预而导致的粮食市场的瓦解，此外，德国的公共卫生事业的发展也比其他国家慢得多，即使像匈牙利这样的贫困国家在接种白喉疫苗方面也比德国要早，而且更成功。

对单个国家的研究是很有指导意义的，但同时我们也要关注欧洲的整体情况。首先让我们来看看欧洲不同地区随时间变化出现的身高变化趋势（见图10.10）。需要注意的是，这些数据在很大程度上是插入式的，因此很难观察到短期的变化。不过有关身高增加的总趋势和程度的信息是真实可靠的。

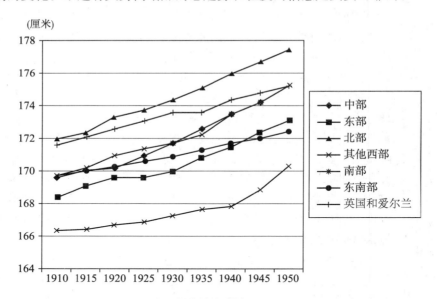

图 10.10　欧洲各地的身高情况，1910—1950 年

资料来源：Baten（2006）。定义：水平轴上的年份代表每个五年期的第一年。北部包括 DK 丹麦、SE 瑞典、NO 挪威、FI 芬兰、UK IE 英国和爱尔兰；南部包括 CY 塞浦路斯、GR 希腊、IT 意大利、ES 西班牙、PT 葡萄牙；东南部包括 AL 阿尔巴尼亚、BG 保加利亚、RO 罗马尼亚、YU 南斯拉夫；中部包括 DE 德国、AT 奥地利、CH 瑞士；东部包括 CZ 捷克共和国、HU 匈牙利、PL 波兰、RU 俄罗斯（苏联）；其他西部地区包括 NL 荷兰、BE 比利时、FR 法国。

最初，在 1910—1914 年，欧洲北部地区（斯堪的纳维亚国家、英国和爱尔兰）的平均身高最高，中部、东南部、东部以及西部地区的平均身高居中，南欧国家的平均身高最矮。平均身高最高的地区人们的营养摄入比较全面——蛋白质、钙的摄取充足（比如钙元素可从牛奶中获得），教育水平也比较高。总的来说，20世纪早期整个欧洲地区的平均身高都有增加趋势，不过不同地区增加的速率不同。英国和爱尔兰明显从最高组降到了中间组，东南欧地区则从中间组降到了最矮组。随着营养、教育、健康水平的提高，南欧地区的身高向高水平发展。是什么原因导致了这样的变化呢？显然，英国在20世纪早期失去了"世界工厂"的地位。此外，第一次世界大战前英国是最大的粮食进口国，因此在第一次世界大战和经济大萧条时它的粮食贸易可能遭受了严重的打击。另外，巴尔干地区最初的营养状况不错（相对于其低收入来说），其主要从保加利亚、黑山地区和阿尔巴尼亚的偏远山区获取粮食及营养物质，但后来人口激增及低生产率使其丧失了原来的优势。斯堪的纳维亚国家在建设及发展欧洲经典福利国家方面是绝对的佼佼者，极大地提高了社会贫困阶层人民的健康水平。东欧地区的平均身高虽然没有下降，但也并未与斯堪的纳维亚国家和其他欧洲国家趋同，并没有出现更高的人体测量指标数值。尽管比巴尔干地区的增长要迅猛，但是东欧的身高增幅并没有特别显著。在之前对HDI的讨论中提到过，共产党针对教育付出的积极努力并没有对1950年前的身高产生显著影响。不过这也不能简单归因于共产主义经济的发展。1941年德国对苏联的入侵对资本积累和其他增长因素造成了巨大破坏。

从图10.10中还可以看出的有趣发展是1940年以前南欧地区平均身高增长比较缓慢，西班牙的内战可能是其中的一个重要影响因素。同样，1945年以后的社会主义和共产主义实践也对东南欧地区人民身高的增长产生了不利的影响。南欧人和东南欧人一起成为欧洲人中最矮的人群，不过后来南欧人的情况有所改善。在中欧，第一次世界大战以及战后的一段时间里，德国人的平均身高一直在其长期趋势线附近徘徊，但是从图10.10中看不出20世纪30年代和40年代德国存在的营养不良问题（这可能是因为统计数据不准确或者是得益于德国战后的经济增长赶超）。

直到20世纪初，是否接近蛋白质来源（牛肉、牛奶等）很大程度上还可以解释欧洲人身高上的差异。那些居住在畜牧业发达地区或是接近这些地区的人们可以以较低的价格获得这些营养——蛋白质和钙。例如斯堪的纳维亚国家，尽管该地区的收入水平并没有英国那么高，但是因为该地区的国家畜牧业发达，所以优势就极其明显。

在两次世界大战间的和平时期，收入对身高的影响变大了，而是否接近、易获得蛋白质类物质从长期来看就显得不那么重要了。因此随着时间的推移，生物福利的决定因素逐渐从蛋白质类物质转移到收入以及公共健康等其他因素上来。那么1910—1935年欧洲人的身高有趋同的倾向吗？在市场崩溃的时期，不但没有趋同现象，反而差距拉大了（见图10.11）。当那些本来就以农业为主的经济体减少了支柱农产品的出口时，其人民的蛋白质的摄入在短期内就更高了，而作为进口国的地中海地区的蛋白质摄入量则大幅减少了。如果观察第二次世界大战到1950年的数据，那么就会发现情况要复杂得多：一些一开始身高比较矮的国家，如希腊、苏联、西班牙后来居上，而起初身高比较高的瑞典、挪威等国，其身高增长率却低于平均水平。但是丹麦、荷兰等起初身高比较高的国家，后来身高仍然增长迅速。而最引人注意的是，土耳其人的身高完全没有增加。

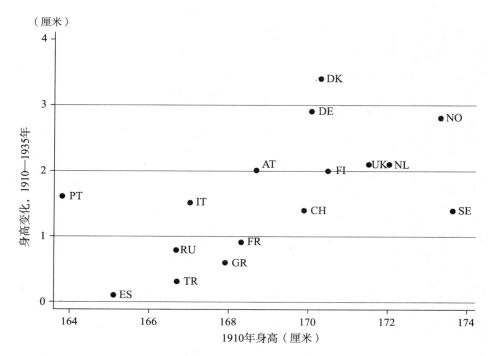

图 10.11　1913 年的身高水平以及 1913—1935 年的身高的变化情况
注：国家名称的简写见图 10.10。

小结

1914—1945 年最会被后人铭记的是两次世界大战造成的巨大损失、主要帝国制度的瓦解、经济大萧条以及俄国和西班牙的内战。关于这些事件的研究揭示了它们如何在短期内对人们的收入产生影响。纳粹德国和苏联的收入数据不准确，新引入的身高指标揭示了两国生活水平发展的停滞。从这个角度看，在这 40 多年里欧洲的发展是惊人的：人口增长了近 1 亿，人均收入增长了 25%，人均身高增加了 4 厘米以上。欧洲社会似乎有很强的自我修复能力，每次战争或灾难之后人们都能很快恢复生产，重新开始新生活。确实，在衡量人们的生活水平方面，一些数量指标——平均预期寿命、家庭规模、识字率、教育情况等可能要比人口变化、收入水平这些宏观数据更重要、更有说服力。工业化导致的经济结构的变化催生了经济大移民，大量人口从农业转移到工业，从农村迁移到城市，从东南欧等贫穷的农业经济区迁移到西欧等工业发达地区。

HDI 很好地记录了这一时期的主要发展：东欧和南欧的水平与西欧的水平趋同。收入增加不是提高 HDI 的最重要的因素。重要的是收入是如何支配的以及政府的干预情况。婴儿死亡率有了显著降低，使平均预期寿命延长了 40%，这主要是得益于公共卫生投入的加大、居住条件的改善、孕妇和幼儿保健水平的提高。关于这些关键指标的知识在东欧和南欧地区得到广泛传播，使得这些指标数值有所上升。婴儿死亡率的下降使妇女的生育率下降了，农业这样一些使用童工比较多的部门在经济中的比例下降，进一步降低了生育率。此外，大批妇女加入劳动大军，加上对孩子日益上升的培养的需要也增加了养育孩子的机会成本。东欧和南欧中有能力赶超西欧和北欧的国家都经历了传统部门的衰落，这也可以看做这一时期的一个显著特征。

【注释】

[1] 人口统计学家通常关注"总繁殖率"，它类似于图 10.5 和图 10.6 中的生育率，但仅考虑出生的女孩数。因此净繁殖率（总繁殖率减去 49 岁以下妇女的预期死亡率）的基准为 1（单位）。正文中可持续繁殖率的粗略计算是在 Chesmais（1999）和英国分年龄段女性死亡率的基础上得出的。

[2] 第一次世界大战前的奥匈帝国包含了波兰南部、乌克兰的西南部、罗马尼亚的西北部、斯洛伐克、捷克、匈牙利、奥地利以及后来的南斯拉夫的北部地区和意大利的一小部分。俄国则包含芬兰和现在波兰的一部分。德国包含波兰、俄国（东普鲁士东部），丹麦的一部分、法国（比利时和捷克斯洛伐克的一小部分）。第一次世界大战前的爱尔兰仍然属于英国，当时奥斯曼帝国仍然存在。两次世界大战期间，捷克和斯洛伐克成为一个国家，当时的南斯拉夫和波兰比现在的位置要偏东一点，西里西亚、东普鲁士、波美拉尼亚等依然属于德国。

[3] Log（100）设为 0，log（40 000）设为 1。

第三部分　第二次世界大战至今

第 11 章 | 欧洲一体化对经济的影响

巴里·艾肯格林 (Barry Eichengreen)
安德烈·波尔索 (Andrea Boltho)*

引言

第二次世界大战后西欧国家取得的最大成就莫过于其快速融入世界经济以及西欧内部的快速整合（一体化）。在那之前，大萧条、贸易保护主义以及第二次世界大战使得欧洲的对外贸易规模下降到第一次世界大战之前的水平，西欧在1947—1948 年的出口规模比 1913 年大不了多少 (Svennilson，1954)。资本流动方面，由于西欧的货币不可兑换，并且对外汇流动实施严格的控制，因此资本流动几乎处于停顿状态。60 年后，欧洲贸易额增长了 50 倍，东西欧自由贸易繁荣，对外贸易和欧洲内部贸易都达到了前所未有的水平，资本也实现了自由流动。实际上，许多国家放弃了它们的本国货币，而选择了一种新的共同货币——欧元。

图 11.1 显示了以不变价格表示的西欧出口额占 GDP 的比重，从图 11.1 中可以看出，出口额占 GDP 的比重在两次世界大战期间稍微下降后，在 20 世纪50 年代开始快速上升，到 1973 年时就超过了 20 世纪初的全球化末期的水平。在过去的几十年里，贸易份额以更快的速度增长。尽管欧洲的总产出在全球的占比（按 PPP 计算）呈现快速下降的趋势，但是其贸易份额却呈现出一个不同的变化趋势（见图 11.2）。其贸易份额从 1870 年的近 60％降到 1950 年的 30％左右，然后在 20 世纪 50 年代和 60 年代有所上升，70 年代和 80 年代在一个较窄区间小幅波动，90 年代初由于一些过去相对封闭的经济体开始进入世界市场，欧洲的贸易份额开始缓慢地下降。欧洲的贸易份额有所反弹的一个重要原

* 作者感谢 Albert Carreras、本书编辑以及 CEPR 2007 年主办的夏季研讨会的参会者，感谢他们所提供的无私帮助。本章适用通常的免责声明。

因就是其内部贸易的大幅增加（见表 11.1）。作为当今世界三大贸易区之一，欧洲的一体化程度比其他两个贸易区（美洲和亚太地区）要高得多。

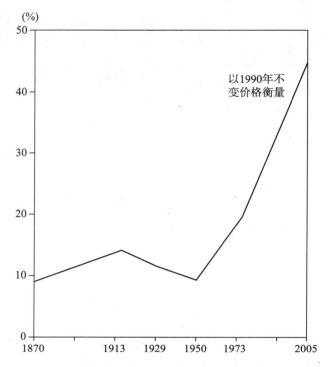

(%)

以1990年不变价格衡量

图 11.1　西欧出口额占 GDP 的比重

资料来源：Maddison（1995）；IMF 的国际金融统计数据；OECD 的国民经济核算数据；世界银行的世界发展指数数据；WTO 的国际贸易统计数据；作者的估算。

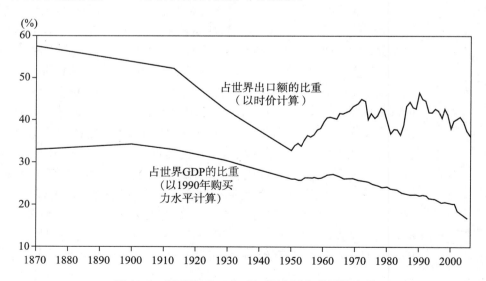

(%)

占世界出口额的比重
（以时价计算）

占世界GDP的比重
（以1990年购买
力水平计算）

图 11.2　西欧的 GDP 和出口额分别占世界的比重

资料来源：Maddison（1995，2003）；WTO 的统计数据库。

表 11.1	欧洲内部贸易的比重			（%）
	占总内部贸易的份额			
	西欧内部	欧洲内部[a]	美洲内部	亚太地区内部
1938	52.2	61.4	33.3	—
1950	49.3	58.7	53.9	—
1970	67.3	73.9	46.9	35.1
1990	72.2	75.2	47.8	41.7
2008	—	76.6	57.2	50.1

注：[a]包含东欧和苏联（CIS，2006）。

资料来源：GATT 和 WTO 国际贸易统计数据。

　　资本流动方面的情况也差不多，但是由于缺少国与国之间资本流动的数据，所以很难给出确切的结论。第二次世界大战后资本流动受到严格的管制，20 世纪 50 年代至 70 年代才开始逐渐放松管制，80 年代其步伐加快，到 1992 年欧盟单一市场计划实施和欧元流通后，基本实现了资本的自由流动。衡量资本管制逐渐放开过程的最好的间接指标大概得算 Feldstein-Horioka 检验（Feldstein and Horioka，1980）了，该检验考察国内总储蓄与投资率之间的关系。

　　如果两者具有近乎完美的相关性（封闭经济的特性），则意味着资本不可以自由流动；相反，缺少相关性则说明该国可以通过国外借款来补充国内的储蓄不足，或者将多余的储蓄借给其他国家。

　　表 11.2 是对半个世纪以来 14 个西欧国家进行 Feldstein-Horioka 检验的结果。数值越低（即总投资对总储蓄的回归系数越小）表示越接近资本自由流动状态。该表数据表明，资本还不是完全的自由流动，资产组合对国内资产有所偏好；同时也可以看出，从 20 世纪 50 年代到 21 世纪最初几年，资本市场的自由流动程度在稳步提高。

表 11.2	西欧的资本流动情况
对资本流动性[a] 的 Feldstein-Horioka 简单检验	
	14 个西欧国家
1950—1959	0.78
1960—1969	0.76
1970—1979	0.63
1980—1989	0.58
1990—2006	0.48

注：[a]是对 $I/Y = \alpha + \beta S/Y$ 进行简单回归得出的 β 值，I/Y 代表总投资占 GDP 的比重，S/Y 代表总储蓄占 GDP 的比重。

资料来源：Feldstein 和 Horioka（1980）；OECD 国民经济核算和经济展望数据库。

　　资本流动的这一变化趋势是由几个原因造成的。运输费用的降低和通信手

第 11 章　欧洲一体化对经济的影响

段的进步为贸易的增加和资本的流动作出了贡献。但贡献更大的应该是经济的增长，在经济快速增长的国家，需求的增加导致进口增加，而生产力的提高使其能够提供更多、更新、更便宜的产品，于是出口增加；此外，金融系统也变得越来越成熟，资本管制对社会经济的扭曲成本也越来越大。当然，国际贸易的增长也提高了国内需求，刺激了竞争，促进了技术的传播，并能吸引外国直接投资，这些因素又反过来促进了经济的增长。

也有人将第二次世界大战后欧洲对外开放和一体化的成功归功于其经济和政治统一的过程。取消欧洲国家间的关税、非关税贸易壁垒、资本管制等一系列措施为经济、政治的一体化创造了条件。从一开始的欧洲煤钢共同体（EC-SC）到2004年至2007年的东扩，一个6国小组织变成了一个27国大联盟（见表11.3），未来也许会增加到30国甚至更多。传统理论认为，没有这些过程就不会实现欧洲的统一，没有欧洲的统一，其经济增长就不会如此迅速。但这些传统的理论一定是合理的吗？

表 11.3   **欧洲一体化的进程**

	地区重要性		
	国家数量（个）	人口（百万）	占欧洲总 GDP 的份额[a]（%）
1957 年《罗马条约》签订	6	167	49
1973 年第一次联盟扩大	9	257	68
1981 年希腊加入	10	271	69
1986 年西班牙和葡萄牙加入	12	322	77
1990 年两德统一	12	346	82
1995 年深入扩张	15	373	88
2004 年第一次东欧扩张	25	456	95
2007 年保加利亚和罗马尼亚加入	27	489	96

注：[a]以 1990 年不变价格衡量；欧洲 GDP 数据包含东欧（不含苏联）的估计值。
资料来源：Groningen 增长与发展中心（GDDC）；经济总量数据库，2008；Maddison（2003）。

研究方法

许多人认为区域一体化的过程改变了第二次世界大战后欧洲经济的发展。这些学者一般用两种方法来分析一体化的影响。叙述方法的拥护者强调关键人物（Monnet、Schuman、Delors）、重大事件（成立 ECSC、签署《罗马条约》、建立单一市场）、潜在力量（出口偏好、银行对贸易的兴趣、金融自由化、美国对欧洲一体化的支持）的重要作用。他们认为如果没有这些因素，一体化很难实现。采用定量分析方法的人则运用这些国家的截面数据，对产出、出口、就业的增长进行回归分析，并考察一国在欧盟中的参与度。这里假定一体化对经济的影响可以通过以下方法测量：设定欧盟内从属度变量为 0，在控制其他变量的情况下，比较欧盟成员国和其他国家的表现。

　　这两种方法都有缺陷。叙事方法认为没有关键人物和重大事件，一体化会大不一样的结论显然太过绝对，而且也没有明确说明与现实相比会呈现怎样的差异。例如，如果 Monnet 不是一个坚定的欧洲经济共同体主义者、不是一个有能力的外交官和 ECSC 的主席，那么欧洲的发展轨迹或许会有些不同。但是这些评论家在实际情况与假想结果的确切的差异这一问题上纠缠不清：没有 Monnet，是不是就不会有 ECSC 的建立，欧洲是否就不能在第二次世界大战后得到恢复？能否设计出其他的机制将德国锁定在欧洲体系之内、放开德国的重工业生产的最高限额并激发其作为欧洲资本货物主要供应商的潜力？如果采用其他的途径，那么是否也能成功签署《罗马条约》？如果没有《罗马条约》，那么欧洲将会如何发展？如果没有一体化，那么是否最终会导致欧洲内部贸易减少而欧美贸易增加？没有一体化，共同农业政策会成功吗？如果不成功，那么各国的价格支持和进口限制政策会更宽松还是更严格？

　　与此类似，定量分析认为欧洲一体化的影响（比如说对出口）可以在以下条件下进行测量：在其他条件相同而假定欧盟的一体化程度是外生变量的条件下，将欧盟内从属度变量设为 0。但实际上，出口和一体化是作为一个更大的历史系统的一部分被同时决定的。欧盟的一体化增加了欧盟内部的出口，反过来区域内的贸易也刺激了欧盟的进一步融合与发展。在这种情况下，考察内生变量（如从属度变量）的影响就不那么容易了。

　　因此在本章中，我们采用一种不同的方法来进行研究。不是在假设一体化没发生的基础上分析欧洲一体化的影响，而是在假定其他条件不变的情况下，设定一个反现实的世界。我们会问：如果 ECSC 没有建立，那么欧洲国家会采取其他的方式来恢复其钢铁和煤的生产和交易吗？如果没有建立共同市场，那么西欧国家会采取其他方式来促进其内部的贸易吗？我们会研究如果一个具体的举措不存在，那么这会对整个体系产生怎样的影响，而不是简单地想象该举措不存在且假设其他条件都不发生变化。从这个层面上来说，我们使用的是 Fogel（1964）等经济史学家的反事实研究方法。

　　我们还将通过反驳欧盟对欧洲的经济没什么影响这一观点来批判必胜主义者对一体化过程的偏见。我们假设欧盟的建立对欧洲经济的发展的确有很大的推动作用。为了得出我们想要的结论，我们重新假设欧盟的建立对欧洲经济发展没有推动作用，并研究我们能将这个反事实的假设推进多远。这里我们再次采用了 Fogel 的反事实分析方法。[1]

　　第二部分详细介绍我们的分析框架，然后开始进行反事实分析。在每个案例中我们都假定关键性的事件没有发生，或者假定某一个曾推动一体化进程的因素运行得不那么成功甚至完全没有发挥作用。然后设想没有这些因素，一体化过程和经济增长是如何实现的。最后一部分是本章的结论。

分析考量

建立反事实框架首先要知道经济增长的决定因素是什么。索洛（1956）等人的新古典模型与欧洲经济共同体在同一时期发展起来。该模型认为人均收入水平取决于储蓄率（当时资本不能自由流动，因此国内储蓄率决定了国内的投资率）、人口增长率和技术进步率。根据这个约束性的模型，欧洲一体化通过鼓励储蓄而改变了欧洲的稳态收入水平（并且促进了过渡时期的经济发展）。一体化促进了法国和德国的和平合作从而增强了人们的安全感，进而提高了储蓄率和投资率。此外，一体化加速了战时管制措施的放松，使企业能够将资源配置到更有利可图的生产活动中，因而也刺激了企业储蓄的增加。然而，这些在20世纪50年代看似最合理的机制，在往后的岁月里却不再那么重要了。

一种可能的解释是储蓄、投资和盈利能力取决于工资压力（Bruno and Sachs，1985；Armstrong et al.，1991），而工资压力又受到一体化的影响。有人可能会认为贸易自由化会导致竞争的加剧，从而使工资水平均等化。但事实上，工资水平差异最小的时候却是一体化的初期，而且那时候进口竞争还是受到限制的。而当竞争加剧，且关税同盟建立起来以后，工资差异反而被拉大了。同样，近几年来，虽然建立了货币联盟，但是欧洲不同国家的名义工资和实际工资还是有很大差距的——意大利和葡萄牙的工资远低于德国——说明相较于欧洲一体化进程带来的影响，工资水平受国家层面因素的影响更大。

在索洛模型中，技术进步率是外生的，因此不会受到欧洲一体化的影响。在后来的内生增长模型中，技术因素被内生化了并且与出口增长率有关。出口导向增长模型（Little，Scitovsky and Scott；Myrdal，1970）认为在与出口相关的领域中，边做边学的效率是非常高的，因此欧洲建立关税同盟和单一市场的举措可以鼓励学习，促进技术的溢出，从而提高生产率。而更高的生产率意味着更高的利润，因此也会加速资本的形成，带来更快的经济增长和更高的收入水平。在某种程度上，充裕的资本是技术进步的体现，结果会带来更快速的经济增长。在这种内生增长模型中，类似单一市场的建立这样的冲击会完全改变经济的发展轨道，不但收入水平和产出水平提高了，甚至经济增长率自身也被永久地提高了（Baldwin，1989）。

到目前为止我们所讨论的模型都假定市场是完全竞争的。如果放松这一假设条件，那么一体化可以通过几条途径对经济产生更深远的影响。首先是更大的市场带来的规模经济效应。其次是X效率（Leibenstein，1996）。X效率认为欧洲经济共同体的政策加剧了国与国之间的竞争，而这种竞争会促进新技术的发展和应用以及公司组织形式的改变，从而加速公司的创新或灭亡。此外，还有制度的改善对经济产生的影响。我们都知道，"好的制度"会促进发展。因此在一个一体化的欧洲内部，那些拥有优越的制度的国家会对其他国家产生示范作用，从而鼓励其他国家的政府改善其政策、措施。如果布鲁塞尔能够通过改革鼓励竞争，并采取有利于市场发展的政策，那么也许情况就不会是现在这样了。

于是，这些经济增长模型往往认为一体化是通过对储蓄、投资、利润率、出口、影响技术进步的因素、公司以及制度的变革等方面产生影响从而影响经济增长率的。这些关注点不同的模型自身就说明了各种因素的重要性是随着时间推移而变化的。欧洲经济共同体成立初期其主要目的是提高安全感和储蓄率，但是对现在的欧洲经济共同体来说，促进竞争和提高效率变得越来越重要。这些模型（有的将技术进步视为内生变量，有的更强调贸易在促进竞争方面的作用）也证明了迄今为止，一体化确实对经济产生了很大的影响（换句话说，反事实的假设将带来与现实迥然不同的结果）。

与早先的大量文献相同，在接下来的讨论中我们将政策视为外生变量，并提出以下疑问：如果现在的政策没有实施，那么经济发展会有何不同？与新增长理论将技术进步内生化一样，新政治经济模型将政策变量内生化了。传统上所谓的 adding-machine model 将政策看做部门的自身利益或生产要素的函数（Moravcsik，1998；Frieden，2006）。欧洲经济共同体采取共同农业政策（CAP）是因为在 20 世纪五六十年代时，农业在提供就业和增加产出方面仍然发挥了极大的作用；其将工人权利写进宪章是因为在社会民主党派和工会的领导下，工人的组织性加强了；它最终允许资本自由流动是因为金融资本的影响力越来越大。以上这些政策措施的共同之处在于，政策是根据不同经济活动的部门组成产生的，而部门又是根据要素比例划分的。因此，除非一体化的政策措施可以直接对资本/劳动比率产生影响，否则它们不能直接影响政策。

上述讨论再次指出了这样一个问题：什么是相对增长模型？在索洛类型的模型中，受到冲击后，要素分配会自动回到初始的均衡位置附近。因此，如果某些特定的政策没有被实施（反事实假设），那么我们有理由相信在实际中促使政府采取这些政策的利益集团同样会游说政府采取其他的替代措施。相反，在新增长模型中，如果特定的政策没有被实施（反事实假设），那么资本/劳动比率以及生产的部门构成会与现实有很大不同，进而游说的利益集团以及游说的结果会与现在有很大不同。

关于欧洲的一体化，还有一种观点认为政策的结果是由少数有权力的人决定的，政策措施内生于他们的行为。在其他条件不变的情况下，这种观点强调 Monnet、Schuman、De Gaulle、Delors 等人的作用，认为如果没有他们，相应的政策也许不会推出。接下来只需考察如果政策不存在，那么所选择的经济增长模型会有怎样的结果。此外，Haas 等学者认为早期的政策选择和制度发展决定了后期的政策选择。换句话说，政策本身就是具有路径依赖性的。如果没有 Monnet 和 Schuman 建立的欧洲煤钢共同体，那么也就不会有后来的《罗马条约》。如果 Delors 没有建立单一市场，那么单一货币也就不会出现了，因为经济的一体化和货币的一体化在经济和政治方面均有溢出效应。

不论采用上述哪个模型，要建立相应的反事实模型都不是一件简单的事。根据不同的增长模型，反事实政策的影响可大可小。根据不同的政策模型，反事实政策假设与实际政策的差异也是可大可小的。

反事实研究

接下来，我们将对欧洲一体化的各个阶段运用反事实研究方法——从欧洲支付联盟（EPU）、欧洲煤钢共同体（ECSC），到共同市场、欧洲货币制度（EMS）、1992年的单一市场计划（SMP）以及欧洲货币联盟（EMU）。

欧洲支付联盟

1950年建立的欧洲支付联盟是第二次世界大战后欧洲一体化的第一步。战争时期以及20世纪40年代后期欧洲一直采用外汇管制的措施来维持收支平衡。取消外汇管制、实现货币经常账户下可自由兑换是重建欧洲内部贸易和共同市场的前提。

在实现货币经常账户可兑换的过程中，欧洲国家需要解决一些协调方面的问题。试想，如果一个国家单方面放开其进出口（通过允许本国货币自由兑换），那么本国居民对进口品压抑已久的需求就会爆发，而本国的出口商仍然不能自由出口货物（因为其他国家的货币不可自由兑换）。各国政府由于担心贸易失衡，因此都不愿意单边放开外汇管制。

欧洲支付联盟鼓励各国政府相互协调从而解决了这一问题。各成员国（基本上是受到美国马歇尔计划援助的国家）接受了由欧洲经济合作组织（OEEC，即现在的OECD的前身）起草的《自由化章程》，同意在几年内共同取消外汇管制和其他歧视性贸易措施。美国通过马歇尔计划向在自由化过程中暂时遭遇国际收支失衡的国家提供了5亿美元的援助，例如在1951年向德国提供援助。由独立金融专家组成的管理委员会监督政府履行其承诺并为紧急情况提供帮助。

在20世纪50年代欧洲逐步实现了经常账户的全面可兑换。同时欧洲内部贸易额从100亿美元增加到230亿美元。这里的反事实假设应该是，如果没有欧洲支付联盟，那么贸易自由化将会推迟，出口的增速也将远远低于现在的水平，经济扩张和调整也会受到影响，经济表现不会像现在这样令人满意。

贸易在欧洲经济增长的黄金时期的重要性是不容置疑的。如果没有出口，那么欧洲国家就不能重建它们的相对优势行业，出口导向的"干中学"的速度也会大大降低。[2]生产率的增长率、资本积累速度也会降低。一个增长缓慢的经济体也会对其他国家产生消极的影响。

但是如果没有欧洲支付联盟，那么贸易是否就会停滞呢？如果重建欧洲的贸易是如此的重要，那么即使没有欧洲支付联盟，人们也会采取其他方式来促进贸易的发展。国际货币基金组织（IMF）也许就是一个很好的替代品。IMF的章程要求加入该组织的国家在5年内实现经常账户的可自由兑换。但是实际上，20 世纪 40 年代后期到 50 年代初，IMF 的影响很有限。因为美国不允许接受马歇尔计划援助的国家从 IMF 借款，以免削弱美国对它们的制约能力。实际上，欧洲支付联盟可以看做马歇尔计划管理者对该禁令的有针对性的回应（回想马歇尔计划向欧洲支付联盟提供了 5 亿美元的经济援助）。如果没有欧洲支付联盟（这就暗示了马歇尔计划同样不存在），那么也就不会有禁止从 IMF 借款的禁令。[3] 而没有欧洲支付联盟的援助，可能 IMF 会提供更多的帮助。如果由 IMF 主导，那么欧洲各国的自由化进程可能不会如此一致，因为 IMF 不会将重心完全放在欧洲。[4] 因此，如果欧洲内部的贸易规模没有如今天这般快速扩大，那么它们与美国的贸易就会快速增长。

因此，对应的反事实假设就不是假定欧洲支付联盟不存在时也没有其他组织安排，而是在欧洲支付联盟不存在的情况下，IMF 等其他机构在促进经常账户可兑换和援助暂时性国际收支失衡等方面的作用会加大。在这种情况下，欧洲与美国间的贸易会增加，以抵消欧洲内部贸易的缓慢增长，因此欧洲的出口照样会增加，具有相对优势的行业也照样能得到重建。只是无法判断学习效应和资本积累的速度是否会与现在有所不同。

欧洲煤钢共同体

以法国和德国为中心的重工业区（包含意大利、比利时、荷兰、卢森堡）的建立是欧洲一体化的第二步。根据 Gillingham（1995，p. 151）的观点，欧洲煤钢共同体建立在一个全新的、超国家的理念的基础之上，将各国的国家权力统一成一个新的欧洲权力机构。Monnet 为 1950 年 6 月的会议指导起草的一份文件为这一最高权力机构的成立奠定了基础。根据 Monnet 的蓝图，这一机构可以促进竞争，刺激投资，建立单一市场，取消各种补贴、配额以及卡特尔等限制贸易的措施。试想一下，如果 Monnet 没有提出这一主张，而 Schuman 也没有将其付诸实施，那么欧洲经济是否会呈现另一番景象呢？

就煤和钢的价格、产出、利润率以及对产能和技术的投资方面来说，欧洲煤钢共同体的建立并没有对其产生多大影响。1950 年的会议之后，各国政府迅速行动起来，避免将其对煤钢产品的税收、补贴、关税权移交给最高权力机构。欧洲煤钢共同体并没有按照 Monnet 的设想建立一个单一的市场。煤炭方面，各国政府认为对能源的补贴有助于维持社会的稳定（在当时，能源费用在家庭开支中的比重很高）和国家的长远发展，因此各国普遍对煤炭进行价格补贴和价格管制，而最高权力机构对此却无可奈何。钢铁方面，关税并没有取消，只是在各国之间有所协调。欧洲钢铁市场仍然被欧洲内部贸易的残留限制分割成几个部分。德国对所谓的共同市场国家的钢铁出口的增长远远低于对其他欧洲国家的出口，这一事实也表明了欧洲煤钢共同体建立一个由六国组成的钢铁共同市场的努力失败了。如果欧洲煤钢共同体具有强大的贸易创造作用，那么欧洲就会产生与现在完全不同的贸易模式。最终，欧洲煤钢共同体在促进技术和组织变革方面几乎没产生什么作用。[5]

欧洲煤钢共同体的另一个目的是打破第二次世界大战后的卡特尔和大企业的垄断地位，促进竞争。但恐怕没有欧洲煤钢共同体，欧洲煤钢行业的竞争也不会少多少。德国的重工业的集中度从来就没有下降过，因为随着朝鲜战争的爆发，美国希望大幅提高钢铁的供应量，而对德国工业所有权的彻底重组会影响钢铁的供应。所谓的煤炭共同市场取代了原来的德国煤炭生产者卡特尔。国际钢铁出口卡特尔1963年在布鲁塞尔成立，管理欧洲和第三世界的钢铁价格，并对卡特尔内15％的钢铁产品设置最低价格。可见欧洲煤钢共同体并不能有效阻止卡特尔组织的建立。恐怕没有欧洲煤钢共同体，卡特尔化和行业集中化也不会比现在更严重。

那么是否有理由认为在反事实假设的条件下，价格、产出、利润以及欧洲经济的发展会与现在不同呢？Gillingham（1995）、Berger 和 Ritschl（1995）、Eichengreen（1996b）等学者认为，如果没有欧洲煤钢共同体，那么法国等战胜国不会默许放开德国工业产出的最高限额。正如 Gillingham（1995，p. 152）所说，"欧洲煤钢共同体的最大成功之处……在于使德国重新被它的受害者所接受了"。它至少创造了一个神话——它使代表德国军事实力的工业部门处于几个国家的管理之下。因此如果没有欧洲煤钢共同体，那么为了保证法国和其他欧洲国家的安全，德国钢铁产出的最高限额不会被取消。[6] 这个产出限额会使欧洲失去经济发展的先决条件，因为德国的机械制造业对德国和欧洲其他国家的经济复苏都很重要——这些国家都依赖德国的资本品供给。[7] 经济增速下降会引起严重的经济和社会问题，因为工人想在增长缓慢的经济中占有更多的份额，而这不仅会增加工人的斗争性，而且会增加工人对左翼政府的支持度，从而不利于投资率的提高，投资可以说是所谓的"黄金时代"经济发展的马达。[8]

但是下面这个反事实假设过于悲观了，它认为：如果没有欧洲煤钢共同体，那么也不会有其他机制来调节德国的经济和政治，法国出于安全考虑，也不会放松德国重工业的产出限额。而实际上当美国发现消除对德国重工业的限制有利于地区的政治稳定时，美国和它的欧洲盟国可能就会想到别的办法来解决这个问题，法国和美国可能就更希望建立一个欧洲指挥部来控制德国的军队。朝鲜战争爆发后，Monnet 曾设想建立欧洲联合军队。可以想象，如果没有欧洲煤钢共同体，那么法国可能就不会反对成立欧洲防御共同体，而该共同体也会产生与欧洲煤钢共同体同样的效果。

或者，如果没有欧洲煤钢共同体，为了法国的安全考虑，美国会在德国保留更多的军队。北约的成立不仅是为了对抗苏联，而且是为了束缚欧洲"捣蛋鬼"国家的手脚。[9] 法国可能会要求推迟接受德国国家条约，而美国也会同意法国的要求（德国国家条约要求在 1955 年 5 月撤销同盟国最高委员会）。

欧洲煤钢共同体的另一个重要作用就是为后来的《罗马条约》铺平了道路。没有了欧洲煤钢共同体的最高权力机构、部长理事会、共同议会和最高法庭，我们很难想象签订《罗马条约》的六国会根据条约成立相应的委员会、理事会、议会和法庭。反事实假设认为如果没有欧洲煤钢共同体，那么根本就不会有《罗马条约》。但是如果要考察这对经济会产生什么样的影响，那么恐怕又要涉及另一个反事实假设了。

共同市场

《罗马条约》签订后欧洲最大的成就是建立了共同市场，取消了欧洲内部的关税壁垒。但是欧洲国家的某些部门仍然采用配额制（例如，农场主势力较强的国家对农产品实行配额，还有一些国家对关系国家安全的工业品实行配额等）。一些非关税壁垒（产品标准、合规性等）也是后来才取消的。

尽管一些限制依然存在，但并没有阻止欧洲内部贸易的大规模增加。六国对内出口比例从 20 世纪 60 年代的 35％上升到 70 年代的 49％。当然，这也不能全归功于共同市场的建立，60 年代欧洲经济的强劲增长也起了很大作用。由于对进口品和出口品需求的收入弹性大于 1，各国又倾向于与邻国贸易，因此各国收入的提高导致了贸易的增加，尤其是欧洲内部贸易的增加，而不是因为共同市场的建立促进了贸易的增加从而提高了收入水平。

许多研究认为关税同盟的确提高了福利，因为其产生的贸易创造远远大于贸易转移，尤其是在建立关税同盟的初期。Bayoumi 和 Eichengreen（1997）估计 1953—1973 年，关税同盟使欧洲经济共同体六国间的贸易增速每年提高3％。贸易增加使六国的经济增长每年提高 0.33％，1969 年六国的 GDP 提高了4 个百分点（Eichengreen，2007）。而 Frankel 和 Romer（1999）的研究则认为以上数字并不准确。也有人采用其他的方法对规模经济的程度进行测量。Owen（1983）根据小汽车、货车、白色家电三个部门的微观经济数据推断出 1980 年关税同盟对 GDP 的拉动作用为 3％~6％。

尽管这些研究结果差异很大，但研究者们都认为市场规模的扩大和贸易条件的改善，吸引了更多的外国直接投资，从而促进了经济的增长（Petith，1977）。粗略估计，到 20 世纪 70 年代中期，关税同盟使最初的欧洲经济共同体六国的 GDP 提高了 5 个百分点。但同时期的欧洲共同农业政策却导致福利损失。当英国加入欧洲经济共同体后，共同农业政策导致福利损失的情况在该国体现得最为明显，但是对最初的六国来说，共同农业政策却没有使其出现显著的福利损失（1958—1973 年贸易转移较少也可间接证明这一点）。

当然，我们不能把以上所有的好处和损失都归结于共同市场的存在。即使没有建立共同市场，这些国家也会通过其他途径来满足其对产品多样化的需求，扩大贸易规模，而且也可能继续对本国农业进行保护。既然在各种可能性（甚至假设欧洲煤钢共同体不存在）下更容易讨论欧洲煤钢共同体的影响，那么同样，（假定农业在当时很重要）如果没有欧洲共同农业政策，那么欧洲各国也会采取其他保护措施对地区内的农业进行保护。而关税同盟并没有这样。尽管 20 世纪60 年代在美国的压力下，贸易自由化的呼声越来越高，但还是有一些国家表示反对，这些国家要么面临要素短缺的制约，要么担心其薄弱部门的收入和工作会受到影响。[10]德国和意大利政府通过呼吁欧洲一体化而化解了这些反对者的不满。[11]尽管法国非常担心工业品自由贸易会带来不利的影响（Bonin，1987），但是由于《罗马条约》可以实现它的其他政治目的（Milward，1992），因此它还是加入了。肯尼迪回合的贸易谈判显著降低了关税，也说明面对一个美国这样的大谈判对手要比面对一群小国家更容易达成协议（Davenport，1982）。

　　Sapir（1992，p. 1500）认为"欧洲一体化的过程是减少欧洲外部保护的催化剂"。这一说法很恰当。虽然即使没有关税联盟，耐用消费品部门的规模经济也会使其获得利润，但贸易一体化显然起到了锦上添花的作用。以上所有这些都可以表明，如果没有建立共同市场，那么产出水平将比现在低很多——粗略的估计数字是 GDP 的 3%～4%，因此共同市场的建立进一步提高了人们的生活水平。

　　最后，有观点认为如果没有建立共同市场，那么布雷顿森林体系解体后，就不需要花那么大力气来维持欧洲内部各国的汇率稳定。如果欧洲内部贸易额较低，那么政府就不需要过于担心汇率的波动对进出口的影响，因此也就没有建立欧洲货币制度的压力。这一论点的局限性就在于实证检验没有发现汇率波动与欧洲内部贸易额或者世界贸易之间有一阶负相关关系。而且，如果欧洲国家没有取消农产品的贸易壁垒，那么就不能统一农产品价格并稳定汇率，从而难以避免农产品国家间的套利。但这里的问题在于是什么因素导致欧洲对汇率波动的低容忍度呢？是像共同农业政策这样的政策还是对 20 世纪 30 年代偶然性的汇率大幅波动造成的政治经济破坏的记忆？但即使没有成立欧洲经济共同体，记忆也是存在的，也许同样会影响政策的选择。针对没有共同市场就没有欧洲货币制度的论点，我们需要另外的反事实假设来考察这种情况下欧洲经济会如何发展。

欧洲货币制度

　　欧洲一体化的下一步就是 1979 年年底开始通过欧洲货币制度来稳定汇率。直到 1993 年 8 月各国货币波动区间从 2.5% 扩大到 15% 以后，欧洲货币制度的作用才充分显现出来。除了 1992 年 9 月意大利里拉和英国英镑暂时脱离了汇率机制，其他时间里欧洲货币制度成功地实现了它稳定汇率的目标。尽管 1987 年前许多国家都进行过货币调整，但是加入欧洲货币制度的国家的汇率波动要比没有加入的国家小得多（Artis and Taylor，1994；Hu, Jiang and Tsoukalas，2004）。

　　一直以来似乎大家都忽略了欧洲货币制度对经济长期增长的影响。一方面，有证据表明汇率波动对贸易的负面影响很小，因此由汇率稳定带来的经济增长就很有限。此外，也有人认为汇率稳定对经济增长的作用可能被钉住汇率的利率的大幅波动所抵消了。但 Artis 和 Taylor（1994）的研究发现在汇率波动减弱的情况下，欧洲货币制度国家的利率波动并不比非欧洲货币制度国家的更大。对这一悖论的一个解释就是：可能金融市场认为这一制度是可信任的，因此没有对投机性投资组合进行转移，从而机构投资者也不需要为维持市场平衡而进行干预操作。

　　欧洲货币制度的另一个贡献就是降低了法国、意大利等国家的通货膨胀率，而这是否有助于促进长期经济增长还不能确定。即使没有欧洲货币制度，这两个国家也会设法降低其物价水平，只不过时间可能会长一些。[12]如果信誉度能够降低"牺牲率"（为了降低通胀率不得不增加的失业率），那么欧洲货币制度无疑对经济增长是有利的。当时，有人认为将中央银行现有的制定货币政策的权力移交给德意志银行可能会降低法国和意大利工人的通胀预期，进而有利于快速制止通货膨胀。然而研究表明，金融市场上并没有出现我们设想的信誉红利：通胀下降是因为失业率提高了，而不是因为工资和价格的制定者认为发生了"制度变革"（Egebo and Englander，1992）。金融市场认为欧洲货币制度是可信任的，而劳动者和生产商则对此持怀疑态度。[13]

欧洲货币制度的另一个贡献就是为后来的货币联盟铺平了道路。较早的那些尝试（比如 1970 年的 Werner 计划）在布雷顿森林体系瓦解之后也都被搁置了，因此欧洲货币制度被视为走向终极目标的关键一步，而不仅仅只是为了维持汇率稳定。那一时期的一个重要特征就是法国、意大利、西班牙等国家逐渐接受了一系列对币值稳定，尤其是通胀率较低和财政健康的国家进行奖励的宏观经济政策。德国认为这些都是其接受货币一体化的必要条件。作为"踏脚石"的欧洲货币制度对欧洲经济增长是否有积极作用取决于人们如何评价欧洲货币联盟对地区福利水平的影响。

1992 年的单一市场计划

单一市场计划可以追溯到 20 世纪 80 年代早期，当时经济增长放缓，欧洲经济共同体的共同农业政策和政府预算也陷入了困境。1985 年的一份白皮书提议取消限制性规定、产品标准等非关税壁垒（当时关税已经取消了），促进生产要素的自由流动。1986 年各国达成协议，随后的二十年里，各国逐步放松管制、实现自由化。

以上政策的目的是通过加强产品市场和要素市场的竞争来提高效率，促进增长。产品市场上采用互认原则以保证一国认可的消费者安全标准也将得到该计划内其他国家的认可，单个国家不得不降低其个体偏好，否则会受到欧洲司法委员会的指责。在要素市场，资本流动的限制被取消了，从而为投资者建立了一个公平竞争的环境，机构投资者之间的竞争更加激烈。

"Cecchini 报告"曾计算过，如果单一市场计划的所有条款都被执行的话，那么在随后十年里欧盟的 GDP 将会增加 2.5%～6.5%（通过资源重新配置、规模经济、更激烈的竞争）。更乐观的观点认为除了这些一次性的好处外，由单一市场计划带来的收入、储蓄、投资的提高会使 GDP 永久提高 0.25%～1%（Baldwin，1989）。

然而，这些所谓的内生增长模型的实证检验结果却不尽如人意（Crafts，1992a），因此几乎没有人相信这些制度变迁会引起产出增长的永久变化。[14]近期的研究也相应调小了原"Cecchini 报告"对单一市场计划影响力的评估。一项研究发现，1994 年之前，单一市场所带来的贸易创造要大于贸易转移，但对 GDP 的贡献只占 GDP 的 0.5%～1.25%（Allen，Gasiorek and Smith，1998）。

后来欧盟委员会的一份估计报告显示，到 2002 年，单一市场计划对产出的累积影响占 GDP 的 1.5％～2％，与其成立时怀疑派的预期值高度相符（Peck，1989）。如果单一市场计划的所有条件都能达到的话，那么其对经济的影响可能会更大，但也大不了太多。

尽管单一市场计划能够带来的好处比共同市场带来的好处要少得多，但是实施单一市场计划的收益也是不可忽略的。与欧洲一体化的其他方面一样，即使没有欧盟委员会的倡议，共同市场和单一市场计划也可能仍然会建立。对欧洲各国来说，20 世纪 80 年代是一个自由化和放松管制的时期，比如法国在单一市场计划实施之前就放松了对金融部门的管制。费雷泽研究所的经济自由度指数（衡量一国的政策和制度对经济自由的支持程度，Gwartney and Lawson，2006，p. 3）显示欧盟国家在 1980—1990 年解除经济管制的速度要快于 1990—2000 年。因此可以说不管有没有单一市场计划和共同市场，各国都为进一步的自由化和经济开放贡献了力量。

但是也有观点认为如果没有单一市场计划，那么欧洲国家在放松对产品市场管制的速度和程度上不会做得像现在这样好。为避免本国企业处于不利的竞争地位，各国政府都做好了取消补贴的准备，只要它们确认了自己的邻国也会这样做。欧洲经济共同体在协调各国履行承诺方面发挥了积极的作用。"欧洲"这一共同体概念常常被用来对抗各国反对放松管制的势力。德国电信改革委员会将困难的任务转交给了欧洲经济共同体官员，以应对来自联邦德国及工会对放松管制的反对（Moravcsik，1998）。法国政府则在社区自由化背景下进行国内改革，以此转移政府需要为自己所造成的社会痛苦承担的责任。

此外，如果没有单一市场计划，那么以下两种情况可能不会发生：一是向国外公司开放公共采购，这是由布鲁塞尔强制推行的，尽管有些国家很不情愿。当时很多国家在努力减少财政赤字，因此愿意购买便宜的进口品，但是对外采购只要开始，就会持续下去。二是 1979 年由欧洲法院（欧洲司法委员会）推行的合作国间的互认原则。这在取消非关税壁垒方面帮了单一市场计划一个很大的忙。也许有人会说，即使没有单一市场计划，欧洲各国也会设法达成一致，就像美国和欧盟之间那样，尽管过程比较缓慢。但是实施互认原则是比各国达成一致协议更快、更简洁的过程。以上这两项似乎才是欧洲一体化进程的真正成就。2002 年欧盟委员会估计，如果没有这两项措施，那么单一市场计划所带来的收益将减少一半。

欧洲货币联盟

欧洲货币联盟曾经是（现在也是）自《罗马条约》以来最雄心勃勃的计划。1999 年 1 月 1 日，欧洲货币联盟（最早有 11 个国家加入，到 2010 年为 16 个）赋予欧洲中央银行（ECB）制定货币政策的权力，同时通过规定财政赤字和国债占 GDP 的比重的上限来限制各国对财政政策的使用。[15]

欧洲货币联盟已经运作了十多年，但对其功过还很难下定论。欧元区的经济增长率和通胀率虽然比英国和美国要低，但却高于日本。金融一体化的速度非常快，贸易一体化程度也进一步提高了。但同时，各国的经济表现也出现了很大差异，尤其是那些处于欧洲外围的国家。在 2009 年的经济危机之前，由于实施低利率政策，芬兰、爱尔兰、西班牙发展非常快；而意大利、葡萄牙则受欧元区内的高实际汇率的影响，发展十分缓慢。[16]

欧洲货币联盟通过以下三条途径促进了欧洲经济的增长：高投资率（因为欧洲货币联盟提升了人们的信心并降低了资本成本）、高 X 效率（来源于欧元区内部贸易的快速增长）、经济效率的提高（欧元区内各国面临更加激烈的竞争，不得不进行机构改革）。但是还没有实证研究能够证明以上观点。[17]

与历史水平相比，名义利率一直处于较低水平，这也意味着较低的通货膨胀率。同样，实际利率低于 20 世纪 80 年代和 90 年代的水平，而较低的利率可以刺激投资。但是不能简单地认为这些都是由欧洲货币联盟带来的。欧洲货币联盟成立的最初十年里，世界通胀率水平、名义利率和实际利率都很低，这表明低利率和低通胀率是由全球趋势（中央银行的独立性增加、国际贸易竞争加剧、全球性的金融自由化、东亚和 OPEC 的经常账户盈余）决定的，而非欧洲货币联盟的作用。但是如果欧洲货币联盟能增强人们对未来经济增长和稳定的信心，那么仍然可以说它是有积极意义的。但是实际上它似乎也没起到这种作用。在 21 世纪初的几年里，欧元区的经济增长非常缓慢，而最近意大利和希腊的危机第一次使人们开始怀疑现在的货币安排能否持久。以上这两种情况都不利于增强人们的信心。

欧洲货币联盟对投资的一个积极意义在于建立了一个广阔的、流动性好的金融市场（尤其是债券市场），大大降低了资本成本（Freixas, Hartmann and Mayer, 2004）。对欧元区国家（尤其是政府债务占 GDP 的比重较高的国家）的公共部门来说，债券收益率差异的显著缩小可以减少预算赤字，进而增加储蓄。对私人部门来说，欧元刚推出后的几年里，公司债券激增，而且欧元区国家的情况要甚于其他欧洲国家（Rajan and Zingales, 2003）。这对投资和经济增长都有积极的影响，但可能影响不大。一方面，投资对利率的弹性不大；另一方面，任何积极的影响都可能仅限于合作部门下的从属样本，也就是大公司。

第二个传导渠道就是通过建立单一货币，促进资源再分配，提高 X 效率，沿着共同市场继续发展，进而促进贸易的一体化。起初，人们一致认为其对贸易的影响不会太大；因为布雷顿森林体系瓦解后实行的浮动汇率制度降低了世界贸易的增长速度，采取固定汇率制后对贸易的提升作用也不会太大。但随后的研究发现货币联盟使其成员国间的贸易相对于其他国家间的贸易大大增加了（Rose, 2000）。类似的研究预测，按照欧元区过去的发展情况，其未来的贸易收益还将提高 50% 甚至更多（Rose and Van Wincoop, 2001）。实际上，在衡量了英国加入欧洲货币联盟的成本和收益后，一直持怀疑态度的英国财政部也承认加入欧洲货币联盟后，在 20~30 年里能使人均收入年增长率提高 0.2~0.3 个百分点（HM Treasury, 2003）。

尽管欧元区内的贸易额有了大幅的提高，但是到目前为止还没有达到以上各项研究的预期值。Baldwin（2006a，2006b）对该问题进行了回顾，指出早期过于乐观的研究中存在一些问题，按照预测，1999—2003 年贸易额的增加幅度应比实际再高出 5%～15%。更重要的是，他认为其主要是由于欧元区内的中小规模的公司面临的固定成本降低，从而有利于提高贸易量。这种影响是一次性调整的结果，因此更大幅度的提高恐怕很难了。这样的增长会带来好处似乎毫无疑问。然而当前证据表明，到目前为止，其对产出的影响（更别提增长率了）可以忽略不计且以后恐怕也会如此。

最后是制度变革对经济的促进作用，制度变革旨在通过增强货币联盟成员国间的竞争使其成为更加友好的市场。关于这方面的证据比较难获得。OECD 和世界银行都尝试过将在限制劳动力市场和产品市场竞争方面的监管措施和其他限制措施的重要性进行量化。表 11.4 是它们的研究结果——欧元区国家和 5 个非欧元区国家的平均数（非加权）。这些数据给人们的总体印象是欧洲货币联盟国家的改革速度并不比非欧洲货币联盟国家的改革速度快，尤其是考虑到非欧洲货币联盟国家的经济更具有自由主义的本质。[18] 根据严格的就业保障这一指标在 20 世纪 90 年代的可得数据，在货币联盟成立之前的十年里改革的速度要比其成立之后快得多。世界银行也指出 2003—2007 年去监管化的程度非常有限。[19] 类似地，弗雷泽研究所提供的 2000—2007 年度的经济自由度指数显示欧元区有轻微的衰退。[20]

表 11.4　　　　　　　　　　　　西欧的监管改革

OECD 指标[a]

		就业保障	调整率[b]
欧元区[c]	20 世纪 80 年代末期	3.19	—
	20 世纪 90 年代末期	2.66	2.26
	2003 年	2.52	1.57
其他西欧国家[d]	20 世纪 80 年代末期	2.51	—
	20 世纪 90 年代末期	1.94	1.72
	2003 年	1.94	1.31

世界银行指标[a]

		劳动市场刚性[e]	创业[f]	停业[g]	执行合同[h]
欧元区[c]	2003	45.5	26.5	67.6	494
	2009	37.1	11.4	68.6	557
其他西欧国家[d]	2003	28.4	10.6	73.3	224
	2009	20.4	8.5	76.3	397

注：[a] 非加权平均。

[b] 以下四个指数的平均值：创业壁垒、产品市场监管、贸易与投资壁垒、国家控制的程度。

[c] 不包括：塞浦路斯、卢森堡、马耳他、斯洛伐克、斯洛文尼亚。

[d] 丹麦、挪威、瑞典、瑞士、英国。

[e] 对入职、辞职的难易度以及工时刚性进行平均。

[f] 对需要的程序数和时间进行平均（天）。

[g] 财务回报率（%）。

[h] 期限（天）。

资料来源：Conway, Jarod and Nicoletti (2005); OECD，《就业展望 2004》；世界银行，"Doing Business"，http://www.doingbusiness.org.

因此，总体来说成立欧洲货币联盟还是利大于弊的。单一货币提高了那些过去容易发生高通货膨胀和货币快速贬值的成员国的金融稳定性，也促成了大型资本市场的建立，从而降低了政府和公司的融资成本。

此外，单一货币的使用也加快了贸易一体化的速度，加速了常规改革的发生，也引发了一些原本可能不会出现的监管改革。然而这些变化对欧元区的经济增长率和产出水平的影响都不是很大。

如果没有成立欧洲货币联盟，那么情况会跟现在不同吗？尽管实际上已存在的德国马克区（德国、比利时、荷兰、卢森堡、奥地利）可能会使用单一货币，但是法国、意大利和西班牙肯定不会加入这样的安排。在这种情况下，欧洲货币联盟带来的贸易增加和资本市场扩张的好处就不会存在了。而且，考虑到当前美元和石油价格的变化趋势，以及政治不确定性，意大利、西班牙（2007—2008年经常账户赤字达到GDP的10％）这样的国家的金融稳定性肯定得不到保障。

然而，出人意料的是，经常账户赤字居高不下的意大利本应采取更多的改革措施，而实际上却没有。当1992年里拉大幅贬值以及意大利将加入欧洲货币联盟当成国家目标时，意大利政府却采取了紧缩的货币政策和财政政策。当意大利在汇率及利率上的压力由于欧洲单一货币制度而被消除之后，其财政赤字反而开始再次增加，养老金改革效果大打折扣，公共支出总量也没能成功削减（西班牙则经历了储蓄率的骤降）。[21] 换句话说，必要的改革被推迟了，以后的调整成本必然更高。现在说欧洲货币联盟对意大利的福利产生了负面影响还有点牵强（毕竟，加入欧洲货币联盟后长期利率的下降使20世纪90年代中期到21世纪初公共债务的净利息支出从GDP的10％下降到了5％），那么就让我们等待历史的检验吧。

小结

欧洲的一体化始于欧洲支付联盟，先后经历了欧洲煤钢共同体、共同市场、欧洲货币制度，最终在建立了单一市场和欧洲货币联盟后达到顶峰。欧洲一体化是第二次世界大战后欧洲发展过程中最明显、最具争议、被评论最多的事件之一。如果没有它，那么欧洲经济不会像现在这样发展。事实真的是这样吗？

抱着怀疑的态度，我们开始了对欧洲统一的经济影响的研究。看看我们能将这一说法——如果欧盟没有成立，那么欧洲的生活水平、经济增长率、经济结构与现在也不会有多大不同——推进到多远。这需要两步推导。首先，我们论证在标准增长模型中，贸易和一体化的其他形式对经济增长只有有限的、暂时的影响；在内生增长模型中其影响比较大，但实证检验效果较差，说明不应过于看重其预测性。其次，即使某些研究能够证明一体化对经济有较大的影响，我们也认为即使没有一体化，这些变化也会发生，因为欧洲的各种经济力量都会促使其实现贸易自由、汇率稳定以及去监管化。事前假设就是欧洲统一对经济（政治则刚好相反）的影响不大。

从某种意义上说这一论点是对科斯定理的运用，并且符合这一著名定理的所有约束条件。科斯定理认为财产权的分配对经济产出的效率没有影响，因为利益双方总是能够通过一方的支付来对资源和权力进行再分配，从而达到最有效的配置。在本例中，如果没有欧盟，政府、银行、企业、家庭会迅速找到其他方法来实现资源的最有效配置。如果当前的资源配置是无效率的，那么政府、银行、企业、家庭会迅速找到办法来修正它。科斯定理的前提是没有流动性限制，没有交易成本，也没有不确定性。但是在欧洲，不确定性是普遍存在的，交易成本也不可忽视，代理商也会受到流动性约束。因此，欧盟的行为和一体化进程的结果都证明了它们确实对欧洲经济的发展意义重大。

尽管一体化对经济增长的促进作用难以与技术进步相提并论，但是在过去半个世纪里的欧洲一体化过程中发生的经济变化在其他情况下不一定都能发生。如果没有一体化，那么经济也许照样增长，但是共同市场（不符合六个发起国的大多数利益层的利益）却不一定能建立起来。尽管欧洲各国对稳定汇率的显示性偏好可能会使它们采取类似于 20 世纪 70 年代后期的"蛇形浮动汇率制"（Snake）安排或者欧洲货币制度安排，但货币联盟却不一定能得以建立。欧洲货币联盟各成员国放弃了其货币政策——这通常被视为一个国家最主要的权力。[22] 显然，如果各国政府没有很强的整合决心，那么这一步是很难实现的。

要量化一体化过程的意义就更加困难了。下面采用的方法本质上是两阶段评估法。首先，评价某一特定事件会通过哪些方式对经济产生影响（通常使用已有文献的研究结果）。其次，看看有哪些评价反映了一体化的真实效应，并合理推测在这些之外还会有什么效应。最后发现这些证据都不支持与我们的论点相悖的结论，从而证明了我们的论点。

研究的底线是，稳定汇率的努力（建立欧洲货币制度和欧洲货币联盟）对经济增长的作用是很有限的，虽然对欧洲货币联盟的评价还在争论之中。不过贸易却完全不同。尽管全球的贸易自由化使所有国家的产出都有所增长，但共同市场和单一市场计划使欧盟的产出增长比世界其他国家要快。粗略估计，如果没有共同市场和单一市场计划，那么欧盟的 GDP 将会比现在低 5％（欧盟对欧洲收入的影响类似于 Fogel 提到的铁路建设对美国收入的影响）。至于该数字是高估了还是低估了，最终还需读者判断。[23]

欧洲一体化最后一个积极的作用，可能就是其对非成员国的吸引力。20 世纪 80 年代以来西班牙、希腊、葡萄牙等国经济的繁荣，在很大程度上得益于加入欧盟后其民主和对外开放程度的提高。更重要的是，柏林墙被推倒后欧盟向东欧国家承诺最终会允许其加入欧盟，也大大坚定了其成员国进行民主改革和经济改革的决心。在很多方面，该承诺像一个成功运作的"结构调整计划"，那些被排除在外的东欧国家的不尽如人意的表现也间接佐证了一体化的积极意义。

总体来说，对欧洲一体化的评价还是肯定的。支持一体化的人认为，一体化虽然不是解决所有欧洲经济问题的万灵药，但它的确发挥了一定的积极作用。很难想象没有一体化，经济会变成什么样。毕竟，很少有人会怀疑，美国今日的繁荣至少得归功于存在了几十年的单一市场和货币联盟。

最后一个论点本质上是一个政治问题。许多人认为欧洲一体化的最大成就不是较高的 GDP 水平，也不是建立了货币联盟，而是西欧的长期和平。例如，如果没有法国和德国的和解（经济一体化最主要的副产品），那么欧洲大陆可能会像以往一样再次爆发战争。这种情况下最适合的反事实例证当属欧洲在两次世界大战之间的和平年代，那时候经济发展也是一片繁荣。虽然这一观点对经历过两次世界大战的人来说似乎很有道理，但它却忽略了另一个政治因素——冷战。即使没有经济一体化，冷战也会促使欧洲各国进行合作。由于担心共产主义对政权的颠覆（尤其是 20 世纪 50 年代的法国和意大利），那些牢骚满腹的国家紧密地站到了一起，美国则成功扮演了较弱的欧洲同盟的援助者的角色。可以说实际上，斯大林和杜鲁门对欧洲和平的贡献，要比 Monnet 或 Schuman 大得多。

【注释】

[1] Fogel（1964）欲证明铁路对美国人的生活水平的影响很小。他可以做任何假设，不管其多么不现实，只要它有助于证明如果没有铁路，那么美国人的生活水平会发生更大的变化。在本章中，我们要证明的是欧盟的成立对欧洲人的生活水平有很大的影响。因此，我们提出一个相反的假设：即使欧盟不存在，欧洲人的生活水平也几乎不会有什么变化，并证明它。这要么是因为欧盟的建立对经济的影响可以忽略，要么是因为欧洲人可通过其他途径来达到同样的结果。

[2] 详细内容见 Eichengreen（1996b）。

[3] 此处的反事实假设超出了本章的范围，详细内容可参见 DeLong 和 Eichengreen（1992）的文章。

[4] 在很大程度上，IMF 还是很重视欧洲的，因为 IMF 中有专人管理欧洲事务且欧洲国家在 IMF 的执行委员会中占据了三分之一的席位。

[5] Gillingham（2003，p. 27）。

[6] 还有一个观点认为如果没有欧洲煤钢共同体，那么德国的钢铁工业会迅速恢复，进而可以重整军备，发动新的战争。我们认为这一设想是不成立的，因为包括法国、德国、美国在内的许多国家都有充分的准备以防止另一次战争的爆发。

[7] 20 世纪 50 年代前期的确是这样，当时德国机械制造业的钢铁供应主要来自鲁尔地区。但到 20 世纪 50 年代后期，随着欧洲沿海地区和其他地区产能的增加，鲁尔地区的重要性降低了。从这一点我们可以看出，如果没有当时鲁尔地区的高就业率和高经济增长率，那么整个德国的经济增长率会低一些，从而也会拉低整个欧洲的总需求和增长率。

[8] 这个观点可能看起来有些偏激，但这只是一个例子，说明为了证明我们的观点，该如何进行假设以强调实际情况与反事实假设的不同。

[9] Gillingham（2003，p. 23）。

[10] 后来内部贸易的快速增长降低了这种潜在的成本。

[11] 有趣的是，在德国，对关税同盟的最主要的反对不是来自保护主义者而是来自自由主义者。Erhard 反对任何形式的贸易歧视，而且德国的工业也愿意进入世界市场（Mil-

ward，1992）。在意大利，工业企业担心如果没有了保护，那么它们可能竞争不过德国的相应企业（Corbino，1964；Sylos-Labini，1970）。

［12］实际上，法国在欧洲货币制度内极力推行"法郎堡垒"政策，导致其失业率一直高于期望值（Blanchard and Muet，1993）。

［13］这个发现同时也符合相似的英国与美国的结果，对金融市场及劳动市场做出的不同反应可以被归因为"政权更迭"（Blanchard and Muet，1993）。

［14］但是 Henrekson 和 Torstensson（1997）用哑变量来量化一体化的效应时发现欧洲经济共同体委员会（EC）以及欧洲自由贸易联盟（EFTA）确实对经济增长产生了永久性的影响。

［15］这些限制条件起初载于《马斯特里赫特条约》，因此对所有欧盟成员国都适用，但是对欧洲货币联盟国家的约束力更强，因为联盟内一个国家过于宽松的财政政策会对其他成员国产生很大的负外部性。

［16］名义利率和名义汇率相同的国家，如果通胀率不同，那么其经济发展会有所不同。理论上，通胀率高的国家其实际利率较低，从而导致其实际汇率升值，不利于经济发展，通胀率低的国家则相反。在现实世界中，即使是开放经济的金融市场也是受到严格管制的（比如意大利、德国），利率变化对经济活动的影响有限，而汇率变动对经济活动的影响比较大。

［17］参见对欧洲货币联盟的经济增长效应的调查（Barrell et al.，2008）。

［18］根据世界银行提供的 2003—2008 年 9 月的 14 个指标"改善"的百分比，欧元区国家的平均变化为 12%，非欧元区国家则稍微恶化。但在 2003 年，非欧元区国家的监管要比欧元区国家低 40%。

［19］世界银行同时也提供了一个关于"监管质量"的长期指标（1996—2008 年），以衡量"政府制定并实施能有效促进私人部门发展的政策措施的能力"（Kaufmann，Kraay and Mastruzzi，2007，p.5）。1996—2008 年欧元区去监管化的速度很快，但是 2000—2008 年，相对于非欧元区的欧洲国家来说，欧元区的改革进展很慢。

［20］另一种不太稳定的自由度指数（Heritage Foundation，2009）却给出了完全不同的结论。它显示，1999—2008 年，欧元区的去监管化要快于非欧元区。

［21］也由于金融市场对其大量的公共债务态度傲慢。

［22］当然，对一些欧洲货币联盟成员国来说，考虑到它们与德国的金融一体化，这种主权是有限的："正如欧洲副总裁 Christofferson 提到的，1989 年年末德意志银行提高了贴现率后，其他欧洲国家的央行有了 45 分钟的主权。"

［23］最近的一份研究认为"如果没有 20 世纪 50 年代开始的一体化，那么欧盟的人均GDP 将会比现在低 20%"（Badinger，2005，p.50），但是该研究推测如果没有一体化，那么自给自足的情况会更加普遍。

第 12 章　总增长（1950—2005 年）

尼古拉斯·克拉夫茨（Nicholas Crafts）
詹尼·托妮奥洛（Gianni Toniolo）

引言

　　第二次世界大战后，西欧经历了前所未有的高速发展，但是与亚洲和美国相比，近几十年的表现不如第二次世界大战后初期那么令人瞩目。东欧的情况要更差一点，因为那些社会主义国家无法长期维持与西欧相似的经济发展，而向市场经济转变的初期又是比较艰难的阶段，直到近几年，东欧地区的发展速度才明显加快了。在这种背景下，各国经济迥异的发展表现还是很引人注目的，比如爱尔兰正处于"凯尔特之虎"阶段，而同时期的英格兰经济却经历了长期的相对衰退。本章主要描述第二次世界大战后欧洲的经济增长情况，挖掘其背后的原因，并探究现代欧洲各国经济增长的成功与失败可以给经济学家、历史学家以及政策制定者提供什么样的经验和教训。

　　我们的分析使用了两种概念方法。第一种方法运用内生增长理论，强调增长的微观基础，就投资刺激和创新刺激来进行讨论。其核心观点可以用图 12.1（Carlin and Soskice，2006）加以描述。图 12.1 中向右下方倾斜的索洛线描绘了新古典增长模型中当储蓄率一定时，技术进步（x）与资本密度（$\hat{k}$）之间的反向关系。向上倾斜的熊彼特线反映了技术进步的内生性——假定在一个较大的市场中，资本—劳动比（或产出—劳动比）越高，创新就越有利可图。这两条线的交点就是均衡的技术进步率，它也进一步决定了经济增长率。

　　图 12.1 表明如果索洛线和熊彼特线同时或单独上移，那么创新的速度将会提高。在两条直线同时移动的情况下，创新速度的提高可能是源于投资率的提高，而高投资率会导致高的增长率——这不同于新古典模型的技术进步外生性观点。反过来，经济环境中影响盈利预期的因素也会对投资产生影响。在后一

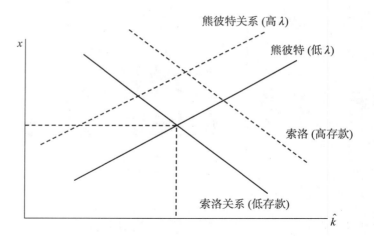

图 12.1   内生增长

种情况下，创新速度的提高可能是来自任一市场的创新努力，而这种努力将会反映出一些变化——较大的技术机会的出现、研发费用的降低、独占性回报的提高以及管理者竞争压力的增加等。这些因素中的任意一项的改善（同时其他因素保持不变）都会使 λ 提高。因此，图 12.1 表明机构和政策措施都会影响经济增长率。

第二种方法我们运用了 Abramovitz（1986）传统中的追赶增长理论。这篇文章强调了这样一个事实，即当相对落后的国家从一个较低水平开始发展时，其发展速度会非常快，能够通过降低资本密度和缩小技术方面的差距快速追赶上那些先进的国家。这意味着在衡量经济增长情况时必须考虑到这种追赶的可能。Abramovitz 认为这种赶超绝不是必然发生的，而是取决于其"社会能力"和"技术一致性"的。前者与影响新技术的有效吸收的激励结构有关，后者则与从发达国家引进的技术的成本效益有关。就图 12.1 来说，Abramovitz 认为追赶机会可能会使熊彼特线上移，但是上移多少则取决于社会能力和技术一致性。在一个成功的赶超阶段，投资回报率应该很高，并且索洛线应该向外移。

战后，西欧和东欧的经济发展史在相同时间却展示了不同的画面。1950—1973 年西欧处于经济增长的"黄金时代"，此后一段时期经济增长放缓，而从 20 世纪 90 年代中期开始又进入了"新经济"时期。鉴于上文提到的理论方法，这里就产生了一系列经典的问题，比如：欧洲经济发展为什么进入了"黄金时代"后来又为什么结束了？在各个时期，是什么因素导致了国家间经济发展的不平衡，即存在相对成功和失败？为什么欧洲最终没有追赶上美国？信息和通信技术时代（ICT）的经济增长有什么特点？

长期视角下的欧洲经济增长

本节试图利用 Maddison（2003）的标准时期划分方法，从长期视角来研究欧洲经济增长的基本事实。我们既会回顾欧洲经济的总体表现，又会对各国间的经济追赶和趋同共存进行初步考察。

表 12.1 列出了西欧 16 个国家的整体增长情况以及与美国经济增长情况的比较。西欧的长期经济增长是令人惊叹的：2005 年的人均实际 GDP 约为 1870 年的 10 倍。而增长率则波动较大——1950—1973 年"黄金时代"的增长速度非常惊人，某种程度上反映出经济从两次世界大战和"大萧条"导致的经济衰退中开始复苏。"黄金时代"以后经济增长放缓了，但如果用 1950 年以前的标准来衡量，那么这种增长状态其实还是不错的。

从表 12.1 中也可以看出，1820—1950 年美国的人均实际 GDP 增长率远远超过西欧的人均实际 GDP 增长率，1820 年西欧人均实际 GDP 为美国人均实际 GDP 的 96%，但到 1950 年仅为美国人均实际 GDP 的 48%。在"黄金时代"，西欧经济实现追赶增长，其人均实际 GDP 与美国人均实际 GDP 的差距明显缩小，到 1973 年达到了美国人均实际 GDP 的 68%。然而，1973 年以后，大西洋两岸的美国和西欧的经济增长速度基本相同，虽然仍远未赶超美国，但是西欧的追赶式增长已陷于停滞状态。大多数欧洲国家的经济起伏与整个欧洲的经济起伏一致，但是也有几个值得注意的例外。例如，第一个工业化国家英国在 19 世纪后期经济增长放缓；挪威、瑞典、瑞士没有受到战争的严重影响，因此在 1913—1950 年经济增长相对较快；引人注目的是爱尔兰一枝独秀，20 世纪末，其经济增长并未放缓。从长期看，各国的排名变化很大，最明显的就是英国排名的下降。

表 12.1 　　　　　　　　　**人均实际 GDP 水平及增长率：西欧和美国**

	西欧（1990 年 国际元）	美国（1990 年 国际元）		西欧 （%）	美国 （%）
1820	1 205	1 257	1820—1870	0.98	1.34
1870	1 962	2 445	1870—1913	1.33	1.82
1913	3 461	5 301	1913—1950	0.78	1.61
1950	4 582	9 561	1950—1973	4.06	2.45
1973	11 431	16 689	1973—2005	1.86	1.91
2005	20 589	30 519			

资料来源：GGDC（2007）；Maddison（2003），根据网站数据更新。

表 12.2 显示人均实际 GDP 最高的国家与最低的国家的人均实际 GDP 之间的比率自 1950 年后开始下降，到 2005 年时降至大约 2，而中间 9% 的区间里则

聚集了 11 个国家。1950 年后，β 收敛趋势明显：通常，初始收入水平低的国家其经济增长更快。然而，一般而言，从长期看，南欧国家的人均实际 GDP 水平相对较低。另外，爱尔兰和挪威的崛起证实了至少在某些情况下，边缘国家对欧洲经济增长的阻碍作用减小了。[1]

表 12.2　　　　　　　　　　西欧各国的人均实际 GDP 水平及增长率

	1950 （1990 年国际元）	1973 （1990 年国际元）	1950—1973 （%）
瑞士	9 064	18 204	3.08
丹麦	6 943	13 945	3.08
英国	6 939	12 025	2.42
瑞典	6 739	12 494	3.06
荷兰	5 971	13 081	3.45
比利时	5 462	12 170	3.54
挪威	5 430	11 324	3.24
法国	5 271	13 114	4.04
联邦德国	4 281	13 153	5.02
芬兰	4 253	11 085	4.25
奥地利	3 706	11 235	4.94
意大利	3 502	10 634	4.95
爱尔兰	3 453	6 867	3.03
西班牙	2 189	7 661	5.60
葡萄牙	2 086	7 063	5.45
希腊	1 915	7 655	6.21
	1973	2005	1973—2005
瑞士	18 204	22 972	0.74
丹麦	13 945	24 116	1.73
瑞典	13 494	22 912	1.68
联邦德国	13 153	20 576	1.41
法国	13 114	22 240	1.67
荷兰	13 081	22 531	1.72
比利时	12 170	21 953	1.87
英国	12 025	22 417	1.96
挪威	11 324	27 219	2.78
奥地利	11 235	22 036	2.13
芬兰	11 085	22 121	2.18
意大利	10 634	19 252	1.88
西班牙	7 661	18 166	2.74
希腊	7 655	14 868	2.10
葡萄牙	7 063	13 954	2.15
爱尔兰[a]	6 867	23 019	3.84

注：[a] 爱尔兰的数据是 2005 年的 GNP 数据。

资料来源：GGDC（2007），联邦德国的数据来自 Statistisches Bundesamt Deutschland（2007）。

　　表 12.3 列举的是可与表 12.1 中的数据进行类比的数据，即来源于 Maddison（2003）和 GGDC（2007）的东欧国家的总体人均实际 GDP 水平及增长率以及俄国（苏联）的人均实际 GDP 水平及增长率。1870 年后的很长一段时间，东欧国家的人均实际 GDP 的增长速度慢于西欧，前者增加了 7 倍（俄国（苏联）是 5 倍），而后者增加了 10 倍。东欧的人均实际 GDP 一直低于西欧，而且差距在不断加大，尤其是 1973 年以后。显然，这部分归因于社会主义末期的产出下降和经济转型国家追赶式增长前的增长延迟，但同时也要看到，20 世纪 70 年代和 80 年代东欧的经济增长也是缓慢的。然而，在"黄金时代"，社会主义带来的经济增长率只比西欧国家的增长率低一点点，但是一旦考虑到两者间的巨大差距，这就很难给人以深刻印象了。

表 12.3　　　　　东欧和俄国/苏联的人均实际 GDP 水平及增长率

	东欧（1990 年国际元）	俄国/苏联（1990 年国际元）		东欧（%）	俄国/苏联（%）
1820	683	688	1820—1870	0.63	0.63
1870	937	943	1870—1913	1.39	1.06
1913	1 695	1 488	1913—1950	0.60	1.76
1950	2 111	2 841	1950—1973	3.81	3.35
1973	4 988	6 059	1973—2005	1.14	0.14
2005	7 174	6 336			

资料来源：GGDC（2007）、Maddison（2003）。

就人均实际 GDP 来说，苏联长期以来一直低于美国——1950 年比美国低 30%，1973 年比美国低 36%，尽管开始时发展前景很好，但是在"黄金时代"，其与美国的差距缩小得非常缓慢。表 12.3 中显示苏联 1950—1973 年的年人均实际 GDP 的增长率为 3.35%，与意大利、西班牙等初始相对收入水平较低的西欧国家相比要低得多。相似的情况在表 12.4 中也可以看到，捷克斯洛伐克以 3.08% 的年人均实际 GDP 增长率发展，比奥地利低几乎 2 个百分点。在 1973 年"白银时代"末期，除了捷克斯洛伐克，所有东欧国家的人均实际 GDP 都低于爱尔兰，而爱尔兰的人均实际 GDP 在当时是所有西欧国家中最低的。2005 年，即使是东欧国家中人均实际 GDP 最高的民主德国，其人均实际 GDP 也比西欧国家中人均实际 GDP 最低的葡萄牙要低。

表 12.4　　　　　东欧各国的人均实际 GDP 水平及增长率

	1950（1990 年国际元）	1973（1990 年国际元）	1950—1973（%）
捷克斯洛伐克	3 501	7 041	3.08
匈牙利	2 480	5 596	3.60
波兰	2 447	5 340	3.45
民主德国	2 102	5 753	4.47
保加利亚	1 651	5 284	5.19
南斯拉夫	1 551	4 361	4.59
罗马尼亚	1 182	3 477	4.79
阿尔巴尼亚	1 001	2 273	3.62

续前表

	1950 （1990 年国际元）	1973 （1990 年国际元）	1950—1973 （%）
捷克斯洛伐克	7 041	10 704	1.32
民主德国	5 753	13 800	1.56
匈牙利	5 596	8 857	1.45
波兰	5 340	8 476	1.46
保加利亚	5 284	7 147	0.96
南斯拉夫	4 361	5 582	0.79
罗马尼亚	3 477	3 992	0.44
阿尔巴尼亚	2 273	3 476	1.34

资料来源：GGDC（2007）、Statistisches Bundesamt Deutschland（2007）。

表 12.5 给出了以下截面方程的估算结果：

$$GYP = \alpha + \beta(Y/P)_0。$$

其中，GYP 是人均实际 GDP 的增长率，$(Y/P)_0$ 是研究初期的人均实际 GDP 水平，用其占美国人均实际 GDP 的百分比来表示。因为没有其他变量，所以这是一个无条件收敛回归：如果 $(Y/P)_0$ 的系数显著为负，则"不存在 β 收敛"的零假设被拒绝。与早期阶段不同的是，β 收敛在 1950—1973 年明显，1973 年后不如之前明显；估算结果显示，在"黄金时代"，β 收敛速度每年略大于 2%，之后则为每年 1.5%。

表 12.5　　　　　　　　**无条件收敛回归：东欧与西欧**

	1950—1973	1973—2005
西欧		
常数项	6.340	4.091
	(14.519)	(9.450)
初始人均实际 GDP 占美国人均实际 GDP 的比重	−0.045	−0.030
	(−5.572)	(−4.898)
R^2	0.667	0.605
西欧以及东欧		
常数项	6.468	3.858
	(15.309)	(8.397)
初始人均实际 GDP 占美国人均实际 GDP 的比重	−0.047	−0.027
	(−6.442)	(−4.096)
东欧哑变量	−1.334	−2.084
	(−3.932)	(−6.374)
R^2	0.643	0.637

资料来源：作者根据表 12.2 和表 12.4 中的数据回归得到，圆括号中的数字为 t 统计量。

当把东欧的观测数据加进去一起回归时，得到的 β 值与前一次回归结果几乎相等，但是 1950 年之后代表东欧的虚拟变量的系数显著为负。该回归证实了早先的观点：社会主义国家在"黄金时代"的表现比西欧差；考虑到其初始收入水平，其经济增长率要比西欧低约 1.3%。

表 12.6 是用西欧的地区人均 GDP 数据进行重复无条件收敛回归得到的结果。并不令人意外的是，其结果与表 12.5 得出的结果非常相似：两个时期都存在无条件 β 收敛，但是在 1973 年以后收敛速度放缓。有趣的是，当在回归中加入国家虚拟变量时，估算系数表明在"黄金时代"，各国的经济发展情况迥然不同，1973 年后却并非如此。将赶超的范围标准化后发现，联邦德国、西班牙和意大利的表现高于平均水平，而英国则低于平均水平。

表 12.6   无条件收敛回归：西欧地区

	1950—1973	1950—1973	1950—1973	1973—2005	1973—2005	1973—2005
常数项	6.660	5.292	5.633	3.218	2.340	2.419
	(39.755)	(17.567)	(13.926)	(19.608)	(9.731)	
初始 GDP/资本占世界领先水平的百分比	−0.051	−0.029	−0.035	−0.019	−0.008	−0.011
	(−14.487)	(−7.521)	(−6.294)	(−7.870)	(−3.396)	(−3.396)
西班牙		0.920	0.826		0.793	0.660
		(3.537)	(2.975)		(4.243)	(3.350)
联邦德国		1.046	0.917		−0.229	−0.265
		(4.346)	(3.683)		(−1.247)	(−1.514)
英国		−0.833	−0.798		0.195	0.082
		(−3.539)	(−3.198)		(1.088)	(0.469)
法国		0.169	0.167		−0.044	−0.028
		(0.766)	(0.765)		(−0.263)	(−0.176)
意大利		0.716	0.645		0.085	0.023
		(3.017)	(2.661)		(0.492)	(0.131)
人口密度			0.000 2			0.000 2
			(1.895)			(2.930)
与卢森堡的距离			−0.000 1			0.000 1
			(−0.462)			(0.807)
R^2	0.713	0.870	0.873	0.420	0.662	0.696

资料来源：作者根据法国、意大利、荷兰、西班牙、英国、联邦德国等国的人均 GDP 的平均值计算得到，原始数据是从 Molle（1980）、Martinez-Galarraga（2007）、Eurostat、地区统计数据等资料中获得的 85 个地区的数据。然后运用这些相关关系估计表 12.2 中的人均实际 GDP。人口密度（人口/土地面积）的相关数据也来自同样的资料。与卢森堡的距离来自 www.mapcrow.info，再加上 100 公里的截距项。圆括号中为 t 统计量。

增长核算估算法

通过标准生产函数公式来进行增长核算可以衡量经济增长的源泉，可以对不同国家不同时间的增长情况进行比较，也是分析增长表现的一种有效方法。

传统的方法是建立在柯布—道格拉斯生产函数的基础上的，即

$$Y=AK^{\alpha}L^{\beta}$$

关于 TFP 增长的索洛剩余的计算公式如下：

$$\Delta A/A=\Delta Y/Y-s_K\Delta K/K-s_L\Delta L/L$$

其中 S_K 和 S_L 分别代表资本和劳动力的要素收入份额，在下面的基准研究中分别取值为 0.35 和 0.65。劳动力增长的贡献考虑了劳动力的质量因素，而不仅仅是数量因素。因此标准的做法是考虑全体工人的教育因素，将每个工人受教育的年数转化为劳动投入。

基本的增长核算公式可以转换成以下纳入劳动生产率的增长率的表达式：

$$\Delta(Y/L)(Y/L)=s_K\Delta(K/L)(K/L)+\Delta A/A$$

即表示为资本深化和 TFP 对增长的贡献。

应注意的是，TFP 不等于技术进步率，尽管后者构成了前者的主要部分。其原因有两个，一个是投入效率的提高，一个是规模经济，而索洛剩余也包含了这两个方面。由于调整成本以及固定生产要素的存在，经济并不总在最优的生产能力下运行，因此潜在的技术进步率可能无法完全体现在生产率的提高上。

在追赶增长时期，在资本深化规模可观和 TFP 快速增长的基础上，劳动生产率大大提高，而最初人均资本和 TFP 的水平都相对较低。前者反映了过去储蓄和投资的不足，后者既是技术差距所导致的结果，又是无效率利用生产要素所导致的结果。

表 12.7 为西欧国家在三个时期关于经济增长源泉的经济增长核算："黄金时代"下半叶（1960—1970 年）、随后的缓慢增长期（1970—1990 年）以及刚刚过去的信息和通信技术时代（1990—2003 年）。在"黄金时代"，追赶增长迅速，资本深化和 TFP 的快速增长都对劳动生产率的提高贡献很大。事实上，在大多数国家，TFP 的快速增长的贡献要更大一些。这一事实不是基于国内研发的增加，而在很大程度上是基于完成战后重建时的技术转移、结构调整、规模经济以及对生产要素的更充分的利用（Temin，2002）。

基本上，相同的经济增长核算方法不适用于东欧国家，但是可以对苏联进行粗略的增长核算。如表 12.7 所示，社会主义国家的经济追赶增长有一个显著特点，那就是：如果采用标准增长核算假设，那么它更加依赖于"外部增长"。在"黄金时代"，苏联的资本深化对经济增长的贡献与西方国家的差不多大或比其稍小一点，但是与爱尔兰、意大利这样同样处于追赶增长时期的西方国家

相比，苏联的 TFP 增长对经济增长的贡献要小得多。[2] 对表 12.7 和表 12.8 进行比较可以看出，西欧国家"黄金时代"的追赶增长更多地得益于 TFP 增长而非资本深化，亚洲四小龙 20 世纪 60 年代至 80 年代的情况正好相反。

表 12.7　　　各要素对劳动生产率增长的贡献：西欧、美国、德国、苏联　　　（%）

	资本深化	人力资本深化	TFP	劳动生产率增长
1960—1970				
奥地利	2.39	0.18	2.90	5.47
比利时	1.36	0.42	2.33	4.11
丹麦	2.15	0.13	1.25	3.53
芬兰	1.66	0.37	2.64	4.67
法国	2.02	0.29	2.62	4.93
联邦德国	2.10	0.23	2.03	4.36
希腊	3.63	0.26	4.45	8.34
爱尔兰	1.78	0.22	2.21	4.21
意大利	2.39	0.36	3.50	6.25
荷兰	1.43	0.74	0.89	3.06
挪威	1.18	0.48	1.80	3.46
葡萄牙	2.05	0.35	3.99	6.39
西班牙	2.45	0.38	3.73	6.56
瑞典	1.34	0.19	2.40	3.93
瑞士	1.40	0.40	1.37	3.17
英国	1.45	0.17	1.24	2.86
美国	0.03	0.43	1.54	2.00
民主德国	1.10	n/a	1.71	2.81
苏联	1.84	n/a	0.90	2.74
1970—1990				
奥地利	1.32	0.22	1.00	2.54
比利时	0.96	0.18	1.38	2.52
丹麦	0.82	0.24	0.02	1.08
芬兰	0.98	0.62	0.90	2.50
法国	1.28	0.36	0.84	2.48
联邦德国	0.79	0.40	0.69	1.88
希腊	1.24	0.50	0.06	1.80

	资本深化	人力资本深化	TFP	劳动生产率增长
爱尔兰	1.47	0.38	1.18	3.03
意大利	0.98	0.32	1.22	2.52
荷兰	0.72	0.25	0.65	1.62
挪威	0.90	0.70	0.84	2.44
葡萄牙	0.90	0.44	1.01	2.35
西班牙	1.54	0.37	1.13	3.04
瑞典	0.67	0.36	0.27	1.30
瑞士	0.72	0.30	−0.38	0.64
英国	0.83	0.32	0.74	1.89
美国	0.24	0.41	0.43	1.08
民主德国	1.05	n/a	0.75	1.80
苏联	1.14	n/a	−0.06	1.08
1990—2003				
奥地利	0.86	0.27	0.37	1.50
比利时	0.76	0.25	0.26	1.27
丹麦	0.72	0.19	0.95	1.86
芬兰	0.49	0.31	1.49	2.29
法国	0.58	0.27	0.13	0.98
德国	0.76	0.17	0.60	1.53
希腊	0.61	0.35	1.25	2.21
爱尔兰	0.49	0.26	2.24	2.99
意大利	0.60	0.38	0.14	1.12
荷兰	0.26	0.28	0.07	0.61
挪威	0.31	0.21	1.81	2.33
葡萄牙	1.13	0.47	−0.31	1.29
西班牙	0.63	0.37	−0.37	0.63
瑞典	0.73	0.44	1.16	2.33
瑞士	0.60	0.08	−0.23	0.45
英国	0.91	0.41	0.74	2.06
美国	0.90	0.10	0.82	1.82

注：所有估计值都是根据以下公式得来的，即 $\Delta(Y/L)/(Y/L) = \alpha\Delta(K/L)/(K/L) + \beta\Delta(HK/L)/(HK/L) + TFP$ 增长，假定 $\alpha = 0.35$；苏联的人力资本深化包含在 TFP 中。

资料来源：估计值来自 Bosworth 和 Collins（2003），根据网站数据更新，但是苏联的估计值来自 Allen（2003）和图 10.2 中的数据；就业数据来自 Harrison（1998c）（由各数据来源作者倾情提供）；民主德国的估计值来自 Ritschl（1996），以 GGDC（2007）提供的修定劳动生产率增长率为基准校准。爱尔兰的估计值是按 GNP 基准校准的。

表 12.7 显示，"黄金时代"后，西欧国家的劳动生产率增长放缓，反映了各国资本深化和 TFP 增长的放缓，而后者的影响更大。1960—1970 年和 1970—1990 年，资本深化的贡献率平均每年下降 1%（未加权），而由于上文中提到的各种促进 TFP 增长的因素消失了，TFP 的增长平均每年下降 1.75%（未加权）。苏联的 TFP 出现了轻微的负增长，但是资本深化放缓在很大程度上导致了其劳动生产率增长放缓。

如表 12.7 所示，最近一段时期——1990—2003 年，西欧各国的劳动生产率增长表现大不相同。16 个国家中有 9 个国家的劳动生产率不再与美国相当，11 个国家的 TFP 增长率低于美国。当美国的资本深化和 TFP 增长从 1970—1990 年的放缓状态中恢复过来时，大多数西欧国家的资本深化和 TFP 增长却进一步放缓了，只有斯堪的纳维亚国家、希腊、爱尔兰、英国是令人醒目的例外——这些国家的 TFP 增长没有放缓。更详细的增长核算证明，这些结果与各国在多大程度上成功把握了信息和通信技术时代的机遇密切相关（Timmer and van Ark，2005），这将在下文进行论述。

表 12.8　　　　各要素对劳动生产率增长的贡献：亚洲"四小龙"中的三个　　　　（%）

	资本深化	人力资本深化	TFP	劳动生产率增长
1960—1990				
新加坡	3.34	0.31	1.32	4.97
韩国	2.84	0.80	1.42	5.06
中国台湾	3.17	0.60	2.30	6.07
1990—2003				
新加坡	1.76	0.82	0.93	3.51
韩国	2.40	0.46	0.95	3.81
中国台湾	2.67	0.34	1.75	4.76

资料来源：同表 12.7，来自 Bosworth 和 Collins（2003），数据在网站上更新。

最后一点，表 12.9 给出了东欧国家 1990—2006 年的增长核算结果。与西欧国家（除了波罗的海国家）"黄金时代"的劳动生产率增长相比，这些国家（现已加入欧盟）的劳动生产率的增长幅度仍然较小。这更多的是由 TFP 增长而非资本深化导致的，但是应说明的是用来计算这些增长核算的数据通常是不完整的。独联体国家的 TFP 增长幅度相对较大。独联体国家较大的 TFP 增长幅度很可能反映其从之前的产出崩溃中实现了反弹，就像战后重建一样，但是规模更大，在某些国家，高油价助推了经济增长（Iradian，2007）。

表 12.9　　　　　　 1990—2006 年各要素对劳动生产率增长的贡献：东欧国家　　　　　（%）

	资本深化	人力资本深化	TFP	劳动生产率增长
捷克共和国	2.1	n/a	1.1	3.2
爱沙尼亚	3.1	n/a	4.3	7.4
匈牙利	1.8	n/a	1.7	3.5
拉脱维亚	2.7	n/a	3.9	6.6
立陶宛	2.1	n/a	4.1	6.2
波兰	1.9	n/a	2.5	4.4
斯洛伐克	2.3	n/a	1.5	3.8
斯洛文尼亚	2.0	n/a	1.8	3.8
独联体国家	2.0	n/a	3.7	5.7
俄罗斯（苏联）	1.3	n/a	2.7	4.0

资料来源：Iradian（2007），如表 12.7 假设，人力资本包含在 TFP 中。

"黄金时代"

自 20 世纪 40 年代后期至 70 年代中期，欧洲的经济增长表现异常优秀，但是并非所有的国家都表现得一样好。这引出两个问题，本章节接下来将进行论述，即

（1）为什么会出现"黄金时代"？

（2）"黄金时代"各国经历相对成功与失败的原因是什么？

事实上，对第二个问题的解答有助于深入理解第一个问题，因为经济增长结果的不同会提供有用的信息。

由于经历了两次世界大战和两次世界大战之间的大萧条，1950 年许多西欧国家的收入水平要低于通过 1914 年前的趋势增长的附加部分所预测的收入水平。经济复苏和对错误政策（比如两次世界大战间实施的保护主义政策）的修正带来了一段经济快速增长的时期。如果国际经济关系获得《布雷顿森林协议》和马歇尔计划的支持，那么它将会与国际联盟和《凡尔赛和约》框架下的国际经济关系大不一样。

人们普遍认为，在国际货币体系的布雷顿森林体系时期（刚好与"黄金时代"同步），宏观经济波动较小，也有人认为这为战后经济的快速发展提供了一个有利的环境（Boltho，1982）。然而，这一论述缺乏明确的理论支持，经济学家对产出波动对经济增长的显著影响的识别进展并不顺利（Norrbin and Yigit，2005）。

但是，快速的追赶增长不仅仅建立在这一基础之上。"黄金时代"可以被看做这样一个时期，即增强的"社会能力"和"技术一致性"促进了西欧国家的经济增长（Abramovitz and David，1996）。就图 12.1 来说，正确的制度和政

策会使索洛线和熊彼特线都上移。

Temin（2002）的跨国增长回归表明，各因素的相对重要性随着时间的推移而发生变化。在20世纪50年代，拥有相对较大的战后重建空间的国家（比如联邦德国）经济增长相对较快；在20世纪50年代和60年代早期，拥有较大规模的农业部门的国家（比如意大利）其经济增长相对较快，但是1965年以后，资本劳动比的下降和技术差距的扩大处于主导地位。

Mills和Crafts（2000）对"Janossy假说"进行的长期时间序列分析的结果进一步证实和扩展了上述结论。Janossy（1969）认为，第二次世界大战后的高速经济增长仅仅是因为回归了1914年前的趋势增长路线。事实证明这是错误的观点，因为所有西欧国家"黄金时代"末的人均实际GDP都比1914年前的趋势线所显示的要高。不管怎样，有明显证据表明遭受战争影响最严重的国家——奥地利、法国、荷兰和联邦德国——的经济增长在20世纪50年代后期都放缓了。

马歇尔计划（1948—1951年，美国通过该计划向西欧提供了130亿美元的援助）的作用一度是一项重大的研究课题。现在人们普遍认为，马歇尔计划对"黄金时代"形成的直接影响很小。投资率提高了，但是基本的增长经济学认为这对经济增长的影响有限，并且没有理由认为供给的增加能对经济增长产生较大影响（Eichengreen and Uzan，1992）。[3]

如果说马歇尔计划有什么重大影响的话，那也是通过间接渠道产生的。Delong和Eichengreen（1993）认为，马歇尔计划是一项非常成功的结构调整计划——它比世界银行在20世纪80年代和90年代设计的那些计划都要成功。这些间接影响是通过附加条件起作用的，这些条件使制定经济政策的环境发生了变化。

贸易自由化可以通过传统的福利三角以外的方式提高收入水平。此外，更高的投资、更多的技术转移、加剧的竞争以及内部和外部规模经济的实现可能有积极作用。不论它们对经济增长率是否有长期影响，都有明确证据表明它们确实提高了收入水平。Badinger（2005）发现20世纪50年代开始的欧洲一体化进程使欧洲的收入水平在2000年提高了26%。他的一体化指数显示，20世纪50年代至70年代一体化进程对收入水平的影响最大，在此期间，通过欧洲经济共同体、欧洲自由贸易联盟的建立以及关贸总协定肯尼迪回合的谈判，55%的最初的贸易壁垒被取消了。结果就是，该时期欧洲的经济增长率年均提高了大约1%。

对外贸易自由化和欧洲市场一体化进程加速了技术转移，帮助欧洲缩小了其与美国的技术差距（Madsen，2007）。但是，还不止如此。Nelson和Wright（1992）也强调了美国的技术在欧洲产生了更高的成本效率，技术知识的日益法典化以及人力资本投资和研发的增加带来了欧洲技术竞争力的提高。在20世纪80年代，即使是技术最先进的欧洲国家，其技术进步也有超过40%得益于美国的研究（Eaton and Kortum，1999）。

因此，简单地将欧洲"黄金时代"的TFP的快速增长看做技术转移的表现是不正确的。资源配置的改善也起了很大的作用，该作用在农业部门就业减少的背景下最明显。正统的份额转移分析没有充分地分析这一点，因为它假定如果没有结构变化，那么各部门的生产率增长率不会有变化，然而当把剩余劳动力从小规模的家庭农场转移出来以后，农业部门的生产率必然会提高。表 12.10 采用 Broadberry（1998）提出的方法算出了结构变化对劳动生产率增长的贡献，可以看出结构变化对意大利和西班牙的影响重大，对法国和联邦德国的影响尤为明显。

表 12.10 结构变化对劳动生产率增长的贡献，1950—1973 年 （％）

	传统测量结果	Broadberry 测量结果
丹麦	0.24	1.10
英国	−0.12	0.31
瑞典	0.00	0.60
荷兰	−0.31	0.29
法国	0.00	0.52
联邦德国	0.18	0.77
意大利	0.83	1.77
西班牙	0.80	1.77

注：传统方法假定结构变化的贡献 $=\Delta A_O/A_O + \sum \Delta A_i/A_i \times A_i/A_O \times S_i$，其中 A 是劳动生产率，S 是就业率，下标 o 和 i 分别代表整体经济和部门 i（Nordhaus，1972）。Broadberry（1998）对该模型进行了修正，用整体的劳动力增长率而不是部门的劳动力增长率来衡量衰退部门的劳动生产率增长率。

资料来源：van Ark（1996）的三部门（农业、工业、服务业）数据，假定农业是衰退部门。

Jerzmanowski（2007）分析了欧洲各国与美国之间的 TFP 差距，并发现，虽然在 1960 年，欧洲各国与美国之间的 TFP 差距依然很大，但是这种差距主要是效率差距而非技术差距。到 1985 年时，效率差距大大缩小了，因此欧洲各国快速追赶美国。这既证明了改善资源配置的重要性，又证明了美国的技术适合战后初期的西欧各国。

对战后西欧国家社会能力提高的原因这一问题的研究，最引人注目的是 Eichengreen（1999a）提出的假说，他认为成功的社会契约可以提高投资率（高投资率促使国家充分利用赶超机会），这些成功的社会契约可以持久地抑制工人的工资增长从而使企业提高投资。这些"社团主义"安排为监督资本家遵从社会契约和集中的工资议价提供了制度依据，这保护了高投资企业，阻止了部分工人们搭便车。此外，国家以高福利的形式发布"债券"，如果工人违反社会契约，则其福利会受损。高投资/抑制工资均衡的基础是双方明天都愿意为果酱而等待。

在"黄金时代"，社团主义工业关系是普遍存在的。Crouch（1993）表明社团主义工业关系普遍存在于奥地利、比利时、荷兰、瑞士、联邦德国和斯堪的纳维亚国家。尽管法国和意大利没有采取社团主义模式，但是它们也享受了社团主义模式带来的一些好处，因为政府直接干预国有企业技术领先部门的工资议价过程，因此政府也为整体工资设定过程提供了指导方针（Toniolo，1998）。与社团主义国家一样，整体工资设定过程的指导方针也在很大程度上被集权化了。"黄金时代"两个最明显的"失败"的国家是爱尔兰和英国，它们没有成功建立这些制度，而是进行强硬但是分散的集体工资议价。但是在其他条件不变的情况下，集体工资议价与快速的经济增长无关（Crafts，1992b）。不管怎样，这至少是对尚无定论的 Eichengreen 假说的一次粗略检验。

从表 12.2 可以看出，一国 1950 年的人均实际 GDP 与其"黄金时代"的经济增长率呈现出明显的负相关关系（这个时期的无条件趋同可以作为证据）。但是，表 12.2 中也有一些国家的经济增长情况比根据它们的初始收入水平所预测的经济增长情况或好或差，比如联邦德国的表现超过预期，而爱尔兰和英国的表现则不如预期。表 12.5 中的回归残差如下：联邦德国为 0.68，爱尔兰为－1.70，英国为－0.68。因此结论就是，英国不可能像意大利和西班牙那样快速增长，因为后者的赶超空间更大，但是其增长速度能够与丹麦或瑞典匹敌。爱尔兰的增长速度与意大利相似，而不同于瑞士。

除了 Eichengreen 假说，还有其他关于这些国家的文献能够进一步解释这些国家明显的成功或失败吗？尤其是，我们可以从增长的微观基础来理解其成功或失败吗？爱尔兰是一个很有意思的例子，它在欧洲的"黄金时代"增长缓慢，但是随后在 20 世纪 80 年代后期，却进入了有名的凯尔特之虎阶段，以很快的速度实现了赶超发展。对爱尔兰加速发展的原因进行分析也能直接或间接地解释其在"黄金时代"为什么会增长缓慢。

似乎问题主要出在爱尔兰的经济政策方面，而非出在其周边国家的影响方面，表 12.6 也显示周边环境不是一个不利因素。爱尔兰最初犯下的明显错误是推迟贸易自由化、实施进口替代政策（在 20 世纪 60 年代和 70 年代得以纠正）（Ó Gráda and O'Rourke，1996）。除此以外，自 20 世纪 60 年代起，爱尔兰采取了一系列政策来吸引外国直接投资（FDI），促进技术转移，从而使爱尔兰的熊彼特线（图 12.1 中）向上移动。这些政策包括宽松的企业所得税制度，以及姗姗来迟的对劳动力的教育水平的大幅提升。当 20 世纪 80 年代末爱尔兰在社会契约的大背景下实现宏观经济稳定时，凯尔特之虎便开始发育了（Barry，2002）。

至于联邦德国和英国，二者在"黄金时代"的制度和政策有很大的不同。首先，联邦德国在人力资本和物质资本的积累方面做得更好。1973 年，联邦德国的每小时工资水平比英国高 35％，1978—1979 年，联邦德国只有 34.5％的工人属于低技术工人，而英国的低技术工人占了 72.8％（O'Mahony，1999）。联邦德国的资本积累是建立在鼓励职业培训的公司制度和刺激长期投资的"内部"金融体系的基础上的（Carlin，1996）。其次，两国的劳资关系差异很大。联邦德国建立了产业工会体系，而在英国，多重工会主义比较普遍。多重工会主义使得固定资本投资方面的"延迟问题"更加严重，也鼓励了工会的搭便车行为；Bean 和 Crafts（1996）曾证明，多重工会主义严重影响了英国产出的增长。最后，英国的竞争不如联邦德国激烈，这可能是由于英国对外贸易自由化的进程比较缓慢或者英国没有足够重视刺激竞争的政策，政策的设计也不够好。因此，英国的价格成本差额和超额利润都要高于联邦德国（Crafts and Mills，2005；Geroski and Jacquemin，1988）。由于所有权和管理权分离，英国的公司存在严重的委托代理问题，而竞争是该问题的最好解药。[4]英国的公司缺少占主导地位的外部股东，竞争性不强，导致其产出表现也比较差（Nickell，Nicolitsas and Dryden，1997）。[5]如果把这两个国家放到图 12.1 中，那么联邦德国的表现要明显好于英国。

西欧"黄金时代"的经济增长情况如下所示。首先，这是一个 β 收敛显著的时代。其次，经济从早先的经济冲击以及错误政策所导致的衰退中复苏是经济快速增长的一部分原因，但绝不是最重要的原因；经过长期的发展，西欧在资本劳动比和 TFP 方面与美国的差距缩小了。最后，正如现代发展经济学强调的那样，激励结构对经济增长至关重要——对西欧各国的比较也可以说明这一点。

相比之下，东欧国家"白银时代"的经济增长表现就没那么耀眼了，尽管其增长速度已经处于历史上的高水平。前面做过的诊断性分析就可以说明这一点。表 12.5 中的回归结果表明，东欧的经济增长率有 1.3 个百分点的缺口，表 12.7 的增长核算结果显示 TFP 增长疲软是其主要原因。

进一步审视苏联的经济增长情况有助于解释为什么会出现这种结果。第二次世界大战后，苏联的经济发展与 Janossy 假说预测的路线非常吻合，尽管劳动产出率的增长非常缓慢。到 20 世纪 70 年代，除了 Janossy 式的增长放缓，并没有出现其他令人担心的产出增长严重减速的信号（Harrison，1998c）。苏联经济成功地实现了"粗放式增长"，从 20 世纪 50 年代到 70 年代初，投资占 GDP 的比例翻了一倍，达到近 30%，资本存量年均增长 8.5%（Ofer，1987）。资本积累的收益下降（边际资本产出比快速提高）由于 TFP 增长放缓而进一步恶化了，这意味着在投资率不变的情况下，资本存量增长率一直在下降。

相对较低的 TFP 增长率不是研发投入不足的结果，因为到 20 世纪 70 年代为止，以当时的世界标准来看，苏联的研发投入很高——占 GDP 的 3% 左右。问题可能出在公司层面对创新的激励机制上。就"社会能力"来说，这是一个典型的失败案例。计划经济制度会奖励那些完成短期目标的管理者，而不是那些努力降低长期成本、提高产品质量的人。这种对风险和收益的权衡不利于组织结构和技术的革新，也不利于竞争的展开（Berliner，1976）。在图 12.1 中，苏联的熊彼特线的移动方向与西欧国家相反。

后"黄金时代"的经济增长放缓

20 世纪 70 年代初以后，整个欧洲的经济增长明显放缓了。以下几个不可避免的因素导致了"黄金时代"的结束：促进经济快速增长的短期因素（比如战后重建）消耗殆尽；战后经济的繁荣导致投资回报率降低；欧洲与最发达国家之间的差距缩小，导致其赶超空间变小以及美国的人均实际 GDP 增长放缓。在东欧，经济增长放缓的问题非常严重，以致引起了政权的颠覆。

然而，如果深入研究，那么就会发现经济增长放缓的原因要复杂得多，经济增长的背景也在变化。直到 1973 年时，许多东欧国家才开始实施去工业化，在随后的几十年里，这成为了普遍现象（参见表 12.11）；经济快速增长的关键越来越在于服务业而非制造业。全球市场的快速整合（全球化）、工业生产在全世界范围内的转型和欧洲对亚洲的出口加强了这一趋势。此外，由于赶超空间缩小了，赶超速度的大幅下降也加剧了经济放缓的趋势。20 世纪 70 年代初以后，尽管低收入的西欧国家继续以更快的速度发展，但整个西欧对美国的追赶在其人均实际 GDP 达到美国的三分之二时就停滞了（见表 12.1）。同样值得注意的是，各国经济增长的相对成功或失败的模式在后"黄金时代"也产生了变化：比如，爱尔兰的经济增长显著加快，而法国、德国、意大利的经济增长却放缓了。

表 12.11	各部门的就业份额		（%）
	农业	工业	服务业
1950			
奥地利	32.3	37.1	30.6
比利时	12.2	48.9	38.9
丹麦	25.1	33.3	41.6
芬兰	46.0	27.7	26.3
法国	31.5	31.8	36.7
德国	23.2	42.9	33.9
希腊	48.2	19.3	32.5
爱尔兰	39.6	24.4	36.0
意大利	42.2	32.1	25.7
荷兰	17.8	38.4	43.8
挪威	25.9	36.9	37.4
葡萄牙	48.4	25.1	26.5
西班牙	48.8	25.1	26.1
瑞典	20.3	40.9	38.8
瑞士	16.5	46.6	36.9
英国	5.3	48.8	45.9
1974			
奥地利	13.0	44.8	42.2
比利时	3.8	41.0	55.2
丹麦	9.6	32.3	58.1
芬兰	16.3	36.1	47.6
法国	10.6	39.4	50.0
德国	7.0	46.7	46.3
希腊	36.0	27.8	36.2
爱尔兰	22.8	32.6	44.6
意大利	17.5	39.3	43.2
荷兰	5.7	35.9	58.4
挪威	10.6	34.3	55.1

续前表

	农业	工业	服务业
葡萄牙	34.9	33.8	31.3
西班牙	23.2	37.2	39.6
瑞典	6.7	37.0	56.3
瑞士	7.5	44.3	48.2
英国	2.8	42.0	55.2
2004			
奥地利	5.0	27.8	67.2
比利时	2.0	24.9	73.1
丹麦	3.1	23.7	73.2
芬兰	4.9	25.7	69.4
法国	3.5	23.0	73.5
德国	2.4	31.0	66.6
希腊	12.6	22.5	64.9
爱尔兰	6.4	27.7	65.9
意大利	4.5	31.0	64.5
荷兰	3.0	20.3	76.7
挪威	3.5	20.9	75.6
葡萄牙	12.1	31.4	56.5
西班牙	5.5	30.5	64.0
瑞典	2.1	22.6	75.3
瑞士	3.7	23.7	72.6
英国	1.3	22.3	76.4

注：采矿业包含在工业中。

资料来源：Bairoch（1968）、OECD（2001，2005）。

就劳动生产率来说，尽管在增长回归中其赶超的空间大大减小（Crafts，2007），但是如表 12.12 所示，直到 20 世纪 90 年代中期，西欧国家都一直在缩小其与美国之间的差距。但是，表 12.7 中的增长核算结果显示，尽管资本深化，尤其是 TFP 的贡献都变小了（资本深化的贡献率的均值从 20 世纪 60—70 年代的 2％下降到 20 世纪 70—90 年代的 1％，TFP 的贡献率相应地从 2.5％下降到 0.9％），但是西欧与美国之间的差距依然很大。

由此引出下列问题：

（1）与美国相比，是什么因素导致欧洲各国人均实际 GDP 与劳动生产率出现了不同的趋势？

表 12.12 每工作 1 小时的实际 GDP 水平及其增长率

(a) 水平（用 1990 年国际元表示）

1973	(1)	(2)	1995	(1)	(2)	2005	(1)	(2)
瑞士	18.88		挪威	31.67	28.78	挪威	39.78	36.68
荷兰	18.01	17.69	联邦德国	30.08		法国	35.24	31.44
瑞典	17.15	16.94	比利时	29.21		比利时	33.54	
比利时	16.95		法国	29.13	26.10	荷兰	31.87	28.17
意大利	16.16	14.76	意大利	27.61	23.44	奥地利	31.05	
联邦德国	16.05		荷兰	27.47	23.28	丹麦	30.13	
丹麦	15.88		丹麦	27.01		瑞典	30.01	28.39
法国	15.73	15.99	奥地利	24.76		英国	29.62	28.56
挪威	15.70	14.96	德国	24.50	21.31	爱尔兰	29.29	27.32
英国	14.05	14.05	英国	24.06	22.78	意大利	28.94	24.89
奥地利	13.39		瑞典	23.47	21.89	德国	28.86	24.88
芬兰	11.61	12.40	瑞士	23.33		芬兰	28.13	26.79
希腊	10.15		西班牙	22.24	18.44	瑞士	26.82	
西班牙	9.47	9.96	芬兰	22.20	20.23	西班牙	21.78	19.74
爱尔兰	9.45	10.41	爱尔兰	19.60	17.38	希腊	18.94	
葡萄牙	9.21		希腊	14.70		葡萄牙	17.20	
			葡萄牙	14.31				
美国	21.28		美国	27.77		美国	35.20	

(b) 增长率（%）

1973—1995	(1)	(2)	1995—2005	(1)	(2)
瑞士	0.97		挪威	2.31	2.46
荷兰	1.94	1.26	比利时	1.40	
瑞典	1.44	1.17	法国	1.93	1.89
比利时	2.51		意大利	0.48	0.62
意大利	2.47	2.13	荷兰	1.50	1.93
联邦德国	2.90		丹麦	1.10	
丹麦	2.44		奥地利	2.29	
法国	2.84	2.25	德国	1.66	1.57
挪威	3.24	3.02	英国	2.10	2.29
英国	2.48	2.22	瑞典	2.49	2.63
奥地利	2.83		瑞士	1.41	

续前表

1973—1995	(1)	(2)	1995—2005	(1)	(2)
芬兰	2.95	2.25	西班牙	−0.21	0.70
希腊	1.91		芬兰	2.40	2.85
西班牙	3.94	2.84	爱尔兰	4.10	4.62
爱尔兰	3.37	2.36	希腊	2.57	
葡萄牙	2.02		葡萄牙	1.87	
美国	1.22		美国	2.40	

注：爱尔兰的数据是 GNP/工作时间。（1）列中的数据是观测值，（2）列中的数据是"结构值"。
资料来源：Bourles 和 Cette（2006）、GGDC（2007）。

（2）为什么欧洲的经济增长放缓问题比人们想象的更加严重？

（3）为什么东欧的经济增长放缓问题更加严重？

对第一个问题的简要回答是，自"黄金时代"起，平均来说，欧洲人比美国人工作得少（参见表 12.13），尤其因为欧洲的失业率更高，假期更长，在某些地区（比如意大利）女性更少地参加工作。其对经济福利的影响取决于就业者的工作年限缩短在多大程度上是因为税收（Prescott，2004）和集体议价（Alesina，Glaeser and Sacerdote，2005）带来的曲解，而非不同的偏好（Blanchard，2004）。欧洲各国的情况非常复杂；关于这个问题先行研究还没有达成一致意见，也还没有给出一个令人满意的解释。劳动供给对税收变化的弹性太小，在这个问题上只能做出有限的解释；而考虑到在这个问题上欧洲各国的情况是最近才变得不同的（强大的集体议价使一些国家出现工作分享制，却没有使另一些国家也出现工作分享制），文化差异也不是一个令人信服的解释（Faggio and Nickell，2007）。

表 12.13　每个工人的年均工作时间以及按人口平均的工作时间：西欧国家和美国

（单位：小时）

	1950	1973	1995	2005
工人的年均工作时间				
奥地利	2 100	1 889	1 561	1 519
比利时	2 404	1 851	1 642	1 611
丹麦	2 145	1 747	1 499	1 575
芬兰	2 035	1 914	1 776	1 714
法国	2 233	2 019	1 650	1 529
联邦德国	2 372	1 870	1 494	1 437
希腊	2 322	2 111	1 922	1 912
爱尔兰	2 437	2 103	1 835	1 636
意大利	1 928	1 788	1 635	1 592

续前表

	1950	1973	1995	2005
荷兰	2 299	1 823	1 456	1 413
挪威	2 039	1 703	1 414	1 360
葡萄牙	2 344	2 024	1 822	1 709
西班牙	2 052	2 124	1 814	1 774
瑞典	2 016	1 642	1 626	1 588
瑞士	2 092	1 810	1 598	1 534
英国	2 112	1 919	1 667	1 624
美国	2 016	1 898	1 853	1 791
总工作时间/人口				
奥地利	1 037.9	839.2	729.0	709.7
比利时	936.9	718.0	625.4	654.5
丹麦	1 033.4	878.1	753.3	800.5
芬兰	1 055.1	955.2	714.2	786.4
法国	1 053.9	833.4	644.1	631.0
联邦德国	982.5	819.5	643.9	685.6
希腊	787.9	754.4	702.1	785.2
爱尔兰	1 000.8	728.4	648.9	785.8
意大利	686.2	658.1	623.5	665.3
荷兰	885.1	726.3	673.8	706.9
挪威	892.1	721.1	685.3	684.3
葡萄牙	970.7	766.7	811.6	811.5
西班牙	868.5	809.3	578.3	834.2
瑞典	988.8	786.8	751.6	763.5
瑞士	1 044.0	964.4	883.5	856.7
英国	943.6	856.2	731.1	756.7
美国	804.6	784.2	885.8	882.7

资料来源：GGDC（2007）。

考虑劳动生产率增长有助于把后"黄金时代"分为 20 世纪 90 年代中期之前和之后两个时间段；20 世纪 90 年代中期后信息与通信技术影响重大。表 12.12 表明，从 1973 年到 1995 年，就劳动生产率来说，西欧国家一直在追赶美国，同时，除瑞士以外的其他西欧国家的经济增长都很迅速。的确，原始数据表明，到 1995 年为止，已有六个西欧国家明显超过了美国，并拥有高劳动生产率。事实上，实际情况很有可能没那么乐观，因为欧洲对 20 世纪 70 年代和 80 年代艰难的宏观经济环境的反应势必造成劳动力投入的减少，而集体议价和政府政策在不同程度上影响了生产率低下的工人（尤其是青年工人和老年工人）的就业，助长了劳动力投入的减少。表 12.12 中的（2）列是运用计量经济学方法将不同的劳动市场结构对生产率的影响进行标准化之后的结果。从中可以看出，很可能只有挪威（此时已成为主要的石油生产国）超过了美国，同时，欧洲的实际劳动生产率增长率比原始数据表明的劳动生产率增长率略低一些。即使如此，实际上，在 20 世纪 90 年代中期，所有西欧国家也都在追赶美国，尽管追赶速度比以前更慢了。

是什么因素导致了生产率增长的过度放缓？一个非常明显的因素是 Eichengreen 所指出的抑制工资—高投资均衡的脆弱性显露了出来，并且这种均衡没有从 20 世纪 70 年代的动乱中保持下来；在 20 世纪 70 年代，工会的权力增加、更加好战，劳动在附加值中所占的份额也提高了，同时，在资本流动性变强、汇率波动性变大和就业者保护加强的条件下，对耐心的回报也降低了。与此同时，正如 Eichengreen（2007）本人最近所强调过的一样，经济增长的社团主义模型变得不太适合那些如今需要以增加创新、减少模仿来提高生产率的国家了。

尤其当面对 20 世纪 70 年代的种种难题时，在许多国家，战后和解势必造成社会福利性支出的大幅上升，而这部分支出很大程度上是通过"扭曲的税收"得到的（见表 12.14）。[6] Kneller、Bleaney 和 Gemmell（1999）的估算表明，扭曲税收占 GDP 的比例每增加 1％，经济增长率下降 0.1％，因此 1965—1995 年增加的税收造成经济增长率平均下降了 1 个百分点。

表 12.14　　　　扭曲的税收收入和社会转移支付占 GDP 的百分比　　　　（％）

（a）扭曲税收

	1965	1980	1995	2004
奥地利	21.2	26.7	29.6	30.6
比利时	19.5	30.0	32.4	33.7
丹麦	17.8	27.0	33.1	32.8
芬兰	17.3	23.2	31.8	30.2
法国	21.3	30.0	31.2	32.3
德国	21.2	27.3	26.6	24.6
希腊	10.0	13.9	18.6	22.0
爱尔兰[a]	11.8	18.0	19.6	22.2
意大利	15.4	21.8	29.2	30.3
荷兰	22.4	31.3	31.3	25.5
挪威	17.4	27.5	25.2	30.9

续前表

	1965	1980	1995	2004
葡萄牙	8.8	12.6	19.2	21.2
西班牙	8.7	17.9	22.9	25.0
瑞典	24.1	35.7	34.8	37.4
瑞士	11.5	19.5	21.7	22.3
英国	20.3	24.9	22.7	24.5
美国	19.1	21.7	22.9	20.8

(b) 社会转移支付

	1960	1980	1995	2003
奥地利	15.9	22.6	26.6	26.1
比利时	13.1	23.5	26.4	26.5
丹麦	12.3	25.2	28.9	27.6
芬兰	8.8	18.4	27.4	22.5
法国	13.4	20.8	28.3	28.7
德国	18.1	23.0	26.6	27.3
希腊	10.4	11.5	19.3	21.3
爱尔兰[a]	8.7	17.4	18.4	18.8
意大利	13.1	18.0	19.8	24.2
荷兰	11.7	24.1	22.8	20.7
挪威	7.8	16.9	23.5	25.1
葡萄牙		10.8	18.1	23.5
西班牙		15.5	21.5	20.3
瑞典	10.8	28.6	32.5	31.3
瑞士	4.9	13.9	17.5	20.5
英国	10.2	16.6	20.4	20.6
美国	7.3	13.3	15.4	16.2

注:[a] 爱尔兰的数据是占 GNP 的百分比。

资料来源:Lindert (2004)、OECD (2006,2007a)。

同样,典型的西欧国家沿用了约束经济增长的规章制度(参见表 12.15 和表 12.17),但是对这些制度进行改革存在政治上的困难。严格的产品市场管制提高了利润,降低了市场准入率,因此减少了管理者的竞争压力,但是对投资和创新都有不利影响(Griffith and Harrison,2004;Griffith,Harrison and Simpson,2006)。同时,根据 Nicoletti 和 Scarpetta (2005) 提供的估算数据,严格的产品市场管制也使这段时期西欧的 TFP 增长与美国相比平均减少了 0.75%。类似地,高水平的就业管制(如果实施了)会减缓创造性破坏的过程及其势必会造成的劳动力调整。[7] Caballero 等(2004)的结果可以证明在 20 世纪 80 年代到 90 年代,法国和美国的劳动生产率增长每年都有 0.5 个百分点的差距。

表 12.15 产品市场管制(0~10)与价格成本差额

	PCM(制造业)	PCM(服务业)	PMR(1980)	PMR(1998)	PMR(2003)
奥地利	1.15	1.28	8.50	3.00	2.33
比利时	1.10	1.20	9.17	3.50	2.33
丹麦	1.11	1.25	9.17	2.50	1.83
芬兰	1.18	1.27	9.00	3.50	2.17
法国	1.12	1.26	10.00	4.17	2.83
德国	1.13	1.25	8.67	3.17	2.33
希腊			9.50	4.67	3.00
爱尔兰			9.50	2.50	1.83
意大利	1.15	1.38	9.67	4.67	3.17
荷兰	1.13	1.24	9.33	3.00	2.33
挪威	1.13	1.26	9.17	3.00	2.50
葡萄牙			9.83	3.50	2.67
西班牙	1.14		8.33	3.83	2.67
瑞典	1.11	1.17	7.50	3.00	2.00
瑞士			7.00	3.67	2.83
英国	1.11	1.16	8.00	1.83	1.50
美国	1.12	1.19	4.50	2.17	1.67

资料来源:1980 年的产品市场管制(PMR)指数来自 Conway 和 Nicoletti(2006),1998 年和 2003 年的产品市场管制指数来自 Conway、Jarod 和 Nicoletti(2005);1998 年的数据与以后年度的数据口径不完全一致。价格成本差额(PCM)数据来自 Hoj 等(2007)。

两个在"黄金时代""增长失败"、在 20 世纪 70 年代至 80 年代初陷入危机的国家,即爱尔兰和英国,进行了重要的改革,这些改革让这两个国家在此刻有了相对出色的表现。前者代表着 Eichengreen 假说的一个有趣变化,因为它发明了一种全新的社会契约,这种社会契约用减税来替代抑制工资,有助于提高就业率和吸引大量的国外直接投资;后者的低公司所得税和与美国的紧密联系鼓励了大量的国外直接投资(Barry,2002)。

英国并没有建立令人满意的 Eichengreen 均衡并且阻止了其在财政政策、私有化和集体议价领域的政策改革。在 1979 年后撒切尔执政期间,英国的政治体系不约束行政权力，借助这一优势，这位激进的总理最终放弃社团主义并剥夺了贸易工会固有的否决权。撒切尔执政时期是一段管制放松、管理者的竞争压力增大、劳资关系出现改革的时期，英国由此解决了一些曾经在"黄金时代"妨碍英国经济增长的问题（Crafts，2002b）。

从某种意义上来说，苏联经济遭遇的问题与此类似，但是更严重。到 20 世纪 70 年代为止，苏联经济增长严重放缓，因为投资回报的下降降低了资本深化的程度（略低于占 GDP 的 30%这一恒定的投资率）。Allen（2003）的分析数据表明，资本存量增长率从 20 世纪 60 年代的年均 7.4%下降到 80 年代的3.4%，同时庞大的国防支出（占 GDP 的 16%）限制了投资率提高的空间。而此时变为负值（参见表 12.7）的 TFP 增长率使这一情况更加恶化了。TFP 增长率为负是因为对旧工厂进行设备改造以及对西伯利亚的自然资源产业的扩张"浪费了大量的资本"（Allen，2003）。

苏联领导人采用一种包含奖励、惩罚和监督在内的复杂的激励体制来激励管理者和工人。随着时间的推移，每一种激励手段的成本都变得昂贵起来，其结果就是整个激励体制受到了威胁。产品创新抬高了监督成本，而监督成本的提高则阻碍了从大批量生产向弹性生产的转变。人口受教育程度的提高意味着监禁的成本提高了，因为人力资本遭受了损失，也意味着需要更高的奖励。TFP 增长的失败降低了额外努力带来的回报。这项体制的一个有趣的特点是，工人们领悟到如果奖励和惩罚不再可信，那么均衡会从"高强迫—高努力"均衡倒向"低强迫—逃避窃取"均衡。Harrison（2002）认为，这是导致苏联在20 世纪 80 年代末经济突然崩溃的原因。

"新经济"时代与经济转轨

众所周知，美国的劳动生产率从 20 世纪 90 年代中期开始恢复增长，这也是它战后第一次超过西欧国家的平均劳动生产率的增长。也是在同时"索洛生产率悖论"（人们可以在除统计生产率的地方之外的任何地方看见计算机）开始变得不再适用。在近期欧洲经济增长问题上，一个标准的美国观点认为，过多的税收和监管以及过少的竞争妨碍了欧洲经济增长（Baily and Kirkegaard，2004）。

该结论需要论据支持。从表 12.12 中可以看出，1995—2005 年西欧各国迥然不同的生产率增长情况，即有 7 个国家的生产率增长幅度比它们在 1973—1995 年的生产率增长幅度要大，有 5 个国家（芬兰、希腊、爱尔兰、挪威、瑞典）的生产率增长比美国快。但是，意大利和西班牙的生产率增长却大幅放缓了。

以下两个问题值得关注：

（1）美国人对欧洲缓慢的生产率增长的诊断是正确的吗？

（2）信息和通信技术能在多大程度上解释各国生产率增长的差异？

表12.14到表12.16表明，美国的"扭曲性"税收较少，产品市场管制和就业保护监管较松，而且服务业的价格与成本之间的差额相对较小，而前一小节的讨论证明这有利于生产率大幅增长。但是，如果欧洲社会市场模型的这些方面存在破坏性的话，那么它们早在20世纪80年代前就该产生破坏作用。但是，在1995年以前，它们并没有阻碍欧洲的追赶增长。

表 12.16　　　　　　　　就业保护程度（0～10）

	1960—1964	1973—1979	1988—1995	2003
奥地利	3.25	4.20	6.50	4.85
比利时	3.60	7.75	6.75	5.00
丹麦	4.50	5.50	4.50	3.50
芬兰	6.00	6.00	5.65	5.00
法国	1.85	6.05	7.05	7.00
德国	2.25	8.25	7.60	5.60
希腊			8.00	7.00
爱尔兰	0.10	2.25	2.60	2.80
意大利	9.60	10.00	9.45	4.85
荷兰	6.95	6.95	6.40	5.50
挪威	7.75	7.75	7.30	6.50
葡萄牙	0.00	7.95	9.65	8.00
西班牙	10.00	9.95	8.70	7.50
瑞典	0.00	7.30	7.65	5.50
瑞士	2.75	2.75	2.75	2.75
英国	0.80	1.65	1.75	1.75
美国	0.50	0.50	0.50	0.50

资料来源：Nickell（2005）。

近期的研究发现，当面临新的技术机会时，监管对生产率增长情况的不利影响最大，也大大影响了信息和通信技术的广泛传播。跨国回归估计结果表明，就业保护阻碍了对信息和通信技术设备的投资（Gust and Marquez，2004），因为重新构建工作方法以及对工人进行再培训都要花费高昂的成本，而这对发挥信息和通信技术的潜在生产能力至关重要。限制性的产品市场管制直接阻碍了对信息和通信技术资本的投资（Conway et al.，2006），同时，通过提高成本间接影响了那些密集使用信息和通信技术的部门。产品市场管制与使用信息和通信技术的服务业（尤其是在分配方面）对生产率增长的贡献之间存在紧密联系（Nicoletti and Scarpetta，2005）。因此，不是监管变得更严格了，而是在广泛使用信息和通信技术的新技术时代的背景下，现有的监管成本提高了。

我们可以用增长核算技术来估计信息和通信技术对劳动生产率增长作出的贡献的大小。理论上，这种方法能够识别信息和通信技术资本深化、信息和通信技术生产的 TFP 增长以及使用信息和通信技术资本带来的 TFP 外溢（无报酬）。实践中，最后一方面难以准确估计。表 12.17 提供了增长核算的估算结果。结果证明，无论是 1995 年之前还是之后，在信息和通信技术对生产率增长的贡献方面，美国都比欧盟要大，这也是 20 世纪 90 年代中期以后美国生产率快速增长的一个重要原因。[8]

表 12.17　　　　　各因素对市场经济下劳动生产率增长的贡献　　　　　　　　（%）

	1980—1995	1995—2000	2000—2005
欧盟			
劳动生产率	2.6	1.8	1.2
信息和通信技术资本深化	0.4	0.7	0.4
信息和通信技术生产的 TFP	0.2	0.4	0.2
其他资本深化	0.8	0.4	0.3
其他 TFP	0.9	0.1	0.0
人力资本深化	0.3	0.2	0.3
美国			
劳动生产率	1.9	3.0	2.9
信息和通信技术资本深化	0.7	1.4	0.6
信息和通信技术生产的 TFP	0.3	0.6	0.6
其他资本深化	0.3	0.3	0.2
其他 TFP	0.4	0.5	1.0
人力资本深化	0.2	0.3	0.4

注：欧盟的数据包含十个国家（奥地利、比利时、丹麦、芬兰、法国、德国、意大利、荷兰、西班牙、英国）。

资料来源：从 Bart van Ark 提供的 EUKLEMS 数据中获得。

信息与通信技术对近期增长的贡献还可以从一些特殊部门对增长的贡献中看出。这里不得不提的就是密集使用信息和通信技术的市场服务业，尤其是批发零售业——其在典型的 OECD 国家提供了 20% 的就业机会。这可能得益于 TFP 的溢出效应，因为可以利用信息和通信技术提供的信息对库存、物流等进行更好的组织从而实现所谓的"软节能"。使用信息和通信技术的市场服务为 1996 年到 2001 年美国的劳动生产率增长每年贡献 1.3 个百分点，而法国是一 0.1%，意大利是 0.1%，德国是 0.2%（Nicoletti and Scarpetta，2005）。

在英国，调控敏感的密集使用信息和通信技术的服务部门对劳动生产率的提高起了很大的作用，其信息和通信技术资本深化也高于欧盟的平均水平。由于英国对经济各领域的调控比其他欧洲大陆国家要宽松，因此在信息和通信技术时代英国的表现比其他国家要好。这体现在英国的 TFP 增长以及密集使用信息和通信技术的服务业以及信息和通信技术资本深化对增长的贡献都要大于其他欧洲国家。从某种意义上说，英国早先建立社团主义模型失败反而带来了意外的收获[9]。

爱尔兰在凯尔特之虎时期的增长主要是由就业率和生产率的大幅提高带来的。[10] "黄金时代" 一些错误政策（比如实行保护主义和不重视人力资本的形成）在此时得以纠正，宏观经济环境也相对稳定，因此其姗姗来迟的经济赶超终于开始了。爱尔兰的富有弹性的劳动力供给也有利于其经济的增长（一开始的失业率非常高，劳动市场改革大大降低了其自然失业率（NAIRU））（Crafts，2005）。

对爱尔兰的生产率提高贡献最大的就是其信息和通信技术生产（主要用于出口）。[11] 如果把信息和通信技术生产对劳动生产率的作用剔除，那么其他因素的影响毫无吸引人之处。显然，爱尔兰巨大的信息和通信技术产业是供给方面的政策的成果，包括改善基础设施、向跨国公司提供劳动供给等，这些政策吸引了大量的外商直接投资并产生了集聚效应。当然，如果制造业产品不受欢迎的话，那些降低税率、减少管制的方法也不会带来如此大的成功。这说明爱尔兰的成功是一个特例，其模式不能被简单复制到其他欧洲国家。在信息和通信技术产品出口方面实现专业化不可能对每个国家都适用，而且只有在其他国家不采取同样的措施时，降低税率吸引 FDI 才是有效的。

虽然信息和通信技术很重要，但是如表 12.17 所示，它并不是经济增长的唯一原因。1995 年后欧盟国家资本深化的放缓以及 2000 年以后美国其他部门TFP 的强劲表现都很突出。而这两者都只是暂时的而非长久的变化。欧盟国家资本深化的放缓与其工作时间成反比（见表 12.13）。例如在西班牙，就业率的提高（反映了其改革劳动市场的决心）和影响妇女就业的社会因素的增加与资本存量的增长并不匹配（Gordon and Dew-Becker，2008）。在美国，由于利润的缩减，TFP 的大幅增长也反映了降低成本的巨大压力（Oliner，Sichel and Stiroh，2007）。

社会主义制度的瓦解使中东欧国家进入了经济转型期，这使它们有机会建立高效的市场经济，从而走上高速赶超的发展之路。这在某些方面与西欧 "黄金时代" 初期的情况有点类似，但显然，在社会能力、获取外国资本以及初始经济机构方面二者还是有很大区别的。经济转型的初期是非常痛苦的，因为大多数国家的 GDP 都显著下降了。但是自 20 世纪 90 年代中期开始，许多国家的经济开始快速增长，尽管各国的差异比较大——1992—2004 年波兰的人均实际GDP 增长了 64%，而其邻国乌克兰反而下降了 26%（Beck and Laeven，2006）。

这就引出了两个问题：

（1）如何将东欧国家 1995 年以后的赶超发展与 "黄金时代" 西欧的经历进行比较？

（2）是什么因素导致经济转型前期的成功与失败？

将 20 世纪 90 年代的东欧和 20 世纪 50 年代的西欧的经济增长情况进行比较时，有四点不同之处要在此强调。第一，社会主义的一个遗留问题就是反映苏联粗放型经济增长的扭曲的资源分配方式。从中可以得出一个重要的推论，即东欧缺乏大量的低生产率的农业劳动力的储备：表 12.18 中列出的国家中没有一个国家在 1990 年从事农业的劳动力所占的份额能达到法国、意大利、西班牙等国 1950 年的水平。另外，东欧国家发展起点的特征是"过度工业化"，而服务业比较薄弱。

表 12.18   **1990 年经济转轨国家的经济结构**   （%）

	农业就业 比重	工业就业 比重	服务业就业 比重	工业占 GDP 的比重	过度工业化占 GDP 的比重
保加利亚	18.5	49.3	32.2	59	23
捷克共和国	12.9	44.0	43.1	58	21
爱沙尼亚	21.0	36.8	42.2	44	10
匈牙利	15.6	36.4	48.0	36	-1
拉脱维亚	16.4	40.6	43.0	45	10
立陶宛	18.9	41.2	39.9	45	10
波兰	23.4	36.4	40.2	52	13
罗马尼亚	31.1	41.5	27.4	59	22
苏联	13.2	42.3	44.5	48	7
斯洛伐克	10.0	44.5	45.5	59	23
斯洛文尼亚	9.7	49.2	41.1	44	6

资料来源：Raiser、Schaffes 和 Schuchhardt（2004），De Melo et al.（2001）。

第二，第二次世界大战后西欧国家的重建仅用了五年，而且在此过程中，西欧国家的经济增长率一直很高，但是，冷战后苏联从计划经济向市场经济的转型却是一个漫长而又痛苦的过程。1998 年，俄罗斯的人均 GDP 仅为 1990 年的 56%，东欧国家的后社会主义衰退没有苏联那么严重，但是也造成了 20 世纪 90 年代最初几年的经济负增长。

第三，新一轮的追赶增长是发生在世界经济更加全球化的背景下的。这意味着国内储蓄制约不再有约束力，并且可以更容易地使用外国资本、借鉴外国技术。Lucas（2000）认为，新加入追赶行列的国家的经济增长会比其前辈们的经济增长更快；其标准化模型表明，今天的经济增长比 50 年前年均高 2.5 个百分点。

第四，市场经济要想取得成功，就必须从一开始就建立制度。这不是指对资本市场或工资议价的游戏规则进行微调，而是指一些更基本的东西，比如，在一些社会主义统治超过 70 年的国家进行稳固明确的财产权以及鼓励投资和创新的法律法规建设。如表 12.19 所示，中欧和巴尔干半岛国家在这方面的进步非常快，而俄罗斯则并非如此。然而，即使在 2006 年，法制指标仍然表明西欧法制最健全的国家与经济转轨最成功的国家之间存在很大差距。

表 12.19	法制指标	
	1996	2006
保加利亚	−0.11	−0.17
捷克共和国	0.84	0.73
爱沙尼亚	0.50	0.91
匈牙利	0.85	0.73
拉脱维亚	0.13	0.52
立陶宛	0.29	0.45
波兰	0.66	0.25
罗马尼亚	−0.16	−0.16
俄罗斯	−0.74	−0.91
斯洛伐克	0.21	0.43
斯洛文尼亚	0.86	0.79
奥地利	1.86	1.87
比利时	1.55	1.45
丹麦	1.91	2.03
芬兰	1.92	1.95
法国	1.45	1.31
德国	1.80	1.77
希腊	0.90	0.64
爱尔兰	1.72	1.62
意大利	0.97	0.37
荷兰	1.81	1.75
挪威	2.00	2.02
葡萄牙	1.13	0.97
西班牙	1.33	1.10
瑞典	1.84	1.86
瑞士	2.07	1.96
英国	1.83	1.73

注：法制指标用来衡量机构对社会法规的信心以及遵守程度，根据法官的公正性和可预测性以及合同的强制执行性等指标加总计算得出。

资料来源：Kaufmann、Kraay 和 Mastruzzi（2007）。

Beck 和 Laeven（2006）指出，体制改革的力度不够与东欧国家共产党统治的年数和来自自然资源出口的租金的重要性紧密相关。的确，东欧的一部分国家易受"自然资源诅咒"[12]。此外，对于那些需要进行改革才有资格在 2004

年加入欧盟的国家来说，盼望加入欧盟成了一个有效的条件。[13]

表12.20分别列出了西欧"黄金时代"和东欧追赶增长早期的劳动力生产率的增长情况。巴尔干半岛国家高速发展，其经济增长率（得益于TFP的大幅增长）如果能够维持下去，那么将会超过"黄金时代"任何一个国家的经济增长率（如表12.7和表12.9所示）。但是，总的来看，劳动生产率的增长要比根据西欧的情况所预测的劳动生产率的增长幅度小一些。当然，劳动生产率的增长也要比根据忽视体制质量的重要性的早期增长回归所预测的劳动生产率的增长幅度小一些[14]。事实上，自由化的程度和体制改革的程度可以很好地解释相关的经济增长情况，二者都被证明对经济增长有积极影响（Beck and Laeven，2006；Fidrmuc，2003）。

表 12.20　　　　　　　劳动生产率：初始水平和增长情况

	1995—2005 年劳动生产率的年增长率（%）	每位工人创造的 GDP（1995年，以 1990 年国际元计价）及占美国的比重（%）	预期劳动生产率的年增长率（%）
保加利亚	2.89	13 294（25.8）	5.49
捷克共和国	2.75	16 974（33.0）	5.02
民主德国	4.87	20 525（39.9）	4.57
爱沙尼亚	7.72	19 478（37.9）	4.70
匈牙利	3.35	16 422（31.9）	5.09
拉脱维亚	6.18	14 676（28.5）	5.32
立陶宛	6.36	12 707（24.7）	5.56
波兰	4.71	14 539（28.3）	5.33
罗马尼亚	3.47	7 587（14.7）	6.21
俄罗斯	3.76	10 761（20.9）	5.81
斯洛伐克	4.24	17 754（34.5）	4.93
斯洛文尼亚	3.86	23 028（44.8）	4.26

	1950—1973 年劳动生产率的年增长率（%）	每位工人创造的 GDP（1950年，以 1990 年国际元计价）及占美国的比重（%）
奥地利	5.42	7 498（31.3）
比利时	3.56	14 018（58.5）
丹麦	2.89	14 410（60.1）
芬兰	4.42	8 203（34.2）
法国	4.64	11 166（46.6）
联邦德国	4.73	19 338（43.2）

	1950—1973 年劳动生产率的年增长率（%）	每位工人创造的 GDP（1950 年，以 1990 年国际元计价）及占美国的比重（%）
希腊	5.99	5 644（23.6）
爱尔兰	3.79	8 407（35.1）
意大利	4.78	9 840（41.1）
荷兰	3.31	15 508（64.7）
挪威	3.39	12 407（51.8）
葡萄牙	5.83	5 037（21.0）
西班牙	6.08	5 171（21.6）
瑞典	3.17	13 744（57.4）
瑞士	2.79	18 161（75.8）
英国	2.43	15 529（64.8）

注：西欧"黄金时代"的劳动生产率增长率的预测值根据以下公式核算：

$$LabProdGr = 7.168 - 0.065Y/L\%US, R^2 = 0.833$$
$$(19.815)(-8.718)$$

资料来源：GGDC（2007）及作者的计算。

结论

本章旨在介绍并解释欧洲六十多年来的经济增长情况，并从中总结经验教训。本章的框架是建立在内生性创新和赶超所带来的增长等核心概念的基础上的。本节力图从阐述过程中出现的众多细节中归纳总结性陈词。

第一，欧洲快速、持续的赶超发展在很大程度上得益于资本深化和 TFP 增长。显然后者从技术转移中收益颇丰，但是传统增长核算表明，资源分配与规模经济也对 TFP 的快速增长发挥了极大的作用。苏联经济的致命弱点则是无法实现 TFP 的强劲增长。

第二，在衡量经济增长表现时必须考虑各国不同的赶超空间。无论是国家间还是不同时期间的比较，这一点都很重要。一个典型的案例就是"黄金时代"西欧与东欧的年增长率比较。原始数据显示二者间差别不大——分别为 4.06% 和 3.81%，但是按照初始人均实际 GDP 标准化后，就会发现东欧国家的平均增长率要比西欧低 1.3 个百分点。

第三，也是最重要的，激励机制对经济增长非常重要，因此不同的体制和政策会产生完全不同的影响。本章全文都在说明这个问题，比如解释为什么西欧在"黄金时代"增长如此强劲而随后却长期增长乏力；爱尔兰为什么能从

"黄金时代"的"失败者"成为后来的"凯尔特之虎";为什么转轨经济体有的成功有的失败;等等。苏联的灭亡也证明,不好的激励机制比不利的资本—劳动替代弹性更具破坏力。

第四,在阐述激励机制的基本作用时,有几个更深刻的观点需要强调一下。

(a) 与传统观点不同,欧洲的经验表明,可以通过制度和政策改革来解除制约条件,实现经济快速增长。这是对马歇尔计划和 50 年后欧盟的成立所产生的主要影响的合理解释。

(b) 证据表明促进竞争有利于经济的快速增长,尤其是在迅速适应新技术机会且公司的委托代理矛盾得以缓和的大背景下。熊彼特等宣称,市场经济有利于技术进步并不意味着就应该采取反托拉斯政策——就像英国所做的那样。

(c) 欧洲国家在运用信息和通信技术机会时相对失败的地方是因为欧洲的调控/监管要比美国多。注意,这并不意味着监管更严格了,而是说在新技术背景下,达到现有的监管水平所需要的成本提高了。

第五,历史很重要。总的来说,西欧国家在"黄金时代"建立和制定了促进其经济增长的制度和政策。这些做法不利的一面是,当"黄金时代"后期改革势在必行的时候,这些制度和政策要求政治支持,这使得对它们进行必要的改革时存在政治上的困难。

【注释】

[1] 就人均实际 GDP 而言,2005 年爱尔兰为 27 295 美元,排在挪威前面。但是,爱尔兰的企业所得税引起的转移定价扭曲了其真实 GDP 数值,用 GNP 来衡量近期的经济情况更加合适(Cassidg,2004)。

[2] 前文已经指出,这可能是经济增长核算方法的一种人为结果(Weitzman,1970)。对此观点,Allen(2003)进行了强有力的反驳,他注意到西欧国家和东欧国家的技术潜力相当,并且证据清晰表明,在苏联经济体制中存在大规模的资本浪费,这意味着标准基准测算同样适用于俄罗斯。

[3] 按照标准新古典假设,在初始资本产出比大约为 2、产出弹性为 0.35 的情况下,占 GDP 的 1% 的投资的增加对经济增长的影响不超过 0.2 个百分点。

[4] 联邦德国的公众股份制公司相对较少,而这种公司形式面临的委托代理问题最为严重。在联邦德国,几乎所有公司都有持股 25% 以上的股东,而在英国这一比例要低得多(Carlin 1996,p.488)。需要注意的是,所有权的集中而非银行持股本身,使联邦德国的表现优于英国(Edwards and Nibler,2000)。

[5] 这里有一个案例就是,针对当时普遍存在的卡特尔组织,英国于 1956 年制定了《限制性措施法案》,英国在制定该政策时困难重重,但是该法案出台后,那些先前存在共谋的部门的产出都大大提高了(Symeonidis,2008)。

[6] "扭曲"一词是 Kneller、Bleaney 和 Gemmell 在 1999 年使用的。这里基本是指直接税,它在许多新增长模型中会产生相反的效果,而间接税则不会。

[7] 这些作者所使用的产品市场管制的概念以及 OECD 产品市场管制指数试图描述的均是管制环境在多大程度上促进了市场竞争。

[8] 然而,像芬兰、瑞典,尤其是爱尔兰这些信息和通信技术生产在 GDP 中占很大比重的国家,其信息和通信技术的贡献比美国要大,其劳动生产率的增长也快于美国。

[9] 同时也要注意到，其最新的法律大大地强化了竞争政策。

[10] 从 1987 年到 2004 年的凯尔特之虎时期，爱尔兰的劳动力投入每年增长 2.1%，人均实际 GDP 增长率比按工作时间平均的 GDP 增长率高 1.4 个百分点（GGDC，2007）。

[11] 信息和通信技术部门的 TFP 增长对 1995—2001 年的劳动生产率增长的年贡献率为 3.62%（Timmer and van Ark，2005）。

[12] "自然资源诅咒"是指那些自然资源丰富而增长却缓慢的国家。Sala-i-Martin 和 Subramanian（2003）指出，导致这些国家增长缓慢的因素是其不好的体制。

[13] 显然这对保加利亚和罗马尼亚并不可行。

[14] 早期对转轨经济体的经济增长持乐观态度主要是因为它们有提高教育水平的计划，并且它们的初始生产率与发达国家的差距比较大（Fischer, Sahay and Vegh, 1998）；认为这些因素一般会使生产率的年增长率达到 5.5%。

第 13 章 | 部门发展 (1945—2000 年)

斯蒂芬·豪普（Stefan Houpe）
佩德罗·莱恩斯（Pedro Lains）
伦纳特·舍恩（Lennart Schon）

引言

1945 年以后，欧洲的经济结构发生了全面的调整——从以农业为主转到以工业为主，最后到以服务业为主。无论在时间上还是空间上这都是一个不平衡的过程。在本章，我们将讨论由于技术变化和经济政策的影响，不同地区各部门（农业、工业、服务业）表现出的产出与生产率的发展趋势以及地区差异。

农业

增长与结构调整

由于第二次世界大战的影响，大部分欧洲国家从事农业的劳动力仍然占了很大比重，此时只有几个发展比较早的国家——英国、比利时、荷兰和德国——的农业劳动力所占比重相对较低。在随后的半个世纪里，由于工厂生产（这对赶超增长和生产率趋同至关重要）的增加，大多数欧洲国家的农业部门都失去了其在提供就业方面的重要性（Mellor，1995；Broadberry，2008）。到2000 年时，只有几个最落后的东欧国家（包括阿尔巴尼亚、保加利亚、罗马尼亚、乌克兰、土耳其）的农业部门的就业率还比较高。许多地方从事农业的劳动力所占比重的下降也伴随着农业产出在整个经济产出中比重的下降。然而这两者的相关性并不强，因为欧洲各国的劳动生产率差异显著。农业部门发生的一系列事件以及工业和服务业的变化造成了欧洲农业地位的大幅下降。

这种变化是由市场的力量驱动的，但是政府的农业保护政策使这种变化趋势放缓了。有几个原因使政府对农业特别关照，比如保障粮食安全（尤其是在第二次世界大战以后）、减少农村人口的福利损失等。政府干预主要发生在西欧的民主国家，因为其官员有强烈的动机来应对压力集团。不过在1975年或1990年以前欧洲的一些独裁国家，政府干预也比较明显。

表13.1描绘了1950年、1975年及2000年欧洲农业部门的劳动力所占比例及农业产出在GDP中所占的比重的变化情况，并按照1950年的经济发展水平对各国进行了排序。

表13.1 　从事农业的劳动力所占的比例、农业产出占GDP的比重以及劳动生产率缺口，1950—2000年　（%）

	1950			1975			2000		
	从事农业的劳动力所占的比例	农业产出占GDP的比重	劳动生产率缺口	从事农业的劳动力所占的比例	农业产出占GDP的比重	劳动生产率缺口	从事农业的劳动力所占的比例	农业产出占GDP的比重	劳动生产率缺口
领先国家									
比利时	9	8	88.9	4	3.3	82.5	1.8	1.4	77.8
法国	23	13	56.5	10	5.9	59.0		2.8	
德国	14	10	71.4	7	3	42.9	2.7	1.3	48.1
卢森堡					2.6		1.5	0.7	46.7
荷兰	10	13	130.0	6	4.6	76.7	3.1	2.6	83.9
挪威	22	13	59.1	9	4.8	53.3	4.1	2.2	53.7
瑞典	16	13	81.3	6	5.5	91.7	2.4	1.9	79.2
瑞士	15			8			4.7	1.7	36.2
英国	5	5	100.0	3	2.8	93.3	1.5	1.0	66.7
第二梯队国家									
奥地利	23	17	73.9	13	6.6	50.8	5.8	2.1	36.2
丹麦	18	21	116.7	10	5.3	53.0	3.3	2.6	78.8
捷克斯洛伐克[a]		**22**		14	**8**	57.1	5.1	3.9	76.5
斯洛伐克共和国							6.7	4.0	59.7
芬兰	35	26	74.3	15	9.8	65.3	6.0	3.8	63.3
意大利	33	22	66.7	17	7.5	44.1	5.3	2.8	52.8
西班牙	42	22	52.4	22	9.7	44.1	6.6	4.4	66.7
第一外围国家									
塞浦路斯					15.7			5.3	
希腊	57	31	54.4	35	14.5	41.4	17.4	7.3	42.0
匈牙利	**53**	26	49.1	**25**	15	60.0	6.5	5.4	83.1
爱尔兰	37	30	81.1	22	17	77.3	7.8	3.4	43.6
波兰	**57**	**35**	61.4	**30**	**16**	53.3	18.8	5.0	26.6
葡萄牙	44	31	70.5	34	26.5	77.9	12.6	3.8	30.2

274

续前表

	1950			1975			2000		
	从事农业的劳动力所占的比例	农业产出占GDP的比重	劳动生产率缺口	从事农业的劳动力所占的比例	农业产出占GDP的比重	劳动生产率缺口	从事农业的劳动力所占的比例	农业产出占GDP的比重	劳动生产率缺口
第二外围国家									
阿尔巴尼亚							71.8	29.1	40.5
保加利亚	**64**	30	46.9	**24**			26.2	14.2	54.2
罗马尼亚	**70**	31	44.3				42.8	12.5	29.2
土耳其	76			58	35.8	61.7	36.0	15.4	42.8
苏联[b]	**22**			**17**			14.5	6.4	44.1
爱沙尼亚							7.2	4.9	68.1
拉脱维亚							14.5	4.6	31.7
立陶宛							18.7	7.8	41.7
格鲁吉亚							52.1	21.9	42.0
乌克兰							20.5	17.1	83.4
南斯拉夫[c]	**28**			**13**			19.4		
克罗地亚							14.5	9.1	62.8
斯洛文尼亚							9.5	3.2	33.7

注：以粗体显示的数据：1950—1954 年、1955—1959 年、1960—1964 年、1965—1969 年、1970—1974 年、1975—1979 年。

[a]1990 年后为捷克共和国的数据。[b]1990 年后为俄罗斯（苏联）的数据。[c]2000 年的数据为塞尔维亚的数据。

资料来源：世界银行网上指标和 Mitchell（2003，pp. 929—34）及 http：//ddp-ext，worldbank，org/nex/ DDPQQ/showReport，do？ method＝showReport。

　　第一组由发展起步较早的西北欧国家组成，到 1950 年时这些国家的农业部门在经济发展中的作用就已经较小了，这点在农业在总产出中所占的比重上体现得尤其明显。然而，第一组国家之间的情况差异非常大，实际上，尽管英国、比利时、荷兰从事农业的劳动力占比还不到 10％，但是法国和挪威的相应比率却超过了 20％。第一组国家的一个共同的特征就是它们的结构转变非常快，到 1975 年时，所有国家的从事农业的劳动力所占的比重和农业产出占 GDP 的比重都趋同到一个很小的区间里。表 13.1 也显示了农业部门和非农业部门的劳动生产率的差距，而该指标的国别差异也比较大。荷兰、英国、比利时在 1950 年时农业与非农业的生产率差异相对较小，但是到了 1975 年时，荷兰的农业与非农业生产率的差异迅速扩大了。其他大多数国家的劳动生产率差距在 1975—2000 年也扩大了。

　　表 13.1 中第二组国家的结构转变速度比第一组要慢一点，并且一直持续到 20 世纪末。到 2000 年时，第二组国家的农业部门在劳动力所占比重和产出占GDP 的比重这两个指标上已经非常接近第一组了。第三组和第四组代表了两种迥然不同的发展模式。第三组中的国家在 1950 年时从事农业的劳动力所占的比

重非常高，但是在随后的 1950—1975 年以及 1975—2000 年两个时期，发生了非常剧烈的结构调整。第四组包含了发展相对落后的东欧和中东欧国家。值得注意的是，后两组中的国家间的生产率的差距非常大。

表 13.1 中的数据说明各国农业部门的劳动生产率差距与产业结构转变的速度之间没有显著的相关关系。实际上，位于表 13.1 的最下端的国家的劳动生产率与他国的差距非常大，但是它们的结构转变的速度却不比其他国家快。这意味着农业生产率差距与相应的农业部门工资差距并不匹配，换句话说，劳动力从农业部门转移出去并不是因为制度因素，比如黏性的劳动市场或政府政策。因此要理解 1950—2000 年欧洲农业的巨大变化就必须考虑当时的经济政策所发挥的作用。

尽管由于资本的替代，欧洲从事农业的劳动力大幅减少，但是其农业产出却显著增加了。表 13.2 显示，农业劳动力的绝对数量的下降幅度很大，从 1950 年的 6 620 万人降到 2000 年的 1 760 万人。即便如此，可耕土地及林农混合土地的面积只下降了 12%，降至 1.33 亿公顷，而总固定农业资本却增加了 78%。

表 13.2　欧洲、北美洲及中美洲、世界的农业情况

		20 世纪 40 年代	1950	1960	1970	1980	1990	2000
1. 农业劳动力（百万人）	欧洲		66.2	54.3	40.8	31.3	24.2	17.6
	北美洲及中美洲		21.0	18.6	17.4	20.1	20.6	20.7
	世界		809.5	843.0	928.7	1 067.1	1 221.2	1 318.6
	欧洲/世界		8.2%	6.4%	4.4%	2.9%	2.0%	1.3%
2. 可耕土地及林农混合土地（百万公顷）	欧洲	149		151[a]	146	141	139	133
	北美洲及中美洲	240		260[a]	269	274	275	268
	世界	1 217		1 346[a]	1 391	1 432	1 502	1 502
	欧洲/世界	12.2%		11.2%	10.5%	9.8%	9.2%	8.9%
3. 总固定农业资本（十亿 1990 年国际元）	欧洲				348	333	691	621[c]
	北美洲及中美洲				383	399	615	412[c]
	世界				1 263	1 267	2 303	2 293[c]
	欧洲/世界				27.5%	26.3%	30.0%	27.1%
4. 灌溉面积（百万公顷）	欧洲			8.3[b]	10.4	14.0	16.7	16.9
	北美洲及中美洲			17.9[b]	20.9	27.6	28.9	31.4
	世界			139.0[b]	167.8	209.7	244.3	274.2
	欧洲/世界			6.0%	6.2%	6.7%	6.8%	6.2%
5. 拖拉机数量（千辆）	欧洲	270[d]	990	3 698[a]	6 077	8 454	10 356	9 650
	北美洲及中美洲	1 576[d]	4 220	5 326[a]	6 038	5 606	5 841	5 808

续前表

		20 世纪 40 年代	1950	1960	1970	1980	1990	2000
	世界	n/a	5 552	11 318[a]	16 102	21 932	26 526	26 424
	欧洲/世界		17.8%	32.7%	37.7%	38.5%	39.0%	36.5%
6. 拖拉机辆数/千公顷	欧洲		7.0		42.0			72.0
	北美洲及中美洲		18.0		22.0			19.0
	世界		5.0		12.0			18.0
7. 拖拉机辆数/千人	欧洲		15.0		149.0			549.0
	北美洲及中美洲		201.0		347.0			281.0
	世界		2.0		17.0			20.0
8. 肥料使用（千吨）	欧洲		6 990[e]	13 955[b]	24 883	31 196	26 414	19 472
	北美洲及中美洲		4 798[e]	8 469[b]	17 614	25 636	23 605	22 868
	世界		13 792[ef]	31 182[b]	69 308	116 720	137 819	136 435
	欧洲/世界		50.7%	44.8%	35.9%	26.7%	19.2%	14.3%
9. 肥料消费（千克）	欧洲		46.9		170.8			146.2
	北美洲及中美洲		20.0		65.5			89.0
	世界		11.3		49.8			90.9
10. 产出（1989—1991 年=100）	北欧		43.6[g]	62.0[a]	75.1	92.7	99.8	98.2
	东欧			62.3[a]	74.4	93.4	101.2	79.3
	南美洲		51.5[g]	57.9[a]	69.0	88.8	101.3	124.2
	亚洲（包括中国）			38.3[a]	50.6	66.6	100.7	143.7
	拉丁美洲		31.6[g]	44.1[a]	56.8	76.7	99.5	138.0
	非洲		34.7[g]	50.1[a]	65.9	75.8	98.0	126.5
	苏联		36.2[g]	63.4[a]	81.0	85.3	104.5	61.6
11. 劳动生产率（1950 年=100）	欧洲		100.0	178.7	266.0	342.1	392.4	277.3
	北美洲及中美洲		100.0	131.7	166.2	187.1	199.1	240.3
	世界		100.0	134.1	149.5	175.6	200.2	202.0
12. 土地生产率（1950 年=100）	欧洲		100.0	144.1	175.8	223.3	246.7	254.2
	北美洲及中美洲		100.0	107.6	122.8	156.9	169.7	211.3
	世界		100.0	126.2	150.1	196.7	220.6	266.7

注：[a]1961 年，[b]1967 年，[c]1992 年，[d]1939 年，[e]1950 年/1951 年，[f]不包含苏联，[g]1948—1952 年。

资料来源：Federico（2005）。

这是欧洲大陆特有的转变步伐，与表 13.2 中其他更为发达的北美洲及中美洲地区（Federico，2005）的情况形成鲜明的对比。[1]农业资本品投资的增加与灌溉土地面积的增加及拖拉机的大量使用有关。但是欧洲使用化肥的数量在 1980 年达到顶峰后开始迅速减少。

表 13.2 也提供了产出、劳动力以及土地生产率的发展变化情况。其中产出被进一步分解，以描绘东西欧不同的发展趋势。值得注意的是，西欧的产出增长在 20 世纪 80 年代达到顶峰，而东欧的产出却一直保持增长，直到 20 世纪 90 年代后突然下降。东西欧的不同发展趋势与其各自的经济政策、共同农业政策的改变，以及社会主义制度的变革有关。实行共同农业政策的地区在 20 世纪 80 年代欧盟向南欧扩张之前实现了自给自足，因此从这方面来说共同农业政策取得了一定的成功。在随后的几十年里，欧洲经济共同体的农业出口在经济合作与发展组织（OECD）中的份额从 20 世纪 60 年代后期的 45% 增加到 56%（Neal，2007，p. 65）。除了苏联以外，世界其他国家的农业产出在 2000 年前一直保持增长。从表 13.2 中可以看出，劳动力以及土地生产率的增长都对产出增长产生了影响。

农业政策

由于战争的影响，到 1950 年时，大多数欧洲政府都努力寻求粮食和原材料的自给自足。新生产技术的发明使得欧洲、日本、美国政府可以采取鼓励进口替代的农业政策（Aparicio，Pinilla and Serrano，2008，p. 66）。过去，欧洲的农业一直受到保护，但同时也被允许进行一些国际贸易。这不是农业部门独有的问题，工业贸易和国际分工也受到了保护主义和政府干预的影响。然而欧洲的政府，尤其是西欧政府，在解除对工业的保护方面行动非常迅速，但是对农业的自由化则反应迟钝。第二次世界大战后，几个重要机构得以建立以促进贸易的自由化，包括在布雷顿森林会议上决定建立的国际复兴开发银行和国际货币基金组织，为马歇尔援助开辟道路的欧洲经济合作组织，以及关贸总协定。这些机构通过向贸易或多边贸易平衡提供资金援助或者鼓励减少贸易壁垒来促进国际贸易的恢复，但是它们对农产品贸易影响甚微。[2]

农业国际贸易的自由化只在 6 个西欧工业国内部实现了，这 6 国于 1957 年建立了欧洲经济共同体，在 1962 年达成实施欧洲共同农业政策的一致意见，并在 1964—1968 年对该政策进行了修订。欧洲共同农业政策有三个主要目标：稳定农产品市场；保障粮食和农业原材料的供给；控制价格（Ingersent and Rayner，1999，p. 151）。共同农业政策通过支持农产品价格而发挥作用，这暗含着类似于东欧的中央计划经济的计划协调问题，只不过是部门层面的（Eichengreen，2007，p. 183）。对农产品进行价格支持而不是对农民的收入进行补贴使欧洲丧失了一个使欧洲农业与世界经济一体化的机会。到 1995 年，根据关贸总协定乌拉圭回合谈判，价格补贴最终被援助生产者取代了。1986—1988 年时，农业补贴占整个欧盟农业产出的 42%，1999—2001 年这一比例下降到 36%，但仍高于同期美国的水平——从 25% 降至 22%。国家补贴在很大程度上是对共同农业政策补贴的一个补充。1999 年，法国、瑞典、荷兰的政府对其农业的转移支付进一步提高，分别达到整个欧盟补贴的 31.8％、46.8％、77.6％（Neal，2007，p. 87）。这使得欧盟国家的总补贴水平与两个非欧盟国家（挪威和瑞士），以及日本的补贴情况差不多，这几个国家同时期的补贴水平都达到了 60％以上（Neal，2007，p. 80）。[3]共同农业政策的目标与国家利益集团和政府的目标是一致的。实际上，6 国政府通过协调农业政策——使各国的农业部门在关税、价格保护、享受的补贴方面处于相同的水平——开放了贸易边境（Milward，1992）。1968 年共同市场建成之前对共同农业政策的补充就完成了。最后，共同农业政策也有利于货币的一体化，因为实行共同农业政策的地区是 1971 年布雷顿森林体系瓦解之后政府干预最先受汇率变动影响的地区（Ingersent and Rayner，1999，p. 151；Eichengreen，2007，p. 183）。

不论其采取了怎样的形式，欧洲经济共同体内部对农业的补贴都有利于部门内的资本深化和积累，因此随着劳动生产率和土地生产率的提高，农业部门向其他部门释放了大量的劳动力。不管怎样，农业保护主义并没有阻止产业结构的变化，1950—1975 年，欧洲经济共同体 6 国以及属于欧洲自由贸易联盟的 6 个西欧国家（奥地利、丹麦、挪威、瑞典、瑞士和英国）[4]的农业占 GDP 的比重大幅下降。以上这些国家的农业占 GDP 的比重都低于 7％。捷克斯洛伐克和西班牙也出现了类似的状况，其农业占 GDP 的比重从 1950 年的 22％下降到 1975 年的 8％～9％。这两个国家的农业保护主义政策的力度比那些更富有的国家的政策力度要弱得多，因此其产业重心向非农业部门的转移要更容易一些。无论如何，1950—1973 年快速发展的工业化，才是使这两个国家的农业衰落的最重要的驱动因素。

英国加入欧洲经济共同体稍晚，并没有得到共同农业政策的好处，不过英国同样也继承了自两次世界大战之间的时期延续下来的干预主义政策。即使如此，英国也很早就不再实行保护主义。保护主义政策的取消对于其向邻国，包括丹麦、挪威和爱尔兰的农产品出口的增长非常重要。表 13.1 中第二组国家的农业政策仅限于国内，缺少国际协调，因为这些国家没有参加任何促进政策协调的国际组织。然而这并没有阻止这些国家的经济结构的转变，因为农业在总劳动力和总产出中的比重同样显著下降了。实际上，奥地利、丹麦、芬兰、西班牙以及社会主义国家捷克斯洛伐克的农业部门占 GDP 的比重在 1975 年都降到了 15％左右，到 2000 年时基本降到了欧洲经济共同体国家的水平。

表 13.1 中第一外围国家的农业衰落的速度比较慢，这既是由于其贸易自由化来得比较晚，又是由于其对农业的保护过重。三个南欧国家加入欧洲经济共同体后，其经济结构转变的速度大大加快了。第二外围国家仍然处于贸易自由化的过程中，而且其对农业的保护依然很强。

西欧民主国家与中欧和南欧独裁国家的自由化的速度明显不同，但有时候做这种政治划分并没有多大意义。实际上，捷克斯洛伐克在 1950—1975 年经济结构转变的速度非常快，尽管当时它还是一个独裁国家，而同时期的民主国家爱尔兰的经济结构调整过程却非常缓慢。

保护的成本

欧洲农业的一个最主要特点就是，其在 1950—2000 年受到了很多的保护。但即使存在这些保护，到 20 世纪末时，整个欧洲的农业在劳动力和产出方面的比重仍然显著下降了，仅在东南欧最贫穷的地区，农业在经济中仍然占据相当重要的地位。农业政策从保护国内生产者免受进口品的威胁转向保障农民的收入——这对增长的不利影响要小一点。但即使是这种更温和的保护形式，就政府预算甚至欧洲贸易在更大范围内的专业化分工来说，也有相当大的成本。很难精确评估欧洲的农业政策对欧洲国家的经济增长速度以及欧洲大陆的经济趋同进程是否产生了负面的影响。回顾欧洲农业在这半个世纪里的转变过程，我们可以认为这种负面影响可能不大。据估计，就整体经济效率而言，共同农业政策的成本大约为 GDP 的 1.5%（Neal，2007，p.83）。共同农业政策支出是欧盟预算中最重要的一项，而且由于其与收入水平正相关，因此具有倒退性质（Sapir et al.，2004，p.72）。

但是，如果保护的成本相对较低，那它显然不是因为政策是经过精心设计的，而是因为促使制造业和服务业增长的市场力量大到足以抵消政府错误的农业政策的影响。其他部门的发展对整个宏观经济的影响比农业部门的发展对整个宏观经济的影响要重要很多。

280 工业

"黄金时代"（20 世纪 50 年代和 60 年代）

欧洲"黄金时代"的经济增长可能最适合用良性循环来形容。需求与供给同时扩大，达到了较高的可持续的增长率。起初在战后的重建和经济复苏的过程中需求和供给开始扩大，但是随后的持续高增长率是由促进增长的因素的增加和市场结构的逐渐平衡二者的完美组合而带来的。在促进增长的因素中，人口增加使市场规模扩大，也提供了大量的劳动力。移民的迁入或迁出、女性进入劳动力市场、工业机械化都有助于降低劳动市场的失衡程度。出口导向型的经济增长不仅使外汇的自由兑换和资本的自由流动得以实现，而且缓解了资本需求和收支平衡的压力。一旦进入扩张轨道，投资的盈利性就会以最低的成本吸引大量资本流入欧洲。与此同时，凯恩斯主义的政策措施也刺激了需求，熨平了经济周期。

该时期劳动生产率的高增长，既是劳动力在部门间转移的结果，又是产出相对于部门就业增长得更快的结果。而随着时间的推移，这两种优势都会慢慢消失：首先，劳动力从生产率较低的农业部门转移到生产率较高的工业部门的情况会越来越少，而从工业到服务业的转移对生产率的提高并没有太大帮助，因为这两个部门的生产率差不多；其次，服务业经济效应的下降限制了部门内部的产出增长，而服务业已经是产出和就业方面最重要的经济部门。

但是在欧洲经济增长的这一阶段，一些致力于提高效率的新做法，比如批量生产、消费和分销技术，为生产率和效用的提高作出了巨大贡献。与此同时，这些新的生产与消费模式考虑了专业分工和规模经济，因此它们与贸易自由化和欧洲内部的商品市场一体化结合得非常好。新生产线的出现——尤其是家电与机动车的制造，甚至包括加工食品和娱乐产品的生产——促使家庭决策发生了巨大变化：越来越多的女性进入劳动力市场；人力资本的积累拥有了更高的地位；家用电器的使用逐渐取代了家务劳动；与人们的仪表、娱乐、健康相关的物品和服务在家庭支出中的比重的提高也为工业和服务业提供了更广阔的市场前景。

总的来说，生产率的提高可以节约所有的要素——劳动、资本、原材料，因此导致了工业部门的成本普遍下降，进而也降低了其产品的价格。这对使用中间产品的行业的成本和生产率会产生影响。因此，产出和就业的扩张引起的规模经济带来了成本和价格的进一步下降。

主要发生在人均收入和经济发展水平相当的欧洲国家间的贸易促使整体贸易水平比产出水平提高得更快，尤其是制造业。在国内和国外市场扩大、弹性的要素供给增加以及有利于提高生产率的新技术和经济政策出现的大背景下，工业规模不断扩张。此外，Chandler（1977）和 Freeman（1997）坚持认为生产率的大幅提高可以通过技术创新来实现，而技术创新能力的提高可以通过增加研发支出、教育支出、固定资本投资等提高技术依赖型产业的经济规模和流量的措施来实现。

在这种情况下，"黄金时代"生产率的大幅度提升很大程度上是由技术模仿带来的，在很多国家，生产率的高潜在增长率是与新的社会和经济制度结合在一起的，这包括工资方面的节制、利润如何分配、大公司与中小公司并存、良好的技术教育与职业培训。

本章考察的四个地区中有三个是按照这种模式发展的。西欧进入了高消费、高福利的阶段，北欧和南欧地区则经历了巨大的变化，实现了在生产率、工资水平、部门组成方面的高速赶超。

最后，尽管东欧也表现出了相似的增长和转变情况，但是其政治和制度情况却与其他地区明显不同。作为苏联的卫星国，东欧一直实行高度集中的指令性计划经济。它们优先发展工业，尤其是对重工业投入了大量的资本。大量的资源和人力投入到钢铁、机械、金属、电力和化工行业。所有的东欧国家都经历了从农业到工业的快速转变——无论是产出还是就业方面。在从生产率低的农业向工业转变的过程中，越是落后的国家其产出的提高幅度就越大。保加利亚、捷克斯洛伐克、匈牙利、罗马尼亚、南斯拉夫等国的农业从业者的比例大大降低，而工业劳动者的比例大幅提高。尽管如此，这些国家的工资水平与欧洲其他国家相比仍然很低。消费品生产增长缓慢，产品的种类也极其有限。由于基本生活品的价格较低，住房、医疗以及教育等费用也相对较少，因此低收入的工人相对来说生活得很好，而技术工人则无法释放其相对较强的购买力，并且他们也深受这种压抑的经济发展状况之苦。

东欧的人口和劳动力增长比西欧要快，但即使是这样，强制投资也还是使所有部门的劳动者的人均固定资本投资提高了。经济的粗放型增长，以及缺少市场机制对资源进行有效的配置和使用，导致资本、劳动以及多种要素生产率的低下，资源浪费或者利用不充分，劳动力市场疲软，投资错配，技术变革不力。从20世纪60年代起，渐进式的经济变革引进了一些制度来降低决策的集中度，如引入市场机制来配置资源，以及允许民营企业活动。

经济放缓（20世纪七八十年代）

在1972—1973年的经济繁荣之后就开始了滞胀和严重的衰退。一开始大家只是认为战后欧洲经济又轮转到了疲软阶段，但是后来经济活动的绝对量的下降，高达两位数的失业率和通货膨胀率使人们意识到经济进入了严重的衰退之中。经济不稳定、凯恩斯主义经济政策的失效和能源价格的攀升加剧了经济衰退的范围和程度。有部分学者认为这二十多年是一个再调整的时期——从之前的非正常的超速增长回调到正常的可持续增长的路径上来（Crafts and Toniolo，1996，pp. 16-20）。

关于前10年有利的经济环境以及之后环境的转变导致经济衰退的内容已经写了很多。在前面的部分我们提到了适应性的劳动力供给、规模技术、有效的资源配置。而导致20世纪70年代早期经济失衡的一个原因就是能源成本问题。在20世纪60年代，一般贸易条件对欧洲非常有利，商品价格稳步上涨，而食品、能源、原材料的价格增长迟缓。便宜的能源使能源密集型部门的发展成为可能。当OPEC抬高能源价格从而影响生产和消费的模式时，经济就需要花时间来调整以适应新的相对价格。

技术追赶和有效资源配置所带来的好处到20世纪70年代开始不再那么明显了。对工业来说，此时不再是"大而美"的时代了："看得见的手"——Chandler认为大公司取代市场分配机制是一种进步——遭受了严重的挫折。之前由于公司普遍采用外包、零库存、分销等模式，所以公司的规模和经营范围都缩小了。这使得它们在快速变化的环境中更具有灵活性和适应能力，但同时，这一过程也将大量的资源从工业转移到了服务业。

如果我们回顾欧洲经济史，以寻求构成经济发展模式的规律的话，那么我们可以发现两种劳动力配置模式：初始阶段是劳动力从农业转移到工业，第二个阶段则是通过减慢农业和工业的发展以寻求服务业崛起。我们发现，20世纪70年代大多数欧洲国家从事工业的劳动力所占的比重都呈现下降的趋势。就欧洲各地而言，初始工业从业者所占的比重越高的国家，后来的下降幅度便越大。那些工业劳动者所占的比例在20世纪60年代就达到40%或

以上的国家，其去工业化现象也最明显（Feinstein，1999，pp. 37－38）。表
13.3 显示西欧工业以及制造业的劳动力所占的比例从 20 世纪 70 年代的
44.6％下降到 80 年代后期的 38.7％。而同时期北欧和南欧的下降幅度不大，
分别从 37.4％、32.3％下降到 32.4％、31.5％。

表 13.3　　　　以不变价格、当前价格及劳动力份额表示的各部门经济增加值　　　　　　（%）

	20 世纪 50 年代	20 世纪 60 年代	20 世纪 70 年代	20 世纪 80 年代	20 世纪 90 年代	21 世纪
西欧（不变价格）						
农业			3.0	2.7	2.5	2.2
工业以及制造业			39.7	36.1	33.2	29.9
服务业			57.8	61.5	64.3	67.9
西欧（现时价格）						
农业			4.8	3.2	2.5	1.7
工业以及制造业			34.2	31.2	27.0	22.0
服务业			60.9	65.6	70.4	76.2
西欧（就业）						
农业	12.8	8.4	5.4	5.0	4.6	
工业以及制造业	44.8	44.6	38.7	34.2	24.5	
服务业	42.4	46.9	55.8	60.8	70.9	
北欧（不变价格）						
农业			5.4	4.5	4.1	3.5
工业以及制造业			33.0	31.3	30.7	33.5
服务业			62.1	64.2	65.2	64.5
北欧（现时价格）						
农业			7.0	5.5	4.1	2.4
工业以及制造业			27.1	27.0	24.3	27.1
服务业			65.9	67.5	71.6	70.5
北欧（就业）						
农业	25.6	13.0	8.4	5.5	3.1	
工业以及制造业	35.1	37.4	32.4	28.5	24.5	
服务业	39.3	49.7	59.2	65.9	72.4	
南欧（不变价格）						
农业			6.5	5.3	4.6	4.8
工业以及制造业			33.4	33.7	31.8	30.1

续前表

	20 世纪 50 年代	20 世纪 60 年代	20 世纪 70 年代	20 世纪 80 年代	20 世纪 90 年代	21 世纪
服务业			60.6	61.5	63.6	65.3
南欧（现时价格）						
农业			17.8	13.1	9.2	7.5
工业以及制造业			25.7	25.8	24.8	22.1
服务业			56.5	61.2	66.0	70.5
南欧（就业）						
农业		46.8	35.0	29.8	22.7	20.1
工业以及制造业		26.3	32.3	31.5	28.9	28.8
服务业		26.9	32.7	38.8	48.3	51.1
东欧（不变价格）						
农业	28.1	19.0	12.3	10.5	13.3	9.1
工业以及制造业	31.0	46.7	48.8	50.7	42.4	45.3
服务业	40.9	34.3	38.9	38.7	44.3	45.6
东欧（现时价格）						
农业			14.7	12.8	14.4	8.9
工业以及制造业			41.2	41.4	36.3	25.6
服务业			44.1	45.7	46.4	62.8
东欧（就业）						
农业	50.2	38.0		12.5	12.3	18.5
工业以及制造业	23.0	35.5		48.4	45.5	32.0
服务业	18.2	26.6		39.1	42.2	49.5

注：对欧洲地理区域的划分如下，北欧包括丹麦、芬兰、挪威、瑞典；西欧包括奥地利、比利时、法国、德国、爱尔兰、列支敦士登、卢森堡、荷兰、瑞士、英国；东欧包括巴尔干国家（波黑、克罗地亚、摩尔达维亚、黑山地区、塞尔维亚、斯洛文尼亚）、捷克斯洛伐克（捷克共和国、斯洛伐克）、保加利亚、匈牙利、波兰、罗马尼亚、苏联（爱沙尼亚、拉脱维亚、立陶宛）；南欧包括安道尔、塞浦路斯、意大利、希腊、马耳他、摩纳哥、葡萄牙、西班牙。

资料来源：不变值以 1990 年国际元衡量，来自 UN DATA。现时值以当前货币价格衡量，来自 UN DATA。各国所占比例是按人口加权的。东欧 1950 年和 1960 年的数据来自 Aldcroft（2001，表 6.2），用 Maddison（2003）的人口数据对其进行加权计算而得。

五大经济体——法国、德国、意大利、荷兰、英国——的工业增加值份额下降幅度很大，从 1979 年的 29％下降到 2003 年的 19％。欧盟 15 国中经济规模最小的十个国家的结构变迁不甚明显。工业增加值份额从 22％下降到 19％，服务业增加值份额从 75％上升到 79％。因此，大国和小国在部门构成方面越来越相似。此外，大多数对工业化的限制发生在 20 世纪 90 年代的"新经济"增长阶段之前。2000 年之后欧盟 15 国的工业比例才又略微下降。

复苏与缓慢增长（20 世纪 90 年代至今）

欧洲经济在 20 世纪 90 年代发生了重要的变化。欧洲经济与货币联盟建立后，通过一系列限制债务、赤字以及利率变动等的措施来规范各国的财政和货币政策。这之后，通胀得到了控制，随后经济的趋稳也有利于商业、就业、消费的恢复。但为减少资本配置的风险，提高效率，欧洲此时采取了固定汇率制度。随着 20 世纪 90 年代起欧盟成员国不断增加，经济稳定的广度也随之扩大。一方面，向心力集中在位于欧洲交通中心的高科技产业。另一方面，离心力使专业化和低技术含量的产业成为外围产业。

中国工业增长的精彩表现——沉睡的巨龙的苏醒——吸引了大量的组装工业和劳动密集型产业迁移至东亚。除了北欧的产出表现出它进一步加强的工业化外，欧洲其他地区的去工业化正以缓慢的速度进行着。与总体生产率的增长率相比，北欧的工业生产率的增长率相对较高，这表明工业部门的劳动力比例相对于工业在总产出中的比重来说较低。相对较高的生产率使物价增长相对缓慢，结果是该地区以现时价格衡量的产出份额相对降低了。

信息和通信技术革命也带来了与 20 世纪初电力取代蒸汽机时相似的"生产率悖论"。尽管信息和通信技术提高了信息传播的速度和多样性，节约了存储空间，但较快的创新速度——熊彼特的创新性破坏——可能使我们进入一个"计算机无处不在，唯独在生产力统计上看不见它"（Solow，1987）的时代。

Van Ark、O'Mahony 和 Timmer（2008，pp. 25-26）认为，欧洲自 1995 年后劳动生产率增长缓慢主要是由于欧洲知识经济兴起较晚。他们发现在欧洲，信息和通信技术方面的投资对增长的贡献较小，而且科技产业在经济中占比也不高。正如 Gordon（1997，2004a，2004b，2006）所言，欧洲和美国之间的生产率增长差异部分可由欧洲劳动市场刚性来解释。在欧洲，由于对闲暇的偏好很高，就业率很低，人均工作时间很短，因此不得不征收较高的所得税来支持其高社会福利。除了这些结构性变量，越来越差的中小学教育和高度工会化阻碍了资本深化的过程。

劳动力从制造业向服务业的转移以及伴随而来的人均收入的提高和家庭生产的市场化，降低了生产率未来增长的潜力。工业通常被认为是创新和技术变革的核心部门——这是最具规模经济效应、资本最集中、创新程度最高的部门。然而，从 20 世纪 90 年代起，欧洲信息和通信技术设备产出方面的生产率的增长率也大幅度提高了。从 1990 年到 2003 年，欧盟的电子阀门、电子管和办公用品的生产年均增加 40%～50%![5] 当然，这两个部门的产值仅占整个工业产值的非常小的份额。在 2003 年时这两个部门的劳动力仅占整个工业劳动力的 1%。占工业劳动力的 1% 的通信设备生产行业的生产率增长也很快，大约为每年 10% 的水平。然而，就整个工业来说，到 21 世纪初为止并没有出现类似的生产率增长加快的现象：大多数部门的生产率的年均增长率一直在 2%～3% 徘徊。

欧洲工业的区域分布与集中化

过去半个世纪里欧洲经济一体化的过程——从 6 国到 27 国——使由工业空间分布所带来的利益不断增加，并促使欧盟的影响向外围扩张。Ezcurra、Pascual 和 Rapun（2006）考察了 1977 年到 1999 年根据欧盟提出的统计领土单位命名法（NUTS）统计的 197 个国家的 9 个工业部门的就业数据，发现大多数工业部门出现了区域集中的趋势。9 个部门中有几个出现了劳动力的集中：非金属矿开采、化工产品；金属制品、机械和电器；运输设备；纺织、服装和鞋类；其他制造业。由于纺织、服装和鞋类行业的生产转移到了欧盟南部边缘，所以该行业成为集中度最高的行业。矿石和采掘部门则经历了分散化，这主要是由于过去该行业高度集中的那些国家开始去工业化，食品、饮料、烟草、造纸、印刷品等技术密度较低、不易产生规模效益的行业则没有发生太大的变化。

Rojec 和 Damijan（2008）分析了经济活动从欧盟 15 国到新成员国的再布局。他们发现欧盟为了寻求更高的效率，对新成员国的 FDI 主要集中在制造业，而整个欧盟 15 国对外的这类 FDI 却很少。这种低程度的再布局证实了 Esteban（2000）的观点，即欧洲各国总劳动生产率的差异不是由生产率不同的各部门组合分布的地区差异导致的。部门组合与生产率无关，基础设施、社会能力、人力资本才是重要的影响因素。从这方面来讲，爱尔兰可以说是一个很好的例子。

服务业

在过去的 50 年里，服务业在产出和就业方面的份额都在不断增加，成为欧洲最有活力的行业。这种结构转变是由供需两方面的多种因素推动的。

在过去的几十年里，对服务的需求大大增加了，这主要有两个原因。首先，欧洲的知识密集度和产品的专业化水平整体有所提高，这意味着需要更多的诸如教育、R&D、信息、金融中介、交通等方面的服务。因此在所有的生产中，对服务业的投入变得越来越重要，这也成为生产率增长的一个重要因素。其次，收入水平的提高也导致了对一些服务的需求增加。从消费的角度看，教育、保健、交通、旅游等服务需求都具有很高的收入弹性。

在供给方面，技术和组织结构方面的变化对服务业产生了巨大的影响。首先，两次世界大战后，欧洲大部分地区经济的快速转型和"黄金时代"的迅猛发展，使欧洲的服务业赶超更加发达的美国成为可能。其次，始于 20 世纪 70 年代，在 20 世纪八九十年代增长势头迅猛的信息和通信技术革命对服务业的技术和组织方式产生了深远的影响。当然，这些伴随着知识密度的增加，也对服务业的需求产生了影响。

欧洲总体经济增长表现和1945年以后科技发展的相互作用使服务业的发展呈现出一个明显的周期化发展模式。在20世纪70年代中期之前的"黄金时代"，服务业只是对快速扩张的制造业的一个补充，因此发展并不是很快。然而，在从70年代开始的后工业时代，服务业一举成为欧洲经济增长的关键部门。从服务部门的产出的转变也可以看出这个明显的分水岭：从公共部门服务转到私人部门服务。大部分欧洲地区在20世纪70年代末80年代初都实现了这种转变。同时也有证据表明，强调服务业在经济增长中的重要角色也被提上了欧洲一体化的日程。

上文提到过各地发展存在明显的地区差异，各地区在收入水平、部门构成、制度安排等方面都存在很大不同。南欧和东欧的增长模式和现代化的过程都相对落后，而西欧和北欧内部不同地区间也存在很大的差异。因此，服务业的赶超不仅仅是欧洲对美国的赶超，更是对欧洲内部过去十几年拉大的差距的缩减。

"黄金时代"（20世纪50年代和60年代）

20世纪50年代经济复苏所带来的加速增长是一个现代化和赶超发展的过程，其中很大程度上涉及服务业。在两次世界大战和战争期间，欧洲生产率与美国生产率的差距拉大了，而服务业的差距更甚于工业的差距。[6]美国的大众教育，尤其是高等教育，要远远领先于欧洲，为其工业和服务业的增长提供了很好的条件。从19世纪末起，服务业生产就开始采用新的技术和组织形式，并且在美国得到了广泛应用。其既包括电话、打印机、计算器、收款机等办公器械，又包括适合为美国大型综合性市场提供批量标准服务的新的分层组织结构（Broadberry 2006）。欧洲在1950年之前就采用了新技术。为适应欧洲狭小的国内市场和个体的需求，欧洲的服务业更加个性化，数量较少而利润率更高。此外，服务业主要是在城市发展，传统的农业区则需求很少。19世纪末期以后劳动力从农业向工业和服务业的转移的放缓也抑制了欧洲服务业的发展（Broadberry，2004，2006）。

欧洲内部各国服务业发展的差异也比较明显。到1950年时，英国激进的城市化使其服务业组织结构在欧洲有明显的领先优势，不仅为服务业提供了更大、更有活力的市场，而且也确定了其提供金融、保险、交通等高附加值服务的国际定位。德国经济在20世纪五六十年代的迅速赶超在很大程度上得益于其劳动力从农业向城市服务业的流动。另一个处于领先地位的地区是斯堪的纳维亚地区，其以小型开放经济为特征。它们通过公共部门内的标准化过程来适应对服务业现代化和大批量生产的需求，同时该标准化过程也融入到新的福利政策中。例如，瑞典不仅在工业方面相对较早地吸收了美国的标准化概念，而且在零售业上也是如此，IKEA和H&M的成功便是证明（Schon，2000）。

战后早期服务业的综合数据比较少。但是显然，在这段增长的黄金时期，服务业与制造业和建筑业的快速增长有很强的互补性，其推动了欧洲大部分城市地区的发展。

欧洲各地不同水平的现代化对人力资本的供给产生了新的需求。因此服务业的一个重要任务就是调动人力资源。20世纪四五十年代的人口激增和离校年龄的提高使得五六十年代的教育产生爆发式扩张。欧洲进入了大众教育的时代。此外，由于医院和医疗的现代化以及医疗服务（作为战后政治计划的一部分）的供给的增加，医疗保健行业在同一时期也得到迅速的发展。

到20世纪六七十年代，另一种调动劳动力的方式占据了重要地位：公共托儿服务使大量的女性从家务劳动中解放出来。公共部门的增长与女性劳动力的解放之间的关系在那些出台动员劳动力的全面计划——或更坦白地说，促使男女平等的计划——的国家尤其明显。因此，发展出斯堪的纳维亚公共服务模式的北欧国家的这种联系比较明显，从图13.1中瑞典的历史国民经济核算中就可以看出。

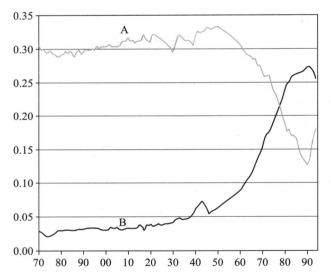

图 13.1　瑞典劳动力的分布情况，1870—1895 年

注：A：从事无报酬家务劳动的妇女所占的比例；B：公共部门从业人员所占的比例。
资料来源：Schon（2000）。

教育、医疗保健、儿童保育等服务在很大程度上是由公共部门、国家或当地社区资助的，并且整个欧洲公共部门的从业人数都有所增加。社会民主化和凯恩斯式刺激政策使这一趋势进一步加强，因为它们都强调了在快速现代化和融入世界经济的过程中，公共部门在提供服务和稳定社会方面的重要性。除了雄心勃勃的收入转移计划外，对社会计划的强调使行政服务的产出量大幅提高。

结果，斯堪的纳维亚国家等国家中从事服务业的劳动者所占的比例有明显的提高。在20世纪60年代，从事服务业的劳动者所占的比例提高了大约

10%，到 1970 年时，几乎有一半的劳动者是从事服务业的，而近三分之一在公共部门。20 世纪 60 年代，斯堪的纳维亚国家的服务业从业比例赶上了欧洲主要经济体，尽管这些地区从事服务业的劳动力所占的比例已经处于很高的水平。南欧和东欧地区的该比例则较低，尽管有所增长，也不过从四分之一增长到三分之一，因此该地区的特征是农业发达。

除了公共部门提供的服务（主要是人力资本动员方面），商品销售是另一个主要的就业领域。然而该行业的就业率几乎停滞不前，其在服务业中的相对地位也下降了。20 世纪 60 年代是零售业进行密集重组的时期，尤其是在北欧和西欧。随着社会现代化的深入、汽车的普及、各国的电气化，大规模的零售业在欧洲广泛发展起来。交通与通信领域的从业者相对减少了，这既是行业技术变革的结果，又受到私家车普及的影响。

金融行业的从业者在数量上相对较少，反映了在凯恩斯时代因为国家调节经济环境，所以金融中介的重要性还不太突出。然而在就业方面，金融在西欧等比较发达的国家（尤其是英国）的重要性要更突出一些。

后工业社会中的服务业（20 世纪 70 年代到 90 年代）

从 20 世纪 70 年代中期开始，欧洲的服务业进入了一个全新的加速发展时期，尤其是在就业方面。主要有以下几个原因。首先是技术变革。20 世纪 70 年代微型芯片的出现、计算机处理能力的大大提高，更加灵活的通信、更加低廉的信息传递成本，这些因素共同引领着 IT 革命朝着一个新方向前进。多数领域的信息和知识密集度都有大幅的提高，创造了对更多、更新、范围更广的服务的需求。其次，战后收入水平的持续提高使人们对服务的需求转移到个人护理和家用辅助设备、旅游、媒体与文化活动、金融中介服务等方面。最后，全球市场一体化的深入以及使欧洲的优势转移到服务业的产业化扩散，于内是由于真实收入的可持续增长，于外是由于金融服务和其他商业服务需求的增长。

技术变革和全球市场一体化也使服务业的结构发生了变化。公共部门在 20 世纪 80 年代停止了增长，甚至在 90 年代开始倒退。原因有二：第一，增税在政治上遭到广泛的反对，导致 20 世纪七八十年代放松管制和私有化的政策主张盛行（东欧的这种政治变化主要发生在 20 世纪 80 年代和 90 年代）。第二，技术变革既降低了交易成本，又减少了信息不对称，从而为信息流动和组织变革创造了新的可能。因此天平从公共部门向私人部门那一边倾斜，也实现了从国家调控向国际一体化的转变。金融部门是打破 20 世纪七八十年代国家经济受凯恩斯调控的先驱者，媒体部门紧随其后，到 90 年代时，大多数行业的信息和交易都受到了互联网革命的影响。

当促进增长的主体力量转移到新的服务部门时，从供需两方面看，欧洲既面临着全新的机遇，又面临着严峻的挑战——尤其是考虑到美国生产率的领先地位和其生产模式时。一方面，技术变革使生产更加灵活，而且提高了产品的利润率——这与欧洲传统的组织方式相吻合（Broadberry and Ghosal，2005）。一旦欧洲完成了其对信息和通信技术投资方面的赶超，这种技术发展趋势的逆转对欧洲经济增长可能会具有至关重要的意义。另一方面，服务业是一个在很大程度上难以实现欧洲内部整合的部门。很多服务需要特定的文化背景，而这会降低劳动力和服务的可流动性（或提高对通用语言的要求）。如果考虑到之前实施的国家调控，那么整合欧洲市场的难度就更大了。那些涉及面广泛的、知识密集型的部门，比如医疗保健和教育部门，大都已被整合到公共部门中去，并且受到严格的监管。博洛尼亚进程（Bologna process）就是整合高等教育过程中的一步。特别地，行政一体化和社会保障体系的一体化可能是提高欧洲的服务业和劳动力市场效率的关键步骤。对于任何促使欧洲成为世界生产率领先者的战略而言，正如2000年里斯本战略所提到的，服务业的一体化都是很关键的。

Van Ark、O'Mahony 和 Timmer（2008，pp. 39-42）将美国服务业的良好市场表现与金融和商业服务业的巨大差别，以及由信息和通信技术带来的多要素生产率的巨大差异联系起来。语言的统一和消费文化的一致性使美国可以通过增加对信息和通信技术的投入来发展其大型零售业。20世纪90年代，零售业成为美国的服务业中生产率增长最快的部门，这在很大程度上得益于美国城镇的广阔面积和汽车的普及。而欧洲高密度的城市和公共交通系统则妨碍了其零售业的发展。然而，能源价格和气候的变化却使欧洲的组织模式越来越成为更加有利的模式。

欧洲服务业的增长从其全部从业者所占的比例中就可清晰观察出来。在西欧和北欧，服务业从业者所占的比例从1970年的大约一半增加到2000年的近四分之三。东欧和南欧则从三分之一增加到二分之一。这样到2000年时，东欧和南欧的服务业比例就达到了西欧和北欧20世纪70年代的水平，尽管其农业部门所占的比例相对较高而工业所占的比例较低。

服务业的相对生产率水平——与GDP生产率水平有关——在该时期有显著的下降。这一方面是由于服务业的生产率增长率低于制造业和农业[7]，另一方面是因为生产率水平一直较低的农业部门的快速缩水，使得服务业相对GDP生产率的优势减弱了。西欧和北欧的这一过程极其相似，只是北欧的程度更深一些，因为北欧的妇女从事服务业的比例最高。过去远远超过平均水平的服务业生产率到2000年时已经低于平均水平了。由于农业比重过高拉低了一般生产率水平，所以南欧的服务业的相对生产率水平比中欧和北欧地区要高出许多，当然这也可能是价格结构和性别构成的地区差异造成的（见表13.4）。农业发达的东欧地区的相对较低的服务业的相对生产率水平可能也是源于类似的原因。最后，所提供的服务的构成也可能起了一定的作用：生产率较高的金融和商业服务在服务业中所占的比重较低而个人护理（尤其是针对女性的）所占的比重过高。

**表 13.4 服务业的相对生产率水平，1970—2000 年（服务业产出在 GDP 中的占比/
服务业从业者人数在劳动力中的占比）**

	1970	1980	1990	2000
西欧	1.23	1.10	1.06	0.96
北欧	1.24	1.08	0.99	0.88
南欧	1.84	1.58	1.32	1.28
东欧	—	0.99	1.05	0.92

资料来源：来自表 13.3 中的部门份额。

如前所述，除了公共部门外，服务业的各子部门的就业率情况都符合 20 世纪 60 年代以来的趋势。因此销售领域（不仅包含批发零售业，而且包括酒店、餐饮等旅游行业）的整体就业率相对下降。随着销售领域现代化程度的加深，旅游业也随之壮大。技术变革对交通和通信领域的就业产生了明显的影响。尽管交通和通信领域的流动性有所增加，但是就业人数却减少了。金融和相关的商业服务（比如研发行业）等高附加值的服务行业是唯一在服务业中份额有所增加的一类，从业者在整体劳动者中所占的比例翻了一番，并且在过去的几十年里一直维持着较高的增长率（见表 13.5）。

表 13.5 欧洲不同服务部门的就业份额，1960—2000 年 （%）

	1960	1970	1980	1990	2000
贸易及旅游业	34.5	31.5	31.9	31.5	31.1
交通及通信业	15.9	13.6	11.8	10.4	9.9
金融服务业、房地产、研发部门（R&D）	8.1	9.1	10.7	13.1	16.8
公共管理、社区社会工作	41.5	45.8	45.6	45.0	42.2
总计	100	100	100	100	100

资料来源：OECD 数据库。

从 1979 年起 Groningen 60 部门数据库就开始提供欧盟国家的服务业在生产、就业、每小时的劳动生产率方面的详细核算（见表 13.6）。从 OECD 国家的数据得出的结论也得到了证实。交通和通信部门的就业率降低了，但其生产率却比其他任何服务业部门都高。与商业有关的服务部门的就业人数有了很大幅度的增加，在某种程度上意味着早期由制造企业内部提供的服务现在改成外包了，并且对与新产品和生产过程相关的专业能力的需求增加了。尽管金融市场急剧扩张，但严格意义上的金融行业的就业人数却增长缓慢，与此同时，房地产服务业的就业人数却增加了。这主要是因为除了通信业外，银行业是运用 IT 技术最多的部门，尤其是其前台部门。

此外，值得注意的是，尽管私人家政服务方面的从业人数增加很快，但是其生产率很低。这不但是因为私人家政服务是服务业中生产率最低的部门，而且因为其生产率也正在走下坡路。不得不承认，所有服务部门的生产率都很难测量，并且它也只能反映大概的劳动力的供求情况。

表 13.6	欧盟 15 国的服务业部门的年增长率，1979—2003 年		（%）
	就业	生产	生产率
贸易及旅游业	0.67	2.11	1.44
交通及通信业	−0.11	3.56	3.67
金融行业	0.79	2.48	1.69
房地产服务业	2.62	2.68	0.06
研发部门（R&D）	1.27	2.43	1.16
其他商业活动	4.06	4.33	0.27
公共管理、健康、教育	1.17	1.82	0.65
私人家政服务	3.37	2.49	−0.88
总服务业（不包括房地产）	1.26	3.10	1.84

资料来源：Groingen 增长与发展中心数据库，www.ggdc.net。

图 13.2 给出了以三个年份为基准的劳动生产率水平。房地产业的劳动生产率并没有包含在其中，因为该行业（价值增值主要由利率费用构成）的劳动生产率受资本存量的影响比较大。很明显，从业者素质较高并且人均资本较高的金融部门的劳动生产率是最高的。交通部门的生产率也比较高，如果以 1995 年价格衡量，那么其生产率超过了研发、商业活动和公共服务的生产率。贸易及旅游，尤其是私人家政服务的生产率则一直在低区间徘徊。这些行业每小时生产的价值的下降也可能是劳动市场放松管制的结果，这开辟了欧盟在近几十年里新的低工资区。

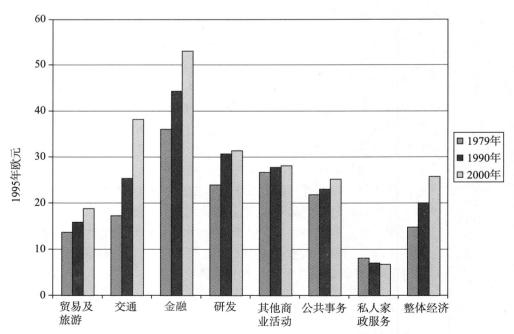

图 13.2 1979 年、1990 年、2000 年服务部门每小时的价值增加值
资料来源：参见表 13.6。

因此，过去几十年里欧洲服务业的发展既为欧洲赶超处于领先地位的美国提供了机会，也促进了欧洲内部东欧地区的赶超发展，但是也造成了服务生产部门内的收入差异。

【注释】

［1］见 Olmstead 和 Rhode（2008）。

［2］参见 Ingersent 和 Raymer（1999，pp. 121-126）。

［3］参见 Federico（2005，p. 201）。

［4］葡萄牙是欧洲自由贸易联盟第七个成员国。由于它是以发展中国家的身份加入的，因此它对一些加工农产品的贸易自由化进行了保护，比如西红柿罐头和鱼罐头、软木塞等。

［5］http：//www. ggde. net/dseries/totecon. html。此处是欧盟 15 国数据。

［6］结合部门构成的差异，比照对"黄金时代"农业地位的下降的强调（Temin，2002）。

［7］服务业的生产率的增长率的确比较低，如果我们不考虑服务业产出中存在的测量问题或者将服务作为有利于其他部门的生产率提高的投入品的话。参见 Gadrey 和 Gallouj（2002）。

第 14 章 | 商业周期与经济政策 （1945—2007 年）

斯特凡诺·拜提罗西（Stefano Battilossi）

詹姆斯·弗里曼-派克（James Foreman-Peck）

格哈德·克林（Gerhard Kling）

引言

在 1945 年后的第一阶段经济快速增长过程中，西欧国家的经济产值和就业率波动非常小，以至于"周期"的概念被偷梁换柱甚至摒弃不用。第二阶段经济增速相对缓慢，世界经济时不时有大的震荡，同时伴随着"石油危机"以及 20 世纪 70 年代及 80 年代早期的"滞涨"。第三阶段经济增长持续至 2007 年，这一阶段的经济产出和通货膨胀均只呈现小幅波动。这一阶段也被称为"大缓和时期"，反映了通货膨胀率逐渐降低的趋势。

学术界对这些经济形势的变化给出了很多不同的解释，但存在一点共识，即政府的经济政策在其中扮演了重要角色。在这一章中，我们将解释 20 世纪下半叶欧洲各国政府的经济行为是如何引起经济振荡以及如何应对这些经济波动的。在本章的第二部分，我们将简要介绍理解经济政策和商业周期两者之间的关系所需的基本理论和思想，包括在不同经济金融开放程度（资本自由流动或资本控制）下以及政府选择不同货币制度（固定汇率或浮动汇率）时，财政政策、货币政策将如何影响产出、就业及通货膨胀。我们也探究了欧洲金融自由化的时间节点以及在整个过程中欧洲各国政府对固定汇率的持续偏好。接着我们又进一步探讨了欧洲经济周期发展的基本特征，如波动性及同步性。我们注意到，20 世纪 60 年代及从 20 世纪 80 年代中期一直持续到 2007 年这两个时期里经济波动幅度明显降低，这解释了为何经济政策的变动是基本的驱动因素。在之后的部分，我们通过描述央行行长及财长们在 1974—1975 年全球衰退时的表现来证明我们的分析。最后，我们简单回顾了东欧经济发展的历史和现状，评估了其自1989年以来与欧洲大陆其他地区长期分离后的再次融合所带来的经济重整过程。

一个概念性的框架

政策目标

政府的偏好决定了它们是将稳定的货币购买力还是更高水平的产出和就业率作为政策的重心。在做出政策决定时，它们通常需要在价格波动和经济活动波动之间进行取舍。

从历史的角度来看，政策的偏好反映了社会对某个或某几个目标的共同倾向性。1929年的经济大萧条使得凯恩斯主义被广泛接受，并使人们渐渐产生了政府有义务阻止危机再次发生的观念。在大多数战后的工业化国家中，政府行动被合法化，人们对于社会福利日益提高的预期使得经济政策的主要目标转向了社会改革和充分就业。但是这一转变因造成了持续的通货膨胀而备受争议，因为它认为价格的剧烈波动只是一个小问题（Burns，1979；Ciocca and Nardozzi，1996）。联邦德国的情况则比较特殊，20世纪早期的经济史使德国人极度厌恶通货膨胀，并期待有一个独立的中央银行对价格稳定负责。直到1980年后，西方公众对高通货膨胀率和通胀大幅波动的一致厌恶最终倒逼了宏观经济制度的改变，因此"可接受的通货膨胀水平"成为政府制定经济政策时优先考虑的因素（Volcker and Gyohten，1992）。在宏观经济制度变化的过程中，联邦德国的货币政策管理模式为1991年通过《马斯特里赫特条约》，建立欧洲中央银行提供了范本。

政策工具与最优政策

货币政策和财政政策是稳定价格、产出和就业的两种最基本的手段。在20世纪50年代和60年代，传统的货币政策工具——贴现率、公开市场操作及储备金率——在西欧国家被广泛应用，并且不同的西欧国家会采取不同的货币政策工具组合，同一个国家在不同时期采取的组合也各不相同。

例如，英国、联邦德国、比利时、荷兰和瑞典等国家主要使用贴现率。法国政府在20世纪50年代时也常常使用这一政策工具，但是在接下来的10年里使用频率降低。与此相对，意大利政府在很长一段时期内都没有改变贴现率（Michaely，1971，pp.33-37）。法国和意大利政府都注重将名义利率维持在一个较低的稳定水平，以保证为政府和国有工业部门提供资本成本较低的资金。

很多国家都采取一系列行政管控措施来对传统的政策工具，比如现金和流动性比率、对再贴现和信用额度的数量限制、银行外部头寸的监管等进行补充。在为反通货膨胀而保持稳定的货币存量增长率的过程中，这种多样化的货币政策工具一直被运用。这种货币政策最初由联邦德国在 1974 年采用（von Hagen，1999，pp.421-436），在 20 世纪 70 年代末期被其他大多数欧洲国家采纳（Houben，2000，pp.142-174）。

第二次世界大战后，日渐扩大的中央政府预算对经济支出水平的直接影响越来越大。总支出或者说总需求决定了短期的劳动需求和价格压力。因而反周期的税收和政府支出政策就成了应对就业周期性下滑的一种方法。但在实际操作中，公共支出的滞后性加上不能缩减支出的政治压力使得财政政策在经济微调方面效果并不显著。实际上，有证据表明在很多情况下财政政策是造成经济不稳定的主要原因；政府支出和税收政策是就业波动和产出波动的主要来源（Darvsaz，Rose and Szapary，2005）。

根据宏观经济政策理论，政府应该选择政策工具来使政策目标最优化。有证据表明这也正是政府努力的方向。在最初的理论框架中，宏观经济政策协调理论建议通过不同的政策工具实现不同的政策目标。在这种方式下，需求管理将更加有效，特别是当一个政策目标（如失业率）要求财政扩张而另一个政策目标（如平衡收支）要求财政紧缩时。现代博弈理论也认为，如果财政政策和货币政策采取配合的战略，那么可以同时达到高增长率和价格稳定的目标（Nordhaus，1994）。

19 世纪理想化的金本位政策，即较小的政策自主选择范围，在 20 世纪 90 年代出现了某种程度的复苏。联邦德国在宏观经济管理上的成功鼓励了通过政策准则来约束政府在采取财政政策和货币政策时的自由行为。《马斯特里赫特条约》和《稳定与增长公约》就是最明显的例子。政府没有能力或者不能保证实施谨慎的宏观经济政策，或者其政策根本就是无效的。

经济是如何运行的？

政策工具和政策目标之间的关系依赖于经济结构，然而在我们考察的期间内经济结构并不固定。在 1945 年之后的六十多年里，关于这两者之间关系的观点在一些国家发生了实质性的改变。这一改变的部分后果就是，早期被广泛运用的直接控制和数量限制手段被后来的价格和市场手段所替代。

在结构性因素中，金融开放程度和货币制度决定了政策工具能否实现目标以及能够在多大程度上实现目标。对于小型开放经济体，独立的货币政策、固定汇率制度以及资本的自由流动三者之间存在密切的关系。实施固定汇率制度的国家在经济衰退时会采用降低国内利息的扩张性货币政策。在资本项目完全开放的条件下，国内外利率差异会引起资本的外逃。投资者将本币以固定的汇率兑换成外币，由于央行有义务将名义汇率稳定在官方所规定的固定汇率上，此时它就需要干预外汇市场（购买本币，卖出外币），干预的结果就是本国的外汇储备大量减少。在外汇市场上的这种操作使得货币存量减少，对冲掉了最初低利率政策带来的扩张，在这种情况下，国内的货币存量外生于本国经济，并不受本国政府的货币当局的控制，因此产出、就业最终将保持不变。

任何旨在对冲掉这种货币补偿的新的扩张性货币政策都只会加速外汇储备的缩水。汇率和资本的管控可能会阻止或减少资本的外逃，否则外汇储备最终将被耗尽。在储备被耗尽之前，投资者会寄希望于该国放弃已有的固定汇率制，该国将面临"投机冲击"。这时，经济基础与目标汇率变得不一致：政策制定者面临着"三难选择"（Obstfeld, Shambaugh and Taylor, 2005）。在资本开放的条件下，要么放弃扩张的货币政策以保持固定汇率，要么引进浮动汇率以继续实施扩张性的货币政策。在全球通胀的宏观经济环境下，欲使用紧缩的货币政策以保持价格稳定的政策制定者也面临同样的麻烦：资本流入的扩张效应以及外汇储备猛增的问题。在这两种情况下，通过周期性地微调名义汇率（贬值或升值）、制造持续的通胀差异可以获得微弱的货币政策独立性。

这种理论框架有助于解释战后西欧的经济政策。如表 14.1 所示，在 20 世纪下半叶，欧洲各国政府表现出了明显的对固定汇率的偏好，而对浮动汇率则表现出明显的排斥。它们的选择表明，它们相信汇率的波动不利于欧洲的内部贸易及共同农业政策（Eichengreen, 1996b, p. 137）。

表 14.1　　　　西欧 16 国的汇率制度（1950—2007 年）

	实施钉住汇率制度的时间比重（%）	钉住美元	钉住英镑	钉住德国马克	货币联盟（欧元）	钉住欧元
奥地利	96.5	1953—1959		1959—1998	1999—	
比利时	94.7	1954—1955		1955—1971	1999—	
丹麦	100.0	1950		1951—1971、1978—1998		1999—
芬兰	71.9	1950—1951、1967—1973		1973—1992、1993—1998	1999—	
法国	89.5	1956—1971		1971—1973、1974—1998	1999—	
德国	47.4	1954—1971、1972			1999—	
希腊	96.5	1950—1981		1984—1998	1999—	
爱尔兰	100.0		1946—1979	1979—1998	1999—	
意大利	86.0	1951—1973		1983—1992、1993—1998	1999—	
荷兰	100.0	1950—1971		1971—1998	1999—	
挪威	0.0					

	实施钉住汇率制度的时间比重（%）	钉住美元	钉住英镑	钉住德国马克	货币联盟（欧元）	钉住欧元
葡萄牙	87.7	1950—1973		1981—1998	1999—	
西班牙	100.0	1951—1980		1981—1998	1999—	
瑞典	71.9	1951—1973		1973—1992		
瑞士	70.2	1950—1973		1981—1988		
英国	43.9	1950—1972		1991—1992		

注：该表是依据 Reinhardt 和 Rogolf（2004）的事实分类法及相关背景材料定义的。固定汇率制度包括：事先公布的钉住汇率或者货币局制度；围绕事先规定的汇率可上下浮动2%的汇率制度；实际钉住汇率制度；事先公布但实际上爬行钉住的汇率制度以及浮动范围在规定汇率的上下2%的爬行钉住汇率制度。

1972—1973 年，大多数欧洲政府抛弃了布雷顿森林体系下钉住美元的汇率制度。事实上，这些政府迅速转向钉住德国马克。有两个阶段欧洲政府都将钉住德国马克作为国内经济政策的外部约束，分别是"蛇形联合浮动"（Snake）（1972—1978 年）和欧洲货币体系（European Monetary System）（1979—1993 年）。两段时期都表明，这种钉住汇率制度仅对一小部分通胀温和的北欧小国是可持续的。但是在 20 世纪 80 年代早期，这种钉住汇率制度在那些高通货膨胀的大国也得到普及。这些国家用这种汇率制度作为约束，成功地实现了反通货膨胀（Gros and Thygesen，1992）。

资本流动和套利在这段时期也有所增加，这既是金融自由化的结果，又是规避国内资本监管的结果（Marston，1995）。根据表 14.2 中的外部金融监管指数（Quinn，2003），欧洲政府在 20 世纪 70 年代后期开始逐渐放松资本控制，并最终在 20 世纪 80 年代完全放开资本控制，进一步加剧了"三难选择"问题。

表 14.2   **资本自由化的奎恩（Quinn）指数（1950—2000 年）**

	1950—1960	1960—1970	1970—1980	1980—1990	1990—2000	完全自由化的年份	实现自由化后暂时性的资本管制年份
奥地利	12.5	62.5	62.5	75	87.5		
比利时	75	75	75	75	100	1990	1995—1998
丹麦	37.5	75	75	75	100	1988	
芬兰	12.5	12.5	50	50	100	1994	
法国	62.5	75	75	75	87.5	1998	
德国	75	100	100	100	100	1957	1973、1978—1980

	1950—1960	1960—1970	1970—1980	1980—1990	1990—2000	完全自由化的年份	实现自由化后暂时性的资本管制年份
希腊	25	50	50	50	75	1997	
爱尔兰	50	50	75	75	100	1992	
意大利	37.5	75	75	75	100	1988	1990—1992
荷兰	75	75	75	100	100	1983	
挪威	37.5	37.5	37.5	62.5	100	1990	
葡萄牙	25	25	37.5	37.5	87.5		
西班牙	12.5	50	50	75	75	1999	
瑞典	12.5	62.5	62.5	75	87.5		
瑞士	100	100	100	100	100	1950	1964—1965、1974—1978
英国	50	50	50	100	100	1979	

注：资本账户交易自由化的指数的取值范围为从 0（完全限制）到 100（完全自由化）。详见 Quinn（2003）。所报告的分数是十年平均值。

299

从 20 世纪 50 年代中期到 1971 年，以及从 20 世纪 80 年代早期到 1988 年，钉住汇率制度都限制了政府政策的自主决定权。钉住汇率限制了在不存在资本外逃和交易汇率变化的情况下通货膨胀的程度，从而使得预期和实际的通货膨胀率都变得很低。

在 20 世纪最后的 25 年里，金融一体化进一步束缚了政府的手脚。只有在布雷顿森林体系瓦解与欧洲货币体系最终形成（1987 年）之间的 15 年里，浮动汇率制度及钉住但时常调整的汇率制度才放松了这一外部限制，并给予政策制定者更多的自主性。正如我们在下文将要谈到的，这段时期里财政政策和货币政策受到的限制较少，欧洲的商业周期波动也比较大。政府的政策更加积极，而未来通货膨胀的不确定性也增加了。

这种不确定性体现在菲利普斯曲线上。菲利普斯曲线是由经验得出的说明通货膨胀和失业率的关系的曲线，最初是根据英国 1861 年至 1957 年的数据测算得出的。样本数据跨越了预期价格稳定的一段时期。一旦引入通货膨胀率较高的数据之后，通货膨胀率与失业率之间简单的线性关系就消失了。只有引入变化的预期通货膨胀率，这种关系才得以恢复。因此根据传统的菲利普斯曲线，政府通过提高通货膨胀率来降低失业率的做法是不可行的。这是因为如果政策制定者选择了任何高于均衡失业率的失业率水平，那么上升的通货膨胀率将会很快通过提高价格预期来抵消这种政策效果。

菲利普斯曲线后来被视为总供给曲线。这种表面上的权衡反映了总需求随着短期总供给的波动而波动。从长期来看，当价格预期与实际通货膨胀一致时，总供给曲线是一条在均衡失业率水平上的垂直曲线。需求管理不能影响这一失业率水平。市场具有理性预期，不会被政府和央行所愚弄。这就解释了为什么 20 世纪 70 年代扩张的需求管理只抬高了通货膨胀率却没有提高就业率。

是否存在一个欧洲经济周期？

衰退

　　无论经济政策在实践中稳定与否，欧洲经济都会时不时地受到不利的冲击，并相应地产生动荡。经济周期有许多不同的定义，其中被广泛采用的是美国国家经济研究局（NBER）的定义，即经济衰退是指"整体经济增长出现持续几个月的明显下滑，在工业产出、就业、实际收入和贸易等经济活动中都有所表现"。产出和就业的波峰和波谷标志着经济周期的转折点；扩张期——从波谷到波峰的过程——代表了经济的常态，而衰退则是"暂时且相对罕见的"。以战后欧洲经济发展情况来说，似乎的确如此。

　　图 14.1 显示了两种经济波动指标。近期研究将周期定义为产出对潜在长期增长趋势的偏离（Hodrick and Prescott，1997；Backus and Kehoe，1992），因此提取周期就要求滤去 log（GDP）趋势。既可以假定存在线性趋势，然后通过对 GDP 数据进行一阶差分获取年均增长率，又可以引进过滤器消除数据序列的非线性趋势。此处的趋势指潜在产出，对趋势的偏离则被解释为产出缺口。

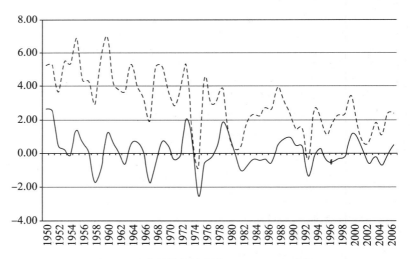

图 14.1　欧洲的经济周期（1950—2006 年）

　　注：数据为 16 个欧洲国家的加权 GDP（权数是每个国家所占的份额）。这 16 个国家分别是奥地利、比利时、丹麦、芬兰、法国、联邦德国（1990 年以后是统一后的德国）、希腊、爱尔兰、意大利、荷兰、挪威、葡萄牙、西班牙、瑞士、瑞典、英国。GDP 以 1990 年国际元计价。增长率是 log（GDP）的年变化率。周期（产出缺口）是对通过 Hodrick - Prescott 滤波得出的趋势线的偏离，其中平滑参数为 6.5。

　　资料来源：世界大型企业联合会以及 Groningen 增长与发展中心、经济总量数据库。

产出水平和产出增长率数据表明，西欧主要经历了三个时期的"经济衰退"（前两个衰退期并不只限于欧洲，事实上工业化国家都经历了这两次冲击）：1974—1975 年石油和大宗商品价格的大幅度上涨；1980—1982 年的第二次石油危机以及为控制通货膨胀水平而采取的紧缩政策；第三次冲击（1992—1993 年）尽管与美国 1990—1991 年的衰退有部分的重叠，然而它更具有欧洲特色，这是因为冲击主要与德国的恢复统一、异常严厉的紧缩政策以及欧洲货币体系危机相关。

尽管在 1974 年之前整个西欧都在抑制经济周期，但就单个国家来讲，增长停滞甚至衰退则远远没有消除，这一点从表 14.3 中可以看出。个别国家的衰退在 1958 年和 1974—1975 年是鲜见的，但是从 20 世纪 70 年代末到 90 年代早期衰退现象又重现了，这反映了异常冲击发生的频率有所增加。这些冲击通常与金融自由化和严格钉住汇率制度所带来的约束有关。最具戏剧性的例子就是 1990—1993 年北欧经济体所遭遇的重大经济危机（特别是瑞典和芬兰），这是自 1929—1933 年大萧条以来这些国家所经历的最严重的经济危机（Jonung，Schickecht and Tujula，2005）。

表 14.3　　　　　　　　　欧洲的衰退（1950—2007 年）：概况

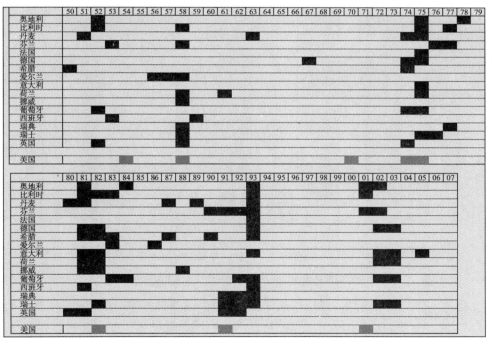

注：衰退是指实际增长率为负或者增长率为 0～0.5。
资料来源：经济总量数据库。

北欧危机是 20 世纪 80 年代出现在欧洲的新型经济波动的一种特殊变异。依据这种解释，反通胀的成功、利率的降低以及传统受管制的银行体系和金融体系的自由化促进了债务的过度累积，导致了信用和资产价格的长期激增

302

(Borio，2003)。在经济周期的顶点，不断上涨的通货膨胀压力与钉住汇率不相容，于是货币当局采取反向干预措施，最终导致经济泡沫破灭。Jaeger 和 Schuknecht（2004）发现在 1984 年后西欧经历了 16 个资产价格繁荣期及 13 个资产价格下跌期。

波动性

具有讽刺意味的是，工业化国家曾在 20 世纪 60 年代末期宣称消除了商业周期，而实际上这一时期恰恰是新周期的开始。70 年代的冲击引起了周期性的大波动。目前能够达成共识的是，供给冲击（石油价格）和政府基于凯恩斯需求管理理论提前对经济活动做出反应的政策都会刺激通货膨胀，加剧经济波动。从 20 世纪 80 年代中期到 2007 年，大多数工业化国家都转入了低波动期，进入了"大缓和时期"，在这一时期周期的波动很微弱，几乎不被察觉（Blanchard and Simon，2001；Stock and Watson，2004）。图 14.2 清楚地展示了西欧和美国同样平缓的经济波动期。截至 20 世纪 90 年代，所有西欧国家的产出缺口波动都达到了历史最低水平，如表 14.4 所示。

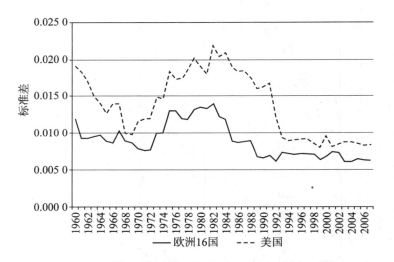

图 14.2　西欧和美国随着时间变化的产出缺口波动

注：每年的数据是以该年之前的十年里的数据滚动计算得到的。

很显然，经济周期长度和振幅（谷底的深度和峰顶的高度）的持续性在这一时期都下降了（当然现在这个周期已经结束了）（Borio，2003，pp. 6-7）。为什么周期在 20 世纪 80 年代中期后的 20 多年里能够保持稳定？这一稳定时期与之前 20 世纪 60 年代的稳定期有什么共同之处吗？

在 20 世纪 60 年代，两次世界大战之间所出现的那些经济的周期性波动消失了。人们将此主要归功于政府掌握了一系列的工业所有权且在经济中扮演越来越重要的角色，同时这一时期政府支出也达到了前所未有的规模。沉重的税负、巨大的转变以及更庞大的官僚机构，意味着总需求受到的不确定性的影响比在自由资本主义的经济环境下受到的不确定性的影响小。英格兰中心说更倾向于将这种稳定的经济状态和较高水平的就业率归功于政府的凯恩斯有效需求管理（Boltho，1982）。然而，即使在凯恩斯理论的起源国，即受凯恩斯经济理论影响最深的英国，高就业率也是源于高水平的投资以及较大的出口量，而非公共赤字（Matthews，1968）。就以创造就业为目标的财政政策来说，其并非凯恩斯主义的观点（Tomlinson，1984）。更进一步的观察指出，尽管扩大的政府部门通过增强私人部门对经济前景的信心而增加了私人部门的需求，但也通过需求管理引发了衰退（Maddison，1960）。

表 14.4　　　　　　　　　西欧的"大缓和时期"

	1950—1973	1974—1993	1994—2007
		产出缺口波动	
奥地利	2.8	1.09	0.73
比利时	1.22	1.22	0.65
丹麦	1.51	1.38	0.74
芬兰	1.82	2.37	1.01
法国	1.16	0.99	0.64
德国	2.5	1.21	0.74
希腊	2.11	1.62	0.35
爱尔兰	1.48	1.59	1.22
意大利	1.33	1.29	0.68
荷兰	1.77	1.04	0.93
挪威	0.92	1.25	0.67
葡萄牙	1.65	2.2	1.15
西班牙	2.39	1.11	0.65
瑞典	1.03	1.28	0.84
瑞士	1.81	1.85	0.83
英国	1.27	1.5	0.31
均值	1.67	1.44	0.76
方差	0.30	0.16	0.06

　　与凯恩斯主义相反的观点认为，即使那些经济政策保守的国家也同样在缩短商业周期方面取得了相同的（甚至更大的）成功。Ludwig Erhard 在联邦德国创造的经济奇迹是在改革货币和放松价格管控的基础上取得的，Antonio de Oliveira Salazar 在葡萄牙实施的平衡预算政策也是一个很好的例子。在 20 世纪 50 年代，意大利经济增长强劲并且物价也很稳定，当时意大利央行行长 Donato Menichella 的政策目标着重于汇率稳定，并认为失业是结构性问题，而这种观

点与有效需求管理的观点是相悖的（Fratianni and Spinelli，1997）。

20世纪80年代后，政府通过减少未来通胀预期的不确定性而保持较低且较稳定的通货膨胀水平，进一步减小了产出的波动。这反过来又创造了一个更为良好的宏观经济环境。同样，得益于低通货膨胀预期，货币政策在应对经济冲击方面才能变得更为有效。与此观点相一致，美国和西欧在经济波动程度大幅降低的同时，将货币政策明显地转向了反通胀。在欧洲，通货膨胀和产出波动之间存在显著的正相关关系，如图14.3所示。

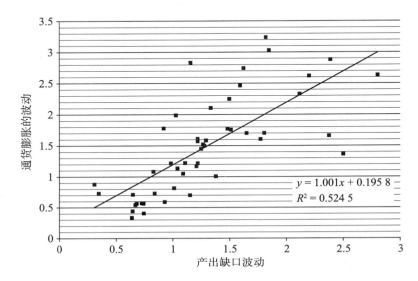

图14.3　通货膨胀和产出波动（1950—2007年）

注：通货膨胀波动指1950—1973年、1974—1993年、1994—2007年西欧16个国家以CPI计算的年通货膨胀率的标准差。产出波动指同时期的产出缺口的标准差。

资料来源：CPI来自IMF国际金融统计数据；实际GDP来自经济总量数据库。

世界上大范围的经济"大缓和时期"的出现有赖于以下几个因素：反通货膨胀的货币政策、欧洲货币体系下成功的宏观经济协调、央行独立性的增强、通货膨胀预期保持在较低的稳定水平。受限制的政策自主权以及良好的货币政策和财政政策之间的协调可能是20世纪90年代以来英国经济在持续增长的情况下还能保持较缓和的经济波动的重要原因（HM Treasury，2002）。

Stock和Watson（2004）发现，G7国家在20世纪八九十年代相对于六七十年代产出波动的下降几乎可以完全由冲击程度的下降来解释。但是，如果石油价格上升是驱使GDP波动的主要因素，那么各国转向缓和期应该是同步的。不同国家达到稳定状态的明显时间差异至少可以说明在"大缓和时期"，石油冲击消失的影响并不明确（Summers，2005，pp. 15-20）。

图14.3所示的低通货膨胀与低波动之间的关系可能更微妙。自20世纪80年代以来，西欧资产价格波动周期的波动幅度和持续性都有所增加。上面提到的繁荣与萧条的波动也同样与产出增长的持续、大幅偏离长期增长趋势有关。这一规律与金融体系是一致的，经济实体也通过家庭和企业的债务、总固定投

资及资产价格而与之更加相关。一些学者认为，这种新的经济环境重现了金本位制时期的经济环境（Goodhart，2003）。

同步性

伴随着长期经济波动水平的下降，欧洲的经济周期在 1950 年以后也变得更加同步了。到 20 世纪末，真正的欧洲周期似乎已经出现（见图 14.4）。为什么会这样呢？

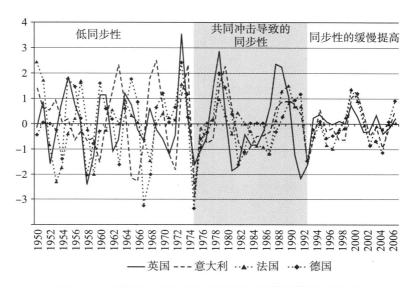

图 14.4　逐渐增加的主要欧洲国家之间经济周期的同步性

注：产出缺口是以实际 GDP 的自然对数为基础计算的。

资料来源：同图 14.1。

国家与国家之间经济周期同步性的增强可能是共同的冲击，如石油价格冲击造成的，也可能是未预料到的冲击的传导机制增强所致。一个可能的传导机制是商品和金融资产贸易的增加而带来的国际一体化及国与国之间的相互依赖（Bayoumi and Eichengreen，1993）。但是，贸易也同样会增加具有部门特性的非对称冲击出现的可能性，而这会降低周期的相关性（Krugman，1993）。

然而，更高程度的一体化水平并不是更紧密的周期关系的充分条件。对于任何一种水平的一体化，如果共同冲击变得更加强烈和频繁，那么周期就会变得同步：两次石油冲击使 1974—1975 年和 1981—1982 年的衰退变得同步，也解释了 20 世纪 70 年代和 80 年代间出现的更强的相关性。但是对于 20 世纪 90 年代经济周期的同步性，由于没有出现共同的大的冲击，所以其原因一定是不同的。

欧洲货币体系中钉住德国马克的汇率制度可能通过增强宏观经济政策的协调性而加强了经济周期间的相关性（Artis and Zhang，1997；Lnklaar and de Haan，2001）。Darvasz、Rose 和 Szapary（2005）曾指出，之后的欧洲货币联盟和《稳定与增长公约》，通过要求各国遵守财政规定或者原则创造了一个最优货币区。或者说，简单引进这样的规定可能引发共同冲击，并出现政策诱导型的周期相关性。

无论哪种情形，各国经济波动越来越与德国经济周期保持一致都是毋庸置疑的。表14.5表明，1973年之前只有有限的几个欧洲经济体的经济波动与德国的经济波动一致，而到20世纪末，除了英国外，欧洲大部分国家的经济周期与德国的经济周期联系紧密。由于英国远离欧洲大陆，因此与欧洲大陆的经济周期波动关系微弱，而与北美国家的经济周期波动则较为一致（ArtisMarcellino and Proietti，2004；Duecker and Wesche，2004）。

表14.5 　　　　　　　　　　**德国的主导权日益增强？**

	与德国的经济周期的同步性		
	1950—1973	1974—1993	1994—2007
瑞士	0.06	0.56	0.90
意大利	0.16	0.81	0.87
荷兰	0.13	0.87	0.87
奥地利	0.79	0.66	0.82
法国	0.57	0.67	0.79
比利时	0.49	0.63	0.78
西班牙	−0.20	0.32	0.75
丹麦	0.44	0.58	0.70
瑞典	0.36	0.28	0.69
芬兰	0.39	0.13	0.65
葡萄牙	0.00	0.55	0.62
英国	0.21	0.35	0.60
爱尔兰	0.15	0.37	0.55
挪威	−0.04	0.35	0.17
希腊	−0.16	0.64	0.06
中位数	0.22	0.52	0.65
方差	0.08	0.04	0.06

注：根据产出缺口的相关性（Pearson相关分数）得出。

描述性分析

协调失灵

在布雷顿森林体系下，政府和央行的目标都是维持钉住汇率，但是却没有很好地理解实现这一目标需要做什么。经济实际对政策措施的反应时间的不确定性更加剧了实现该目标的难度。

在上文我们提到过，在钉住汇率制度下，政府的政策会受到对外收支平衡的限制。因此经济政策应该根据汇率的波动、国际储备以及经常账户的变化而调整。然而统计数据表明，大多数欧洲国家的需求管理并没有根据国际收支平衡情况做出调整。根据对 9 个西欧经济体 1950—1966 年的情况的详细研究发现，作为总需求管理政策工具的财政预算政策对国际收支不存在一贯的反应模式（Michaely，1971）。

更显著的一点是，这种无反应性显然不能用竞争性政策目标的预算使用来解释。而且，财政政策对纠正国内以及国际收支失衡似乎也不起什么作用。显然，政府并没有按照"混合政策"规则来结合使用财政政策和货币政策。紧缩性货币政策适合用来纠正国际收支赤字，因为高利率会吸引资本流入。根据当时美国和英国的凯恩斯主义经济理论，扩张性的财政政策可以提高就业率。然而事后研究表明，政府并没有简单地使用混合政策法则，因为其在大多数情况下都不会有效。更可能的是，长期失业率水平是由劳动力市场结构和企业间的竞争程度决定的。如果使用需求政策将失业率降至这一长期水平之下则往往会推高通货膨胀率。然后，旨在降低通货膨胀率的政策转向又会使失业率反弹。

国内货币政策和财政政策之间的协调是一个很大的挑战，尤其是在中央银行独立的情况下，因为中央银行可能会拒绝通过扩张性货币政策来为政府的预算赤字融资。如果政府预算过高，那么央行可能倾向于抑制需求以控制物价上涨。德意志联邦银行（建立于 1957 年，前身是德意志各邦银行）常常抵制联邦德国的扩张性财政政策。1948 年的法律规定德国中央银行最重要的任务就是"维护货币的稳定"。从 1951 年起，在不与货币目标相冲突的情况下，德国央行也被要求支持政府的经济政策。经济表现似乎并不简单地受中央银行的独立性的影响，在其他众多影响因素中，弗莱堡学派的 Walter Eucken 创建的学术氛围（强调主动支持并促进竞争的政策——供给导向的新自由主义）扮演了重要的角色（Denton，Forsyth and Maclennan，1968）。

下面的故事表明，历史可能更重要。1955 年中期，联邦德国的中央银行放弃了长期以来的宽松货币政策，提高了利率水平，并公开指责联邦政府采取的扩张性财政政策（Berger and de Haan，1999）。政府正打算增加财政支出以在

1957 年的大选中获取更多支持，因此对 1956 年 3 月的加息政策使用了它的临时否决权。但是，经济部长 Erhard 和财政部长 Schaffer 与总理 Adenauer 政见不同，他们支持德国央行维持物价稳定的政策。这些部长也都担任央行委员会委员，并投票赞成 1956 年 5 月的另一次加息。结果，他们与央行一起受到了总理的公开指责。不过民意并不支持总理 Adenauer，因此他不得不做出让步。由于过于宽松的财政政策得不到货币政策的配合，所以总理 Adenauer 没能将失业率降到足够低以获得再次当选的机会。

十年后相似的冲突再次出现。从 1964 年开始，由国内需求推动的强劲扩张导致工资的上涨速度超过了生产率的增速。通胀压力比朝鲜战争以后的繁荣时期中的任何时候都要高。联邦政府的预算赤字迅速增加，其经常账户的状况也开始恶化。因而，1965—1966 年，德国央行再一次不顾内阁成员的反对，通过提高贴现率来进行对冲，制造了 1967 年的"迷你衰退"——这是联邦德国的经济 1945 年以来第一次出现负增长（Holtfrerich，1999，pp. 378—380）。

最近的研究将德意志联邦银行对通胀的态度的转变，即从 1961—1964 年的容忍转为 1965—1966 年的限制，解读为其与联邦政府的又一次对抗。Marsh（1992，pp. 186-188）和 Leaman（2001，pp. 138-142）强调了德国央行的机会主义行为。根据他们的观点，反通胀的卓越地位应该在一个更广泛的政治背景下被评判，并且他们认为反通胀这一目标使央行可以不必像政府那样对通胀负责任，而且这也是央行提高其政治地位和经济主导地位的关键一步。

与央行的政策目标或者其对政策影响的无知相比，央行的独立性（形式上的或法定的）对其政策制定的影响显得微不足道。1957 年英格兰银行行长与英国财政大臣（财政部长）Peter Thorneycroft 之间的矛盾就可以说明这一点。由于通胀引发的短期资本流动威胁到汇率的稳定，因此 9 月英格兰银行将银行利率提高到 7% 的高位上（Cairncross，1996）。而 Thorneycroft 则希望扩大使用货币工具的范围以避免利率过高，因为过高的利率会对工业和就业产生负面影响。他试图游说商业银行将其贷款利率降低，却遭到了拒绝，而央行的行长绝不会发出这样的指令。

尽管英格兰银行在 1946 年实现了国有化，但是 Thorneycroft 没有权力控制商业银行或解雇央行行长——即使他很想这样做。失业率从 1957 年秋天开始攀升，到 1958 年 11 月达到了顶峰。1958 年 5 月开始实施的经济复苏措施生效缓慢，但是到 1959 年下半年时却又出现了过度扩张的局面。毫无疑问这为 Macmillan 政府在 1959 年 10 月的再次当选作出了贡献。1958 年取消对银行的限制使银行贷款在三年里几乎翻了一番。此外，1959 年的预算中还包括了更大规模的税收扣减和公共支出。银行利率从 1959 年 3 月的 6% 降到 11 月的 4%。这些措施之间的相互作用最终使总支出出现意外的扩张。随着进口量的猛增，国际收支的平衡成为关注的焦点，并且试图限制工资增长速度的收入政策首次被讨论。英国与德国的情况的不同之处在于，与央行缺少独立性相比，英国的放松银行管制的政策与其他政策之间的协调性更加欠缺。

货币政策障碍和外部约束

在 20 世纪 60 年代，许多欧洲国家的货币政策工具——主要是贴现率和货币供给增长率——的变化方向与外部地位趋于一致（尽管幅度可能不同）。也就是说，在国际收支出现赤字期间，其利率水平上升而货币供给增长率下降。这与货币政策更加灵活、有效，而财政政策的灵活性和适宜性都较差这一观点一致。

IMF 的观点则认为"临时的、可逆的国际收支失衡不会引起国内需求和产出活动的波动"。相反，这些国家应该"采取政策，以期实现利率的国际协调，促进私人资本合理、均衡流入"。但是在主权国家之间实现利率协调无疑是一个巨大的挑战（Chalmers，1972）。通过国内政策来维持国际流动资本的信心被证明是较为稳妥的。

国内货币政策可能会抵消国际收支失衡引发的经济收缩。当货币政策不变而国际储备——央行的资产，起到部分平衡国内货币负债的作用——下降时，国内的货币存量自然也会下降。然而，通过增加央行持有的国内资产（尤其是政府债券）——通过大量的政府借款就很容易实现——可以抵消掉国际储备下降对货币量的影响。但是汇率以及外汇储备在这种"对冲操作"下得不到保护，因此对冲意味着更大的国际收支危机，这可能会迫使政府对汇率进行重新调整。

外部约束对所有国家政府都起作用，不论其意识形态是怎样的。在 Franco 独裁时期的西班牙（1936—1975 年）（在 20 世纪 50 年代末仍然处于半自给自足的状态），为防止政治动乱和西班牙银行的流动性失控而采取的民粹主义工资措施加剧了通胀的程度。这导致了 1959 年的巨额经常账户赤字以及外汇储备的耗竭。在 IMF 和 OECD 的帮助下，政府同意将比塞塔贬值，打出一套财政调整和货币约束的政策组合拳（Carreras and Tafunell，2004b，pp. 325—335）。三年后在意大利，扩张周期的高峰期的通货膨胀压力、接近 GDP 的 4% 的经常账户赤字、大量的资本流动（部分是由电力部门不合时宜的国有化引起的）迫使意大利银行不得不采取信贷紧缩措施。尽管避免了里拉贬值，但意大利却付出了经济规模突然收缩的代价（De Cecco，1969；Fratianni and Spinelli，1997，pp. 509-516）。对那些面对通胀压力而不敢对经济刹车的政府而言，最后剩下的唯一选项就是不情愿地接受汇率的变化，比如 1967—1969 年英镑和法国法郎的贬值（Eichengreen，1996b，pp. 125-128，2007，pp. 233-241；Patat and Lutfalla，1990，pp. 207-210）。

但是，骤然的紧缩政策也可能会失败。1970—1971 年，联邦德国的德意志联邦银行企图使用紧缩性的货币和信贷政策来遏制国内流动性、控制通胀率的上涨，但是其努力却由于高利率导致的外国资本的大量流入而付诸东流了。为了让德意志联邦银行重新获得对货币供给的控制权，浮动汇率制度是比对货币供给实施更多的行政干预更可行的解决办法（Emminger，1977，pp. 28；von Hagen，1999，pp. 404-419）。

发展和紧缩交迭的经济政策：对失业的反应

20世纪70年代中期的衰退使战后的经济稳定时代终结："滞胀"——高失业率与高通胀率并存——是接下来的十多年最显著的特点。实际上因工会提高工资的要求和持续扩张的政府支出而加剧的通胀压力自20世纪70年代以来已成为大多数欧洲国家普遍面临的问题。但是此时政策不再受布雷顿森林体系下的钉住汇率制度的限制，1972—1973年各国普遍放弃了采用紧缩的货币政策来控制通胀的做法。短期来看，不论是美国还是西欧的货币政策和财政政策都对给总供给带来暂时性负面影响的石油冲击做出了积极反应。不断增加的预算赤字和政府债务、货币量的快速增长、很低甚至为负的实际利率水平等一直持续到20世纪80年代初。

对不利冲击的积极响应为欧洲国家间通胀水平的差异做出了解释。有一部分先前钉住联邦德国的国家较早地转向了物价稳定的目标，并且学会了将财政政策和货币政策配合起来使用——虽然政府的这两只手之间不可避免地会有冲突。包括英国、法国、意大利等的其他国家不愿意放弃充分就业的政策目标，偏好"走走停停"政策中收缩之后的扩张过程，而不愿承认国际资本流动和信心对它们的政策选择的制约。

一项包含提高工资和物价水平的创新政策就是游说工会和公司将其工资和价格的年增长率降低到某个百分比之下。这些建立在"国家、工会、雇主对国家经济进行协调、合作、系统管理"的基础上的（Siaroff，1999）"社团主义"模式的经济政策帮助奥地利、德国、斯堪的纳维亚国家成功地抑制了通胀——这成为这些国家"战后和解政策"的基本特征。这里，政府通过经济增长政策和计划来提高生活水平的承诺得到了工资约束带来的回报，因为人们意识到适度的工资增长会带来更多的投资，因此会提高未来的生活水平（Eichengreen，1996a）。但是在政治传统与机构设置都不同的国家，由于通胀预期的上升，战后和解政策失败了。英国、法国、意大利的物价和收入政策仅在政策得到支持的很短的时间里对控制通胀起过作用（Ulman and Flanagan，1971）。

凯恩斯主义政策的一个典型例子就是英国1972—1973年的财政扩张政策。在经历了四年的增长乏力、失业率高企、成本推动型通货膨胀不断上升的阶段后，英国经济已经进入了萧条阶段。于是英国政府大幅度增加政府支出、减少税收。财政大臣宣布放弃将外部均衡作为政策目标，并声称"为维持不切实际的汇率而将国内经济扭曲到令人难以忍受的程度既不可取也没必要"（James，1996，p.239）。1972—1973年，经济增长和就业的复苏又伴随着新一轮的通胀压力，以及战后经常账户的严重恶化，新的外部危机迫使英国取消"蛇形浮动汇率制度"。

尽管浮动汇率制度消除了国际收支约束，但是增长依然缓慢，失业率和通胀率也在不断增高。随着1976年IMF危机的爆发，需求导向型增长政策也走到了尽头。为了获得用来维持国际收支平衡的贷款，财政大臣不得不签署了一份推行"更健全"的经济政策的意向书。至此，工党总理 Callaghan 认识到，"用自己的方式走出衰退"……不再是可行的办法了（Budd，1998，pp. 275-276）。

然而，在欧洲大陆这种观点未能普及。法国的政策制定者极不情愿废除需求扩张政策。1974—1975 年的反通胀的"Fourcade 计划"在第一次取消"蛇形浮动汇率制度"后得到实施，但是很快就让路于扩张性的"Chirac 刺激"计划，该计划使预算赤字和经常账户赤字迅速上升，最终导致其支持者被迫下台。新首相 Raymond Barre 的"紧缩计划"在实现外部平衡、控制预算赤字和通胀方面取得了短暂的成功，但是失业率却大幅提高，其获得的成绩也被第二次石油冲击和 1980 年社会党在总统选举中的胜利所抵消了。

面对世界经济的衰退，新当选的政府致力于通过国有化项目来促进投资，大幅增加了政府支出。在"Mauroy 计划"下，预算赤字达到了 GDP 的 3%，持续下降的汇率也无法缓解不断增加的经常账户赤字，通胀率则一直保持在 10% 左右。18 个月的资本溃逃使政策发生了大逆转。这样的财政政策无法维持汇率的稳定。1983—1986 年，由 Jacques Delors 管理的新"紧缩计划"最终成功地制止了通货膨胀，尽管失业人口在 1984 年时达到 240 万，是十年前的四倍还要多（Estrin and Holmes，1983；Patat and Lutfalla，1990，p. 232）。

这些野心勃勃的需求管理政策是由对经济的误解以及各政党之间的竞争推动的。因此，考虑西欧各国政府的政治导向对其经济政策的影响程度是完全合情合理的。

各个政党都想再度当选，但是它们只能吸引一部分选民。债务人可能倾向于左翼政党，而债权人则倾向于右翼政党，因为左翼政党往往会采取扩张性政策，制造通货膨胀，而右翼政党则追求物价稳定，往往采取紧缩政策。设想的确存在上述情况，而选举的结果通常是不确定的，那么当左翼政党当选后，在接下来的一两年里对通胀的平均预期就会比新政府的合意值要高，直到偏好低通胀的右翼政党上台。大选之前的通胀预期值是通过分别将各政党可能采取的一系列政策进行平均，以它们各自当选的概率为权重进行加权计算而来的。只要预期通胀比实际通胀水平要低，实际工资水平就会下降而对劳动力的需求会上升。最终预期值将追上实际值，向上的经济周期也就走到了尽头。根据商业周期的"理性党派理论"（RPT），如果右翼政党当选，则情况刚好相反。

法国社会党的例子与"理性党派理论"非常吻合。在 1981—1983 年世界经济衰退的时期，Mitterrand 政府最先开始推行扩张性政策，在其他工业国家都在经历衰退时，法国经济却能保持正的增长（Alesina，1989）。瑞典的保守派的行为方式也与该理论吻合。从 1975 年到 1978 年，瑞典的产出的大幅下降与其预期通胀水平高于政府的目标值这一状况高度一致。

与通货膨胀的较量

20 世纪 80 年代，美国与英国的政策制定者对传统宏观经济学的接受程度越来越高，尤其是关于通胀与失业无法兼顾的观点。大多数西欧国家在 1980—

1982 年的经济衰退中都接受了这一观点，但是消除通胀这一紧迫任务使政府失去了实施反周期操作的灵活性。尤其是在通胀非常严重的国家，由于中央银行的独立性增加，它们为完成其"反通胀"任务，实施了前所未有的紧缩性货币政策。到 1983 年时，各国货币当局将名义利率和实际利率推高到创纪录的水平——尽管常常面临财政政策的抵消作用（Ciocca and Nardozzi，1996）。

在欧洲货币体系内让较弱的货币钉住德国马克被证明是对抗通货膨胀的一种有效机制。到 1985 年时，那些过去实行宽松货币政策和不负责任地扩大预算的国家的通货膨胀率也降到了与德国相近的水平。通过钉住德意志联邦银行，各欧洲货币当局可以"买进"一部分德国的反通胀信誉（Giavazzi and Pagano，1988）。自 1986 年起的石油价格下跌可能也对 20 世纪 80 年代对抗通胀起到了一定的积极作用。单一市场的建立可能也是一个温和的供给冲击。

随着工资和养老金指数化的逐渐放松以及有利于控制工资动态的新型工会关系的建立，国内再一次实现了均衡。不管是像英国那样通过立法改革强迫工会进行合作，还是像 1982 年的荷兰《瓦森纳协议》那样让工会自行选择合作，失业率都因此而下降。在《瓦森纳协议》中，工会降低了工资要求，作为报答资方承诺提供更多的兼职工作（Nickell and van Ours，2000）。政府针对兼职者和公共部门从业者扣减了税负，同时也降低了工资。由于工资税率下降了，所以为了维持家庭收入不变只需要名义工资有较低的增长即可。荷兰的就业率和实际工资增长情况与美国非常相似。

20 世纪 80 年代末联邦德国的政策则没那么成功，其将本来可能的对欧洲供给的正向冲击变成了持续的大规模负面冲击。1989 年柏林墙被推倒后，冷战也结束了。东欧的苏联附属国也开始放弃中央计划经济，转向了市场化。如果总理 Kohl 对德国统一过程中的经济管理能像半个世纪前的 Ludwig Erhard 那样有智慧，那么欧洲的经济史就会被改写了。

1990 年 7 月，德国的货币实现了统一——两个月工资水平以内的货币以 1 民主德国马克兑换 1 德国马克的比率兑换，超过两个月工资的数量则按照 2 民主德国马克兑换 1 德国马克的比率兑换。不幸的是，民主德国较低的经济生产率意味着这一兑换比率高估了民主德国的劳动力和资产价值。由于民主德国地区实行价格管制，因此一个新的巨大市场被创造出来，但是生产率却低得无法想象。该货币兑换比率使东欧的金融机构大量破产。由于要遵循货币联盟的条款，因此养活大量非生产性人口的压力推高了失业率。

这一负面冲击对欧洲货币体系这一看起来成功的钉住欧洲汇率体系也造成了影响。1992 年的危机使英国、意大利放弃了钉住德国马克，但其他国家仍在坚持。当法国还处于停滞状态时，英国的出口已经开始增长了。不管怎样，单一货币形成的势头仍然得以保持，并且在 1999 年 1 月 1 日，11 个欧盟国家成功引入了欧元。

东欧和苏联的商业周期（1945—2006 年）

中央计划经济下的商业周期

指令经济下的苏联和东欧曾扬言，它们的经济制度不会像西欧的经济制度那样出现高失业、产出大幅波动和物价波动的经济周期。Loshkin（1964）认为，生产与分配的中央计划以及所有生产资料的国有制在用"坚定的、持续的增长"取代"资本主义内生发展的周期性"方面取得了一定的成功。

在苏联的国民经济核算体系下和国家控制信息的条件下，很难评估该结论正确与否。苏联的经济活动水平比经济增长率更难测量，且官方数据是被删改过的。但不管怎样，从图 14.5 中可以看出，计划经济也存在产出增长率的大幅波动（但就业率却没有）。

这种周期性的产出模式几乎可以肯定是由粮食歉收等不利冲击，以及在任何大型复杂的系统中进行资源配置都会存在的信息不对称与协调失灵造成的。没有稀缺价格意味着货币政策和财政政策能发挥的作用有限，反而需要直接指令和控制对其进行补充。为实现计划目标而付出努力的阶段性变化是导致波动产生的重要原因。在每个计划期的末尾，完成产出计划的压力会导致产出加速而质量下降，或者计划经济体系的瓶颈使得计划制定者不得不急刹车（Kornai，1992，pp. 186-193）。

除了时间因素，其体制——由国家提供无息资金、法律框架中破产法缺失——偏好商业扩张更甚于收缩。其分配机制倾向于将资金分配给规模较小的公司的各种项目，因为中央计划经济趋向于对每个项目平均分配资金，而不是偏好特别有吸引力的项目或放弃那些前景不好的项目。

与市场经济相比，除了五年计划中涉及的内容，早早公布的消费与投资目标可能会提高调整的速度并缩短周期的长度（Hutchings，1969）。Kontorovich（1990）发现，投资分配中存在错误，而这也是产生增长率的周期性波动的驱动因素。这种错配不但引发了资本利用率的下降与经济失衡，而且最终导致了波动的产生。1957—1964 年的赫鲁晓夫时代，重工业超额完成计划而消费部门长期达不到目标就是很好的例子。接下来从 1965 年到 1985 年的期间，勃列日涅夫和他的继任者在制定工业部门的计划时相对更加科学，不再那么雄心勃勃了。但是信息的缺乏决定了计划的不协调性，因此在计划的贯彻执行过程中要不断地对其进行修订。这是产出波动的潜在影响因素，但是生产率的缓慢增长则是更重要的原因，因为它拉大了苏联与西欧经济的差距（Davis，1999）。

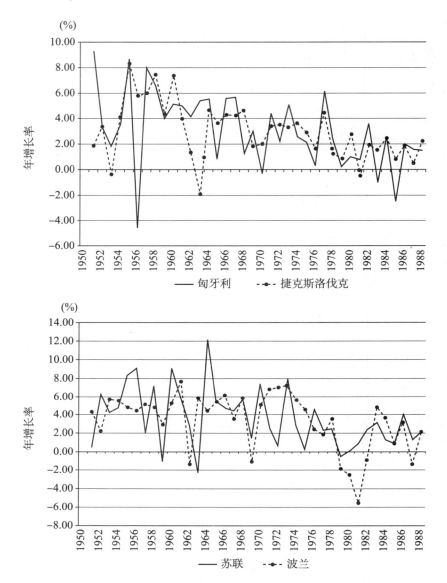

图 14.5　苏联模式的周期性

资料来源：经济总量数据库。

1989 年经济转型后的商业周期

　　1985 年 3 月，共产党中的当权派推选米哈伊尔·戈尔巴乔夫担任总书记，在保留社会主义制度的条件下进行改革，以修正之前的"停滞时代"所存在的许多问题。戈尔巴乔夫的经济改革是失败的，因为随后的工业产出和生活状况都更加恶化了。经济的崩溃引发了深层次的种族和地区怨愤。于是 1991 年 8 月发生了苏联解体，随后整个苏联体系瓦解了。俄罗斯和东欧国家的市场经济转型给其带来了不同类型的冲击，也决定了它们与西欧国家不同的经济发展道路。

从图 14.6 中可以看出，经历了一段产出的低迷后，中欧和东欧的转型国家（CEEC）开始追赶西欧，并达到了一个较高的经济增长率。然而俄罗斯（苏联）却沿着一条不同的路径发展，其价格模式与失业模式都有所不同（Boeri and Terrel，2002）。在这条不同的路径背后，有几个原因造成了其遭受的冲击和转型过程的不同；与西欧国家在地理和文化上的相近性以及相等的加入欧盟的机会，似乎起到了关键作用。

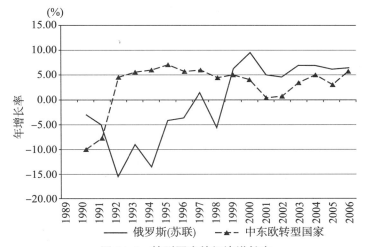

图 14.6　转型国家的经济增长率

注：图中数据为 log（实际 GDP）的年均增长率。CEEC 包括以下国家：阿尔巴尼亚、波黑、保加利亚、克罗地亚、捷克共和国、爱沙尼亚、匈牙利、拉脱维亚、立陶宛、马其顿王国、波兰、罗马尼亚、塞尔维亚、黑山共和国、斯洛伐克、斯洛文尼亚。GDP 是以 1990 年国际元计价的。

资料来源：经济总量数据库。

尽管世界银行、IMF、美国学术界以及政策制定者达成的"华盛顿共识"支持快速市场化和私有化的"一揽子改革计划"，但是衡量是否有资格加入欧盟的"哥本哈根标准"则更关注制度建设、经济趋同与稳定。"华盛顿共识"与"哥本哈根标准"的结合似乎对大多数 CEEC 国家都颇有效。而单独的"华盛顿共识"的作用（20 世纪 90 年代苏联采用该方案）则大打折扣。

尽管 CEEC 的经济只是实现了温和增长，但是失业率却快速上升并且一直保持在高位。监管政策和劳动力市场政策——尤其是最低工资标准和失业补助，要为居高不下的失业率负责。非熟练工人找不到工作，因为最低工资标准仍高于其能为雇主创造的价值。此外，失业补助也不利于鼓励就业，因为它是一种"负向补贴"；一旦人们参加工作，政府就会取消补贴。相应地，过度的补贴常常会遭到批评，因为会产生"贫困陷阱"和"黑色经济"，尤其是在民主德国。20 世纪 90 年代中期，巴尔干地区就业率的提高刚好印证了这一解释。

金融稳定是转型国家最关注的问题。经过大规模的金融冲击后，CEEC 国家的通胀率迅速降低，并通过货币转换实现了与德国利率的高度趋同。其中一些国家的经济波动与欧元区国家的经济波动的同步性也提高了（Artis，Marcellino and Proietti, 2004)。加入欧盟（2004 年 5 月有 8 个 CEEC 国家加入，保加利亚和罗马尼亚在 2007 年加入）不仅促进了贸易和外商直接投资的增长，而且有利于提高制度的质量（Andreff，2004）。制度质量的提高是紧迫的。加入欧盟并不意味着成功地转型为成熟的市场经济体。

相反，在俄罗斯，Gaidar 政府推行了一系列关于私有化、自由化、自由市场的激进改革措施。其对 1990 年波兰的"休克疗法"印象深刻，但是它在俄罗斯却产生了完全不同的效果。"休克疗法"使俄罗斯的工业总产出在六年里下降了 40%，如表 14.6 所示。大部分产出下降都是真实的，而非统计误差。在和平年代里，一个主要经济体的工业产出发生如此巨大的下降在整个 20 世纪都是前所未有的。尽管产出的测量难免会有争议，但是毫无疑问，福利方面最重要的因素——人口的健康程度——也随着产出的骤减而急剧下降了。

表 14.6　　　　　　　　　　转型中的俄罗斯经济（1992—1999 年）

指标	1992	1993	1994	1995	1996	1997	1998	1999
GDP 增长率（%）	−14.4	−8.7	−12.7	−4.1	−3.4	0.8	−4.06	2.0
工业生产（1991 年＝100）	82	71	55	54	52	53	50	54
投资占 GDP 的比重（%）	23.9	20.4	21.8	21.3	21.2	19.4	17.6	15.3
失业率（%）	4.8	5.3	7.1	8.3	9.2	10.9	12.4	12.6
消费者价格指数（%）	1 526	875	311	198	48	15	28	87

资料来源：Davis 和 Foreman-Peck（2003）。

与此同时，通货膨胀从 1992—1997 年的 1 000% 降了下来，但是失业率却年年上升。尽管经济各方面的表现都有所改善，但是仍抵挡不住 1998 年 8 月的危机。这次危机最初是由石油价格的下跌和亚洲经济危机引起的，但是错误的政策和经济体系内在的弱点——大约 70% 的经济活动是通过易货贸易产生的——拖垮了俄罗斯的经济。房地产市场泡沫首先破裂，股票市场价格指数从高峰时的 450 点跌到 1998 年 8 月时的 50 点。大多数俄罗斯银行的投资和投机活动的失败也提高了其面对冲击时的脆弱性。因此，当 8 月基里延科政府允许卢布贬值并宣布政府债务违约时，整个银行系统瘫痪了。俄罗斯银行拒绝履行与西方银行间的远期外汇合约，通胀率急剧上升到了 80%（Davis and Foreman-Peck，2003）。

1998—1999 年的经济暴跌表明，按照"华盛顿共识"在俄罗斯推行快速转型是行不通的。问题的根源在于国家的软弱和腐败——在无效的法律体系下，大量高盈利的国有资产被私有化或无偿占用。另外，长期的官僚控制使配给制得以持续。政府的软预算约束进一步推高了通胀。要想实现经济复苏，就不得不对以上这些方面进行改革。

政治稳定性是导致 CEEC 国家和独联体国家走向不同路径的主要原因。1991 年的"俄罗斯政变"——逮捕总书记戈尔巴乔夫、解散"国家紧急状态委员会"——对其经济转型来说并非一个好的开头。俄罗斯"寡头"（在叶利钦统治下的私有化过程中迅速致富的商人）权力的增强更加动摇了政治的稳定性。许多公司根本不缴税，而且税务人员的生命安全还常常受到威胁。安全感的缺乏进一步滋生了高犯罪率和腐败，而养老金、工资、福利的不正规发放既影响了总需求，又导致了犯罪和腐败状况的恶化。

1999年以来，汇率的降低、石油价格的上涨不仅帮助俄罗斯工业恢复了竞争力，而且充实了国库。与此同时，在普京的统治下，中央政府的权力得以恢复。在任命自由主义改革者格列夫时，普京保证俄罗斯将坚持市场经济，因此在其8年的任期中，俄罗斯的生产力和生产率均有一定的提升。

小结

与第二次世界大战之后相比，各国在新千年伊始，在宏观经济政策的制定和实施方面达成了更多的一致。经济学家和政策制定者学会了从历史中吸取教训。野心勃勃的国家行动大大减少了——尤其是在财政政策、货币政策甚至汇率制度管理需求方面。"稳定"成为各国的口号。

一方面，在商品和服务的提供方面建立了由至高无上的市场来取代国家计划的制度。另一方面，伴随着商业周期的周期性失业和结构性失业在西方还没有消除，并且在东方也开始出现。冲击依然存在。2007年7月开始的次贷危机加上石油和其他商品价格的飞涨，预示着2008—2009年的经济衰退可能会非常严重和广泛。缺乏适当监管的金融创新创造出一些非常脆弱的经济结构，导致风险观念的增强和利率的提高。"华盛顿共识"的市场原教旨主义被证明在缺乏相应制度支持的俄罗斯是不适用的。对总需求管理来说，财政政策是一个过于死板的工具，货币政策则相对灵活，因此在正常情况下使用货币政策熨平商业周期更合适一些。从这方面来讲，新正统政策与19世纪后期的金本位制度很相像，只是没有将货币与黄金挂钩。此外，人们普遍相信，如果货币当局能够快速采取行动来阻止大型金融机构的倒闭，那么就可以避免另一轮"大萧条"的发生。

"黄金时代"经济的快速增长并非凯恩斯主义经济管理的结果，20世纪90年代的持续的"大稳健时代"也并非完全是由货币主义、独立的中央银行、以单一规则取代相机抉择的货币政策造成的，但是20世纪七八十年代的经济波动在很大程度上可以归因于政策的放纵。

第 15 章 人口与生活水平 (1945—2005 年)

达德利·贝恩斯（Dudley Baines）
尼尔·康明斯（Neil Cummins）
马克斯-斯蒂芬·舒尔茨（Max-Stephan Schulze）

引言

　　第二次世界大战后的六十多年里，欧洲人的物质生活水平有了前所未有的大幅提高。现在欧洲人的平均真实工资大约是 1950 年的 3～5 倍，生在当代的人至少能比 1950 年之前出生的人多活 10 年，接受中等教育和高等教育的机会也比 60 年前多多了。

　　HDI 是对人均 GDP、平均预期寿命、受教育年限等指标加权计算得到的，它现在被广泛用于度量人们的生活质量的变化。尽管 HDI 是一个衡量发展水平的相对指数，但是在度量欧洲福利水平的一些数量指标方面它是一个非常有用的工具。在后文中我们会提供 19 个欧洲国家的 HDI 数据。暂时撇开国家排名、地区差异以及下面将要谈到的一些因素，我们可以得到的最重要的信息就是：无论 HDI 还是 GDP 都可以表明欧洲人现在的生活条件比 1950 年时优越得多，而且国家间的 HDI 的差距也仅仅是过去的一半。

　　不过，HDI 并不是衡量生活水平的完美指标，它没有考虑人权、人身自由、政治自由等因素，也没有考虑社会成员间的财富分配问题以及失业问题。它考虑了平均预期寿命，却忽视了人们的健康状况。最重要的是，它其实并没有告诉我们对人类的"幸福"该如何进行表述。Richard Layard（2003）的一份报告指出，尽管西方国家的物质生活水平有了极大的提高，但是人们并没有比以往更加幸福。

　　第二次世界大战后欧洲生活水平的变化是由收入的增加、人口的变化、福利机构的大量设置等因素带来的。本章我们首先讨论整个欧洲公共部门的兴起，其次考察评价福利水平的几个数量指标并研究它们之间的关系，最后探究人口变化的原因及其对经济产生的影响。

国家的作用

福利支出

　　18 世纪末公共部门开始提供福利服务，一开始仅仅是为了"消除贫困"而提供范围极其有限的服务，这其中也包括向公众提供教育。向体力劳动者提供包含工伤、疾病、失业、养老保险在内的基本社会保障是在 19 世纪后期才开始的。到两次世界大战期间，几乎所有的欧洲国家都建立了自己的社会保障制度。然而，1945 年以后，公共福利不论在数量方面还是质量方面都有所改变（Johnson，1999，pp. 122-123；Lindert，2004，pp. 11-15）。大多数国家的社保体系都涵盖了经济部门、劳动力市场、几乎全部的人口。公共服务的目标从消除贫困这一单一目标扩展到了社会生活的方方面面：解决社会问题、应对失业、向低收入者或无收入者提供救济、公共机构的养老金支出、免费医疗等。直接结果就是欧洲各国的社会支出绝对量及其占 GDP 的比重长期处于较高水平（见图 15.1 和图 15.2）。要指出的是，图 15.1 和图 15.2 中的数据没有考虑各国及国际会计准则的显著不同，而且随着时间的推移各国的会计准则也有所调整，这也导致要得到连续可比的数据是非常困难的。

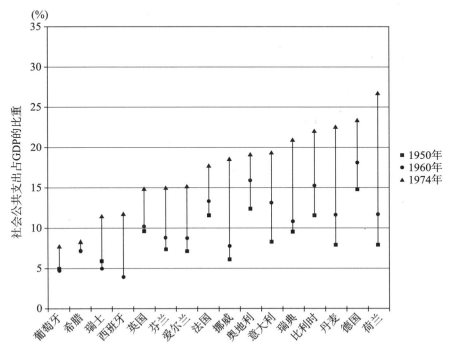

图 15.1　欧洲各国的社会支出情况，1950—1974 年
资料来源：Castles（2001）。

经济科学译丛／剑桥现代欧洲经济史：1870年至今

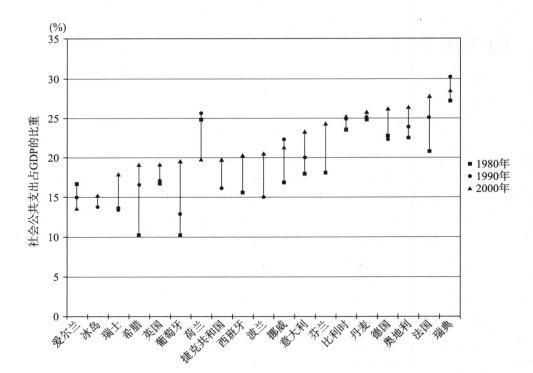

(%)

社会公共支出占GDP的比重

■ 1980年
● 1990年
▲ 2000年

爱尔兰　冰岛　瑞士　希腊　英国　葡萄牙　荷兰　捷克共和国　西班牙　波兰　挪威　意大利　芬兰　比利时　丹麦　德国　奥地利　法国　瑞典

图 15. 2　欧洲各国的社会支出情况，1980—2000 年

资料来源：OECD（2007a）。

320

　　对引起 1945 年以后现代福利水平大幅度提高的深层次原因的探讨超出了本章要讨论的范围，但是有一点在这里必须要指出，即战后以税收为基础的社会支出（非国防支出、公共交通及公营企业的支出）规模的扩大导致了政府支出和税收的大幅度增加（Lindert，2004，p. 20）。公共支出的组成部分的变化也反映了现代政府的职能有所改变——从传统的保护公民的人身安全与财产安全转变到现在的提供更多的经济与社会保障。在 Lindert 的文章中，他把政府功能的这一转变同其他三大社会变革联系在一起，即更全面的民主、人口的变化（降低的人口出生率和延长的平均预期寿命）和经济的可持续发展。人口变化和经济增长将在后面的内容中具体分析。这里我们重点分析第二次世界大战后在社会和政治领域中发生的变化以及由此带来的福利的增进。Johnson（1999）认为在众多假设之中，两个最被人广泛赞同的解释便是政治变化和民主进程，它们促进了西欧社会福利支出的增加。Milward（1992）认为增加社会支出和将以前被排除在外的社会团体囊括进社会保障体系是第二次世界大战后期政策的重点，这都是从市民的视角来重新建立国家和法律体系。Baldwin（1990）认为战后全面的社会保障体系的建立是政府企图在面临相同的社会风险并有相同的社会需求的群体中建立选举联盟的结果。

　　尽管有一条主线贯穿整个欧洲的福利政策，但是我们要注意到，欧洲各国的福利制度的具体细节——机制、手段、目标、主体以及运行的结果等——既是历史的偶然选择，又是慎重的政治选择。欧洲委员会（1995，pp. 33-34）根据各国社会保障体系的特点将 1990 年之前的欧盟国家分成了四组。第一组国家是斯堪的纳维亚国家。在这些国家中，社会保障是每个公民的权利，因此是全民覆盖的。社会保障体系由中央集中管理，主要收入来源是国家税收，雇员缴纳的社会保险费用作为补充。第二组国家为英国和爱尔兰。其社会保障覆盖面要稍微小一点，但也基本是全民覆盖。社会保障体系同样是由中央集中管理，但公民的福利待遇要低于斯堪的纳维亚国家公民的福利待遇，并且对享有福利待遇的资格有严格的限制。公共医疗资金全部来源于政府税收，但其他公共支出的大部分来自于雇员和雇主缴纳的社会保险费用。第三组国家包括奥地利、比利时、荷兰、卢森堡、德国和法国。这些国家的社会保障体系是"俾斯麦式"的——以家庭状况和雇佣情况来衡量是否符合社会保障标准，而非以公民身份衡量。这种社会保障体系强调人们收入的来源并且对不同的职业阶层采取不同的标准。其资金来源以雇员和雇主缴纳的社会保险费用为主，以国家税收为辅。第四组国家包括希腊、意大利、葡萄牙和西班牙。这种社会保障体系是"俾斯麦式"收入维持计划和对没有社会保险的人进行独立社会援助的结合体。福利待遇水平低于第三组，覆盖率也是欧盟国家中最低的。

中欧和东欧国家在 1989 年社会主义制度瓦解之前的社会保障体系是在不同的政治、经济、社会环境中发展起来的（Berend，1998；Eichengreen，2007），因此从社会保障支出的数据方面对它们的社会保障体系进行比较是不可行的。仅对西欧国家的数据进行比较也问题重重——不同国家对"社会支出"有不同的定义，甚至同一国家在不同的时期对其定义也不同，收集数据的组织不同，其统计口径也往往不一致。因此在看图 15.1 和图 15.2 时要注意：这两幅图中所引用的数据对社会支出的定义是不同的，但是二者都与 Lindert（2004，pp. 6-7）定义的社会转移支付（包括政府支出、对穷人的基本生活补助、失业补贴、公共养老金、公共医疗、住房补贴等）是一致的。尽管各国对社会保障投入的资源的相对水平有所不同，但是到 20 世纪 80 年代，在所有欧洲国家中社会支出都变得更为重要（见图 15.1）。一开始各国社会支出占 GDP 的比重为 7%～15%，到 1980 年上升到了 20%～42%。从某种程度上说，这是战后经济增长的结果。由于人均 GDP 快速增长（见图 15.4）和基本生活资料变得充裕，食物支出的收入弹性增大了。社会保障体系落入这样一种境地，即处于"黄金时代"的西欧各国的社会支出弹性都大于 1，这就意味着 GDP 每增加 1%，社会支出的增加要大于 1%。

同样在 20 世纪 80 年代，社会支出的增长速度减慢了，GDP 的增速同样也下降了。到 20 世纪末，尽管各国的社会支出弹性有所不同，但是基本都维持在略大于 1 或约等于 1 的水平上。20 世纪 90 年代社会支出占 GDP 的比重上升的速度变慢了（见图 15.2）。原因是多方面的，政府减少社会支出既是为了引起人们对公共财政状况的关注，又是为了防止人们靠救济生活而不去找工作。

有证据表明对单个国家来说，收入水平与社会支出有很强的正相关关系。"对这些国家任何一时点上的横截面数据进行考察都可以发现这种关系。"（Johnson，1999，pp. 133—134）但是，不应由此推断社会支出的增长是经济增长的产物。

欧洲样本中许多国家的情况表明还有许多其他因素影响了社会支出的增长——许多人均 GDP 相近的国家，其社会支出水平却大不相同，这就是历史的偶然性因素造成的了。正如上文提到过的，战后各国的福利制度是在不同的历史条件和不同的思想传统背景下发展起来的。此外，社会福利支出的剧烈变化所带来的时间上和范围上的政治和社会压力在欧洲的不同国家也大相径庭。

结果

长期来看，欧洲国家的社会支出的增长产生了什么效果呢？"福利国家"的建立提高了欧洲人的生活水平吗？有两个指标被广泛用于评价一个国家的福利制度的表现，一个是贫穷的普遍程度，另一个是收入的不平等程度。贫困人口的比例是一个简单而有用的指标，因为它可以很好地说明一个社会对失去工作能力、被动下岗、家庭人口过多的人的保护程度。收入不平等指标可以反映更多的福利问题。富裕的西欧国家中的"贫困家庭"从绝对意义上说可能一点也不穷：它们的衣、食、住、行等基本生活物资充足，甚至要好于发展中国家一般家庭的情况。说其贫穷只不过因为其收入低于其国家的平均水平或中等收入水平，不能完全参与社会活动。因此如果一个国家的收入分配非常不均衡的话，那么就会将一部分人口排除到社会体系之外。Wilkinson（1992）认为当收入达到某个基本值以上时，相对收入水平比绝对收入水平更适合作为衡量公平与否的标准。此外，没有证据表明发达国家的人均收入水平与平均预期寿命有正相关关系，但是平均预期寿命和健康水平与收入分配和社会分层的确相关（Wilkinson，2005；Wilkinson and Picket，2006）。

然而，想得到以上指标的连续一致的统计数据，如同找到不同国家在社会支出方面的一致可比的指标一样困难。现代发展完善的福利制度倾向于使人们纳税后的收入水平和经转移支付调整后的收入水平达到平衡，这也是现代福利制度的一个重要功能（即便不是最重要的）。但是这种调整有时候却起到了相反的作用——将财富从穷人转移到了富人那里，一个典型的例子就是大学教育支出。在大部分欧洲国家，大学教育经费大部分来自政府税收，而有钱人的孩子上大学的比例要高得多。

根据欧洲经济共同体对贫穷的定义，即收入低于该国平均收入的一半，欧洲经济共同体内穷人的比例从 1975 年的 12.6% 增加到 1993 年的 14.7%（Johnson，1999，p.128）。这一趋势与前面图 15.2 中的社会支出增长率下降以及 20 世纪 80 年代收入差距拉大的情况是一致的。也有国家的数据显示社会支出水平越高，贫穷人口就越少。将社会转移支付前后贫穷家庭（收入低于平均收入的一半）的比例进行比较则进一步证实了社会支出对解决贫穷问题的重要性。20 世纪 80 年代中期，转移支付前西欧七国的贫穷家庭的比例为 32%～38%，转移支付后这一比例降至 5%～10%（Bradshaw，1993，p.57）。

借以对收入不平等进行国际比较的历史数据是比较难获取的。这里我们采用 2007 年世界发展指标（World Development Indicators）的数据。世界发展指标提供了 20 世纪 90 年代后期至 21 世纪初大多数国家的数据，1985 年左右的数据由 Mitchell 和 Bradshaw（1992）补充提供。所有的研究数据都是基于卢森堡收入研究数据库得来的，不同时间和国别的数据具有一定的可比性。从表 15.1 中可以得到至少五个信息：第一，社会主义瓦解之前，中东欧国家的收入集中度低于西欧的资本主义国家。第二，柏林墙倒塌以后，东欧国家在转型过程中的收入差距快速拉大。第三，西欧国家的收入不平等状况在 20 世纪的最后一二十年里也迅速恶化了。有证据表明，后"黄金时代"社会支出占国民收入的比重的增速放缓与收入不平等状况（用基尼系数衡量）的恶化有相关关系。也就意味着，转移支付（数量和方向上都有利于穷人）对收入的再分配作用要弱于 20 世纪 80 年代。第四，斯堪的纳维亚国家在利用其税收制度和社会保障体系来维持相对公平的收入分配方面表现良好。在丹麦、芬兰和挪威，2000 年其社会支出占 GDP 的比重为 22%～26%，如果没有实现一个相对平均的税前收入分配，那么就利用税收系统强大的再分配功能。瑞典的净收入分配既有税收效应也有收益效应。第五，在最近的二十几年里，收入不平等程度低的国家（斯堪的纳维亚国家）和收入不平等程度高的国家（葡萄牙、英国）之间的收入差距在加大。这表明社会福利制度使得国内的收入分配更加平均化，从而加大了国家间的收入不平等程度。

表 15.1　　收入不平等情况：基尼系数（税收和经转移支付调整后的名义收入）　　（%）

	1985	2000
阿尔巴尼亚	—	29.1
奥地利	—	29.1
比利时	—	32.9
波黑	—	26.2
保加利亚	23.4	34.3
克罗地亚	22.8	29.0
捷克共和国	**19.4**	25.4
丹麦	—	**24.7**
爱沙尼亚	23.0	35.8
芬兰	—	26.9
法国	30.0	32.7
德国	25.0	28.3
希腊	—	34.3
匈牙利	20.9	26.8
爱尔兰	—	34.3
意大利	**31.0**	36.0
拉脱维亚	22.5	37.7
立陶宛	22.5	31.8
南斯拉夫的马其顿共和国	—	39.0

续前表

	1985	2000
荷兰	26.0	30.9
挪威	—	25.8
波兰	25.2	34.5
葡萄牙	—	38.4
罗马尼亚	—	30.2
苏联/俄罗斯	23.8	**45.6**
斯洛伐克	19.5	25.8
斯洛文尼亚	23.6	28.4
西班牙	—	34.7
瑞典	21.0	25.0
瑞士	—	33.7
英国	28.0	36.0

注：表中数据分别为（或最接近）1985 年和 2000 年的数据，最小值和最大值用粗体标出。基尼系数越低，表明收入分配越公平；基尼系数越高，表明收入分配越不公平。基尼系数为 0，表明收入分配绝对公平（每个人收入相等）；基尼系数为 100%，表明收入分配绝对不公平（一人独占所有收入，其他人没有任何收入）。

资料来源：World Development Indicators（April，2007）、Mitchell 和 Bradshaw（1992）。

生活水平的指标分解

衡量生活水平变化的指标——HDI

HDI 可以很好地概述历史上生活水平的变化。它通过将重要的物质财富、寿命、知识水平等纳入一个指标中来测量生活质量。每一个要素的取值范围都在设定的最小值与最大值之间。[1] 不过，HDI 也有缺陷，比如它没有考虑经济不公平、人权等重要问题。1990 年开始，联合国每年都会公布几乎所有国家的 HDI 数据。

HDI 是一个衡量发展水平的相对指标。如果一个国家的人均 GDP 达到 40 000 国际元（以 2000 年购买力衡量），平均预期寿命达到 85 岁，大中小学教育普及率均达到 100%，成人识字率达到 100%，那么这个国家的得分为 1。表 15.2 列示了欧洲 19 个国家若干年份的 HDI 数据。

1950—2003 年，整个欧洲的 HDI 均值提高了近 30%（从 0.699 到 0.905），但是各国间 HDI 的差距缩小了，从其方差可以看出（从 0.119 减小到 0.053）。

此外，国家排序也发生了变化。这表明 HDI 是一个可比指标。例如，我们可以认为 1950 年的英国（HDI＝0.774）就达到了中国 2004 年（HDI＝0.768）才达到的发展水平，葡萄牙 1950 年的情况与孟加拉国 2004 年的情况相同，其 HDI 都为 0.530。

表 15.2　　　　　　　　　　　　欧洲各国的 HDI

1950		1975		2003	
丹麦	0.786	瑞士	0.873	瑞典	0.957
荷兰	0.784	瑞典	0.864	挪威	0.950
瑞士	0.782	荷兰	0.862	瑞士	0.935
瑞典	0.780	丹麦	0.862	芬兰	0.934
挪威	0.776	挪威	0.859	爱尔兰	0.929
英国	0.774	法国	0.845	意大利	0.929
德国	0.744	英国	0.841	奥地利	0.928
法国	0.729	比利时	0.840	荷兰	0.927
比利时	0.727	芬兰	0.839	法国	0.926
奥地利	0.720	德国	0.837	比利时	0.926
芬兰	0.707	奥地利	0.836	英国	0.924
爱尔兰	0.698	意大利	0.826	丹麦	0.924
匈牙利	0.682	西班牙	0.810	西班牙	0.921
意大利	0.668	爱尔兰	0.807	德国	0.919
波兰	0.657	波兰	0.790	葡萄牙	0.867
西班牙	0.627	匈牙利	0.788	波兰	0.856
保加利亚	0.607	保加利亚	0.774	匈牙利	0.854
葡萄牙	0.530	罗马尼亚	0.763	保加利亚	0.803
罗马尼亚	0.510	葡萄牙	0.727	罗马尼亚	0.784
均值	**0.699**		**0.823**		**0.905**
方差	0.119		0.048		0.053

資料来源：作者的计算及 Crafts（2002a）。

当然这同时也暴露了 HDI 的缺陷，事实上存在着很多原因使得人们不愿意将这些国家在这段时间的发展与其他国家的发展画上等号。如果将 0.8 设为临界值，那么 20 世纪 50 年代整个欧洲都属于"中等发达国家"（根据 2006 年的《人类发展报告》），任何一个国家（至少在 19 世纪）都不能被划分为"欠发达国家"——因为所有国家的 HDI 都超过了 0.5。到 1975 年，大部分欧洲国家都迈入了"发达国家"行列（HDI 大于 0.8），只有葡萄牙和一些东欧国家的 HDI 低于 0.8。到 2003 年时，除西班牙和东欧国家外，大部分国家的 HDI 甚至超过了 0.9。今天，用 HDI 来衡量人们生活水平的变化不再那么可靠了，因

第15章　人口与生活水平（1945—2005年）

为现在物质资料的增长（HDI 中用人均 GDP 计量）、知识水平（现在的欧洲几乎人人都能上大学，成人识字率也早就达到了 100％）等已不足以说明生活质量的情况了，而且寿命与收入也不存在线性的关系。因此，需要找到一个能更加准确地衡量生活水平的指标来替代 HDI。

过去的 50 年里，欧洲各国的 HDI 排名变化很大，例如，爱尔兰从 1950 年的第 12 名上升到 2003 年的第 5 名，丹麦却从 1950 年的第 1 名降至 2003 年的第 12 名。不过，2003 年的排名远不如 1950 年的排名那么有价值了，因为 2003 年整体方差变小了，第一名和最后一名的差距微乎其微。HDI 方差的缩小似乎可以表明欧洲人的生活水平也趋于一致。

HDI 的地区差异

如果将各个欧洲国家的 HDI 按地区汇总，那么就会发现战后欧洲生活水平的发展有三条不同的轨迹。[2] 1950 年时，西北欧明显比东欧和南欧发达（见图 15.3）。之后南欧的发展主要经历的是趋同的过程。

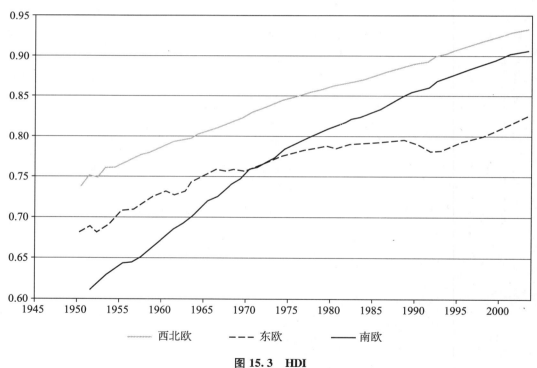

图 15.3　HDI

资料来源：同表 15.2。

南欧的 HDI 增速远远快于西北欧，它们之间的差距也从 0.16 下降到了 0.03。

东欧的 HDI 的发展趋势与其他地区完全不同。1950—1965 年，东欧的 HDI 增速非常快，比西北欧的速度还要快一点。1965 年以后，速度显著放

经济科学译丛 / 剑桥现代欧洲经济史：1870年至今

慢，20 世纪 80 年代后期，进一步下降，直到 20 世纪 90 年代才开始反弹（1991—2003 年）。是什么因素造成了这种变化？我们又该如何解释南欧生活水平的快速提高，以及东欧的相对比较"失败"的发展路径呢？要回答这些问题首先就要对 HDI 进行分解，分别考察收入（见图 15.4）、寿命、知识的发展趋势。

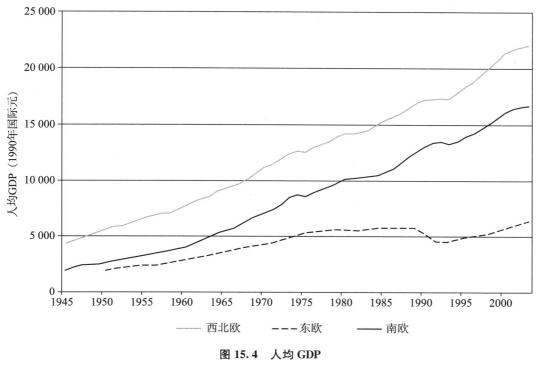

图 15.4　人均 GDP

资料来源：Maddison（2007）。

HDI 各要素的地区分析

收入

　　就物质生活水平而言，南欧与西欧和北欧之间的趋同被 HDI 中的收入部分所放大，这就使得增长相对于较高的收入水平打了折扣。Maddison（2007）分析原始数据发现，各国收入一直在增长且人均 GDP 趋向一致。到 1950 年时，南欧国家的人均 GDP 达到了西北欧国家的 46％，2003 年达到了西北欧国家的 75％。

　　东欧国家的人均 GDP 的发展轨迹与其他地区不同。西北欧的人均 GDP 的年均增长率为 2.6％，南欧的人均 GDP 的年均增长率为 3.6％，东欧的人均 GDP 的年均增长率则为 2.3％。与 HDI 一样，我们可以将东欧的人均 GDP 划分为三个阶段。1950—1979 年，东欧人均 GDP 的年均增长率为 3.8％，但是 1979 年以后收入增长停滞了，20 世纪 90 年代初人均 GDP 甚至有所下降。1979—

1993 年东欧的人均 GDP 的年均增长率为 -1.2%，1994—2000 年又恢复到 3.2%。直到 2000 年人均 GDP 才又恢复到 1979 年的水平。

19 个欧洲国家经济增长的不同起始时间和速度将收入的趋同与离散过程划分成了三个阶段（见图 15.5）。

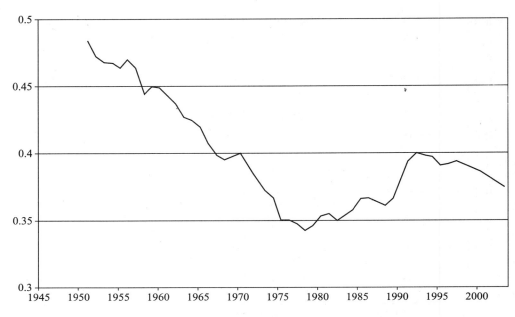

图 15.5　人均 GDP 的方差

资料来源：同图 15.4。

第一个阶段是 1950—1978 年，这一时期人均 GDP 的方差急剧下降。1978—1993 年是第二个阶段，该时期国家间的收入差距变大，到 1993 年基本回到 1965 年的水平。1993 年以后方差又开始下降，尽管速度比过去慢了不少。这主要是由于"黄金时代"以后东欧的发展速度慢于其他国家。

在本卷的其他章节（例如第 12 章、第 13 章）我们讨论了为什么"黄金时代"西欧国家的经济能够快速增长，为什么东欧国家的经济一开始增长迅猛，甚至有超越西欧的势头，但是在后"黄金时代"却几乎停滞了。在这里可以肯定的是，东欧社会主义时期的中央计划经济在 20 世纪 70 年代以后都是失败的，其不单使经济停滞、人民生活水平和收入水平下降，而且导致了其社会主义制度的瓦解（Dobrinsky, Hesse and Traeger, 2006, p.1）。

尽管人们的劳动时间减少了，但西欧的平均绝对和相对物质生活条件却都大大改善了。1992 年由于劳动生产率的提高，人均劳动时间比 1950 年大幅降低了（见图 15.6），因此人们有更多的时间和财力来从事喜欢的事情，福利水平也由此提高了，而这是人均 GDP 和 HDI 指标无法体现的。

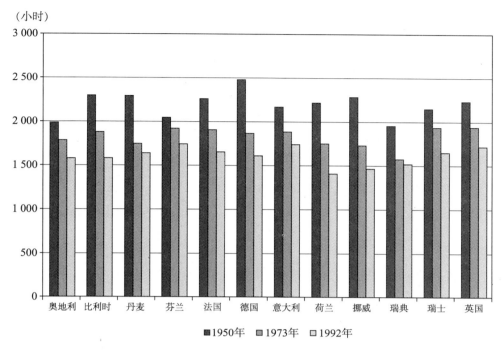

（小时）

图 15.6　劳动者平均每年的工作小时数

■1950年　▨1973年　□1992年

资料来源：Crafts（1997，p. 316）。

平均预期寿命

战后人类平均预期寿命的提高很大程度上得益于抗生素的使用和广泛的免疫接种（Mesle，2004，p. 46）。1950—2002 年，西北欧的平均预期寿命增加了至少 10 岁。南欧的平均预期寿命增幅更大，达到 16 岁。

最近，西北欧和南欧的平均预期寿命的差距已经很微小了。但是东欧的平均预期寿命数据却令人震惊，特别是当与欧洲其他国家比较的时候。1950 年东欧和南欧的平均预期寿命差不多，增速也差不多，但是到 20 世纪 60 年代二者选择了不同的发展道路后情况发生了变化。1973—1991 年，东欧平均预期寿命的增加为 0，1997 年以后才开始有所增长。2003 年时，西北欧和南欧的平均预期寿命超过 78 岁，东欧仅为 72 岁（见图 15.7）。

从国别和年龄段的角度进行分析可以发现几个有趣的特点。以匈牙利为例，1950 年其男女平均预期寿命都是 62 岁，到 2003 年增加到 72 岁。但是 1950—1996 年，十岁以上男性的平均预期寿命每年都在下降（与此同时，女性的平均预期寿命在增加）。1996 年十岁以上男性的平均预期寿命低于 1950 年和 1975 年十岁以上男性的平均预期寿命。这与西北欧和南欧地区的情况完全不同，因为这两个地区都没有显示存在对应年龄段的人口的平均预期寿命下降的现象。我们接下来会重新讨论这一点。

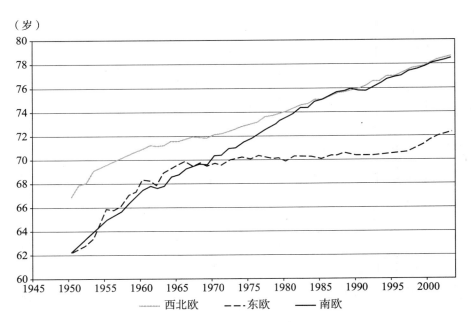

（岁）

图 15.7　平均预期寿命

资料来源：根据 Rothenbacher（2005）和世界发展指数（2003）计算得到。

教育

在 HDI 中的教育指数中，入学率占三分之一的比重，成人识字率占三分之二的比重。在这一方面，东欧国家得分还比较高，与西北欧只有很小的差距（见图 15.8）。由于葡萄牙的影响——其初始教育水平很低，后来发展极其迅速，南

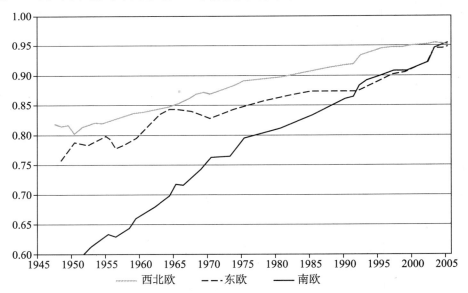

图 15.8　教育指数

资料来源：根据 Flora（1986）、Mitchell（2003）和世界发展指数（2007）计算得到。

欧地区的教育以很快的速度赶超西北欧。但是我们要认识到入学率和识字率只是评价人力资本的最基本的指标，仅包含这两项的 HDI 的趋同可能不能反映真实情况。比如，如果采用更高级的指标——人均发表的科学论文数——来比较，那么西北欧的文化程度大约是东欧国家的 7 倍。

人口变化的原因和结果

死亡率下降的原因

总体来说，第二次世界大战后欧洲的死亡率显著下降。西北欧和南欧的平均预期寿命按照战前的趋势继续延长，男性与女性的平均预期寿命比战前延长了9~18岁（见表 15.3）。南欧与北欧的差距明显缩小，但东欧的平均预期寿命的延长幅度比较小。比如西班牙、葡萄牙在 1950 年的平均预期寿命还比较短，但此后迅速延长。死亡率的下降主要是因为抗生素的使用（战前人们还没有发现抗生素）、更好的饮食（得益于经济的发展），以及心血管疾病发病率的降低。

促使死亡率下降的因素中很重要的一个是抗生素的广泛使用，它降低了成人的死亡率。战后成人死亡率本身就相对较低，因为传染病的死亡率降低了——在战争年代，这是造成成人死亡的主要原因。婴儿死亡率的下降幅度更大。

表 15.3	欧洲各国的平均预期寿命	（单位：岁）
	1950	2005
西欧		
比利时	64.68	79.48
法国	66.57	80.21
德国	66.51	78.93
瑞典	71.97	80.55
瑞士	68.69	81.24
英国	68.80	78.95
南欧		
希腊	65.08	78.99
意大利	65.55	80.33
葡萄牙	59.12	78.07
西班牙	62.15	80.57
东欧		
保加利亚	n/a	72.56
捷克共和国	64.63	75.91
匈牙利	62.13	72.85
波兰	61.57	75.00

注：1950 年的数据是将 1950 年前后几年的数据进行平均得到的。

资料来源：根据 Rothenbacher（2005）和世界发展指数（2007）计算得到。

表 15.4 显示 1950 年时各国新生儿一岁内的死亡率差异很大，瑞典是 21 人/千人，而波兰是 108 人/千人，到 2003 年则分别降至 3 人/千人和 6 人/千人。原因如下：首先，生育率下降意味着平均每个孩子的出生年月序列都比以往要靠后，而且在生每个孩子时母亲的年龄也延后了，这两者都有助于降低婴儿死亡率。其次，婴儿和儿童死亡率的降低也是政策因素造成的，比如，东西欧都建立了许多国有的专科医院。这在很大程度上抵消了城市化进程（通常与 GDP 增长有关）的差异的影响，所以也可以说婴儿死亡率跟 GDP 增长关系不大。最后要提到的是近期老年人的平均预期寿命的延长，这对人口的年龄结构有一定的隐含意义（下文会提到）。

表 15.4　　　　　　　　　　　欧洲各国新生儿一岁内的死亡率　　　　　（单位：人/千人）

	1950	2005
西欧		
比利时	53.4	4
法国	43.5	3
德国*	55.7	4
瑞典	21.0	3
瑞士	31.2	4
英国	31.2	5
南欧		
希腊	35.4	4
意大利	63.8	4
葡萄牙	94.1	4
西班牙	64.2	4
东欧		
保加利亚	45.0 (1960 年)	12
捷克斯洛伐克**	64.1	3
匈牙利	85.7	7
波兰	108.0	6

注：* 不包含德意志民主共和国 1950 年的数据。
** 不包括斯洛伐克 2005 年的数据。
资料来源：世界发展指数（2007）。

但是东欧国家政府在降低心血管疾病的死亡率方面做得不够好，这是导致东西欧之间平均预期寿命差异的重要原因（Mesle，2004，p.66）。20 世纪 60 年代中期到 20 世纪 90 年代中期西欧和南欧的死亡率大幅度下降的时候，东欧的死亡率却没有显著下降（见表 15.5）。例如，在 1965—1995 年，西欧和南欧 30～59 岁男性的平均预期寿命延长了 1.2～1.3 岁，而东欧不仅没有延长，反而缩短了 1.41 岁，苏联更严重，缩短了 4.52 岁。

表 15.5　　　　　1965—1995 年各年龄段的死亡率对平均预期寿命的影响程度　　（单位：岁）

年龄段	地中海地区	南欧	东欧	苏联	全欧洲
男性					
0～1 岁	1.93	1.23	2.13	0.54	1.30
30～59 岁	1.23	1.29	−1.41	−4.52	−1.25
总体	6.69	5.59	1.31	−6.26	0.74
女性					
0～1 岁	1.68	1.02	1.95	0.48	1.21
30～59 岁	1.23	0.98	0.33	−1.21	0.21
总体	7.73	5.56	4.07	−1.98	3.37

资料来源：Mesle 和 Vallin (2002, p.171)。

苏联/俄罗斯的平均预期寿命数据是个特例，当 1985—1986 年戈尔巴乔夫提高伏特加的价格后，因酗酒而引起的死亡人数明显下降了。这一时期男性的平均预期寿命延长了 3 岁，女性的平均预期寿命延长了 1 岁。在 1991—1994 年的经济危机期间，男女的平均预期寿命也分别延长了 5.7 岁和 3 岁（Mesle and Vallin，2002，p.175）。换句话说，心血管疾病的减少取决于人们的行为的改变。

这种变化在西欧和南欧都曾发生，但是东欧却没有——苏联就是很好的例子，由于政府对此关注不够，直到现在，其吸烟人口的比重仍然很高，事故和杀人事件频发。

当然也有其他因素导致东欧的平均预期寿命延长缓慢。除了捷克斯洛伐克、苏联、民主德国，大多数东欧国家在第二次世界大战后仍然以农业经济为主，所以它们通过人为地将劳动力和生产资料转移到工业和采掘业以实现工业化（Eichengreen，2007，ch.5）。当 20 世纪 50 年代中期至 20 世纪 70 年代中期发达的西欧国家开始"去工业化"进程时，苏联、捷克斯洛伐克、民主德国和其他东欧国家还在郑重其事地追求工业化。结果，到 1971 年，捷克斯洛伐克、匈牙利和波兰的工业劳动力占比分别从 37%、23%、23% 上升到 48%、45%、34%，相当于英国 20 世纪初的比例。工业中的很多工作需要体力劳动，而相对西欧来说，东欧在安全、健康、环境保护方面的立法和措施都要差得多。东欧随后的平均预期寿命的延长也正是在 1989 年限制工业化以后发生的。

生育率的变化

第二次世界大战以前欧洲大部分国家的生育率都开始下降了。总的来说，第二次世界大战期间，除了英国、法国、斯堪的纳维亚国家外，其他国家的生育率继续下降。战后出现生育率的小幅抬升基本上是因为战争使很多孩子的出生时间延后了。欧洲并没有像美国、加拿大、澳大利亚、新西兰那样出现"婴儿潮"。1960 年之前生育率一直在缓慢提高,之后就开始下降,最终稳定在一个很低的水平上(从表 15.6 可以看出)。

表 15.6　　　　欧洲各国的总生育率（每位母亲平均生育的孩子数）　　　　（单位：个）

	1950	2005
西欧		
比利时	2.35	1.72
法国	2.93	1.92
德国	2.10*	1.36
瑞典	2.28	1.77
瑞士	2.40	1.42
英国	2.69（1960 年）	1.80
南欧		
希腊	2.46（1951 年）	1.28
意大利	2.49	1.32
葡萄牙	3.08	1.40
西班牙	2.48	1.33
东欧		
保加利亚	2.34（1960 年）	1.31
捷克斯洛伐克	2.08	1.28**
匈牙利	2.02（1960 年）	1.32
波兰	2.98	1.24

注：* 不包含德意志民主共和国 1950 年的数据。

** 不包括斯洛伐克 2005 年的数据。

1950 年的数据是每个妇女在育龄期间实际生育的孩子数，2005 年数据则是女性预期在育龄期间将要生育的孩子数。二者没有本质上的差别。

资料来源：世界发展指数（2007）。

虽然近期欧洲生育率有所提升，但是生育率要达到 2 以上才能维持人口的长期自然增长，到截稿时止，所有国家的生育率都达不到这个水平。20 世纪 90 年代，只有 15％的人口来自自然增长，85％的人口是靠移民增加的。

度量

出生预期寿命是指考虑了一个新生儿在各个年龄段面临的死亡率后计算出的存活时间。这是一个所谓的期限度量。期限度量法是比较抽象的，不会考虑未来死亡率的变化，因为它只有在人死了以后才能获知。同样，表 15.6 中的总生育率是指按照现在的生育率平均每位母亲一生将会生育的孩子数。例如，我们不知道现在生育率低的女性将来是否会因为面临更大的理想家庭规模而提高其生育率，当然这是人口统计学家所不希望发生的。

20 世纪 30 年代，有预测称大部分国家的生育率会显著下降，然而直到 20 世纪 60 年代，这种预测才成为事实。

生育率下降的原因

这里我们关注的是总生育率的下降。生育率往往会受到短期经济波动（比如贸易周期）的影响，而受长期经济波动的影响较小。表 15.6 中的数据显示生育率的下降是整个欧洲的现象，因此我们会忽略掉那些仅与个别国家相关的影响因素。考察生育率下降与孩子的教育成本、宗教信仰、雇用童工的情况等因素的关系可能会得到想要的结果，但是，欧洲国家这些因素的差异相较于它们生育率本身之间的差异来说太大，并不适合研究。同样，避孕措施尤其是避孕药的使用也是一个有说服力的解释，但实际上很少有使用避孕药的国家（1950—1980 年，在大多数东欧国家，堕胎很普遍，也不违法）其生育率也下降了。这说明相对于人们为防止怀孕所采取的手段来说，不要孩子的意愿才是更重要的影响因素。此外，人们看待性和生育的态度有很大不同，更多有效的避孕方式的发明提高了人们的性交频率。

在考察战后欧洲生育率的一般长期变化时，我们需要引入一个不那么精确的"现代化"的概念。关于现代化我们所了解的很少：城市人口比重提高；大众传媒的发展使人们更加关注其他地区和偏远农村的人们的状态；女性受教育的程度提高，参加工作的比例也提高了。到此为止，一切都很好。可是这里却有一个悖论：如果说孩子是耐用消费品的替代品，那么为什么随着家庭收入的增加，生育率却是先升（20 世纪 60 年代中期之前）后降？

最常见的解释是收入、女性的工作意愿和社会地位之间的关系导致了以上情况。假定女性最理想的状态是既能养育孩子，又能参加工作。在 20 世纪 50 年代，当大多数女性都处于已婚状态时，一方面，由于收入增加，仅靠一个人的收入就可以满足一个家庭的需要；另一方面，女性的工作机会很少并且待遇不高。在这样的条件下，女性养育孩子的收入和社会地位方面的机会成本就很低。

但是到 20 世纪末，劳动市场发生了变化。一些女性职业，尤其在服务领域，所提供的薪水和社会地位很高。一个养育两个或三个孩子的女人在其职业生涯上是很难取得什么成就的。养育孩子的成本是很高的：在法国，30 岁前生两个孩子的女性其终身收入会下降 25%，在英国这一数字为 50%。表 15.7 给出了 2006 年欧洲一些国家的女性参加工作的情况。

表 15.7	2006 年欧洲各国 15～64 岁的女性参加工作的情况	（%）
	全职	兼职
西欧		
比利时	38.5	20.4
法国	49.3	14.6
德国	41.7	26.8
瑞典	69.3	14.7
瑞士	40.0	34.1
英国	43.0	27.3
南欧		
希腊	47.9	7.1
意大利	35.9	14.9
葡萄牙	59.4	9.0
西班牙	48.1	13.0
东欧		
捷克共和国	58.9	3.4
匈牙利	53.6	2.3
波兰	47.6	9.2

资料来源：OECD（2007b）。

有人对这一解释提出了批评，其理由是该解释适用于北欧，但却不适用于南欧。比如意大利和西班牙的生育率非常低，但是其女性参加工作的比例也很低（见表 15.7），可能对这些国家来说，用其女性参加工作的比例的增长率来解释更有说服力。此外，可能我们只看到了人们的行为的结果，而忽视了文化差异。要重申的一点是，我们从没有说女人不生孩子是因为想工作。对大多数女性来说，同时拥有孩子和工作要比做一个纯粹的家庭主妇幸福得多。

总体来说，女性参加工作的比例比较高（西欧国家的这一比例达到了 60%～80%），而几乎每个有工作的女性都有一个或两个孩子。

从事兼职工作的女性的比例各国差异比较大，这也反映了不同国家养育孩子的成本与质量的差异。

第二次世界大战后女性生孩子的时间也发生了变化。首先，分娩时间压缩了。其次，女性完成生育的年龄表现出了两极分化的趋势——在她们很年轻时或者在职业稳定以后（前者更为普遍）。现在，欧洲 20% 的已婚妇女没有孩子（并不都是出于自愿选择），80% 的已婚妇女只有一个或两个孩子。因此是拥有三个或四个以上的孩子的家庭的减少造成了现在的低生育率。1950 年以后家庭的成员也发生了很大变化，20 世纪 50 年代，大部分家庭由丈夫、妻子、孩子组成，而且孩子基本都是婚后所生。但是最近几年里，单亲家庭增多了。由于"同居"（非婚异性伙伴关系）现象的增多，孩子们可以早早就离开家，而未婚情侣的生育率要低于已婚夫妻的生育率。此外，除了英国，大部分欧洲国家因滥交而导致的非婚生孩子也很少。

人口变化的结果：年龄结构的改变

有两个原因导致了近年来的人口老龄化：一个是新生儿减少；一个是死亡率，尤其是老年人死亡率的降低。南欧的老龄化速度最快，主要是因为过去的生育率相对较高，所以现在老年人比较多。2004年欧盟25国65岁人口剩余的平均预期寿命为男性15.9岁、女性19.5岁（Carone and Costello，2005）。理论上这会增加"被赡养者"相对于"生产者"的人数。2000年欧洲15～64岁人口的数量是65岁以上人口的四倍，到2025年时将降至三倍（见表15.8）。但是我们这里定义的"依存关系"可能不太准确。比如老年人不能从事的制造业的劳动力需求有所下降而老年人可以参与的服务业的比重在上升。换句话说，人口在老龄化，但是工作参与率在上升。举例来说，英国男性的工作参与率自1931年以来就在下降，它的变化是人口年龄分布变化的两倍（Johnson，1997，p.1898）。此外，许多老年人拥有很高水平的人力资本，这点至关重要。

表15.8   **15～64岁的人口与65岁以上的人口数量的比值**

	1960	1980	2000	2025
法国	5.32	4.57	4.24	3.12
德国	6.25	4.27	4.24	3.01
意大利	7.04	4.98	4.02	2.9
西班牙	7.81	5.88	4.39	3.38
瑞典	5.52	3.94	3.72	2.6
英国	5.56	4.26	4.24	3.12

资料来源：OECD（2007b）。

一般来说，老年人的工作参与率的提高并不是导致年轻人失业的原因。主要由于很多年轻人的人力资本水平比较低，年轻人失业几乎是每个欧洲国家共同面临的问题。同时，人口的老龄化并没有导致教育支出的减少，虽然它本身应该减少。这一现象的原因是人们对教育的期望值升高了。例如，在大学教育方面的支出就有了很大的提高。

最后，关于欧洲人口的老龄化将会导致经济增长放缓的可怕预言并没有应验。凯恩斯等学者曾主张人口老龄化将会导致储蓄率的降低进而影响投资规模。但是像我们所知道的那样，第二次世界大战后支持经济增长的最重要因素是TFP。换句话说，经济增长率主要决定了投资率，而非投资率决定经济增长率。

养老金反而是一个挑战

在战后欧洲普遍实行的所谓"现收现付"养老金计划下，现在工作的人缴纳的养老金被支付给已退休的人，而他们的养老金将由未来工作的人来负担。在私人退休金计划中是没有储备资金的。这种养老金计划在 20 世纪 50 年代至 20 世纪 60 年代时非常普遍。理由很简单：政治家愿意提高当前的养老金水平，因为现在领取养老金的人数较少，而且他们贡献率低，所以以相对较低的养老金支出就可以取得选民的支持。大多数欧洲国家在 20 世纪 50 年代至 20 世纪 60 年代的养老金计划中进账的增长要快于支出的增长，这样即使不提高税收，养老金也会增加。比如法国和意大利，许多（而不是全部）工人在其 60 岁退休后可以领到相当于他们与物价水平挂钩的平均工资的三分之二的养老金。

等式 $W(\%t \times y) = P(\%p \times w)$ 是一个现收现付养老金计划模型。W 代表劳动力规模；P 代表领取退休金的人数；$\%t$ 代表贡献率；$\%p$ 代表替代率（养老金占平均收入的比例）；y 代表平均收入；w 代表平均工资。该模型表明，如果劳动力规模（W）下降（比如由于人口老龄化），那么只有当贡献（$\%t \times y$）上升或者养老金价值（$\%p \times w$）下降时，养老金水平（P）才可以维持不变。GDP 的上升不能解决这个问题，因为 GDP 上升会导致平均工资（w）上升，从而导致养老金上升。这个等式解释了为什么改变退休年龄是解决养老金不足的问题的最好办法。德国和斯堪的纳维亚国家已经改变了退休年龄，同时稍稍提高了贡献率。但是目前所有国家都没有放弃现收现付制，因此养老金取决于个人贡献率。在这种制度下，纳税人现在缴税（即他们的"贡献"），但是将来却不一定能得到足额的养老金。此外，在私人养老计划下，政府必须向那些没有储蓄的穷人支付养老金。因此除了英国，许多国家都希望改变目前这种现收现付制度。英国在 1948 年引入现收现付制养老金计划时，国家养老金账户资金不足，而且随后又受到通胀的打击，因此个人养老金在英国是主要的保障方式。这样就使英国政府所面临的养老金问题要小得多。

移民

战后初期，欧洲的移民主要是难民和因战争而流离失所的人。联邦德国是接受移民最多的国家，其接受的移民主要来自东欧。到 20 世纪 50 年代时，工人成为移民的主力。20 世纪 70 年代达到顶峰时，移民数量为 300 万人（净流入为 150 万人）。到 1973 年，德国 12% 的劳动力是外国移民，法国的这一比例也达到 10% 之多。

该时期的移民热很好解释："黄金时代"的经济增长导致劳工缺乏，而迁移的成本又比较低。国内的劳动力供应很难在短时间内快速增长——通过提高劳动参与率或改变劳动者结构（使劳动者从生产率低的部门转到生产率高的部门）不足以抵消 20 世纪 30 年代低生育率和战争中丧失的人口的影响。"黄金时代"对劳动力需求的增加有大约 10% 是由移民满足的。

　　在最初的欧洲经济共同体六国中，除了收入相对较低的意大利外，其他几国的移民都不受控制。不过，欧洲经济共同体以外国家的居民想移民进入欧洲经济共同体国家是受到绝对控制的。移民者签订了固定期劳动合同后才可移民。从 1950 年开始，工人主要是从土耳其、南斯拉夫、葡萄牙、希腊、北非、西非、西班牙和意大利（在其 1958 年加入欧洲经济共同体之前）等国家雇用的。20 世纪 60 年代联邦德国的"客籍工人计划"（德文为 Gastarbeiter）是最为出名的，尽管它比法国和其他国家的类似计划提出得要晚（1961 年柏林墙建立起来后，联邦德国就开始依靠民主德国的移民提供劳动）。这些计划都假定如果一国的劳动力需求下降，那么这些移民工人就会回到他们的家乡。到 20 世纪 70 年代，由于经济增速放缓，欧洲经济共同体国家停止从上述劳工输出国雇用工人，但是那些原本的临时工人却不愿意回国。由于将他们驱逐回国从政治上来说是不可能的，于是许多欧洲政府，尤其是联邦德国政府，除了给这些临时工人永久移民的身份之外别无选择。结果，这就意味着到 20 世纪 70 年代和 20 世纪 80 年代，它们所接纳的需要赡养的移民比工人移民还要多。不过英国是个例外。英国没有客籍工人和与其类似的移民工人，但由于对爱尔兰移民不设限，因此 20 世纪 50 年代到 20 世纪 60 年代来自爱尔兰的移民很多。

　　移民人口往往比较集中，来自土耳其和南斯拉夫的大部分移民都移往了德国。这种集中效应主要是由三个因素引起的：首先，招工者对某个国家或地区的工人的偏好；其次，"连锁移民"现象，即移民充满了不确定性，而先移民的人所掌握的劳动市场的信息相对更多一些；最后是殖民地联系。法国的殖民移民主要来自北非，英国的殖民移民主要来自印度次大陆和加勒比海地区，荷兰的殖民移民主要来自加勒比海。对这些来自过去殖民地的少数民族移民的处理问题是一个很大的政治问题。迫于政治压力，很多国家都改变了其殖民地居民的地位。例如 20 世纪 60 年代之前，英国规定，任何出生在英国土地上（包括 1947 年解放之前的印度和巴基斯坦等地）的人都属于英国公民，并且有权在英国本土居住和工作。但是在 20 世纪 60 年代种族关系趋于紧张，即使持有英国护照，但如果其父母没有出生在英国，那么其也不能拥有这项权利。

　　20 世纪末移民形式发生了很大变化（见表 15.9）——移民率提高了。从南（比如非洲）到北的移民大幅增加。意大利、西班牙、葡萄牙等南欧国家由移民净流出国变为移民净流入国。来自东欧的大量移民涌入是在预料之外的。

表 15.9	1991 年和 2006 年各国的人口净流入情况	（单位：千人）
	1995	2006
西欧		
比利时	1.3	4.8
法国	0.6	1.5
德国	7.5*	0.3
瑞典	2.9	5.6
瑞士	—	3.4
英国	1.3	2.6
南欧		
希腊	11.7*	3.6
意大利	0.1	6.4
葡萄牙	7.2	2.5
西班牙	1.6	14.6
东欧		
捷克共和国	−5.5	3.4
匈牙利	1.7	0.4
波兰	−0.4	−0.9

注：除标示负号的外，其他都为净流入。

＊排除政治因素。

资料来源：Eurostat、Demographic Yearbook（2004，2007）。

到欧洲寻求政治避难的移民增加而从欧洲迁出的移民减少。这些趋势很容易解释。因为大多数欧洲经济体对劳动力的需求仍在不断增长，而其劳动市场结构却存在问题。所有国家的人口自然增长率都为负。同时，欧洲各国仍然严格限制非欧洲籍的移民。结果进入欧盟的合法途径要么是成为其公民，要么是得到工作许可（这种方式越来越多，且仅限于技工）或寻求政治避难。

经济理论假定，在没有针对移民、贸易、资本流动设置的壁垒的情况下，移民是为了在本国或目的国得到工作机会，而这是由资本的相对过剩决定的。在其他条件不变时，劳动力流向资本便宜的地方，而资本流向劳动力廉价的地方，直到均衡为止——这就是所谓的生产要素价格均衡（理论上，资源相对过剩在研究中是非常重要的，但它与近年来欧洲的移民现象并不相关）。20 世纪末，欧盟商品的自由贸易和其资本的自由流动使得人们的真实工资水平差距减小。因此我们可以预计，跨欧盟边境的净移民流入率是很低的并且事实也确实如此，虽然总移民数仍然很高。

并且，世界大部分国家的劳动和资本的产出率要低于发达国家，所以其移民率也比较高。但是欧盟成员国对劳动力流动所规定的期限只有六年。到本章写作时，波罗的海国家和波兰的移民如果没有工作签证，那么就只能进入英国、爱尔兰、瑞典，保加利亚人和罗马尼亚人连这些国家也进入不了。许可证基本上只签发给有技术的工人及其家属，因此到 20 世纪末时，非欧盟籍移民的平均技术水平有所提高，欧盟内部的移民数量减少了。

显然，移民的结构在很大程度上是由主要移民流入国的劳动市场决定的。三大吸纳移民的传统部门中有两个（农业和制造业）衰落了，只有建筑业仍然需要大批移民劳动力。高端服务领域通常通过招聘新员工（有时从跨国公司内部招聘）来满足其对熟练工的需求，对工人需求最多的还是低端服务行业，尤其是在富裕的大城市。因此这些服务通常由来自欧盟国家的非熟练工人以及非法移民来提供。当地劳动者通常不会从事这些低生产率的工作，因为他们的保留工资水平太高，而移民要求的工资水平则要低得多。当然，其中也有国内劳动力市场结构的原因。由于工业的衰落，许多老工人的技艺过时了，以致他们很难在服务行业找到合适的工作。在一些国家，像是英国，他们不能再从事繁重的劳动，只能靠领取社会保险金来维持生计。此外，一些欧洲国家的年轻男性缺少劳动市场所需的技能（女性的比例要低一些）。在一些衰落的工业城市和农村地区，男性人口所占的比例远远高于女性人口，这主要是因为大部分年轻女性都到大城市打工去了，而这些没有技术的男性只能留在当地。

其他一些结构性因素，如次级劳动力市场的规模也会对移民率产生影响。非法移民因为无法获得社会保障卡，只能在非正规经济部门工作，每个欧洲国家都存在这种情况，但是在葡萄牙、西班牙、意大利、希腊等非正规劳动力市场发达的国家，这些非法移民则更多。雇主要缴纳的社会保险费用会使其支付的工资成本增加 $50\% \sim 100\%$，因此他们愿意雇用工资水平较低的非法移民（使非法劳工合法化的努力基本都失败了，因为如果要求雇主为他们缴纳社会保险，那么他们就会被解雇）。

毫无疑问的是，对于非法移民的需求一定大于零，一个简单的解释就是他们提供的国内服务只需要很低的成本。在一些国家，他们出现在不少行业之中。这些非法劳工来自很多不同的国家，如阿尔巴尼亚、北非、西非、拉丁美洲等（注意，非法移民没有导致正规劳动力市场的扩大，反过来也一样）。最后，寻求政治避难的移民的数量在 20 世纪末有所增加。其中德国接受的难民最多，主要是来自南斯拉夫的，不过大部分难民后来都回国了。各国选民普遍不喜欢寻求政治避难的移民，因此各国的政策都不鼓励接受他们。20 世纪 90 年代后期，最多时每年会有 50 万份寻求政治避难的申请，但只有 5 万人会被批准，在剩下的 45 万人里，有 15 万人会被递解离境，这就意味着每年都有 30 万人非法滞留在欧洲。

结论

第二次世界大战后的六十多年里，欧洲大部分国家的生活水平都有了较大幅度的提高。在经济快速发展、收入大幅增加、社会支出水平提高、人口结构理想的"黄金时代"，西欧福利水平的大幅提高就不足为奇了。相较之下，东欧的情况则不那么明朗。初始时期，东欧的 HDI 与南欧的相差无几，但是从

20 世纪 70 年代开始，其福利水平相对于西欧明显下降。这一方面是东欧经济增长放缓的结果，另一方面，则是因为其平均预期寿命几乎没有延长。我们认为这主要是因为东欧国家在防治心血管疾病方面做得不如西欧国家，以及战后东欧为加快工业化大力发展污染严重的重工业并为此付出了巨大代价。大多数东欧国家在第二次世界大战后所经历的情形正是西欧发达国家在 19 世纪的工业革命中所经历过的情形。

【注释】

[1] 计算公式如下（参见 Crafts，2002a，395—396）：

$$HDI=(E+I+L)/3$$

$$E=0.67lit+0.33Enrol$$

$$I=(\log y-\log100)/(\log 40\,000-\log100)$$

$$L=(e_0-25)/(85-25)$$

其中，E＝教育，I＝收入，L＝寿命，Lit＝成人识字率，$Enrol$＝对应年龄段的小学入学率，y＝人均 GDP，e_0＝0 岁时的平均预期寿命。

[2] 西北欧包括奥地利、比利时、丹麦、芬兰、法国、德国、爱尔兰、荷兰、挪威、瑞典、瑞士、英国；东欧包括保加利亚、匈牙利、波兰、罗马尼亚；南欧包括意大利、葡萄牙、西班牙。

参考文献

Abelshauser, W. 2000. Germany: Guns, Butter, and Economic Miracles. In Harrison 2000, pp. 122-76.

Abramovitz, M. 1961. The Nature and Significance of Kuznets Cycles. *Economic Development and Cultural Change* 9: 225-48.

1986. Catching Up, Forging Ahead, and Falling Behind. *Journal of Economic History* 46: 385-406.

Abramovitz, M. and P. A. David. 1996. Convergence and Delayed Catch-Up: Productivity Leadership and the Waning of American Exceptionalism. In *The Mosaic of Economic Growth*, ed. R. Landau; T. Taylor, and G. Wright. Stanford University Press, pp. 21-62.

Accominotti, O. , M. Flandreau, R. Rezzik, and F. Zumer. 2008. Black Man's Burden: Measured Philanthropy in the British Empire, 1880—1913. CEPR Discussion Paper 6811.

Acemoglu, D. , S. Johnson, and J. A. Robinson. 2002. Reversal of Fortunes: Geography and Institutions in the Making of the Modern World Income Distribution. *Quarterly Journal of Economics* 117: 1231-94.

A'Hearn, B. and U. Woitek. 2001. More International Evidence on the Historical Properties of Business Cycles. *Journal of Monetary Economics* 47: 321-46.

Aldcroft, D. H. 2001. *The European Economy 1914—2000*, fourth edition. London: Routledge.

Aldcroft, D. 2006. *Europe's Third World: The European Periphery in the Interwar Years*. Aldershot: Ashgate.

Alesina, A. 1989. Politics and Business Cycles in Industrial Democracies. *Economic Policy* 4: 57-98.

Alesina, A. , E. Glaeser, and B. Sacerdote. 2005. Work and Leisure in the US and Europe: Why So Different? CEPR Discussion Paper 5140.

Allen, C. , M. Gasiorek, and A. Smith. 1998. The Competition Effects of the Single Market in Europe. *Economic Policy* 27: 439-86.

Allen, R. C. 2003. *Farm to Factory: A Reinterpretation of the Soviet Industrial Revolution*. Princeton University Press.

Ambrosius, G. and W. Hubbard. 1989. *A Social and Economic History of Twentieth-Century Europe*. Cambridge, MA: Harvard University Press.

Andreff, W. 2004. Would a Second Transition Stage Prolong the Initial Period of Post-Socialist Transformation into Market Capitalism? *The European Journal of Comparative Economics* 1: 7-31.

Anfimov, A. M. and A. P. Korelin, eds. 1995. *Rossiia. 1913 god. Statistiko-dokumental'nyi spravochnik* (Russia, 1913: Statistical Documentary Handbook). St Petersburg: Blits.

Angell, N. 1972. *The Great Illusion. A Study of the Relation of Military Power in Nations to Their Economic and Social Advantage*. New York: Garland.

Antsiferov, A. 1930. *Russian Agriculture during the War*. New Haven: Yale University Press.

Aparicio, D. , V. Pinilla, and R. Serrano. 2008. Europe and the International Trade in Agricultural and Food Products, 1870-2000. In *Agriculture and Economic Development in Europe since 1870*, ed. P. Lains and V. Pinilla. London: Routledge, 52-75.

Armstrong, P. , A. Glyn, and J. Harrison. 1991. *Capitalism since World War II: The Making and Breakup of the Great Boom*. London: Fontana.

Artis, M. , H. -M. Krolzig, and J. Toro. 2004. The European Business Cycle. *Oxford Economic Papers* 56: 1-44.

Artis, M. , M. Marcellino, and T. Proietti. 2004. Characterizing the Business Cycle for Accession Countries. IGIER Working Paper no. 261.

Artis, M. J. and M. P. Taylor. 1994. The Stabilizing Effect of the ERM on Exchange Rates and Interest Rates. *IMF Staff Papers* 41: 123-48.

Artis, M. J. and W. Zhang. 1997. International Business Cycles and the ERM: Is There A European Business Cycle? *International Journal of Finance and Economics* 38: 1471-87.

Avramov, R. and S. Pamuk, eds. 2006. *Monetary and Fiscal Policies in South-East Europe. Historical and Comparative Perspective*. Sofia: Bulgarian National Bank.

Bachinger, K. 1973. Das Verkehrswesen. In *Die Habsburgermonarchie* 1848—1918, *Vol. 1*, *Die Wirtschaftliche Entwicklung*, ed. A. Brusatti. Vienna: Verlag der Österreichischen Akademie der Wissenschaften, pp. 278-322.

Backus, D. and P. Kehoe. 1992. International Evidence on the Historical Properties of Business Cycles. *American Economic Review* 82: 864-88.

Badinger, H. 2005. Growth Effects of Economic Integration: Evidence from the EU Member States. *Review of World Economics* 141: 50-78.

Bagge, G. , E. Lundberg, and I. Svennilson. 1935. *Wages in Sweden, 1860—1930*. London: P. S. King & Son.

Bally, M. and J. F. Kirkegaard. 2004. *Transforming the European Economy*. Washington: Institute for International Economics.

Bain, G. S. and R. Price. 1980. *Profiles of Union Growth: A Comparative Statistical*

Portrait of Eight Industrial Countries. Oxford: Blackwell.

Baines, D. 1999a. European Immigration since 1945. In Schulze 1999, pp. 177-90.

    1999b. European Demographic Change since 1945. In Schulze 1999, pp. 161-76.

    2007. Immigration and the Labour Market. In *Work and Pay in Twentieth-Century Britain*, ed. N. Crafts, I. Gazeley, and A. Newell. Oxford University Press, pp. 330-52.

Bairoch, P. 1968. *The Working Population and Its Structure*. Brussels: Institut de Sociologie.

    1974. General Structure and Trade Balance of European Foreign Trade. *Journal of European Economic History* 3: 557-608.

    1976. *Commerce extérieur et développement économique de l'Europe au XIXe siècle*. Paris: Mouton.

    1982. International Industrialization Levels from 1750 to 1980. *Journal of European Economic History* 11: 269-333.

    1989. European Trade Policy, 1815—1914. In *The Cambridge Economic History of Europe*, Volume VIII, *The Industrial Economies: The Development of Economic and Social Policies*, ed. P. Mathias and S. Pollard. Cambridge University Press.

    1993. *Economics and World History: Myths and Paradoxes*. Hemel Hempstead: Harvester-Wheatsheaf.

Balderston, T. (1993). *The Origins and Course of the German Economic Crisis 1923—32*. Berlin: Hainde and Spener.

Baldwin, P. 1990. *The Politics of Social Solidarity*. Cambridge University Press.

Baldwin, R. 1989. The Growth Effects of 1992. *Economic Policy* 9: 247-81.

    2006a. The Euro's Trade Effects. ECB Working Paper 594.

    2006b. *In or Out: Does it Matter? An Evaluation-Based Analysis of the Euro's Trade Effects*. London: CEPR.

Barber, J. and R. Davies. 1994. Employment and Industrial Labour. In *The Economic Transformation of the Soviet Union*, ed. R. W. Davies, M. Harrison, and S. G. Wheatcroft. Cambridge University Press, pp. 81-105.

Barber, J. and M. Harrison. 1991. *The Soviet Home Front, 1941—1945: A Social and Economic History of the USSR in World War II*. London: Longman.

    2005. Patriotic War, 1941 to 1945. In *The Cambridge History of Russia*, Vol. 3, (ed. R. G. Suny). Cambridge University Press, pp. 217-42.

Bardet, J. P. 1999. La France: la fin d'une singularité? In Bardet and Dupâquier. 1999, pp. 437-88.

Bardet, J. -P. and J. Dupâquier, eds. 1999. *Histoire des populations de l'Europe*, Vol. 3, *Les temps incertains*, 1914—1998.

Barjot, D. *et al*. 1996. *Histoire de la France industrielle*. Paris: Larousse.

    1997. *Industrialisation et sociétés en Europe occidentale du début des années 1880 à la fin des annéies 1960*. Paris: CNED-SEDES.

Barrell, R., S. Gottschalk, D. Holland, E. Khoman, I. Liadze, and O. Pomerantz. 2008. The Impact of EMU on Growth and Employment. European Commission Economic Papers 318.

Barro, R. 1996. Democracy and Growth. *Journal of Economic Growth* 1: 1-27.

Barro, R., G. Mankiw, and X. Sala-i-Martin. 1995. Capital Mobility in Neoclassical Models of Growth. *American Economic Review* 85: 103-15.

Barro, R. J. and X. Sala-i-Martin. 2003. *Economic Growth, second edition.* New York: McGraw-Hill.

Barry, F. 2002. The Celtic Tiger Era: Delayed Convergence or Regional Boom? *ESRI Quarterly Economic Commentary*, 84-91.

Barsky, R., and J. B. De Long. 1991. Forecasting Pre-World War I Inflation: The Fisher Effect and the Gold Standard. *Quarterly Journal of Economics* 106: 815-36.

Basu, S. and A. Taylor. 1999. Business Cycles in International Historical Perspective. *Journal of Economic Perspectives* 13: 45-68.

Baten, J. 2006. Global Height Trends in Industrial and Developing Countries, 1810—1984: An Overview. Working Paper, University of Tübingen.

Baten, J. and A. Wagner. 2003. Autarky, Market Disintegration, and Health: The Mortality and Nutritional Crisis in Nazi Germany 1933—37. *Economics and Human Biology* 1—1: 1-28.

Baumol, W. J. 1986. Productivity Growth, Convergence, and Welfare: What the Long-Run Data Show. *American Economic Review* 76: 1072-85.

Bayoumi, T. 1990. Saving-Investment Correlations: Immobile Capital, Government Policy, or Endogenous Behavior? *IMF Staff Papers* 37: 360-87.

Bayoumi, T. and B. Eichengreen. 1993. Shocking Aspects of European Monetary Unification. *In Adjustment and Growth in the European Monetary Union*, ed. F. Giavazzi and F. Torres. Cambridge University Press, 193-229.

1994. Economic Performance under Alternative Exchange Rate Regimes: Some Historical Evidence. *In The International Monetary System*, ed. P. Kenen, F. Papadia, and F. Saccomanni. Cambridge University Press, pp. 257-97.

1997. Is Regionalism Simply a Diversion? Evidence from the Evolution of the EC and EFTA. In *Regional versus Multilateral Trade Arrangements*, ed. T. Ito and A. Krueger. Chicago University of Chicago Press, pp. 141-68.

Bean, C. and N. Crafts. 1996. British Economic Growth since 1945: Relative Economic Decline . . . and Renaissance? In *Economic Growth in Europe Since 1945*, ed. N. Crafts and G. Toniolo. Cambridge University Press, pp. 131-72.

Beaudry, P. and F. Pottier. 2002. The French Depression in the 1930s. *Review of Economic Dynamics* 5: 73-99.

Beck, T. and L. Laeven. 2006. Institution Building and Growth in Transition Economies. *Journal of Economic Growth* 11: 157-86.

Bell, F. and R. Millward. 1998. Public Health Expenditures and Mortality in England and

Wales 1870—1914. *Continuity and Change* 13: 221-49.

Benavot, A. and P. Riddle. 1989. The Expansion of Primary Education, 1870—1940: Trends and Issues. *Sociology of Education* 61: 191-210.

Bengtsson, T. and Dribe, M. 2005. New Evidence on the Standard of Living in Sweden during the Eighteenth and Nineteenth Centuries: Long-Term Development of the Demographic Response to Short-Term Economic Stress. In *Living Standards in the Past. New Perspectives on Well-Being in Asia and Europe*, ed. R. C. Allen, T. Bengtsson, and M. Dribe. Oxford University Press, pp. 341-72.

Benjamin, D. and L. Kochin. 1979. Searching for an Explanation of Unemployment in Inter-War Britain. *Journal of Political Economy* 87: 441-78.

Berend, I. T. 1998. *Central and Eastern Europe, 1944—1993: Detour from the Periphery to the Periphery*. Reprint, Cambridge University Press.
   2006. *An Economic History of Twentieth-Century Europe. Economic Regimes from Laissez-Faire to Globalization*. Cambridge University Press.

Berger, H. and J. de Haan. 1999. A State Within the State? An Event Study on the Bundesbank. *Scottish Journal of Political Economy* 46: 17-39.

Berger, H. and A. Ritschl. 1995. Germany and the Political Economy of the Marshall Plan, 1947—52: A Re-Revisionist Review. In *Europe's Postwar Recovery*, ed. B. Eichengreen. Cambridge University Press, pp. 199-245.

Berghahn, V. R. 1973. *Germany and the Approach of War in 1914*. New York: St. Martin's Press.

Bergman, M. , M. Bordo, and L. Jonung. 1998. Historical Evidence on Business Cycles: The International Experience. In *Beyond Shocks: What Causes Business Cycles*, ed. J. Fuhrer and S. Schuh. Federal Reserve Bank of Boston, 65-113.

Bergman, M. , S. Gerlach, and L. Jonung. 1992. External Influences in Nordic Business Cycles, 1870—1988. *Open Economy Review* 3: 1-22.

Berliner, J. S. 1976. *The Innovation Decision in Soviet Industry*. Cambridge, MA: MIT Press.

Bernanke, B. 1995. The Macroeconomics of the Great Depression: A Comparative Approach. *Journal of Money, Credit and Banking* 27: 1-28.
   2000. *Essays on the Great Depression*. Princeton University Press.

Bernanke, B. and H. James. 1991. The Gold Standard, Deflation, and Financial Crisis in the Great Depression: An International Comparison. In *Financial Markets and Financial Crisis*, ed. G. Hubbard. Chicago: University of Chicago Press, 33-68.

Biraben, J. N. 1991. Pasteur, Pasteurization, and Medicine. In Schofield, Reher, and Bideau 1991, pp. 220-32.

Blanchard, O. J. 1984. The Lucas Critique and the Volcker Deflation. *American Economic Review* 74: 211-15.
   2004. The Economic Future of Europe. *Journal of Economic Perspectives* 18 (4): 3-26.

参考文献

Blanchard, O. J. and P. A. Muet. 1993. Competitiveness through Disinflation: An Assessment of the French Macroeconomic Strategy. *Economic Policy* 16: 11-56.

Blanchard, O. J. and J. Simon. 2001. The Long and Large Decline in US Output Volatility. *Brookings Papers on Economic Activity* 1: 135-64.

Bloomfield, A. I. 1959. *Monetary Policy under the International Gold Standard*, 1880—1914. New York: Federal Reserve Bank of New York.

1968. *Patterns of Fluctuations in International Investment before 1914*. Princeton Studies in International Finance 21. Department of Economics, Princeton University.

Boeri, T. and K. Terrel. 2002. Institutional Determinants of Labour Reallocation in Transition. *Journal of Economic Perspectives* 16: 51-76.

Boesche, R. 1996. *Theories of Tyranny*, *from Plato to Arendt*. University Park, PA.: Pennsylvania State University Press.

Boltho, A. 1982a. Introduction to Boltho. 1982b, pp. 1-5.

1982b. *The European Economy*: *Growth and Crisis*. Oxford University Press.

Bonin, H. 1987. *Histoire économique de la IVᵉ république*. Paris: Economica.

Borchardt, K. 1984. Could and Should Germany Have Followed Britain in Leaving the Gold Standard? *Journal of European Economic History* 13: 471-98.

1991 [1982]. *Perspectives on Modern German Economic History and Policy*. Cambridge University Press.

Bordo, M. D. 2006. Sudden Stops, Financial Crises and Original Sin in Emerging Countries: Déjà Vu? NBER Working Paper 12393.

Bordo, M. D., B. Eichengreen, D. Klingebiel, and M. S. Martinez-Peria (2001). Is the Crisis Problem Growing More Severe? *Economic Policy* 16: 51-82.

Bordo, M. D. and M. Flandreau. 2003. Core, Periphery, Exchange Rate Regimes and Globalization. In *Globalization in Historical Perspective*, ed. M. Bordo, A. Taylor, and J. Williamson. Chicago: University of Chicago Press, 417-68.

Bordo, M. D. and T. Helbling. 2003. Have National Business Cycles Become More Synchronized? In *Macroeconomic Policies in the World Economy*, ed. H. Siebert. Berlin and Heidelberg: Springer Verlag, 3-39.

Bordo, M. D. and L. Jonung. 1987. *The Long-Run Behavior of the Velocity of Circulation*: *The International Evidence*. Cambridge University Press.

Bordo, M. D., C. Meissner, and A. Redish. 2005. How 'Original Sin' Was Overcome: The Evolution of External Debt Denominated in Domestic Currencies in the United States and the British Dominions 1800—2000. In *Other People's Money*: *Debt Denomination and Financial Instability in Emerging Market Economies*, ed. B. Eichengreen and R. Hausmann. Chicago: University of Chicago Press, 122-53.

Bordo, M. D. and A. P. Murshid. 2000. Are Financial Crises Becoming Increasingly More Contagious? What is the Historical Evidence on Contagion? NBER Working Paper W7900.

Bordo, M. D. and H. Rockoff. 1996. The Gold Standard as a 'Good Housekeeping Seal of

Approval'. *Journal of Economic History* 56: 389-428.

Bordo, M. D. , A. M. Taylor, and J. G. Williamson, eds. 2003. *Globalization in Historical Perspective*, Chicago: University of Chicago Press.

Borio, C. 2003. A Tale of Two Perspectives: Old or New Challenges for Monetary Policy? BIS Working Papers no. 127.

Borodkin, L. , B. Granville, and C. Leonard. 2008. The Rural-Urban Wage Gap in the Industrialization of Russia, 1885—1910. *European Review of Economic History* 12: 67-95.

Bosworth, B. P. and S. M. Collins. 2003. The Empirics of Growth: An Update. *Brookings Papers on Economic Activity* 2: 113-206.

Bourguignon, F. and C. Morrisson. 2002. Inequality among World Citizens: 1820—1992. *American Economic Review* 92: 727-44.

Bourles, R. and G. Cette. 2006. Les évolutions de la productivité 'structurelle' du travail dans les principaux pays industriells. *Bulletin de la Banque de France* 150: 23-30.

Boyden, R. 1928. Relation between Reparations and the Interallied Debts. *Proceedings of the Academy of Political Science in the City of New York* 12: 21-8.

Bradley, J. 1985. *Muzhik and Muscovite: Urbanization in Late Imperial Russia*. Berkeley: University of California Press.

Bradshaw, J. 1993. Developments in Social Security Policy. In *New Perspectives on the Welfare State in Europe*, ed. C. Jones. London: Routledge.

Brauer, J. and H. v. Tuyll. 2008. Castles, *Battles and Bombs. How Economics Explains Military History*. Chicago: University of Chicago Press.

Braun, H. 1990. *The German Economy in the Twentieth Century. The German Reich and the Federal Republic*. London: Routledge.

Bringas Gutiérrez, M. A. 2000. *La productividad de los factores en la agricultura española*. Estudios de historia económica no. 39. Madrid: Banco de España.

Broadberry, S. N. 1986. Aggregate Supply in Interwar Britain. *Economic Journal* 96: 467-81.

1986. *The British Economy between the Wars*. A Macroeconomic Survey. Oxford: Blackwell.

1992. *Britain in the International Economy*, *1870—1939*. Cambridge University Press.

1997. *The Productivity Race: British Manufacturing in International Perspective*, *1850—1990*. Cambridge University Press.

1998. How did the United States and Germany Overtake Britain? A Sectoral Analysis of Comparative Productivity Levels, 1870—1990. *Journal of Economic History* 58: 375-407.

2004. Explaining Anglo-German Productivity Differences in Services Since 1870. *European Review of Economic History* 8: 229-62.

2005. Italian GDP During World War I. In Broadberry and Harrison, 2005a, 305-9.

参考文献

2006. *Market Services and the Productivity Race*, 1850—2000: *British Performance in International Perspective*. Cambridge University Press.

2008. Agriculture and Structural Change: Lessons from the UK Experience in an International Context. In *Agriculture and Economic Development in Europe since 1870*, ed. P. Lains and V. Pinilla. London: Routledge, 76-94.

Broadberry, S. N. and C. Burhop. 2007. Comparative Productivity in British and German Manufacturing Before World War II: Reconciling Direct Benchmark Estimates and Time Series Projections. *Journal of Economic History* 67: 315-49.

Broadberry, S. N. and N. F. R. Crafts. 1992a. British Macroeconomic History 1870—1939: Overview and Key Issues. In Broadberry and Crafts 1992b, pp. 1-27.

Broadberry, S. N. and N. F. R. Crafts, eds. 1992b. *Britain in the International Economy 1870—1934*. Cambridge University Press.

Broadberry, S. N. and S. Ghosal. 2002. From the Counting House to the Modern Office: Explaining Anglo-American Productivity Differences in Services, 1870—1990. *Journal of Economic History* 62: 967-98.

Broadberry, S. and S. Ghosal. 2005. Technology, Organisation and Productivity Performance in Services: Lessons from Britain and the United States since 1870. *Structural Change and Economic Dynamics* 16: 437-66.

Broadberry, S. and M. Harrison (eds.) 2005a. *The Economics of World War I*. Cambridge University Press.

2005b. The Economics of World War I: An Overview. In Broadberry and Harrison, 2005a, pp. 3-40.

Broadberry, S. and P. Howlett. 2005. The United Kingdom During World War I: Business as Usual? In Broadberry and Harrison 2005a, pp. 206-34.

Broadberry, S. and A. Klein. 2008. Aggregate and Per Capita GDP in Europe, 1870—2000: Continental, Regional and National Data with Changing Boundaries. Unpublished manuscript, University of Warwick.

Broadberry, S. N. and A. J. Marrison. 2002. External Economies of Scale in the Lancashire Cotton Industry, 1900—1950. *Economic History Review* 55: 51-77.

Broadberry, S. and A. Ritschl. 1995. Real Wages, Productivity, and Unemployment in Britain and Germany during the 1920s. *Explorations in Economic History* 32: 327-49.

Brown, J. 2000. Economics and infant Mortality Decline in German towns, 1889—1912: Household Behaviour and Public Intervention. In *Body and City: Histories of Urban Public Health*, ed. S. Sheard and H. Power. Aldershot: Ashgate, pp. 166-93.

Bruno, M. and J. D. Sachs. 1985. *The Economics of Worldwide Stagflation*. Cambridge, MA: Harvard University Press.

Budd, A. 1998. Three Views of Macroeconomics. *Bank of England Quarterly Bulletin* 38: 274-80.

Buiter, W. H. and M. Miller. 1981. The Thatcher Experiment: The First Two Years.

Brookings Papers on Economic Activity 2: 315-79.

Burnett, J. 1991. Housing and the Decline of Mortality. In *The Decline of Mortality in Europe*, ed. R. Schofield, D. Reher, and A. Bideau. Oxford: Clarendon.

Burns, A. F. and W. Mitchell. 1946. *Measuring Business Cycles*. New York: NBER.

Burns, A. F. 1979. The Anguish of Central Banking. *The* 1979 *Per Jacobsson Lecture*. Belgrade: Per Jacobsson Foundation.

Buyst, E. 2004. Economic Growth in an Era of Severe Macroeconomic Imbalances: Belgium, 1910—1934. In *Exploring Economic Growth. Essays in Measurement and Analysis*, ed. S. Heikkinen and J. L. Van Zanden. Amsterdam: Aksant, 167-81.

Caballero, R. , K. Cowan, E. Engel, and A. Micco. 2004. Effective Labor Regulation and Microeconomic Flexibility. NBER Working Paper 10744.

Cain, P. J. and A. G. Hopkins. 2002. *British Imperialism 1688—2000*, *second edition*. Harlow: Longman.

Cairncross, A. 1996. *Managing the British Economy in the* 1960s: *A Treasury Perspective*. London: Macmillan.

Calot, G. and C. Blayo. 1982. The Recent Course of Fertility in Western Europe. *Population Studies* 36: 349-72.

Calvo, G. 1998. Capital Flows and Capital-Market Crises: The Simple Economics of Sudden Stops. *Journal of Applied Economics* 1: 35-54.

   1999. Contagion in the Emerging Markets: When Wall Street is a Carrier. Mimeo.

Calvo, G. , A. Izquierdo, and L. -F. Mejía. 2004. On the Empirics of Sudden Stops: The Relevance of Balance-Sheet Effects. NBER Working Paper 10520.

Cameron, R. 1985. A New View of European Industrialization. *Economic History Review* 38: 1-23.

Canning, K. 1996. Social Policy, Body Politics: Recasting the Social Question in Germany, 1825—1900. In *Gender and Class in Modern Europe*, ed. L. L. Frader and S. O. Rose. Ithaca and London: Cornell University Press, pp. 211-37.

Carlin, W. 1996. West German Growth and Institutions, 1945—90. In Crafts and Toniolo 1996b, pp. 455-97.

Carlin, W. and D. Soskice. 2006. *Macroeconomics: Imperfections, Institutions and Policies*. Oxford University Press.

Caron, F. 1979. *An Economic History of Modern France*. London: Methuen.

Caron, F. *et al*. 1995. *Innovations in the European Economy between the Wars*. Berlin: de Gruyter.

Carone, G. and D. Costello. 2005. Can Europe Afford to Grow Old? *Finance and Development* (IMF) 43-3.

Carreras, A. 2005. Spanish Industrialization in the Swedish Mirror. In *Different Paths to Modernity: A Nordic and Spanish Perspective*, ed. M. Jerneck, M. Mörner, G. Tortella, and S. Akerman Lund: Nordic Academic Press, 151-65.

Carreras, A. 2006. The Twentieth Century. In *An Economic History of Europe: from Expansion to Development*, ed. A. Di Vittorio. London: Routledge.

Carreras, A. and X. Tafunell. 2004a. The European Union Economic Growth Experience, 1830—2000. In *Explorations in Economic Growth*, ed. S. Heikkinen and J. L. Van Zanden Amsterdam: Aksant, 63-87.

2004b. *Historia econdmica de la España contemporánea*. Barcelona: Crítica.

2008. *Western European Long Term Growth*, 1830—2000: *Facts and Issues*. Barcelona: CREI (Opuscles del CREI, no. 20).

Carter, S. *et al.*, eds. 2006. *Historical Statistics of the United States. Millennial Edition*, Vol. 1. Cambridge University Press.

Caselli, F. 2005. Accounting for Cross-Country Income Differences. In *Handbook of Economic Growth*, *Volume* 1, ed. P. Aghion and S. Durlauf. Amsterdam: Elsevier.

Caselli, G. 1991. Health Transition and Cause-Specific Mortality. In *The Decline of Mortality in Europe*, ed. R. Schofield, D. Reher, and A. Bideau. Oxford: Clarendon, 142-57.

Caselli, G., F. Meslé, and J. Vallin. 1999. Le triomphe de la médecine. In Bardet and Dupâquier 1999, pp. 125-81.

Cassidy, M. 2004. Productivity in Ireland: Issues and Trends. *Central Bank of Ireland Quarterly Bulletin*, Spring: 83-105.

Castles, F. G. 2001. The Dog that Didn't Bark: Economic Development and the Postwar Welfare State. In *Welfare States Futures*, ed. Stephan Leibfried and Gialiano Bonoli. Cambridge University Press, 37-56.

Catão, L. 2006. Sudden Stops and Currency Drops: A Historical Look. IMF Working Paper 06/133.

Catão, L. and S. Solomou. 2005. Effective Exchange Rates and the Classical Gold Standard Adjustment. *American Economic Review* 95: 1259-75.

Chalmers, E. 1972. *International Interest Rate War*. London: Macmillan.

Chandler, A. D. Jr. 1977. *The Visible Hand*. Cambridge, MA: Belknap.

1990. *Scale and Scope: The Dynamics of Industrial Capitalism*. Cambridge, MA: Harvard University Press.

Charle, C. 1994. *La Rdpublique des universitaires*. Paris: Seuil.

Chesnais, J. -C. 1999. La fécondité au Xxe siècle: une baisse irrégulière, mais profunde et irresistible. In Bardet and Dupaquier 1999, pp. 183-222.

Child, F. 1958. *The Theory and Practice of Exchange Control in Germany*. The Hague: Mouton.

Chiswick, B. R. and T. J. Hatton. 2003. International Migration and the Integration of Labor Markets. In Bordo, Taylor, and Williamson 2003, pp. 65-120.

Choudri, E. and L. Kochin. 1980. The Exchange Rate and the International Transmission of Business Cycle Disturbances: Some Evidence from the Great Depression. *Journal of Money, Credit, and Banking* 12: 565-74.

Churchill, W. S. 1948. *The Gathering Storm*. Volume I of *The Second World War*. Boston: Houghton Mifflin.

Ciocca, P. L. and G. Nardozzi. 1996. *The High Price of Money: An Interpretation of World Interest Rates*. Oxford: Clarendon.

Claessens, S., R. Dornbush, and Y. C. Park. 2000. Contagion: Understanding How It Spreads. *World Bank Research Observer* 15: 177-97.

Clarida, R., M. Gertler, and J. Gali. 1999. The Science of Monetary Policy: A New Keynsian Perspective. *Journal of Economic Literature*, 37: 1661-707.

Clark, C. 1951. *The Conditions of Economic Progress*, second edition. London: Macmillan.

Clark, G. 1987. Why Isn't the Whole World Developed? Lessons from the Cotton Mills. *Journal of Economic History* 47: 141-73.

Clark, G. and R. C. Feenstra. 2003. Technology in the Great Divergence. In Bordo, Taylor, and Williamson 2003, pp. 277-322.

Clarke, S. 1976. *Central Bank Cooperation 1924—31*. New York: Federal Reserve Bank of New York.

Clemens, M. A. and J. G. Williamson. 2004. Wealth Bias in the First Global Capital Market Boom, 1870—1913. *Economic Journal* 114: 304-37.

Coale, A. J. 1986. The Decline of Fertility in Europe since the 18th Century as a Chapter in Demographic History. In *The Decline of Fertility in Europe*, ed. A. J. Coale and S. C. Watkins. Princeton University Press, 1-30.

Coale, A. J., B. A. Anderson, and E. Härm. 1979. *Human Fertility in Russia since the Nineteenth Century*. Princeton University Press.

Cohen, J. and G. Federico. 2000. *The Growth of the Italian Economy, 1820—1960*. Cambridge University Press.

Cole, H. and L. Ohanian. 2002. The Great U. K. Depression: A Puzzle and Possible Resolution. *Review of Economic Dynamics* 5: 19-44.

Connelly, S. and M. Gregory. 2007. Women and Work since 1970. In *Work and Pay in Twentieth-Century Britain*, ed. N. Crafts, I. Gazeley, and A. Newell. Oxford University Press, pp. 142-77.

Conway, P., D. de Rosa, G. Nicoletti, and F. Steiner. 2006. Regulation, Competition and Productivity Convergence. OECD Economics Department Working Paper 509.

Conway, P., V. Janod, and G. Nicoletti. 2005. Product Market Regulation in OECD Countries: 1998 to 2003. Cd, OECD Economics Jnoinico Department Working Paper 419.

Conway, P. and G. Nicoletti. 2006. Product Market Regulation in the Non-Manufacturing Sectors of OECD Countries: Measurement and Highlights. OECD Economics Department Working Paper 530.

Cooper, R. N. 1990. Comments on A. Giovannini: *European Monetary Reform: Progress and Prospects*. *Brookings Papers on Economic Activity* 2: 217-91.

参考文献

Coppola, M. and G. Vecchi. 2006. Nutrition and Growth in Italy, 1861—1911: What Macro-economic Data Hide. *Explorations in Economic History* 43: 438-64.

Corbino, E. 1964. La soluzione migliore è quella di fare l'Europa. In *Cronache econom-iche e politiche*, ed. E. Corbino. Naples: Istituto editoriale del Mezzogiorno.

Corsini, C. A. and P. P. Viazzo. 1997. Introduction: Recent Advances and Some Open Questions in the Long-term Study of Infant and Child Mortality. In *The Decline of Infant and Child Mortality. The European Experience*: 1750—1990, ed. S. Ogilvie and R. Overy. Florence: Nijhoff.

Cottrell, P. H., ed. 1997. *Rebuilding the Financial System in Central and Eastern Europe*, 1918—1994. Aldershot: Scolar Press.

Crafts, N. 1992a. Productivity Growth Reconsidered. *Economic Policy* 15: 387-426.

1992b. Institutions and Economic Growth: Recent British Experience in an International Context. *West European Politics* 15: 16-38.

1997. The Human Development Index and Changes in the Standards of Living: Some Historical Comparisons. *European Review of Economic History* 1: 299-322.

2002a. The Human Development Index, 1870—1999: Some Revised Estimates. *European Review of Economic History*, 6: 395-405.

2002b. *Britain's Relative Economic Performance*, 1870—1999. London: Institute of Economic Affairs.

2005. Interpreting Ireland's Economic Growth. Background paper for UNIDO *Industrial Development Report*.

2007. Recent European Economic Growth: Why Can't It Be Like the Golden Age? *National Institute Economic Review* 199: 69-81.

Crafts, N., S. J. Leybourne, and T. C. Mills. 1990. Measurement of Trend Growth in European Industrial Output before 1914: Methodological Issues and New Estimates. *Explorations in Economic History* 27: 442-67.

Crafts, N. and T. C. Mills. 1996. Europe's Golden Age: An Econometric Investigation. In Van Ark and Crafts 1996, pp. 415-31.

Crafts, N. and T. C. Mills. 2005. TFP Growth in British and German Manufacturing, 1950—1996. *Economic Journal* 115: 649-70.

Crafts, N. and G. Toniolo. 1996a. Postwar Growth: An Overview. In Crafts, N. F. R. and G. Toniolo, 1996b, pp. 1-37.

Crafts, N. F. R. and G. Toniolo, eds. 1996b. *Economic Growth in Europe since 1945*. Cambridge University Press.

Craig, L. and D. Fisher. 1992. The Integration of the European Business Cycle 1871—1910. *Explorations in Economic History* 29: 144-68.

1997. *The Integration of the European Economy*, 1850—1913. Basingstoke: Macmillan.

2000. *The European Macroeconomy: Growth, Integration and Cycles 1500—1913*. Cheltenham:

Edward Elgar.

Crouch, C. 1993. *Industrial Relations and European State Traditions*. Oxford: Clarendon.

Crouzet, F. 1970. Un indice de la production industrielle française au XIXe siècle. Annales 25: 92-7.

Darvasz, Z. , A. K. Rose, and G. Szapary. 2005. Fiscal Divergence and Business Cycle Synchronization: Irresponsibility is Idiosyncratic. NBER Working Paper no. 11580.

Davenport, M. 1982. The Economic Impact of the EEC. In Boltho 1982b, pp. 225-58.

Davies, R. W. and S. Wheatcroft. 2004. *Years of Hunger. Soviet Agriculture, 1931—1933*, London: Palgrave Macmillan.

Davis, C. M. 1999. Russian Industrial Policy and Performance, 1890—2000: A Comparative Economic Systems Interpretation. In *European Industrial Policy: The Twentieth Century Experience.*, ed. J. Foreman-Peck and G. Federico. Oxford: Oxford University Press.

Davis, C. M. and J. Foreman-Peck. 2003. The Russian Transition through the Historical Looking Glass: Gradual Versus Abrupt De-Control of Economic Systems. In *Economic Challenges of the 21st Century in Historical Perspective*, ed. P. David and M. Thomas. Oxford: Oxford University Press and the British Academy.

Davis, L. E. and Engerman, S. L. 2006. *Naval Blockades in Peace and War: An Economic History since 1750*. Cambridge University Press.

Davis, L. E. and R. A. Huttenback. 1986. *Mammon and the Pursuit of Empire: The Political Economy of British Imperialism, 1860—1912*. Cambridge University Press.

Deacon, B. 1993. Developments in East European Social Policy. In *New Perspectives on the Welfare State in Europe*, ed. C. Jones. London: Routledge.

Deane, P. and W. A. Cole. 1962. *British Economic Growth* 1688—1959: *Trends and Structure*. Cambridge University Press.

De Cecco, M. , 1969. The Italian Payment Crisis of 1963—64. In *Problems of the International Economy*, ed. A. Swoboda and R. Mundell. Chicago: University of Chicago Press.

DeLong, J. B 1988. Productivity Growth, Convergence, and Welfare: Comment. *American Economic Review* 78: 1138-54.

2000. *Cornucopia: The Pace of Economic Growth in the Twentieth Century*. NBER Working Paper No. W7602. Cambridge, MA. : National Bureau of Economic Research.

DeLong, J. B. and B. Eichengreen. 1993. The Marshall Plan: History's Most Successful Structural Adjustment Programme. In *Postwar Economic Reconstruction and Lessons for the East Today*, ed. R. Dornbusch, W. Nölling, and R. Layard, Cambridge, MA: MIT Press, pp. 89-230.

De Melo, M. , C. Denizer, A. Gelb, and S. Tenev. 2001. Circumstance and Choice: The Role of Initial Conditions and Policies in Transition Economies. *World Bank Economic Review* 15: 1-31.

De Santis, G. and M. Livi Bacci. 2005. La population italienne au xxᵉ siècle. In Bardet and

Dupâquier 2005, pp. 517-38.

Denton, G. , M. Forsyth, and M. Maclennan. 1968. *Economic Planning and Policies in Britain France and Germany*. London: Allen & Unwin.

Dobrinsky, R. , D. Hesse, and R. Traeger. 2006. Understanding the Long-term Growth Performance of the East European and CIS economies. UNECE Discussion Paper Series, no. 9.

Dormois, J. -P. 2004. Episodes in Catching-Up: Anglo-French Industrial Productivity Differentials in 1930. *European Review of Economic History* 8: 337-73.

2004. *The French Economy in the Twentieth Century*. Cambridge University Press.

Dornbusch, R. 1987. Lessons from the German Inflation Experience of the 1920s. In *Macroeconomics and Finance: Essays in Honor of Franco Modigliani.* , ed. R. Dornbusch *et al*. Cambridge University Press, 337-66.

Dowrick, S. and B. DeLong. 2003. Globalization and Convergence. In Bordo, Taylor, and Williamson 2003, pp. 191-226.

Duecker, M. and K. Wesche. 2003. European Business Cycles: New Indices and Their Synchronicity. *Economic Inquiry* 41: 116-31.

Dugec, Z. 2005. New Public Health for a New State: Inter-War Public Health in the Kingdom of the Serbs, Croats and Slovenes (Kingdom of Yugoslavia) and the Rockefeller Foundation. In *Facing Illness in Troubled Times: Health in Europe in the Inter-War Years*, ed. I. Borowy and W. D. Gruner. Frankfurt am Main: Lang.

Dungey, M. and D. Tambakis. 2005. *Identifying International Financial Contagion: Progress and Challenges*. Oxford University Press.

Duranton, G. and D. Puga. 2004. Micro-Foundations of Urban Agglomeration Economies. In *Handbook of Regional and Urban Economics*, *Volume* 4, ed. V. Henderson and J. -F. Thisse. Amsterdam: North-Holland.

Easterlin, R. 1968. *Population, Labor Force, and Long Swings in Economic Growth: The American Experience*. New York: National Bureau of Economic Research.

Easterly, W. , and R. Levine. 2003. Tropics, Germs, and Crops: How Endowments Influence Economic Development. *Journal of Monetary Economics* 50: 3-39.

Eaton, J. and S. Kortum. 1999. International Technology Diffusion: Theory and Measurement. *International Economic Review* 40: 535-70.

Edelstein, M. 1982. Overseas *Investment in the Age of High Imperialism*. New York: Columbia University Press.

2004. Foreign Investment, Accumulation and Empire, 1860—1914. In *The Cambridge Economic History of Modern Britain*, ed. R. Floud and P. Johnson. Cambridge University Press.

Edwards, J. and M. Nibler. 2000. Corporate Governance in Germany: The Role of Banks and Ownership Concentration. *Economic Policy* 31: 239-67.

Egebo, T. and A. S. Englander. 1992. Institutional Commitments and Policy Credibility: A

Critical Survey and Empirical Evidence from the ERM. *OECD Economic Studies* 18: 45-84.

Eichengreen, B. 1992a. Conducting the International Orchestra: Bank of England Leadership Under the Classical Gold Standard, 1880—1913. *Journal of International Money and Finance* 6: 5-29.

1992b. *Golden Fetters: The Gold Standard and the Great Depression 1919—1939*. Oxford University Press.

1992c. The Origins and Nature of the Great Slump Revisited. *Economic History Review* 45: 213-39.

1992d. The Gold Standard since Alec Ford. In Broadberry and Crafts 1992b, 49-79.

1996a. Institutions and Economic Growth. In Crafts and Toniolo 1996b, pp. 38-94.

1996b. *Globalizing Capital: A History of the International Monetary System*. Princeton University Press.

2007. *The European Economy since 1945: Coordinated Capitalism and Beyond*. Princeton University Press.

Eichengreen, B. and M. Flandreau. 1997. *The Gold Standard in Theory and History*. London: Routledge.

Eichengreen, B. and T. Hatton, eds. 1988. *Inter-War Unemployment in International Perspective*. Dordrecht: Kluwer.

Eichengreen, B. and J. Sachs. 1985. Exchange Rates and Economic Recovery in the 1930s. *Journal of Economic History* 45: 925-46.

Eichengreen, B. and P. Temin. 2000. The Gold Standard and the Great Depression. *Contemporary European History* 9: 183-207.

Eichengreen, B. and M. Uzan. 1992. The Marshall Plan: Economic Effects and Implications for Eastern Europe and the Former USSR. *Economic Policy* 14: 13-76.

Einzig, P. 1934. *Germany's Default: The Economics of Hitlerism*. London: Macmillan.

1937. *The Theory of Forward Exchange*. London: Macmillan.

Ellis, H. 1941. *Exchange Control in Central Europe*. Cambridge University Press.

Eloranta, J. 2002a. European States in the International Arms Trade, 1920—1937: The Impact of External Threats, Market Forces, and Domestic Constraints. *Scandinavian Economic History Review* 50: 44-67.

2002b. External Security by Domestic Choices: Military Spending as an Impure Public Good Among Eleven European States, 1920—1938. Ph. D dissertation. Department of History and Civilisation. Florence: European University Institute.

2003. National Defense. In *The Oxford Encyclopedia of Economic History*, ed. J. Mokyr, Oxford University Press, 30-3.

2007. From the Great Illusion to the Great War: Military Spending Behaviour of the Great Powers, 1870—1913. *European Review of Economic History* 11: 255-83.

Emerson, M. *et al.* 1988. *The Economics of 1992*. Oxford University Press.

Emminger, O. 1977. *The D-Mark in the Conflict between Internal and External Equilibrium*. Essays in International Finance, Princeton University, no. 122.

Emmons, T. and W. S. Vucinich (eds.). 1982. *The Zemstvo in Russia: An Experiment in Local Self-Government*. Cambridge University Press.

Engerman, S. L., and K. L. Sokoloff. 1997. Factor Endowments, Institutions, and Differential Paths of Growth Among New World Economies: A View from Economic Historians of the United States. In *How Latin America Fell Behind*, ed. S. Haber. Stanford University Press, pp. 260-304.

Escurra, R., P. Pascual, and M. Rapun 2006. The Dynamics of Industrial Concentration in the Regions of the European Union. *Growth and Change* 37: 200-29.

Esping-Andersen, G. 1990. *The Three Worlds of Welfare Capitalism*. Reprint, Cambridge: Polity.

Esteban, J. 2000. Regional Convergence in Europe and the Industry Mix: A Shift-Share Analysis. *Regional Science and Urban Economics* 30: 353-64.

Estevadeordal, A., B. Frantz, and A. M. Taylor. 2003. The Rise and Fall of World Trade, 1870—1939. *Quarterly Journal of Economics* 118: 359-407.

Esteves, R. 2007. Between Imperialism and Capitalism. European Capital Exports before 1914. Mimeo, Oxford University.

Esteves, R. and D. Khoudour-Castéras. 2009. A Fantastic Rain of Gold: European Migrants' Remittances and Balance of Payments Adjustment during the Gold Standard Period. *Journal of Economic History* 69: 951-85.

Estrin, S. and P. Holmes. 1983. *French Planning in Theory and Practice*. London: Allen & Unwin.

Etémad, B. 2000. *La possession du monde. Poids et mesures de la colonisation*. Bruxelles: Editions Complexe.

2006. Colonial and European Domestic Trade: A Statistical Perspective Over Time. In *A Deus Ex Machina Revisited: Atlantic Trade and European Economic Development*, ed P. C. Emmer, O. Pétré-Grenouilleau, and J. V. Roitman. Leiden and Boston: Brill.

European Commission. 1995, 1997. *Social Protection in Europe*. Luxembourg: Directorate for Employment, Industrial Relations and Social Affairs.

2002. The Macroeconomic Effects of the Single Market Programme after 10 Years. ec. europa. eu/intern al _ market/10years/background _ en. htm.

Eurostat. *Demographic Yearbook* (2004, 2007). Luxembourg: Eurostat.

Faggio, G. and S. Nickell. 2007. Patterns of Work Across the OECD. *Economic Journal* 117: F416-F440.

Falkus, M. E. 1972. *The Industrialisation of Russia, 1700—1914*. London: Macmillan.

Faron, O and P. George. 1999. Les migrations européennes, de la Grande Guerre à nos jours. In Bardet and Dupâquier. 1999, pp. 323-58.

Fassmann, H. and R. Munz. 1994 *European Migration in the Late Twentieth Centu-*

ry. *Historical Patterns*, *Actual Trends and Social Implications*. Aldershot: Edward Elgar.

Federico, G. 1986. Mercantilizzazione e sviluppo economico in Italia (1860—1940). *Rivista di Storia Economica* 3: 149-86. English translation in *The Economic Development of Italy since 1870*, ed. G. Federico, 1994. Aldershot: Edward Elgar.

2003a. Heights, Calories and Welfare: A New Perspective on Italian Industrialization, 1854—1913. *Economics and Human Biology* 1: 289-308.

2003b. A Capital-Intensive Innovation in a Capital-Scarce World: Steam-Threshing in 19th Century Italy. *Advances in Agricultural Economic History* 2: 75-114.

2004. The Growth of World Agricultural Production, 1800—1938. *Research in Economic History* 22: 125-81.

2005. *Feeding the World: An Economic History of World Agriculture*, *1800—2000*. Princeton University Press.

Federico, G. and K. G. Persson. 2007. Market Integration and Convergence in the World Wheat Market, 1800—2000. In *The New Comparative Economic History: Essays in Honor of Jeffrey G. Williamson*, ed. T. J. Hatton, K. H. O'Rourke, and A. M. Taylor. Cambridge, MA: MIT Press, pp. 87-113.

Federico, P. J. 1964. Historical Patent Statistics, 1791—1961. *Journal of the Patent Office Society*, 46: 89-171.

Federn, W. 1910. Das Problem gesetzlicher Aufnahme der Barzahlungen in Österreich Ungarn. *Schmollers Jahrbuch* 34: 151-72.

Feinstein, C. H. 1972. *National Income, Expenditure and Output of the United Kingdom*, *1855—1965*. Cambridge University Press.

1999. Structural Change in the Developed Countries during the Twentieth Century. *Oxford Review of Economic Policy* 15 (4): 35-55.

Feinstein, C. H., ed. 1995. *Banking, Currency, and Finance in Europe between the Wars*. Oxford University Press.

Feinstein, C. H., P. Temin, and G. Toniolo, 1997. *The European Economy between the Wars*. Oxford: Oxford University Press.

Feis, H. 1930. *Europe the World's Banker 1870—1914: An Account of European Foreign Investment and the Connection of World Finance with Diplomacy Before the War*. New Haven: Yale University Press.

Feldman, G. 1993. *The Great Disorder. Politics, Economics, and Society in the German Inflation*, *1914—1924*. Oxford University Press.

Feldstein, M., and C. Horioka. 1980. Domestic Saving and International Capital Flows. *Economic Journal* 90: 314-29.

Fenoaltea, S. 1988. International Resource Flows and Construction Movements in the Atlantic Economy: The Kuznets Cycle in Italy, 1861—1913. *Journal of Economic History* 48: 605-37.

2003. Notes on the Rate of Industrial Growth in Italy, 1861—1913. *Journal of Economic History* 63: 695-735.

1999. *The Pity of War. Explaining World War I*. New York: Basic Books.

2001. *The Cash Nexus: Money and Power in the Modern World*, 1700—2000. New York: Basic Books.

2006. *The War of the World: Twentieth-Century Conflict and the Descent of the West*. New York: Penguin.

Ferguson, N., and M. Schularick. 2006. The Empire Effect: The Determinants of Country Risk in the First Age of Globalization, 1880—1913. *Journal of Economic History* 66: 283-312.

Fidrmuc, J. 2003. Economic Reform, Democracy and Growth during Post-Communist Transition. *European Journal of Political Economy* 19: 583-604.

Field, A. J. 2003. The Most Technologically Progressive Decade of the Century. *American Economic Review* 93: 1399-414.

2006. Technical Change and U. S. Economic Growth: The Interwar Period and the 1990s. In *The Global Economy in the 1990s: A Long Run Perspective* (ed. P. Rhode, and G. Toniolo). Cambridge University Press, 89-117.

Findlay, R., and K. H. O'Rourke. 2003. Commodity Market Integration, 1500—2000. In Bordo, Taylor, and Williamson 2003, pp. 13-64.

Findlay, R. and K. H. O'Rourke. 2007. *Power and Plenty: Trade, War, and the World Economy in the Second Millennium*. Princeton University Press.

Fischer, F. 1967. *Germany's Aims in the First World War*. London: Chatto & Windus.

Fischer, S., R. Sahay, and C. A. Vegh. 1998. How Far is Eastern Europe from Brussels? IMF Working Paper 98/53.

Fisher, J. and A. Hornstein. 2002. The Role of Real Wages, Productivity, and Fiscal Policy in Germany's Great Depression 1928—1937. *Review of Economic Dynamics* 5: 100-27.

Fisher, K. 2000. Uncertain Aims and Tacit Negotiations: Birth Control Practices in Britain, 1925—50. *Population and Development Review* 26: 295-317.

Fishlow, A. 1985. Lessons from the Past: Capital Markets during the 19th Century and the Interwar Period. *International Organization* 39: 383-439.

Flandreau, M. 2003a. *Money Doctors. The Experience of International Financial Advising 1850—2000*. London: Routledge.

2003b. Caveat Emptor: Coping with Sovereign Risk under the International Gold Standard. In *International Financial History in the Twentieth Century: System and Anarchy*, ed. M. Flandreau, C. -L. Holtfrerich, and H. James, Cambridge University Press.

2004. *The Glitter of Gold: France, Bimetallism and the Emergence of the International Gold Standard*. Oxford University Press.

2006. 'Home Biases', 19th Century Style. *Journal of the European Economic Association* 4: 634-43.

经济科学译丛 / 剑桥现代欧洲经济史: 1870年至今

Flandreau, M. and C. Jobst. 2005. The Ties that Divide. A Network Analysis of the International Monetary System, 1890—1910. *Journal of Economic History* 65: 977-1007.

Flandreau, M. and J. Flores. 2009. Bonds and Brands: Foundations of Sovereign Debt Markets, 1820—1830. *Journal of Economic History* 69: 646-84.

Flandreau, M. and J. Komlos. 2006. Target Zones in History and Theory: Efficiency, Credibility and Policy Autonomy. *Journal of Monetary Economics* 53: 1979—95.

Flandreau, M. , J. Le Cacheux, and F. Zumer. 1998. Stability Without a Pact? Lessons from the European Gold Standard 1880—1913. *Economic Policy*: 117-62.

Flandreau, M. and M. Maurel. 2005. Monetary Union, Trade Integration, and Business Cycles in 19th Century Europe: Just Do It. *Open Economies Review* 16: 135-52.

Flandreau, M. and C. Riviare. 1999. La grande 'retransformation'? Contrôles de capitaux et intégration financière internationale, 1880—1996. *Economie Internationale* 78: 11-58.

Flandreau, M. and N. Sussman. 2005. Old Sins, Exchange Rate Clauses and European Foreign Lending in the 19th Century. In *Other People's Money: Debt Denomination and Financial Instability in Emerging Market Economies*, ed. B. Eichengreen and R. Hausmann. Chicago: University of Chicago Press, 154-89.

Flandreau, M. and F. Zumer. 2004. *The Making of Global Finance, 1880—1913*. Paris: OECD.

Flora, P. 1987. *State, Economy and Society in Western Europe, 1815—1975. A Data Handbook in Two Volumes*, Vol. 2. Frankfurt: Campus; London: Macmillan, New York: St James Press.

Flora, P. , ed. , 1986. *Growth to Limits: The Western European Welfare States since World War II*, Vol. 4. Berlin: de Gruyter.

Flores, J. 2007. Information Asymmetries and Financial Intermediation during the Baring Crisis: 1880—1890. Working Papers in Economic History, Universidad Carlos III, 07-16.

Fogel, R. 1964. *Railroads and American Economic Growth: Essays in Econometric History*. Baltimore: Johns Hopkins University Press.

1986. Nutrition and the Decline in Mortality since 1700: Some Preliminary Findings. In *Long-Term Factors in American Economic Growth*, ed. S. L. Engerman and R. E. Gallman. Chicago: Chicago University Press, 439-555.

Fohlin, C. 1998. Fiduciari and Firm Liquidity Constraints: The Italian Experience with German-Style Universal Banking. *Explorations in Economic History* 35: 83-107.

Forbes, K. and R. Rigobon. 2002. No Contagion, Only Interdependence: Measuring Stock Market Comovements. *Journal of Finance* 57: 2223-61.

Ford, A. G. 1960. Notes on the Working of the Gold Standard Before 1914. *Oxford Economic Papers* 12: 52-76.

1962. *The Gold Standard 1880—1914: Britain and Argentina*. Oxford: Clarendon.

1981. The Trade Cycle in Britain 1860—1914. In *The Economic History of Britain since*

参考文献

1700, Vol. 2: 1860 to the 1970s, ed. R. Floud and D. McCtoskey. Cambridge University Press, pp. 27-49.

1989. International Financial Policy and the Gold Standard 1870—1914. In *The Cambridge Economic History of Europe*. Cambridge University Press, pp. 197-249.

Foreman-Peck, J. 1983. *History of the World Economy*. Brighton: Harvester Press.

1991. International Technology Transfer in Telephony, 1876—1914. In *International Technology Transjer: Europe, Japan and the USA, 1700—1914*, ed. D. J. Jeremy. Atdershot: Eldward Elgar.

Foreman-Peck, J. and R. Millward. 1994. *Public and Private Ownership of British Industry, 1820—1990*. Oxford: Clarendon.

Førland, T. E. 1993. The History of Economic Warfare: International Law, Effectiveness, Strategies. *Journal of Peace Research* 30: 151-62.

Fourquet, F. 1980. *Les comptes de la puissance. Histoire de la comptabilitd nationale et du plan*. Paris: Recherche.

Frader, L. L. 1996. Engendering Work and Wages: The French Labor Movement and the Family Wage. In Frader and Rose 1996, pp. 142-64.

Frader, L. L. and S. O. Rose, eds. 1996. *Gender and Class in Modern Europe*. Ithaca and London: Cornell University Press.

Frankel, J. A. and D. Romer. 1999. Does Trade Cause Growth? *American Economic Review* 89: 379-99.

Fratianni, M. and M. Spinelli. 1997. *A Monetary History of Italy*. Cambridge University Press.

Freeman, C. and L. Soete. 1997. *The Economics of Industrial Innovation*. Third edition. Cambridge, MA: MIT Press.

Freixas, X., P. Hartmann, and C. Mayer. 2004. European Financial Integration. *Oxford Review of Economic Policy* 20: 475-89.

Frieden, J. 2006. *Global Capitalism: Its Fall and Rise in the Twentieth Century*. New York: Norton.

Friedman, M. and A. Schwartz. 1963. *A Monetary History of the United States 1867—1960*. Princeton University Press.

Gadisseur, J. 1973. Contribution à l'étude de la production agricole en Belgique de 1846 à 1913. *Revue Belge d'Histoire Contemporaine* 4: 1-48.

Gadrey, J. and Gallouj, F., eds. 2002. *Productivity, Innovation and Knowledge in Services: New Economic and Socio-Economic Approaches*. Aldershot: Edward Elgar.

Galassi, F. 1986. Stasi e sviluppo nell'agricoltura toscana 1870—1914: primi risultati di uno studio aziendale. *Rivista di Storia Economica* 3: 304-37.

Galassi, F. and J. Cohen. 1994. The Economics of Tenancy in Early Twentieth Century Italy. *Economic History Review* 47: 585-600.

Galley, C. 2006, 'George Newman-A Life in Public Health'. In *Infant Mortality: A Continuing*

Social Problem, ed. E. Garrett, C. Galley, N. Shelton, and R. Woods. Aldershot: Ashgate.

Garcia Iglesias, C. 2002. Interest Rate Risk Premium and Monetary Union in the European Periphery: New Lessons from the Gold Standard. *Scandinavian Economic History Review* 50: 31-54.

Gatrell, P. 1986. *The Tsarist Economy*, 1850—1917. London: Batsford.

2005. Poor Russia, Poor Show: Mobilising a Backward Economy. In Broadberry and Harrison 2005a, pp. 235-75.

Geroski, P. and A. Jacquemin. 1988. The Persistence of Profits: A European Comparison. *Economic Journal* 98: 375-89.

Gerschenkron, A. 1962. *Economic Backwardness in Historical Perspective*. Cambridge, MA: Harvard University Press.

1966. Agrarian Policies and Industrialisation in Russia, 1861—1917. In *The Cambridge Economic History of Europe*, Volume 6, Part 2, ed. M. M. Postan and H. J. Habakkuk. Cambridge University Press, pp. 706-16, 763-7.

Giavazzi, F. and M. Pagano. 1988. The Advantage of Tying One's Hands: EMS Discipline and Central Bank Credibility. *European Economic Review* 32: 1055-75.

Giersch, H., ed., 1994. *Economic Aspects of International Migration*. Berlin: Springer.

Gillingham, J. 1995. The European Coal and Steel Community: An Object Lesson? In *Europe's Postwar Recovery*, ed. B. Eichengreen. Cambridge University Press, pp. 151-68.

2003. *European Integration 1950—2003: Superstate or New Market Economy?* Cambridge University Press.

Goetzmann, W. and A. Ukhov. 2006. British Overseas Investment 1870—1913: A Modern Portfolio Theory Approach. *Review of Finance* 10: 261-300.

Goldin, C. and Katz, L. F. 1998. The Origins of Technology-Skills Complementarity. *Quarterly Journal of Economics* 113: 693-732.

Goldsmith, R. W. 1961. The Economic Growth of Tsarist Russia, 1860—1913. *Economic Development and Cultural Change* 9: 441-75.

1985. *Comparative National Balance Sheets: A Study of Twenty Countries, 1688—1978*. Chicago: University of Chicago Press.

Good, D. F. 1978. The Great Depression and Austrian Growth after 1873. *Economic History Review* 31: 290-4.

1984. *The Economic Rise of the Habsburg Empire, 1750—1914*. Berkeley: University of California Press.

Goodhart, C. 2003. The Historical Pattern of Economic Cycles and Their Interaction with Asset Prices and Financial Regulation. In W. Hunter *et al.* (eds.), *Asset Price Bubbles*. Cambridge, MA.: MIT Press, pp. 467-80.

Gordon, R. J. 1997. Is There a Tradeoff between Unemployment and Productivity Growth? In *Unemployment Policy: Government Options for the Labour Market*, ed. D. Snower and G. de la Dehesa. Cambridge University Press, pp. 433-63.

2004a. Two Centuries of Economic Growth: Europe Chasing the American Frontier. CEPR Discussion Paper 4415.

2004b. Why was Europe Left at the Station when America's Productivity Locomotive Departed? CEPR Discussion Paper 4416.

2006. The Slowdown in European Productivity Growth: A Tale of Tigers, Tortoises and Textbook Labor Economics. Paper presented at NBER Summer Institute, Macroeconomics and Productivity Workshop, Cambridge, MA, July 20.

Gordon, R. J. and I. Dew-Becket. 2008. The Role of Labour Market Changes in the Slowdown of European Productivity Growth. CEPR Discussion Paper 6722.

Goubert, J. -P. (1988). The Development of Water and Sewerage Systems in France, 1850—1950. In *Technology and the Rise of the Networked City in Europe and America* (Philadelphia: Temple University Press), pp. 116-36.

Gould, J. 1979. European Inter-Continental Emigration, 1815—1914: Patterns and Causes. *Journal of European Economic History* 8: 593-679.

Grantham, G. 1989. Agricultural Supply During the Industrial Revolution: French Evidence and European Implications. *Journal of Economic History* 49: 43-72.

Greasley, D. 1990. Fifty Years of Coalmining Productivity: The Record of the British Coal Industry before 1939. *Journal of Economic History* 50: 877-902.

Gregory, P. R. 1982. *Russia's National Income, 1885—1913*. Cambridge University Press.

1994. *Before Command: An Economic History of Russia from Emancipation to the First Five-Year Plan*. Princeton University Press.

Griffith, R. and R. Harrison. 2004. The Link between Product Market Regulation and Macroeconomic Performance. European Commission Economic Papers 209.

Griffith, R., R. Harrison, and H. Simpson. 2006. Product Market Reform and Innovation in the EU. IFS Working Paper 06/17.

Groningen Growth and Development Centre (GGDC). 2007. *Total Economy Database*.

Gros, D. and N. Thygesen. 1992. *European Monetary Integration. From the EMS to the EMU*. London: Longman.

Guinnane, T. W. 2002. Delegated Monitors, Large and Small: Germany's Banking System, 1800—1914. *Journal of Economic Literature* 40: 73-124.

2003. Population and the Economy in Germany, 1800—1990. In Germany. *A New Social and Economic History, Vol 3: Since 1800*, ed. S. Ogilvie and R. Overy. London: Arnold, pp. 35-70.

Gust, C. and J. Marquez. 2004. International Comparisons of Productivity Growth: The Role of Information Technology and Regulatory Practices. *Labour Economics* 11: 33-58.

Guttormson, L. 2002. Parent-Child Relations. In *The History of the European Family*, Vol. 2, Family Life in the Long Nineteenth Century, 1789—1913, ed. D. Kertzer and M. Barbagli. London: Yale University Press, pp. 251-81.

经济科学译丛 / 剑桥现代欧洲经济史: 1870年至今

Gwartney, J. D. and R. A. Lawson. 2006. *Economic Freedom of the World*: 2006 *Annual Report*. Vancouver: Fraser Institute.

Haas, E. B. 1958. *The Uniting of Europe*: *Political*, *Social and Economic Forces*, *1950—1957*. Stanford University Press.

Habakkuk, H. J. 1962. *American and British Technology in the Nineteenth Century*. Cambridge University Press.

Hajnal, J. 1965. European Marriage Patterns in Perspective. In *Population in History*: *Essays in Historical Demography*, ed. D. Glass and D. Everett. London: Arnold, pp. 101-43.

Hall, R. E., and C. I. Jones. 1999. Why Do Some Countries Produce So Much More Output Per Worker than Others? *Quarterly Journal of Economics* 114: 83-116.

Hannah, L. 1983. *The Rise of the Corporate Economy*. Second edition. London: Methuen.

Hansen, S. A. 1974. *Økonomisk Vaekst i Danmark*, Vol. II: 1914—1970. Copenhagen: University of Copenhagen.

Harris, B. 1998. The Height of Schoolchildren in Britain, 1900—1950. In *Stature*, *Living Standards*, *and Economic Development*: *Essays in Anthropometric History*, ed. J. Komlos. Chicago: University of Chicago Press, 25-38.

Harrison, M. 1996. *Accounting for War*: *Soviet Production*, *Employment*, *and the Defence Burden*, *1940—1945*. Cambridge University Press.

Harrison, M. (ed.) 1998a. *The Economics of World War II. Six Great Powers in International Comparisons*. Cambridge University Press.

Harrison, M. 1998b. The Economics of World War II: An Overview. In Harrison 1998a, pp. 1-42.

1998c. Trends in Soviet Labour Productivity, 1928—85: War, Postwar Recovery, and Slowdown. *European Review of Economic History* 2: 171-200.

2002. Coercion, Compliance, and the Collapse of the Soviet Command Economy. *Economic History Review* 55: 397-433.

2003. Counting Soviet Deaths in the Great Patriotic War: Comment. *Europe-Asia Studies* 55, 939-44.

Hatton, T. 1988. Institutional Change and Wage Rigidity in the UK, 1880—1985. *Oxford Review of Economic Policy* 4: 74-86.

Hatton, T. J. and J. G. Williamson. 1998. *The Age of Mass Migration*: *An Economic Analysis*. Oxford University Press.

2005. *Global Migration and the World Economy*: *Two Centuries of Policy and Performance*. Cambridge, MA: MIT Press.

Hautcoeur, P. -C., and P. Sicsic. 1999. Threat of a Capital Levy, Expected Devaluation, and Interest Rates in France During the Interwar Period. *European Review of Economic History* 3: 25-56.

Hayami, Y. and V. W. Ruttan. 1971. *Agricultural Development. An International Per-*

spective. Baltimore: The Johns Hopkins Press.

Heikkinen, S. 1997. *Labour and the Market. Workers, Wages and Living Standards in Finland, 1850—1913*. Helsinki: Finnish Society of Sciences and Letters.

Henrekson, M. , J. Torstensson, and R. Torstensson. 1997. Growth Effects of European Integration. *European Economic Review* 41: 1537-57.

Heritage Foundation. 2009. Index of Economic Freedom. www. heritage. org/index/.

Herranz-Loncán, A. 2006. Railroad Impact in Backward Economies: Spain, 1850—1913. *Journal of Economic History* 66: 853-81.

Hjerppe, R. 1996. *Finland's Historical National Accounts 1860—1994. Calculation Methods and Statistical Tables*. Jyväskylä: Kivirauma.

Hjerppe, R. and J. Jalava. 2006. Economic Growth and Structural Change-A Century and a Half of Catching-up. In *The Road to Prosperity. An Economic History of Finland*, ed. J. Ojala, J. Eloranta, and J. Jalava. Helsinki: SKS, pp. 33-64.

HM Treasury. 2001. *Reforming Britain's Economic and Financial Policy: Towards Greater Economic Stability*, ed. E. Balls and G. O'Donnell. London: Palgrave Macmillan.

2003. *EMU and Trade*. www. hm-treasury. gov. uk/media/721/27/adsuf03 _ 456. pdf.

Hobsbawm, E. J. 1996. *The Age of Extremes: A History of the World, 1914—1991*. New York: Vintage Books.

Hobson, J. M. 1993. The Military-Extraction Gap and the Wary Titan: The Fiscal Sociology of British Defence Policy 1870—1914. *Journal of European Economic History* 22: 466-507.

Hoch, S. L. 1994. On Good Numbers and Bad: Malthus, Population Trends and Peasant Standard of Living in Late Imperial Russia. *Slavic Review* 53: 41-75.

Hodrick, R. J. and E. C. Prescott. 1997. Postwar US Business Cycles: An Empirical Investigation. *Journal of Money Credit and Banking* 29: 1-16.

Hoffmann, W. G. 1965. *Das Wachstum der deutschen Wirtschaft seit der Mitte des 19. Jahrhunderts*. Berlin: Springer-Verlag.

Hoj, J. , M. Jimenez, M. Maher, G. Nicoletti, and M. Wise. 2007. Product Market Competition in OECD Countries: Taking Stock and Moving Forward. OECD Economics Department Working Paper 575.

Holtfrerich, C. -L. 1986. *The German Inflation*. New York: de Gruyter.

Holtfrerich, K. L. 1999. Monetary Policy under Fixed Exchange Rates (1948—1970) . In *Fifty Years of the Deutsche Mark: Central Bank and the Currency in Germany since 1948*, ed. Deutsche Bundesbank. Oxford University Press, 307-401.

Honeyman, K. and J. Goodman. 1991. Women's Work, Gender Conflict, and Labour Markets in Europe, 1500—1900. *Economic History Review* 44: 608-28.

Houben, A. C. F. 2000. *The Evolution of' Monetary Policy Strategies in Europe*. Dordrecht: Kluwer.

Hu, M. Y. , C. X. Jiang, and C. Tsoukalas. 2004. The Volatility Impact of the European

Monetary System on Member and Non-member Currencies. *Applied Financial Economics* 14: 313-25.

Huberman, M. 2004. Working Hours of the World Unite? New International Evidence of Worktime, 1870—1913. *Journal of Economic History* 64: 964-1001.

2008. A Ticket to Trade: Belgian Workers and Globalization before 1914. *Economic History Review* 61: 326-59.

Huberman, M. and W. Lewchuk. 2003. European Economic Integration and the Labour Compact, 1850—1913. *European Review of Economic History* 7: 3-41.

Huberman, M. and C. Minns. 2007. The Times They Are Not Changin': Days and Hours of Work in Old and New Worlds, 1870—2000. *Explorations in Economic History* 44: 538-67.

Huffman, W. and J. Lothian. 1984. The Gold Standard and the Transmission of Business Cycles, 1833—1932. In *A Retrospective on the Classical Gold Standard*, 1821—1931, ed. M. D. Bordo and A. Schwartz. Chicago: University of Chicago Press, 455-511.

Huntington, S. P. 1996. *The Clash of Civilizations and the Remaking of World Order*. New York: Simon & Schuster.

Idutchings, R. 1969. *Periodic Fluctuation in Soviet Industrial Growth Rates. Soviet Studies* 20: 331-52.

Imlah, A. H. 1952. British Balance of Payments and Export of Capital, 1816—1913. *Economic History Review* 5: 208-39.

Ingersent, K. A., and A. J. Rayner. 1999. *Agricultural Policy in Western Europe and the United States*. Cheltenham: Edward Elgar.

Inklaar, R. and J. de Haan. 2001. Is There Really a European Business Cycle? *Oxford Economic Papers* 53: 215-20.

Iradian, G. 2007. Rapid Growth in Transition Economies: Growth Accounting Approach. IMF Working Paper 07/164.

Jacks, D. S. 2005. Intra-and International Commodity Market Integration in the Atlantic Economy, 1800—1913. *Explorations in Economic History* 42: 381-413.

2006. What Drove 19th Century Commodity Market Integration? *Explorations in Economic History* 43: 383-412.

Jaeger, A. and L. Schuknecht. 2004. Boom-Bust Phases in Asset Prices and Fiscal Policy Behavior. IMF Working Paper WP/04/54.

James, H. 1985. *The Reichsbank and Public Finance in Germany*, 1924—1933: A Study of the Politics of Economics during the Great Depression. Frankfurt am Main: Knapp.

1986. *The German Slump: Politics and Economics*, 1924—1936. Oxford: Clarendon.

1996. *International Monetary Cooperation since Bretton Woods*. Washington: IMF.

2000. *The End of Globalization: Lessons from the Great Depression*. Cambridge, MA: Harvard University Press.

Janossy, F. 1969. *The End of the Economic Miracle*. White Plains, NY: IASP.

Janssens, A. 1997. The Rise and Decline of the Male Breadwinner Family. A Review of the Debate. *International Review of Social History* 42, Supplement: 1-23.

———. 2003. Economic Transformation, Women's Work and Family Life. In *Family Life in the Twentieth Century. The History of the European Family*, ed. D. Kertzer and M. Barbagli, Vol. 3. London: Yale University Press, pp. 55-110.

Jeremy, D. J., ed. 1991. *International Technology Transfer: Europe, Japan and the USA, 1700—1914*. Aldershot: Edward Elgar.

Jerome, H. 1926. *Migration and Business Cycles*. New York: NBER.

Jerzmanowski, M. 2007. Total Factor Productivity Differences: Appropriate Technology vs. Efficiency. *European Economic Review* 51: 2080-110.

Jobst, C. 2009. Market Leader: The Austro-Hungarian Bank and the Making of Foreign Exchange Intervention, 1896—1913. *European Review of Economic History* 13: 287-318.

Johnson, P. 1997. Fiscal Implications of Population Ageing. *Philosophical Transactions: Biological Sciences* 352: 1895-903.

———. 1999. Welfare States. In Schulze 1999, pp. 122-39.

Jolly, R., L. Emmerij, and T. G. Weiss. 2005. *The Power of UN Ideas. Lessons from the First 60 Years*. New York: United Nations Intellectual History Project.

Jones, M. T. and M. Obstfeld. 2001. Saving, Investment, and Gold: A Reassessment of Historical Current Account Data. In *Money, Capital Mobility, and Trade: Essays in Honor of Robert A. Mundell*, ed. G. A. Calvo, M. Obstfeld, and R. Dornbusch. Cambridge, MA: MIT Press.

Jonung L., L. Schicknecht, and M. Tujula. 2005. The Boom-Bust Cycle in Finland and Sweden 1984—1995 in an International Perspective. European Economy Economic Papers no. 237.

Joslin, D. 1963. *A Century of Banking in Latin America*. Oxford University Press.

Juglar, C. 1862. *Des crises commerciales et de leur retour périodique en France, en Angleterre et aux Etats-Unis*. Paris: Guillaumin.

Juuti, P. S. and T. S. Katko. 2005. Water, Time and European Cities. History Matters for the Futures. http://www. watertime. net/Docs/WP3/WTEC. pdf.

Kaminsky, G. and C. Reinhart. 2000. On Crises, Contagion, and Confusion. *Journal of International Economics* 51: 145-68.

Kaminsky, G., C. Reinhart, and C. Vagh. 2003. The Unholy Trinity of Financial Contagion. *Journal of Economic Perspectives* 17: 51-74.

Kaufmann, D., A. Kraay and M. Mastruzzi. 2007. Governance Matters VI: Aggregate and Individual Governance Indicators 1996—2006. World Bank Policy Research Working Paper 4280.

Kay, A. J. 2006. *Exploitation, Resettlement, Mass Murder: Political and Economic Planning for German Occupation Policy in the Soviet Union, 1940—1941*. New York: Berghahn Books.

Keegan, J. 1999. *The First World War*. London: Hutchinson.

Kennedy, P. 1989. *The Rise and Fall of the Great Powers. Economic Change and Military Conflict from 1500 to 2000*. London: Fontana.

Kenwood, A. and A Lougheed. 1992. *The Growth of the International Economy*, 1820—1990. London: Routledge.

Khan, Z. 2005. *The Democratization of Invention: Patents and Copyrights in American Economic Developmen t*, 1790—1920. Cambridge University Press.

Khoudour-Castaras, D. 2002. Taux de changes fixes et migrations internationales: l'étalon-or à l'aune de la théorie des zones monétaires optimales. *Revue de I'OFCE* 82: 82-116.

——— 2005. International Adjustment during the Classical Gold Standard: The Migration Nexus. Working Paper, Chaire Finances Internationales, Sciences Po.

Kindleberger, C. P. 1964. *Economic Growth in France and Britain*, 1851—1950. Cambridge, MA: Harvard University Press.

——— 1973. *The World in Depression*, 1929—1959. London: Allen Lane.

——— 1985. *Keynesianism vs. Monetarism and Other Essays in Financial History*. London: George Allen & Unwin.

——— 1987. *International Capital Movements*. Based on the Marshall lectures given at the University of Cambridge. Cambridge University Press.

——— 1989. Commercial Policy Between the Wars. In *The Cambridge Economic History of Europe*, *Vol. 8*, ed. P. Mathias and S. Pollard. Cambridge University Press, pp. 161-96.

Kintner, H. J. 1985. Trends and Regional Differences in Breastfeeding in Germany from 1871 to 1937. *Journal of Family History* 10: 163-82.

Kirk, D. 1946. *Europe's Population in the Interwar Years*. New York, London, and Paris: Gordon and Breach Science Publishers.

Kirkaldy, A. W. [1914] 1973. *British Shipping: Its History, Organisation and Importance*. New York: Augustus Kelly Reprints.

Klug, A. 1993. *The German Buybacks 1932—1939: A Cure for Overhang*? Princeton University Press.

Kneller, R. , M. Bleaney, and N. Gemmell. 1999. Fiscal Policy and Growth: Evidence from OECD Countries. *Journal of Public Economics* 74: 171-90.

Komlos, J. 1978. Is the Depression in Austria after 1873 a 'Myth'? *Economic History Review* 31: 287-9.

——— 1983. *The Habsburg Monarchy as a Customs Union: Economic Development in Austria-Hungary in the Nineteenth Century*. Princeton University Press.

——— 1985. Stature and Nutrition in the Habsburg Monarchy: The Standard of Living and Economic Development in the Eighteenth Century. *American Historical Review* 90: 1149-61.

Komlos J. and Baten J. , eds. 2004. *Social Science History-Special Journal Issue on Anthropometric History*. Vol. 28—2. Durham, N. C. : Duke University Press.

Kondratiev, N. 1926. Die langen Wellen der Konjunktur. *Archiv für Sozialwissenschaft und Sozialpolitik* 56: 573-609.

Kontorovich, V. 1990. Utilization of Fixed Capital and Soviet Industrial Growth. *Economics of Planning* 23: 37-50.

Kornai, J. 1992. *The Socialist System: The Political Economy of Communism*. Oxford: Clarendon.

Krantz, O. 1987. Schweden, Norwegen, Danemark, Finnland, 1914—1970. In *Handbuch der Europäiischen Wirtschafts-und Sozialgeschichte*, ed. W. Fischer, J. A. van Houtte, H. Kellenbenz, I. Miek, and F. Vittinghoff, Vol. 6. Stuttgart: Klett-Cotta, pp. 222-93.

1988. New Estimates of Swedish Historical GDP since the Beginning of the Nineteenth Century. *Review of Income and Wealth* 34: 165-82.

Krantz, O. and L. Schön. 2007. Swedish Historical National Accounts, 1800—2000. Lund University Macroeconomic and Demographic Database, www.ehl.lu.se/database/LU-MADD/National%20Accounts/default.htm.

Krause, K. 1992. *Arms and the State: Patterns of Military Production and Trade*. Cambridge University Press.

Krause, K. and M. K. MacDonald. 1993. Regulating Arms Sales Through World War II. In *Encyclopedia of Arms Control and Disarmament*, Vol. 2, ed. R. D. Burns. New York: Charles Scribner's Sons.

Krugman, P. 1991a. Target Zones and Exchange Rate Dynamics. *Quarterly Journal of Economics* 106: 669-82.

1991b. *Geography and Trade*. Cambridge, MA: MIT Press.

1993. Lessons of Massachusetts for EMU. In *The Transition to Economic and Monetary Union*, ed. F. Giavazzi and F. Torres. Cambridge University Press, 241-69.

Krugman, P. R. and A. J. Venables. 1995. Globalization and the Inequality of Nations. *Quarterly Journal of Economics* 110: 857-80.

Kulischer, E. M. 1948. *Europe on the Move: War and Population Changes 1917—47*. New York: Columbia University Press.

Kuznets, S. 1961. *Capital in the American Economy*. Princeton University Press.

1958. Long Swings in the Growth of Population and in Related Economic Variables. *Proceedings of the American Philosophical Society* 102: 25-52.

Kydland, F. and E. Prescott. 1982. Time to Build and Aggregate Fluctuations. *Econometrica* 50: 1345-70.

Kynaston, D. 1995. *The City of London, Vol. 2: Golden Years, 1890—1914*. London: Pimlico.

Lains, P. 1995. *A economia portuguesa no século XIX. Crescimento económico e comércio externo, 1851—1913*. Lisbon: Imprensa Nacional (French edn. L'Harmattan, 1999).

2003. *Os progressos do atraso. Urea nova história económica de Portugal*. Lisbon: Imprensa de Ciências Sociais.

2006. Growth in a Protected Environment: Portugal, 1850—1950. Unpublished paper,

经济科学译丛 / 剑桥现代欧洲经济史: 1870年至今

University of Lisbon.

Lains, P. and V. Pinilla, eds. 2008. *Agriculture and Economic Development in Europe Since 1870*. London: Routledge.

Landes, D. S. 1969. *The Unbound Prometheus: Technological Change and Industrial Development in Western Europe from 1750 to the Present*. Cambridge University Press.

La Vecchia, C., F. Levi, F. Lucchini, and E. Negri. 1998. Trends in Mortality from Major Diseases in Europe, 1980–1993. *European Journal of Epidemiology* 14: 1-8.

Layard, R. 2003. Happiness: Has Social Science a Clue? Lionel Robbins Memorial Lectures 2002/3. London School of Economics.

League of Nations. 1931. *Statistical Yearbook of the League of Nations 1931/32*. Geneva: League of Nations.

1940. *Statistical Yearbook of the League of Nations 1939/40*. Geneva: League of Nations.

Leaman, J. 2001. *The Bundesbank Myth: Towards a Critique of Central Bank Independence*. New York: Palgrave.

Lee, S. J. 1987. *The European Dictatorships, 1918—1945*. London: Methuen.

Leibenstein, H. 1966. Allocative Efficiency Versus X-Efficiency. *American Economic Review* 56: 392-415.

Lenin, V. I. 1963 (original edition 1916). Imperialism, the Highest Stage of Capitalism. In *Selected Works*, Vol. 1. Moscow: Progress, pp. 667-766.

Leonard, C. S. 2009. *Agrarian Reform in Russia: The Road from Serfdom*. Cambridge University Press.

Lévy-Leboyer, M. 1979. L'héritage de Simiand: prix, profit et termes d'échange au XIXe siècle. *Revue Historique* 243: 77-120.

Lévy-Leboyer, M. and F. Bourgignon. 1990. *The French Economy in the Nineteenth Century: An Essay in Econometric Analysis*. Cambridge University Press.

Liberman, P. 1996. *Does Conquest Pay? The Exploitation of Occupied Industrial Societies*. Princeton University Press.

Lindert, P. H. 1969. Key Currencies and Gold, 1900—1913. Princeton Studies in International Finance 24. International Section, Department of Economics, Princeton University.

2004. *Growing Public: Social Spending and Economic Growth Since the Eighteenth Century*. Cambridge University Press.

Link, W. 1970. *Die amerikanische Stabilisierungspolitik in Deutschland 1921—32*. Düsseldorf: Droste.

Linz, J. J. 2000. *Totalitarian and Authoritarian Regimes*. Boulder, CO: Lynne Rienner Publishers.

Little, I. M. D., T. Scitovsky, and M. Scott 1970. *Industry and Trade in Some Developing Countries*. Oxford University Press.

Ljungberg, J. 1997. The Impact of the Great Emigration on the Swedish Economy. *Scandinavian*

Economic History Review 45: 159-89.

Lokshin, E. Y. 1964. *Promyshlennost SSSR: Ocherk istorii 1964—1963*. Moscow: Mysl', 1964.

López-Córdova, J. E. and C. M. Meissner. 2003. Exchange-Rate Regimes and International Trade: Evidence from the Classical Gold Standard Era. *American Economic Review* 93: 344-353.

Lucas, R. E. 1990. Why Doesn't Capital Flow from Rich to Poor Countries? *American Economic Review* 80: 92-6.

　　2000. Some Macroeconomics for the 21st Century. *Journal of Economic Perspectives* 14 (1): 159-78.

McCloskey, D. N. 1971. International Differences in Productivity? Coal and Steel in America and Britain Before World War I. In *Essays on a Mature Economy: Britain After 1840*, ed. D. N. McCloskey. London: Methuen, 285-304.

McCloskey, D. and J. R. Zecher. 1976. How the Gold Standard Worked, 1880—1913. In *The Monetary Approach to the Balance of Payments* J. A. Frenkel and H. G. Johnson, ed. London: Allen and Unwin, pp. 357-85.

　　1984. The Success of Purchasing Power Parity: Historical Evidence and Its Implications for Macroeconomics. In *A Retrospective on the Classical Gold Standard 1821—1931*, ed. M. Bordo and A. J. Schwartz. Chicago: NBER, University of Chicago Press, pp. 121-50.

McKeown, T. 1976. *The Modern Rise of Population*. London: Arnold.

McNeill, W. H. 1982. *The Pursuit of Power. Technology, Armed Force, and Society since A. D.* 1000. Chicago: University of Chicago Press.

Maddison, A. 1960. The Postwar Business Cycle in Western Europe and the Role of Government Policy. *Banca Nazionale del Lavoro Quarterly Review*, June, 100-48.

　　1982. *Phases of Capitalist Development*. Oxford University Press.

　　1987. Growth and Slowdown in Advanced Capitalist Economies: Techniques of Quantitative Assessment. *Journal of Economic Literature* 25: 649-98.

　　1989. *The World Economy in the 20 th Century*. Paris: OECD.

　　1991. *Dynamic Forces in Capitalist Development. A Long-Run Comparative View*. Oxford University Press.

　　1995. *Monitoring the World Economy 1820—1992*. Paris: OECD.

　　2001. *The World Economy: A Millennial Perspective*. Paris: OECD.

　　2003. *The World Economy. Historical Statistics*. Paris: OECD.

　　2007. *Historical Statistics for the World Economy: 1—2003 AD*. www. ggdc. net/madison/.

Madsen, J. B. 2007. Technology Spillover through Trade and TFP Convergence: 135 Years of Evidence for the OECD Countries. *Journal of International Economics* 72: 464-80.

Maizels, A. 1965. *Industrial Growth and World Trade*. Cambridge University Press.

Malanima, P. 2003. Measuring the Italian Economy, 1300—1861. *Rivista di Storia Economica* 19: 265-95.

2006a. Alle origini della crescita in Italia, 1820—1913. *Rivista di Storia Economica* 22: 307-30.

2006b. An Age of Decline. Product and Income in Eighteenth-Nineteenth Century Italy. *Rivista di Storia Economica* 22: 91-133.

Mankiw, N., D. Romer, and D. N. Weil. 1992. A Contribution to the Empirics of Economic Growth. *Quarterly Journal of Economics* 107: 407-37.

Marsh, D. 1992. *The Bundesbank. The Bank that Rules Europe.* London: Heinemann.

Marshall, A. [1920] 1977. *Principles of Economics.* Eighth edition. London: Macmillan Reprint.

Marston, R. C. 1995. *International Financial Integration.* Cambridge University Press.

Martinez-Galarraga, J. 2007. New Estimates of Regional GDP in Spain, 1860—1930. Paper presented to Workshop on Historical Economic Geography of Europe, 1900—2000, Madrid.

Máŝová, H. and P. Svobodný. 2005. Health and Health Care in Czechoslovakia 1918—38: From Infectious to Civilization Diseases. In *Facing Illness in Troubled Times: Health in Europe in the Inter-War Years*, ed. I. Borowy and W. O. Grunes. Frankfurt am Main: Lang, 165-206.

Matthews, R. C. O. 1968. Why has Britain Had Full Employment Since the War? *Economic Journal* 78: 555-69.

Matthews, R. C. O., C. H. Feinstein, and J. Odling-Smee. 1982. *British Economic Growth, 1856—1973.* Oxford University Press.

Mauro, P. 1995. Corruption and Growth. *Quarterly Journal of Economics* 110: 681-712.

Mauro, P., N. Sussman, and Y. Yafeh. 2002. Emerging Market Spreads: Then Versus Now. *Quarterly Journal of Economics* 117: 695-733.

2006. *Emerging Markets and Financial Globalization: Sovereign Bond Spreads in 1870—1913 and Today.* Oxford University Press.

Mellor, J. W. 1995. Introduction to *Agriculture on the Road to Industrialization*, ed. J. W. Mellor. Baltimore: Johns Hopkins University Press, pp. 1-22.

Mesle, F. 2004. Mortality in Central and Eastern Europe: Long-term Trends and Recent Upturns. *Demographic Research*, Special Collection 2-Article 3. www. demographic-research. org/special/2/3/.

Mesle, F. and J. Vallin. 2002. Mortality in Europe: The Divergence Between East and West. *Population* 57: 157-97.

Metzer, J. 1974. Railroad Development and Market Integration: The Case of Tsarist Russia. *Journal of Economic History* 34: 529-550.

Michaely, M. 1971. *The Responsiveness of Demand Policies to Balance of Payments: Postwar Patterns.* New York: Columbia University Press.

参考文献

Millett, A. R., W. Murray, and K. H. Watman. 1988. The Effectiveness of Military Organizations. In *Military Effectiveness*, Volume 1: *The First World War*, ed. A. R. Millett and W. Murray. Boston: Unwin Hyman.

Mills, T. C. and N. Crafts. 2000. After the Golden Age: A Long-Run Perspective on Growth Rates that Speeded Up, Slowed Down and Still Differ. *The Manchester School* 68: 68-91.

Millward, R. 1999. Industrial Performance, the Infrastructure and Government Policy. In *The British Industrial Decline*, ed. J Dormois, and M. Dintenfass. London: Routledge, 47-64.

2005. *Private and Public Enterprise in Europe: Energy, Telecommunications and Transport, 1830—1990.* Cambridge University Press.

Millward, R. and F. Bell. 2001. Infant Mortality in Victorian Britain: The Mother as Medium. *Economic History Review* 54: 699-733.

Milward, A. S. 1965. *The German Economy at War*. London: Athlone Press.

1992. *The European Rescue of the Nation State*. Berkeley: University of California Press.

Milward, A. S. and S. B. Saul. 1977. *The Development of the Economies of Continental Europe, 1850—1914.* London: Allen & Unwin.

Mironov, B. N. 1999a. *A Social History of Imperial Russia, 1700—1917.* Boulder: Westview Press.

1999b. New Approaches to Old Problems: The Well-Being of the Population of Russia from 1821 to 1910 as Measured by Physical Stature. *Slavic Review* 58: 1-26.

Mitchell, B. R. 1976. Statistical Appendix. In *The Fontana Economic History of Europe: Contemporary Economies: Part Two*, ed. C. M. Cipolla. Glasgow: Collins/Fontana, 648-55.

1988. *British Historical Statistics*. Cambridge University Press.

2003. *International Historical Statistics: Europe, 1750—2000.* London: Macmillan.

Mitchell, D. and J. Bradshaw. 1992. *Lone Parents and Their Incomes: A Comparative Study of Ten Countries.* York.

Mitchener, K. J. and M. Weidenmier. 2007. Trade and Empire. Mimeo, Santa Clara University and Claremont McKenna College.

Modelski, G. and W. R. Thompson. 1996. *Leading Sectors and World Powers. The Coevolution of Global Politics and Economics.* Columbia, SC: University of South Carolina Press.

Moggridge, D. 1969. *The Return to Gold 1925: The Formulation of Economic Policy and its Critics.* Cambridge University Press.

Mokyr, J. 2000, Why "More Work for Mother?" Knowledge and Household Behavior, 1870—1945. *Journal of Economic History*, 60: 1-41.

2002. *The Gifts of Athena. The Historical Origins of the Knowledge Economy.* Princeton University Press.

Molle, W. 1980. *Regional Disparity and Economic Development in the European Community*. Farnborough: Saxon House.

Moravcsik, A. 1998. *The Choice for Europe*. Ithaca and London: Cornell University Press.

Morel, M-F 1991. The Care of Children: The Influence of Medical Innovation and Medical Institutions on Infant Mortality, 1750—1914. In Schofield, Reher, and Bideau. 1991, pp. 196-219.

Morgenstern, O. 1959. *International Financial Transactions and Business Cycles*. Princeton University Press.

Morys, M. 2006. The Classical Gold Standard in the European Periphery: A Case Study of Austria-Hungary and Italy, 1870—1913. PhD thesis, London School of Economics and Political Science.

Moser, P. 2005. How Do Patent Laws Influence Innovation? Evidence from Nineteenth-Century World Fairs. *The American Economic Review*, 95: 1214-36.

Moser, T. 2003. What Is International Financial Contagion? International Finance 6: 157-78.

Mouré, K. 1991. *Managing the Franc Poincaré: Economic Understanding and Political Constraints in French Monetary Policy*. Cambridge University Press.

2002. *The Gold Standard Illusion: France, the Bank of France, and the International Gold Standard 1914—1939*. Oxford University Press.

Mundell, R. 1961. A Theory of Optimum Currency Areas. *American Economic Review* 51: 657-65.

Munting, R. and B. Holderness. 1991. *Crisis, Recovery, and War: An Economic History of Continental Europe, 1918—1945*. London: Philip Allan.

Myrdal, G. 1970. *The Challenge of World Poverty*. New York: Kingsport Press.

Neal, L. 2007. *The Economics of Europe and the European Union*. Cambridge University Press.

Nelson, R. R. and G. Wright. 1992. The Rise and Fall of American Technological Leadership: The Postwar Era in Historical Perspective. *Journal of Economic Literature* 30: 1931-64.

Newman, G. 1906. *Infant Mortality. A Social Problem*. London: Methuen.

Nickell, S. 2005. What Has Happened to Unemployment in the OECD since the 1980s? Unpublished presentation to Work and Pensions Economics Group, HM Treasury.

Nickell, S. , D. Nicolitsas, and N. Dryden. 1997. What Makes Firms Perform Well? *European Economic Review* 41: 783-96.

Nickell, S. and J. van Ours. 2000. The Netherlands and the UK: a European Unemployment Miracle? *Economic Policy* 30: 135-75.

Nicolau, R. 2005. Población, salud y actividad. In *Estadística histórica de España, siglos XIX-XX*, ed. A. Carreras and X. Tafunell, Bilbao: Fundación BBVA, 77-154.

Nicoletti, G. and S. Scarpetta. 2005. Regulation and Economic Performance: Product Market Reforms and Productivity in the OECD. OECD Economics Department Working Paper 460.

Nordhaus, W. D. 1972. The Recent Productivity Slowdown. *Brookings Papers on Economic Activity* 3: 493-531.

Nolte, E. 1965. *Three Faces of Fascism: Action Française, Italian Fascism, National Socialism*. London: Weidenfeld and Nicolson.

Nordhaus, W. D. 1994. Policy Games: Coordination and Independence in Monetary and Fiscal Policies. *Brookings Papers on Economic Activity* 25: 139-216.

Norrbin, S. and P. Yigit. 2005. The Robustness of the Link between Volatility and Growth of Output. *Review of World Economics* 144: 343-56.

North, D. C. 1990. *Institutions, institutional Change and Economic Performance*. Cambridge University Press.

Nurkse, R. 1944. *International Currency Experience: Lessons of the Inter-War Period*. Princeton: League of Nations.

1954. International Investment To-Day in the Light of Nineteenth-Century Experience. *Economic Journal* 64: 744-58.

O'Brien, P. K. 1983. Transport and Economic Development in Europe, 1789—1914. In *Railways and the Economic Development of Western Europe, 1830—1914*, ed. P. K. O'Brien. Basingstoke: Macmillan, pp. 1-27.

O'Brien, P. K. and C. Keyder. 1978. *Economic Growth in Britain and France 1780—1914: Two Paths to the Twentieth Century*. London: Allen & Unwin.

O'Brien, P. K. and L. Prados de la Escosura, eds. 1998. *The Costs and Benefits of European Imperialism from the Conquest of Ceuta, 1415, to the Treaty of Lusaka, 1974*. *Revista de Historia Económica* Special Issue XVI, 1, winter.

Obstfeld, M. and A. M. Taylor. 2003. Globalization and Capital Markets. In Bordo, Taylor, and Williamson 2003, pp. 121-87.

2004. *Global Capital Markets: Integration, Crisis, and Growth*. Cambridge University Press.

Obstfeld, M., J. Shambaugh, and A. M. Taylor. 2005. The Trilemma in History: Tradeoffs among Exchange Rates, Monetary Policies, and Capital Mobility. *Review of Economics and Statistics* 87: 439-52.

OECD. 2001. *Historical Statistics*. Paris.

2005. *OECD in Figures*. Paris.

2006. *Revenue Statistics, 1965—2005*. Paris.

2007a. *Social Expenditure Database*. Paris. www. oecd. org/els/social/expenditure

2007b. *Employment Outlook*. Paris.

2007c. *International Migration Statistics*. Paris: OECD.

Ofer, G. 1987. Soviet Economic Growth: 1928—1985. *Journal of Economic Literature* 25:

经济科学译丛 / 剑桥现代欧洲经济史: 1870年至今

1767-833.

Offer, A. 1989. *The First World War: An Agrarian Interpretation*. Oxford: Clarendon.
  1993. The British Empire, 1870—1914: A Waste of Money? *Economic History Review* 46: 215-38.

Ó Gráda, C. and K. H. O'Rourke. 1996. Irish Economic Growth, 1945—88. In Crafts and Toniolo 1996b, pp. 388-426.

Oliner, S. D. , D. E. Sichel, and K. J. Stiroh. 2007. Explaining a Productive Decade. *Brookings Papers on Economic Activity* 1: 81-152.

Olmstead, A. L. and P. W. Rhode. 2008. Conceptual Issues for the Comparative Study of Agricultural development. In *Agriculture and Economic Development in Europe since 1870*, ed. P. Lains and V. Pinilla. London: Routledge, 27-51.

Olson, M. 1963. *The Economics of the Wartime Shortage: A History of British Food Supplies in the Napoleonic War and in World Wars I and II*. Durham, NC: Duke University Press.

Olsson, U. 1973. *Upprustning och verkstadsindustri i Sverige under det andra vdirldskriget*. Göteborg: Göteborgs Universitet, Ekonomisk-historiska Institutionen.

O'Mahony, M. 1999. *Britain's Productivity Performance, 1950—1996*. London: NIESR.

O'Rourke, K. H. 1997. The European Grain Invasion. *Journal of Economic History* 57: 775-801.

O'Rourke, K. H. and J. G. Williamson. 1994. Late 19th Century Anglo-American Factor Price Convergence: Were Heckscher and Ohlin Right? *Journal of Economic History* 54: 892-916.
  1995. Open Economy Forces and Late Nineteenth Century Swedish Catch Up. A Quantitative Accounting. *Scandinavian Economic History Review* 43: 171-203.
  1997. Around the European Periphery, 1870—1913: Globalization, Schooling and Growth. *European Review of Economic History* 1: 153-90.
  1999. *Globalization and History: The Evolution of a Nineteenth Century Atlantic Economy*. Cambridge, MA: MIT Press.

Owen, N. 1983. *Economies of Scale, Competitiveness, and Trade Patterns within the European Community*. Oxford: Clarendon.

Palairet, M. 1995. Real Wages and Earnings in Long-Run Decline: Serbia and Yugoslavia since 1862. In *Labour's Reward. Real Wages and Economic Change in 19 th-and 20 th-Century Europe*, ed. P. Scholliers and V. Zamagni. Aldershot: Edward Elgar, pp. 76-86.

Pallor, J. 1991. Women's Domestic Industries in Moscow Province, 1880—1900. In *Russia's Women: Accommodation, Resistance, and Transformation*, ed. B. Clements, B. Engel, and C. Worobec. Berkeley: University of California Press.

Pamuk, S. 2005. The Ottoman Economy in World War I. In Broadberry and Harrison 2005a, 112-36.
  2006. Estimating Economic Growth in the Middle East since 1820. *Journal of Economic*

参考文献

History 66: 809-28.

Panic, M. 1992. *European Monetary Union: Lessons from the Classical Gold Standard*. New York: St. Martin's Press.

Patat, J. -P. and M. Lutfalla. 1990. *A Monetary History of France in the Twentieth Century*. London: Macmillan.

Peck, M. J. 1989. Industrial Organization and the Gains from Europe 1992. *Brookings Papers on Economic Activity* 2: 277-99.

Peeters, S., M. Goossens, and E. Buyst. 2005. *Belgian National Income during the Interwar Period*. Reconstruction of the Database. Leuven University Press.

Pericoli, M. and M. Sbracia. 2001. A Primer on Financial Contagion. Temi di discussione (Economic Working Papers) 407. Bank of Italy, Economic Research Department.

Petith, H. C. 1977. European Integration and the Terms of Trade. *Economic Journal* 87: 262-72.

Phelps Brown, E. and M. Browne. 1968. *A Century of Pay: The Course of Pay and Production in France, German, Sweden, the United Kingdom, and the United States of America, 1860—1960*. London: Macmillan.

Pinilla, V. and M. -I. Ayuda, 2002. The Political Economy of the Wine Trade: Spanish Exports and the International Market, 1890—1935. *European Review of Economic History* 6: 51-86.

Polanyi, K. 1944. *The Great Transformation*. New York: Rinehart.

POLITY Ⅳ: www. systemicpeace. org/polity/polity4. htm.

Pollard, S. 1981. *Peaceful Conquest: The Industrialization of Europe 1760—1970*. Oxford University Press.

Pounds, N. J. G. 1957. *Coal and Steel in Western Europe: The Influence of Resources and Technique on Production*. Bloomington: Indiana University Press.

Prados de la Escosura, L. 2000. International Comparisons of Real Product, 1820—1990: An Alternative Dataset. *Explorations in Economic History* 37: 1-41.

2003. *El progreso económico de España, 1850—2000*. Madrid: Fundación BBVA.

2005. *El progreso económico de España, 1850—2000*. Bilbao: Fundación BBVA.

2007. European Patterns of Development in Historical Perspective. *Scandinavian Economic History Review* 55: 187-221.

Prati, A. 1991. Poincaré's Stabilization: Stopping a Run on Government Debt. *Journal of Monetary Economics* 27: 231-9.

Prescott, E. C. 2004. Why Do Americans Work So Much More than Europeans? *Federal Reserve Bank of Minneapolis Quarterly Review* 28 (1): 2-13.

Quinn, D. 2003. Capital Account Liberalization and Financial Globalization, 1890—1999: A Synoptic View. *International Journal of Finance and Economics* 8: 189-204.

Raiser, M., M. Schaffer, and J. Schuchhardt. 2004. Benchmarking Structural Change in Transition. *Structural Change and Economic Dynamics* 15: 47-81.

经济科学译丛／剑桥现代欧洲经济史：1870年至今

Rajan, R. and L. Zingales. 2003. Banks and Markets: The Changing Character of European Finance. In *The Transformation of the European Financial System*, ed. V. Gaspar, P. Hartmann, and O. Sleijpen. Frankfurt: ECB, pp. 123-68.

Ravn, M. and H. Uhlig. 2002. On Adjusting the HP-Filter for the Frequency of Observations. *Review of Economics and Statistics* 84: 371-6.

Regalsky, A. 2002. *Mercados, inversiones y elites: las inversiones francesas en la Argentina 1880—1914*. Caseros (B. A.): UTREF.

Reinhardt, C. M. and K. S. Rogoff. 2004. The Modern History of Exchange Rate Arrangements: A Reinterpretation. *The Quarterly Journal of Economics* 119: 1-48.

Reis, J. 1993. *O atraso económico Português, 1850—1930*. Lisbon: Imprensa Nacional Casa da Moeda.

 2007. An 'Art', Not a 'Science'? Central Bank Management in Portugal under the Gold Standard, 1863—87. *Economic History Review* 60: 712-41.

Riley, J. C. 2001. *Rising Life Expectancy. A Global History*. Cambridge University Press.

Ritschl, A. 1996. An Exercise in Futility: East German Economic Growth and Decline, 1945—1989. In Crafts and Toniolo 1996b, pp. 498-550.

 1998. Reparation Transfers, the Borchardt Hypothesis, and the Great Depression in Germany, 1929—1932: A Guided Tour for Hard-Headed Keynesians. *European Review of Economic History* 2: 49-72.

 2001. Nazi Economic Imperialism and the Exploitation of the Small: Evidence from Germany's Secret Foreign Exchange Balances, 1938—40. *Economic History Review* 54: 324-45.

 2002a. *Deutschlands Krise und Konjunktur, 1924—1934. Binnenkonjunktur, Auslandsverschuldung und Reparationsproblem zwischen Dawes-Plan und Transfersperre*. Berlin: Akademie-Verlag.

 2002b. International Capital Movements and the Onset of the Great Depression: Some International Evidence. In *The Interwar Depression in an International Context*, ed. H. James. Munich: Oldenbourg, pp. 1-14.

 2003. Dancing on a Volcano: The Economic Recovery and Collapse of the Weimar Republic. In *World Economy and National Economies in the Interwar Slump*, ed. T. Balderston. London: Macmillan, pp. 105-42.

 2004. The Marshall Plan, 1948—1951. In *EH. Net Encyclopedia*, ed. R. Whaples. February 10, 2008. www. eh. net/encyclopedia/article/Ritschl. Marshall. Plan.

 2005. The Pity of Peace: Germany's War Economy, 1914—1918 and Beyond. In Broadberry and Harrison 2005a, pp. 41-76.

Ritschl, A., and M. Spoerer 1997. Das Bruttosozialprodukt in Deutschland nach den amtlichen Volkseinkommens-und Sozialproduktstatistiken 1901—1995. *Jahrbuch füir Wirtschaftsgeschichte* 1997: 11-37.

参考文献

Rockoff，H. 1998. The United States: From Ploughshares to Swords. In *The Economics of World War II: Six Great Powers in International Comparison*, ed. M. Harrison. Cambridge University Press.

Rojec，M. and J. Damijan 2008. Relocation via Foreign Direct Investment from Old to New EU Member States. Scale and Structural Dimension of the Process. *Structural Change and Economic Dynamics* 19: 53-65.

Romer，C. D. 1989. The Prewar Business Cycle Reconsidered: New Estimates of Gross National Product，1869—1908. *Journal of Political Economy* 97: 1-37.

Romer，P. M，1990. Endogenous Technological Change. *Journal of Political Economy* 98: S71-102.

Rose，A. K. 2000. One Money，One Market: The Effect of Common Currencies on Trade. *Economic Policy* 30: 7-45.

Rose，A. K. and E. van Wincoop. 2001. National Money as a Barrier to International Trade: The Real Case for Currency Unions. *American Economic Review* 91: 386-90.

Rose，S. O. 1996. Protective Labor Legislation in Nineteenth Century Britain: Gender，Class and the Liberal State. In *Gender and Class in Modern Europe*, ed. L. L. Frader and S. O. Rose. Ithaca and London: Cornell University Press，pp. 193-210.

Rostow，W. W. 1961. *The Stages of Economic Growth*. Cambridge University Press.

Rothenbacher，F. 2005. *The European Population since 1945*. Basingstoke: Palgrave Macmillan.

Rothschild，J. 1974. *East Central Europe between the Two World Wars*. Seattle and London: University of Washington Press.

Rowe，D. 2005. The Tragedy of Liberalism: How Globalization Caused the First World War. *Security Studies* 14: 407-47.

Rudolph，R. L. 1976. *Banking and Industrialization in Austria-Hungary: The Role of Banks in the Industrialization of the Czech Crownlands*，1873—1914. Cambridge University Press.

Sáiz，J. P. 2005. Investigación y desarrollo: patentes. In *Estadística histórica de España*，*siglos XIX-XX*, ed. A. Carreras and X. Tafunell. Bilbao: Fundación BBVA，835-72.

Sala-i-Martin，X. ，G. Doppelhofer，and R. I. Miller. 2004. Determinants of Long-Term Growth: A Bayesian Averaging of Classical Estimates（BACE）Approach. *American Economic Review* 94: 813-35.

Sala-i-Martin，X. and A. Subramanian. 2003. Assessing the Natural Resource Curse: An Illustration from Nigeria. NBER Working Paper 9804.

Salin，E. 1928. Standortverschiebungen der deutschen Wirtschaft. In *Strukturwandlungen der deutschen Volkswirtschaft*, ed. B. Harms. Berlin: Reimar Hobbing，75-106.

Sandberg，L. G. 1974. *Lancashire in Decline: A Study in Entrepreneurship*，*Technology and International Trade*. Columbus: Ohio State University Press.

Sapir，A. 1992. Regional Integration in Europe. *Economic lournal* 102: 1491-506.

Sapir, A. et. al. 2004. *An Agenda for a Growing Europe. The Sapir Report*. Oxford University Press.

Sargent, T. 1982. The End of Four Big Inflations. In *Rational Expectations and Inflation*, ed. T. Sargent New York: Harper & Row, pp. 40-109.

Sargent, T. and C. Sims. 1977. Business Cycle Modelling Without Pretending to Have Too Much A Priori Economic Theory. In *New Methods in Business Cycle Research*, ed. Christopher Sims. Minneapolis: Federal Reserve Bank of Minneapolis, pp. 45-109.

Saul, S. B. 1969. *The Myth of the Great Depression*, 1873—1896. Basingstoke: Macmillan.

Saz, I. 1999. Foreign Policy under the Dictatorship of Primo de Rivera. In *Spain and the Great Powers in the Twentieth Century*, ed. S. Balfour. and P. Preston. New York: Routledge, pp. 53-72.

Schnabel, I. 2004. The German Twin Crisis of 1931. *Journal of Economic History* 64: 822-71.

Schofield, R. and D. Reher 1991. The Decline of Mortality in Europe. In Schofield, Reher, and Bideau, 1991, pp. 1-17.

Schofield, R. , D. Reher, and A. Bideau. 1991. *The Decline of Mortality in Europe*. Oxford: Clarendon.

Schön, L. 2000. *En modern svensk ekonomisk historia. Tillväxt och omvandling under två sekel* (A modern Swedish economic history. Growth and transformation in two centuries) . Stockholm: SNS Förlag.

Schubert, A. 1991. *The Credit-Anstalt Crisis of 1931*. Cambridge University Press.

Schuker, S. 1976a. *The End of French Predominance in Europe*. Chapel Hill: University of North Carolina Press.

1976b. Finance and Foreign Policy in the Era of the German Inflation. In *Historische Prozesse der deutschen Inflation 1914—1924*, ed. O. Büsch and G. Feldman. Berlin: de Gruyter, 343-61.

1988. *American Reparations to Germany*, 1924—1933. Princeton University Press.

Schulze, M. -S. 2000. Patterns of Growth and Stagnation in the Late Nineteenth Century Habsburg Economy. *European Review of Economic History* 4: 311-40.

2005. Austria-Hungary's Economy in World War I. In Broadberry and Harrison 2005a, pp. 77-111.

Schulze, M. -S. , ed. 1999. *Western Europe: Economic and Social Charge since 1945*, London: Longman.

Schulze, M. -S. and N. Wolf. 2009. On the Origins of Border Effects: Insights from the Habsburg Empire. *Journal of Economic Geography* 9: 117-36.

Schumpeter, J. 1939. *Business Cycles: A Theoretical, Historical and Statistical Analysis of the Capitalist Process*. New York: McGraw-Hill.

Scranton, P. 1997. *Endless Novelty: Specialty Production and American Industrializa-*

参考文献

tion，*1865—1925*. Princeton University Press.

Sereni, E. 1968. *Il capitalismo nelle campagne*. Turin: Einaudi.

Shearer, J. R. 1997. The Reichskuratorium für Wirtschaftlichkeit. Fordism and Organised Capitalism in Germany, 1918—1945. *The Business History Review* 71 (4): 569-602.

Shorter, F. C. 1985. The Population of Turkey after the War of Independence. *International Journal of Middle East Studies* 17: 417-41.

Siaroff, A. 1999. Corporatism in 24 Industrial Democracies: Meaning and Measurement. *European Journal of Political Research* 36: 175-205.

Sicsic, P. 1993. Was the Franc Poincaré Undervalued? *Explorations in Economic History* 29: 69-92.

Siegenthaler, H. 1987. Die Schweiz 1914—1970. In *Handbuch der Europdöschen Wirtschafts-und Sozialgeschichte*, Vol. 6, ed. W. Fisher, J. A. van Houtte, H. Kellenbenz, I. Miek, and F. Vittinghoff. Stuttgart: Klett-Cotta, pp. 482-512.

Simonov, N. S. 1996. Strengthen the Defence of the Land of the Soviets: The 1927 War Alarm and Its Consequences. *Europe-Asia Studies* 48: 1355-64.

Simpson, J. 1995. Real Wages and Labour Mobility in Spain, 1860—1936. In *Labour's Reward. Real Wages and Economic Change in* 19th-*and* 20th-*Century Europe*, ed. P. Scholliers and V. Zamagni. Aldershot: Edward Elgar, pp. 182-200.

1939. *The Refugee Problem*. Oxford University Press.

Smith, M. S. 2006. *The Emergence of Modern Business Enterprise in France*, *1800—1930*. Cambridge, MA: Harvard University Press.

Smits, J. -P. , E. Horlings, and J. L. van Zanden. 2000. Dutch GNP and its Components, 1870—1913. N. W. Posthumus Institute, University of Groningen, www. nationalaccounts. niwi. knaw. nl/start. htm.

Solomou, S. 1998. *Economic Cycles: Long Cycles and Business Cycles since 1870*. Manchester University Press.

Solomou, S. and W. Wu. 1999. Weather Effects on European Agricultural Output, 1850—1913. *European Review of Economic History* 3: 351-72.

Solow, R. M. 1956. A Contribution to the Theory of Economic Growth. *Quarterly Journal of Economics* 70: 65-94.

1957. Technical Change and the Aggregate Production Function. *Review of Economics and Statistics* 39: 312-20.

1987. We'd Better Watch Out. *New York Times Book Review* (12 July).

Spree, R. 1988 [1981]. *Health and Social Class in Imperial Germany*. Hamburg: Berg.

Stachura, P. D. 2003. Social Policy and Social Welfare in Germany from the Mid-Nineteenth Century to the Present. In *Germany: A New Social and Economic History*, ed. S. Ogilvie and R. Overy. London: Arnold, 227-50.

Statistisches Bundesamt Deutschland. 2007. *Aktuelle Kreisergebnisse für Deutschland*.

Steckel, R. H. 1995. Stature and Standard of Living. *Journal of Economic Literature* 33:

经济科学译丛 / 剑桥现代欧洲经济史：1870年至今

1903-40.

Steckel, R. H. and R. Floud. 1997. *Health and Welfare during Industrialization*. Chicago: University of Chicago Press.

1998. Height and the Standard of Living. Health and Welfare during Industrialization. *Journal of Economic History* 58: 866-70.

Stern, R. 1960. A Century of Food Exports. *Kyklos* 13: 44-57.

Stiglitz, J. E. 2002. *Globalization and Its Discontents*. New York: Norton.

Stock, J. H. and M. W. Watson. 2004. Understanding Changes in International Business Cycle Dynamics. NBER Working Paper no. 9859.

Stone, I. 1999. *The Global Export of Capital from Great Britain, 1865—1914: A Statistical Survey*. London: Macmillan.

Stone, J. F. 1996. Republican Ideology, Gender and Class: France 1860s—1914. In Frader and Rose, 1996, pp. 238-59.

Studenski, P. 1958. *The Income of Nations: Theory*. New York University Press.

Summers, P. M. 2005. What Caused the Great Moderation? Some Cross-Country Evidence. *Federal Reserve Bank of Kansas City Economic Review*, Third Quarter, 5-30.

Svensson, L. 1995. *Closing the Gender Gap. Determinants of Change in the Female-to-Male Blue Collar Wage Ratio in Swedish Manufacturing*, 1913—1990. Lund, University.

2004. Technology Shifts, Industrial Dynamics and Labour Market Institutions in Sweden, 1920—95. In *Technology and Human Capital in Historical Perspective*, ed. J. Ljungberg and J. -P. Smits. Basingstoke: Palgrave Macmillan, pp. 79-101.

Svennilson, I. 1954. *Growth and Stagnation in the European Economy*. Geneva: United Nations.

Swan, T. W. 1956. Economic Growth and Capital Accumulation. *Economic Record* 32: 334-61.

Sylos-Labini, P. 1970. *Problemi dello sviluppo economico*. Bari: Laterza.

Symeonidis, G. 2008. The Effect of Competition on Wages and Productivity: Evidence from the United Kingdom. *Review of Economics and Statistics*. 90: 134-46.

Taylor, A. M. and J. G. Williamson. 1997. Convergence in the Age of Mass Migration. *European Review of Economic History* 1: 27-63.

Teichova, A. 1988. *The Czechoslovak Economy, 1918—1980*. London: Routledge.

Temin, P. 1987. Capital Exports, 1870—1914: An Alternative Model. *Economic History Review* 40: 453-8.

1989. *Lessons from the Great Depression*. Cambridge, MA: MIT Press.

2002. The Golden Age of European Growth Reconsidered. *European Review of Economic History* 6: 3-22.

Thomas, B. 1954. *Migration and Economic Growth: A Study of Great Britain and the Atlantic Economy*. Cambridge University Press.

Thomas, M. 2004. The Service Sector. In *The Cambridge Economic History of Modern Britain*, ed. R. Floud and P. Johnson. Cambridge University Press, 99-132.

Timmer, A. and J. G. Williamson. 1998. Immigration Policy Prior to the Thirties: Labor Markets, Policy Interactions and Globalization Backlash. *Population and Development Review* 24: 739-71.

Timmer, M. and B. van Ark. 2005. Does Information and Communication Technology Drive EU-US Productivity Growth Differentials? *Oxford Economic Papers* 57: 693-716.

Tinbergen, J. 1942. Zur Theorie der langsfristigen Wirtschaftsentwicklung. *Weltwirtschaftliches Archiv* 55: 511-49.

Tolliday, S. 1991. Competition and Maturity in the British Steel Industry, 1870—1914. In *Changing Patterns of International Rivalry: Some Lessons from the Steel Industry*, ed. E. Abé and Y. Suzuki. Tokyo University Press, pp. 20-72.

Tomlinson, J. D. 1984. A 'Keynesian Revolution' in Economic Policy-Making? *Economic History Review* 37: 258-62.

Toniolo G. 1995. Italian Banking, 1919—1936. In *Banking, Currency, and Finance in Europe between the Wars*, ed. C. H. Feinstein. Oxford: Clarendon, pp. 296-314.

1998. Europe's Golden Age, 1950—73: Speculations from a Long-Run Perspective. *Economic History Review* 51: 252-67.

2005. *Central Bank Cooperation at the Bank for International Settlements*, 1930—1973. Cambridge University Press.

Tooze, J. A. 2001. *Statistics and the German State*, 1900—1945: *The Making of Modern Economic Knowledge*. Cambridge University Press.

2007. *The Wages of Destruction: The Making and Breaking of the Nazi Economy*. London: Penguin.

Toutain, J. C. 1997. Le produit intérieur brut de la France, 1789—1990. *Economies et Sociétés*, *Histoire économique quantitative*, Série HEQ 1 (11): 5-136.

Travis, A. S. *et al.* 1998. *Determinants in the Evolution of the European Chemical Industry 1900—1939: New Technologies, Political Framework Markets and Companies*. Dordrecht: Kluwer.

Trebilcock, C. 1981. *The Industrialization of the Continental Powers*, 1780—1914. London: Longman.

Trinet, G. and K. Wandschneider. 2005. The Baring Crisis and the Brazilian Encilhamento, 1889—1891: An Early Example of Contagion among Emerging Capital Markets. *Financial History Review* 12: 199-225.

Tugan-Baranovskiy, M. I. 1970. The Russian Factory in the 19th Century, trans. A. Levin and C. Levin. Homewood, IL.: Published for the American Economic Association by R. D. Irwin. [Original 1922, *Russkaia fabrika v proshlom i nas toiashchem: istoricheskoe razvitie russkoi fabriki v XIX v.* Moscow: Moskovskii rabochii.]

Turnock, D. 2006. *The Economy of East Central Europe*, 1815—1989. *Stages of Trans-*

formation in a Peripheral Region. London: Routledge.

Twarog, S. 1997. Heights and Living Standards in Germany, 1850—1939: The Case of Württemberg. In *Health and Welfare during Industrialization*, ed. R. H. Steckel and R. Floud. Chicago: University of Chicago Press, pp. 285-330.

Ulman, L. and R. J. Flanagan. 1971. *Wage Restraint: A Study of Income Policy in Western Europe*. Berkeley: University of California Press.

UNDP. 2006, 2007. *Human Development Report*. New York. www. hdr. undp. org/hdr2007/.

Union des Associations Internationales. 1957. *Les 1978 Organisations Internationales fondées depuis le Congrès de Vienne*. Brussels.

1960. *Les Congrès Internationaux de 1681 à 1899 / International Congresses 1681 to 1899*. Brussels.

Urlanis, B. 1971. *Wars and Population*. Moscow: Progress.

US Department of Commerce. 1975. *Historical Statistics of the United States: Colonial Times to 1970*. Washington, DC: GPO.

Vallin, J. 1991. Mortality in Europe from 1720 to 1914: Long-Term Trends and Changes in Patterns by Age and Sex. In Schofield, Reher, and Bideau 1988, 38-67.

Van Ark, B. 1996. Sectoral Growth Accounting and Structural Change in Postwar Europe. In Van Ark and Crafts 1996, pp. 84-164.

Van Ark, B. and N. Crafts 1996. *Quantative Aspects of Post-War European Economic Growth*. Cambridge University Press.

Van Ark, B. , M. O'Mahony, and M. Timmer 2008. The Productivity Gap between Europe and the United States: Trends and Causes. *Journal of Economic Perspectives* 22: 25-44.

Van Zanden, J. L. 1991. The First Green Revolution: The Growth of Production and Productivity in European Agriculture, 1870—1914. *Economic History Review* 44: 215-39.

1994. *The Transformation of European Agriculture in the 19th Century: The Case of the Netherlands*. Amsterdam: Vu Uitgeverij.

Van Zanden, J. L. and A. van Riel. 2004. *The Strictures of Inheritance: The Dutch Economy in the Nineteenth Century*. Princeton University Press.

Vernon, R. 1966. International Investment and International Trade in the Product Cycle. *Quarterly Journal of Economics* 80: 190-207.

Villa, P. 1993. *Une analyse macroéconomique de la France au XXe siècle*. Paris: CNRS.

Ville, S. 1991. Shipping Industry Technologies. In *International Technology Transfer: Europe, Japan and the USA, 1700—1914*, ed. D. J. Jeremy. Aldershot: Eldward Elgar, pp. 74-94.

Vögele, J. 1998. *Urban Mortality Change in England and Germany, 1870—1913*. Liverpool University Press.

Volcker, P. and T. Gyohten. 1992. *Changing Fortunes: The World's Money And The Threat to American Leadership*. New York: Times Books.

Von Hagen, J. 1999. A New Approach to Monetary Policy (1971—8) . In *Fifty Years of* the Deutsche Mark： Central Bank and the Currency in Germany since 1948, ed. Deutsche Bundesbank. Oxford University Press, 403-38.

Voth, H. -J. 2006. La discontinuidad olvidada： provisión de trabajo, cambio tecnológico y nuevos bienes durante la Revolución Industrial. *Revista de Historia Industrial* 15： 13-31.

Watkins, S. C. 1986. Regional Patterns of Nuptiality in Western Europe, 1870—1960. In *The Decline of Fertility in Europe*, ed. A. J. Coale and S. C. Watkins. Princeton： Princeton University Press, pp. 314-36.

Webb, S. N. 1989. *Hyperinflation and Stabilization in Weimar Germany*. Oxford University Press.

Weitzman, M. L. 1970. Soviet Postwar Economic Growth and Capital-Labor Substitution. *American Economic Review* 60： 676-92.

Wheatcroft, S. G. 1999. The Great Leap Forward： Anthropometric Data and Indicators of Crises and Secular Change in Soviet Welfare Levels, 1880—1960. *Slavic Review* 58： 27-60.

White, E. 2001. Making the French Pay： The Cost and Consequences of Napoleonic Reparations. *European Review of Economic History* 5： 337-65.

Wilkins, M. 1970. *The Emergence of Multinational Enterprise： American Business Abroad from the Colonial Era to 1914*. Cambridge, MA： Harvard University Press.

Wilkinson, R. 1992. Income Distribution and Life Expectancy. *British Medical Journal* 304： 165-8.

2005. *The Impact of Inequality*. London： Routledge.

Wilkinson, R. and K. Picket. 2006. Income Inequality and Population Health： A Review and Explanation of the Evidence. *Social Science and Medicine* 62： 1768-84.

Williamson, J. G. 1995. The Evolution of Global Labor Markets since 1830： Background Evidence and Hypotheses. *Explorations in Economic History* 32： 141-96.

1997. Globalization and Inequality, Past and Present. *World Bank Research Observer* 12： 117-35.

2002a. Land, Labor and Globalization in the Third World, 1870—1940. *Journal of Economic History* 62： 55-85.

2002b. Winners and Losers Over Two Centuries of Globalization. NBER Working Paper No. 9161.

Wirth, M. 1893. The Crisis of 1890. *Journal of Political Economy* 1： 214-35.

Wolf, N. 2008. Scylla and Charybdis. Explaining Europe's Exit from Gold, 1928—1936. *Explorations in Economic History*. Forthcoming.

Woods, R. 2006. Newman's *Infant Mortality* as an Agenda for Research. In *Infant Mortality： A Continuing Social Problem*, ed. E. Garrett, C. Galley, N. Shelton, and R. Woods. Aldershot： Ashgate, pp. 33-49.

World Bank. 2003, 2007. *World Development Indicators*. Washington DC.

Wrigley, C. 2000. *The First World War and the International Economy*. Cheltenham: Edward Elgar.

Yeager, L. B. 1976. *International Monetary Relations: Theory, History, and Policy*. New York: Harper & Row.

Zilbert, E. R. 1981. *Albert Speer and the Nazi Ministry of Arms*. Rutherford, NJ: Fairleigh Dickinson University Press.

Zimmermann, K. F. 2005. European Labour Mobility: Challenges and Potentials. *De Economist* 153: 425-50.

Zurcher, E. J. 2000. *Turkey: A Modern History*. London: Tauris.

Zylberman, P. 2005. Mosquitos and the Komitadjis: Malaria and Borders in Macedonia. In *Facing Illness in Troubled Times: Health in Europe in the Inter-War Years*, ed. I. Borowy and W. D. Gruner. Frankfurt am Main: Lang, pp. 305-43.

参考文献

图书在版编目（CIP）数据

剑桥现代欧洲经济史.1870至今/布劳德伯利等编著；张敏等译. —北京：中国人民大学出版社，2015.4
ISBN 978-7-300-21035-3

Ⅰ.①剑… Ⅱ.①布… ②张… Ⅲ.①欧洲经济-经济史-1870～ Ⅳ.①F150.9

中国版本图书馆 CIP 数据核字（2015）第 065703 号

"十一五"国家重点图书出版规划项目

经济科学译丛

剑桥现代欧洲经济史：1870 年至今

斯蒂芬·布劳德伯利

凯文·H·奥罗克　　编著

张　敏　孔尚会　译
胡思捷　王　珏　校

Jianqiao Xiandai Ouzhou Jingjishi：1870 Nian Zhijin

出版发行	中国人民大学出版社				
社　址	北京中关村大街 31 号		**邮政编码**	100080	
电　话	010 - 62511242（总编室）		010 - 62511770（质管部）		
	010 - 82501766（邮购部）		010 - 62514148（门市部）		
	010 - 62515159（发行公司）		010 - 62515275（盗版举报）		
网　址	http：//www.crup.com.cn				
	http：//www.ttrnet.com（人大教研网）				
经　销	新华书店				
印　刷	三河市汇鑫印务有限公司				
规　格	185 mm×260 mm　16 开本		**版　次**	2015 年 4 月第 1 版	
印　张	25.5　插页 2		**印　次**	2015 年 4 月第 1 次印刷	
字　数	528 000		**定　价**	78.00 元	